金陵全書

乙編·史料類

南京吏部志（一）

（明）王逢年　重修

南京出版傳媒集團
南京出版社

圖書在版編目（CIP）數據

南京吏部志 /（明）王逢年重修. -- 南京：南京出版社，2015.2

（金陵全書）

ISBN 978-7-5533-0728-2

Ⅰ. ①南… Ⅱ. ①王… Ⅲ. ①吏部－史料－南京市－明代 Ⅳ. ①D691.42

中國版本圖書館CIP數據核字（2014）第252097號

書　　名　【金陵全書】（乙編・史料類）
　　　　　南京吏部志

編 著 者　（明）王逢年　重修

出版發行　南京出版傳媒集團
　　　　　南　京　出　版　社

社址：南京市太平門街53號　　郵編：210016

網址：http://www.njcbs.cn　　淘寶網店：http://njpress.taobao.com

電子信箱：njcbs1988@163.com

聯系電話：025-83283871、83283864（營銷）　025-83112257（編務）

出 版 人　朱同芳

責任編輯　楊傳兵　潘　珂　徐　智

裝幀設計　楊曉崗

責任印製　楊福彬

製　　版　南京新華豐製版有限公司

印　　刷　南京凱德印刷有限公司

開　　本　889毫米×1194毫米　1/16

印　　張　114

版　　次　2015年2月第1版

印　　次　2015年2月第1次印刷

書　　號　ISBN 978-7-5533-0728-2

定　　價　3900.00元（全三册）

總序

南京，俗稱金陵，中國著名的四大古都之一，是國務院首批公佈的國家歷史文化名城。

南京有着六十萬年的人類活動史，近二千五百年的建城史，約四百五十年的建都史，享有『六朝古都』『十朝都會』的美譽。南京歷史的興衰起伏在某種程度上可以説是中國歷史的一個縮影。在中華民族光輝燦爛的歷史長河中，古聖先賢在南京創造了舉世矚目、富有特色的六朝文化、南唐文化、明文化和民國文化，爲中華民族文化的傳承和發展作出了不朽貢獻。然而，由於時代的遞遷、戰争的破壞以及自然的損毁等原因，歷史上南京的輝煌成就以物質文化形態留存下來的相對較少，見諸文獻典籍的則相對較多。南京文獻内涵廣博，卷帙浩繁，版本複雜。截至一九四九年中華人民共和國成立，南京文獻留存下來的有近萬種，在全國歷史文化名城中名列前茅。以六朝《世説新語》《文心雕龍》《昭明文選》，唐朝《建康實録》，宋朝《景定建康志》《六朝事迹編類》，元朝《至正金陵新志》，明朝《洪武京城圖志》《金陵古今圖考》《客座贅語》，清朝《康熙江寧府志》《白下瑣言》，民國《首都計劃》《首都志》《金陵古蹟圖考》等爲代表的南京地方文獻，不僅是南京文化的集中體現，也是中華民族優秀傳統文化的重要組成部分。這些南京文獻，積澱貯存了歷代南京人民的經驗和智慧，翔實地反映了南京地區的社會變遷，是研究南京乃至全國政治、經濟、軍事、文化、外交和民風民俗的重要資料。

歷史上的南京文化輝煌燦爛，各類圖書典籍琳琅滿目。迄今爲止，南京文獻曾經有過三次不同程度的整理。

第一次是距今六百多年前的明朝永樂年間，明朝中央政府在南京組織整理出版了《永樂大典》。《永樂大典》正文二萬二千八百七十七卷，凡例和目錄六十卷，分裝成一萬一千零九十五册，總字數約三億七千萬字。書中保存了中國上自先秦、下迄明初的各種典籍資料達七八千種，是中國古代最大的類書。

第二次是民國年間，南京通志館編印了一套《南京文獻》。《南京文獻》每月一期，從一九四七年元月至一九四九年二月共刊行了二十六期，收入南京地方文獻六十七種，包括元明清到民國各個時期的著作，其中收錄的部分民國文獻今天已經成爲絶版。

第三次是二〇〇六年以來，南京出版社選取部分南京珍貴文獻，整理出版了一套《南京稀見文獻叢刊》點校本，到二〇一三年初，已經出版了三十六册七十一種，時代上起六朝，下迄民國，在學術普及方面作出了一定的貢獻。

新中國成立六十年來，尤其是改革開放三十年來，南京的政治、經濟、文化建設飛速發展，但南京文獻的全面系統整理出版工作一直没有得到應有的重視，這與南京這座國家歷史文化名城的地位頗不相稱。據調查，目前有關南京的各類文獻主要保存在南京圖書館、南京市檔案館，以及全國各地的高等院校、科研院所、圖書館、檔案館、博物館，少數流散於民間和國外。一方面，廣大讀者要查閲這些收藏在全國各地的南京文獻殊爲不便；另一方面，許多珍貴的南京文獻隨着歲月的流逝而瀕臨損毁和失傳。南京文獻的存史、資治、教化、育人功能没有得到應有的發揮。

盛世修史（志）。在中華民族和平崛起和大力弘揚民族傳統文化、全力發展民族文化事業的大背景下，在建設『文化南京』的發展思路下，中共南京市委、南京市人民政府於二〇〇九年十二月作出決定，將南京有史以來的地方文獻進行全面系統的匯集、整理和影印出版，輯爲《金陵全書》（以下簡稱《全書》），以更好地搶救和保護鄉邦文獻，傳承民族文化，推動學術研究，促進南京文化建設；同時，也更爲有効地增加南京文獻存世途徑，提昇南京文獻地位，凸顯南京文獻價值。

爲編纂出能够代表當代最高學術水平和科技成就，又經得起時間檢驗的《全書》，我們將編纂工作分成三個階段進行。第一個階段爲調研階段，主要對南京現存文獻的種類、數量、保存現狀以及收藏地點等進行深入細緻的調研，召集專家學者多次進行學術論證和可操作性論證，撰寫出可行性調查報告，爲科學決策提供依據，此項工作主要由中共南京市委宣傳部和南京出版社組織完成。第二個階段爲啓動階段，以二〇〇九年十二月二十四日召開的『《金陵全書》編纂啓動工作會』爲標志，市委主要領導親自到會動員講話，市委宣傳部對《全書》的編纂出版工作作了明確部署。在廣泛徵求專家學者意見的基礎上，確定了《全書》的總體框架設計，確定了將《全書》列爲市委宣傳部每年要實施的重大文化工程，確定了主要參編責任單位和責任人，並分解了任務。第三個階段爲編纂出版階段，主要在全國範圍内進行資料的徵集、遴選和圖書的版式設計、複製、排版及印製工作。

爲了確保《全書》編纂出版工作的順利進行，中共南京市委、南京市人民政府成立了專門的編纂出版組織機構。其中編輯工作領導小組，由中共南京市委、市政府領導以及相關成員單位主要負責人組成；《全書》的編纂出版工作由市委宣傳部總牽頭；學術指導委員會，由蔣贊初、茅家琦、梁白泉等一批全國著名的專家學者組成，負責《全書》的學術審核和把關。

《全書》分爲方志、史料和檔案三大類。自二〇一〇年起，計劃每年出版四十册左右。鑒於《全書》的整理出版工作難度較大，周期較長，在具體操作中，我們採取了分工協作的方式。市委宣傳部和南京出版社負責《全書》的總體策劃，其中方志部分，主要由南京市地方志編纂委員會辦公室和南京出版傳媒集團·南京出版社共同承擔；史料部分，主要由南京圖書館承擔；檔案部分，主要由南京市檔案局（館）承擔。《全書》的編輯出版，得到了江蘇省文化廳、江蘇省新聞出版局、江蘇省檔案局（館）、南京大學、南京圖書館、南京市文廣新局、南京市社科聯（社科院）、南京市文聯、金陵圖書館以及各區委宣傳部和地方志辦公室等單位及社會各界的熱情鼓勵和大力支持，尤其是得到了中國國家圖書館和全國各地（包括港臺地區）高等院校、科研院所、圖書館、檔案館、博物館等藏書單位的鼎力相助，在此表示深深的謝意！

我們相信，在中共南京市委、南京市人民政府的長期不懈支持下，在各部門、各單位的積極配合和衆多專家學者的共同努力下，這項功在當代、利在千秋的傳世工程一定能够圓滿完成。

凡例

一、《金陵全書》（以下簡稱《全書》）收録的南京文獻，依内容分爲方志、史料和檔案三大類。

二、《全書》按上述三大類分爲甲、乙、丙三編，以不同的封面顔色加以區分；每編酌分細類，原則上以成書時代爲序分爲若幹册，依次編列序號。

三、《全書》收録南京文獻的範圍，以二〇一三年南京市所轄十一區，即玄武、秦淮、建鄴、鼓樓、浦口、六合、棲霞、雨花臺、江寧、溧水和高淳爲限。

四、《全書》收録的南京文獻，其成書年代的下限爲一九四九年。

五、《全書》收録方志和史料，盡量選用善本爲底本。《全書》收録的檔案以學術價值和實用價值較高爲原則，一般選用延續時間較長、相對比較完整的檔案全宗。

六、《全書》收録的南京文獻底本如有殘缺、漫漶不清等情况，必要時予以配補、抽換或修描，以保證全書完整清晰；稿本、鈔本、批校本的修改、批注文字等均保留原貌。

七、《全書》收録的南京文獻，每種均撰寫提要，置於該文獻前，以便讀者了解其作者生平、主要内容、學術文化價值、編纂過程、版本源流、底本採用等情况。

八、《全書》所收文獻篇幅較大時，分爲序號相連的若幹册；篇幅較小的文獻，則將數種合編爲一册。

九、《全書》統一版式設計，大部分文獻原大影印；對於少數原版面過大或過小的文獻，適當進行縮小或放大處理，並加以説明。

十、《全書》各册除保留文獻原有頁碼外，均新編頁碼，每册頁碼自爲起訖。

提要

《南京吏部志》二十卷，明王逢年重修。

王逢年，字台承，御醫王潭曾孫，上海人，居川沙，因修《南京吏部志》而由部題授貢生，後官福州府同知、惠州太守。其事足足跡詳見清宋如林等修、孫星衍等纂《松江府志》卷四十六《選舉志》、卷五十四《古今人傳六·王潭》。

本書卷前載有《南京吏部志重修跋語》，撰者自署『雲間王逢年』；又載《南京吏部志提綱》，撰者自署『奉爵纂修雲間王逢年』；又載孫瑋《重修南京吏部志序》，序中稱：『雲間王生，家世青緗，博雅多蓄，茂才異等，腹貯千秋，延致之，爰授簡焉。』考雲間爲松江府之舊稱，則王逢年爲明代松江府（今屬上海市）人。其家富有藏書，才擅著述，故時任南京吏部尚書的孫瑋聘其重修《南京吏部志》。孫瑋序稱：『是役也，操管于王生，而在事諸君子寔相與左提右挈，協贊不朽。』王逢年跋語則云：『既成，上之太宰暨一時在事諸名公，輒謬加許可。』可見此書實出王逢年一人之手，南京吏部諸公從旁協助而已。此書卷前《纂修姓氏》雖列名孫瑋以下南京吏部官員十七人，包括尚書、侍郎、郎中、主事、司務等，『貢生王逢年』名在末位，而就其實際貢獻而言，則當首推王逢年。

《南京吏部志》之初次修纂，完成於隆慶五年（一五七一），編纂者爲時任南京吏部文選司郎中汪宗伊。汪宗伊（一五一〇—一五八六），字子衡，湖廣崇陽（今湖北崇陽縣）人，嘉靖十七年（一五三八）進士。隆慶初年，任南京吏部郎中，後任應天府府尹。萬曆初年，升任南京大理寺卿、南京戶部尚書等。其書十五卷，《四庫全書》將其收入史部職官類存目，其提要云：『是編乃其爲文選郎中時所作。首聖訓，次建官，次公署，次職掌，次列官表傳，次藝文。前有宗伊所作之引，謂白之尚書吳嶽，創爲部志，又諮之曾官吏部者侍郎李棠，大理卿杜拯，太僕卿殷邁，鴻臚卿孫鑨，應天府丞邱有岩，郎中顧闕、鄒國儒、袁尊尼、傅良諫，主事蔡悉、聶廷璧，網羅散失，以成此編，頗爲詳悉。』（《四庫全書總目》卷八〇）『宗伊所作之引』，即王逢年重修本《南京吏部志》卷前所載汪宗伊《南京吏部舊志序》。按汪序說法，『《南京吏部志》者，志南京吏部之文獻也』，其意在『備載全書，無忘事始，庶幾遵成憲者有所依據，議因革者得以折衷也』。《欽定續通志》卷一五八及《欽定續文獻通考》卷一六九著錄汪志，並作十五卷，而《千頃堂書目》

卷九及《明史·藝文志二》著錄汪志，則作二十卷，後者很可能是誤以王志爲汪志，畢竟王志是在汪氏舊志的基礎上重修而成，容易致人混淆。

王逢年跋語自稱，其重修不僅取資於實錄、會典、通志諸書，而且『參以稗官，證以野史，廣以家乘，四出徵求，不遺餘力，據舊志而增補之。舊志始于洪武改元，迄于隆慶初祼，篇目雖立，十缺其五，如上而聖政，下而奏疏，關係弘鉅，猶未入編。逢年補佚增新，共爲二十卷，較舊不啻倍之』。二十卷卷目依次爲：聖訓、聖政、建官、公署、總職掌、文選司職掌、考功司職掌（計典附）、驗封司職掌、稽勳司職掌、司務廳職掌（堂規附）、歷官表上、歷官表下、奏疏上、奏疏下、尚書傳、侍郎傳、郎中傳、主事傳、藝文上、藝文下。『聖政』與『奏疏』三卷舊志原闕，乃新志所增出者。其他舊志已有之卷目，則不僅增補隆慶五年（一五七一）以後五十餘年的內容，也對隆慶五年以前的內容有所增補考訂。卷一一『歷官表上』後附『年表上卷考正』，包括『訂補國初闕佚』、『詳訂舊表訛入』等，卷一二『歷官表下』後附『年表下卷考正』，包括『參考爵謚異同』『考補舊表遺闕』等。由此來看，新志增補考訂，其功匪淺。四卷傳記幾乎囊括明代任職南京吏部的所有主要官員（僅闕明末二十餘年）的傳記，當代人作傳，非止資料豐富翔實，亦更可信。兩卷藝文雖然只輯存二十九篇有關南京吏部的文章，但大多數相當罕見，有着重要的文獻價值。

臺北『中央』圖書館善本部藏有此書，原著錄稱此書爲天啟二年（一六二二）刊印，其根據或爲孫瑋序中所言：『梓成之日，予方晉掌北司寇事，黽循諸君之請，輒題數語于簡端。』而孫瑋自署職銜爲『管都察院左都御史事』，其序撰於『天啟壬戌』。然而，考本書卷一二《歷官表下》，列錄嘉靖元年（一五二二）以降歷任吏部官員名單，下限迄於天啟七年（一六二七）。可見此書在天啟二年刻成之後，還有補修增刻。

華子后

重修南京吏部志序

今上御寓礿載疆圉多故羽
書旁午特從倥偬中下
詔儒臣開局掄才纂修
兩朝實錄并及

兩都諸司各輯其志以備
一代正史毋有所闕其于
紹休揚燉彰往詔來之意
甚盛臣子幸生當其際苟
不黽竭朽鈍以奉揚

一人休命謂
昭代右文之典何也是時
不佞濫竽南國統均之任
間閱本部舊志慊焉興𢘆
漏之嗟又其輯在隆慶辛

未嗣茲以還五十餘年攷
實鈌然莫紀將懼故老之
凋夷而見聞之漸佚迺亟
訪操觚之彥得雲間王生
家世青緗博雅多蓄茂才

異等腹貯千秋延致之爰
授簡焉生旁諏博採冥探
精捜撮百氏之芳䋣運一
心之杼軸綜核編摩事雖
踵乎前人功實倍于創始

于凡典章之闕畧者增之
條例之未備者廣之世代
之未接者續之文詞之未
嫺者飾之討其故而鼎之
新採諸今以鎔乎古試一

披而覽之爛如也復淵如
也
明興來二百餘年用人圖
治之猷登明選公之法與
夫張弛因革之細人倫才

品之緐無不燦焉在目瞭
若指掌猗與熾矣富矣是
不足以鼓吹休明鋪張鴻
藻仰佐
陛下維新之雅化而蜚聲述

作之場乎哉是役也操管
于王生而在事諸君子寔
相與左提右挈協贊不朽
不佞幸樂觀厥成焉上下
志同壎篪道合而又適丁

國運純熙日月開朗之際
人與時會業與人併用能
舉
累朝之佚事更爲一代之鴻
裁振蠱壞于舊章耀文明

于留褎事如有待詎曰偶
然梓成之日予方晉掌北
司寇事䆒循諸君之請輒
題數語于簡端俾後之習
掌故而攷憲章者知所自

云

賜進士出身資政大夫正治

上卿南京吏部尚書前兵

部尚書管都察院左都御

史事渭上孫瑋書于統均

公署　　　　　　旹

天啓壬戌季秋穀旦

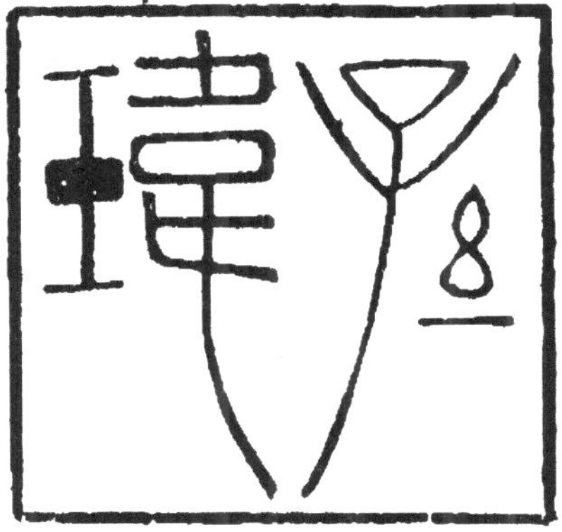

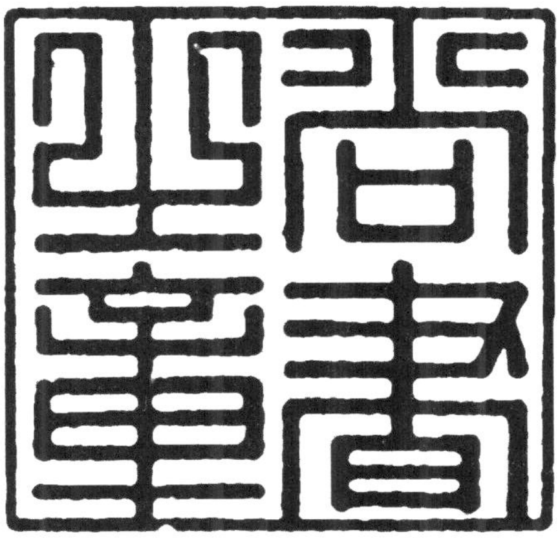

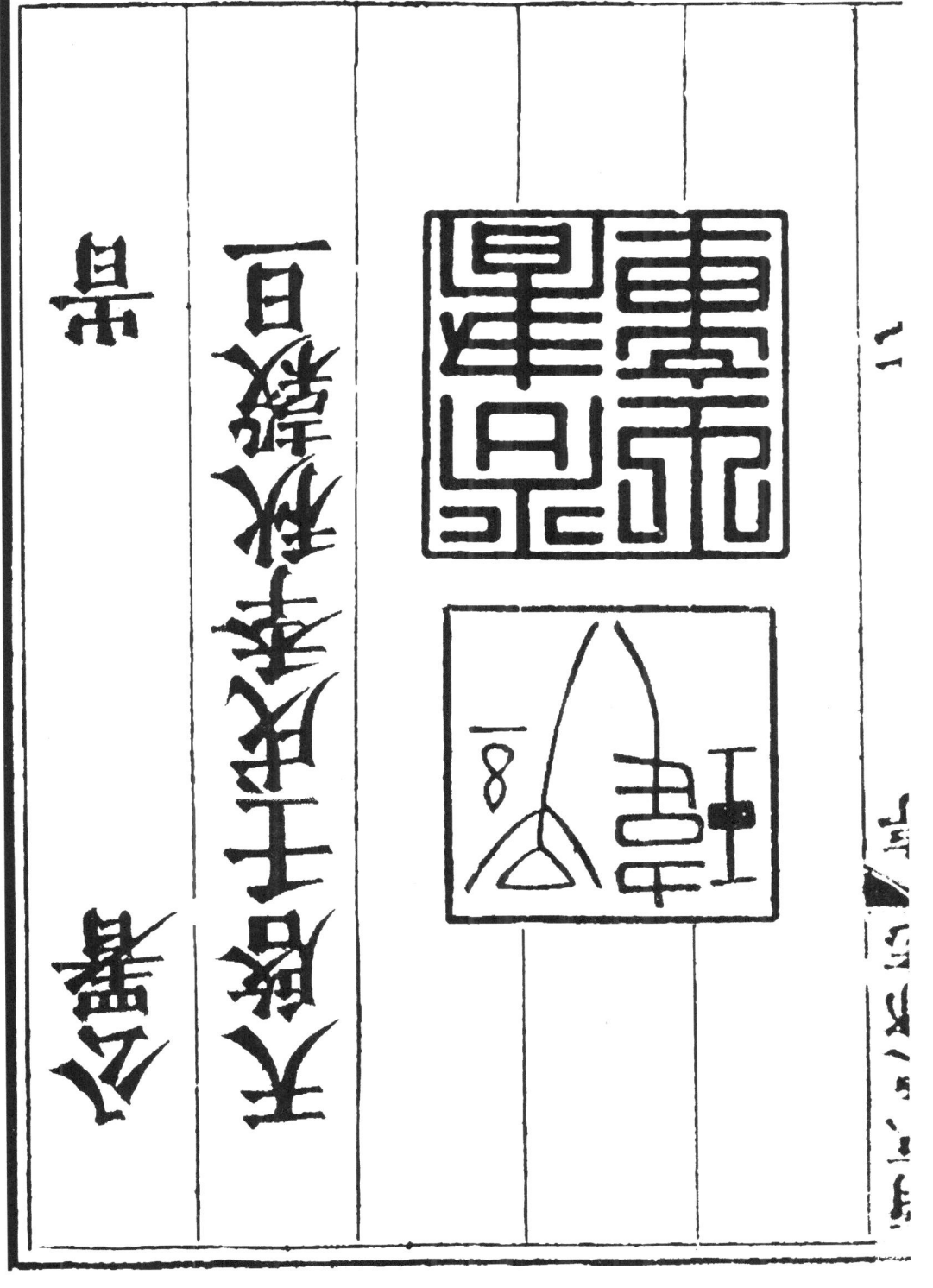

南京吏部志

卷七

南京吏部舊志序

南京吏部志者志南京吏部之文獻也是故觀

聖訓而欽若之心生觀建官而靖共之心生觀公署而匪懈之心生觀職掌而敬事之心生觀歷官而思省之心生

觀列傳而尚友之心生觀藝文而稽
古之心生志之不可以已也夫
國初總天下之政於中書省則吏部秪
爲一曹及分天下之職於九卿則吏
部寔統百官當是時
三殿兩閣竝設大學士矣吏部甄別九

沉上贊

天子用賢圖治惟是順天休命明揚庶位
共惟帝臣以亮天工以共天職是之
謂天官靡綮以人焉諸司職掌
太祖高皇帝親賜裁定著爲令典後雖因
時損益緣事爲例要當備載全書無

志事始庶幾遵成憲者有所依據議

因革者得以折衷也宗伊白之尚書

吳公嶽創爲部志乃諮詢前吏部今

南兵部侍郎李君棠大理寺卿杜君

拯太僕寺卿殷君邁鴻臚寺卿孫君

鑨應天府丞丘君有岩郎中顧君闕

郯君國儒袁君尊尼傅君良諫主事
蔡君悉聶君廷璧示我故典網羅遺
失稿成質諸尚書王公本固侍郎林
公爌乃命郎中項君篤壽定凡例司
務唐君之爍董刋較采摭事例屬之
四司文選則郎中張君明正主事劉

君伯生驗封則郎中鄭君宣化稽勳
則郎中李君得陽考功則主事施君
策也法得書云
隆慶五年辛未歲
賜進士第奉議大夫南京吏部文選司
郎中前兵部武選崇陽汪宗伊撰

南京吏部志重修跋語

我

高皇帝定鼎南服張官置吏首設吏部以綱紀百僚其委畀最重而操柄最一也自

燕都嗣建吏部事權稍移而之北學士大夫至視南曹若宋之洛下爲仕宦

廻翔之地勢之所趨固爾若逌太府
之所藏師氏之所掌令甲故典則班
班具在矣二百餘年來
列聖代興作求
世德亦惟是監于成憲詎能舍茲豐芑舊
章而他有徵信又況纂述家欲網羅
一代之舊闡紹明

先王之絶業者非南國是徵而誰徵耶斯
文叅啓
冲聖嗣曆神明天縱銳意表章
太宰孫公實綂均南國間取舊志閲
之喟焉興嘆謂幸當右文之代不以
此時抒鴻藻揚休烈仰佐
一人闓昌愽大之理而顧拘常襲故因陋

就簡坐令
先朝之軼事式序之大章日就湮滅如後
世徵文考獻者何遴擇授簡謬屬逢
年年最屬立猥承兹役念惟草茅淺
陋之質何以仰副千秋國士之期四
顧務徨莫適爲主竊覩載筆之業體
旣非一就南中各部事蹟亦復懸殊

銓部之嚴重銓政之簡要大非兵攬
錢穀比末易從簿書案牘閙䕺以
成書徵事則苦于摶沙師心則同于
吹影先輩論史云慮無史才又患無
史料此之謂也受事以來寢食不遑

廼取

本朝實録會典通紀典則及吾學獻徵

吾通志列卿表諸書次第編摩已復
綮以稗官證以野史廣以家乘四出
徵求不遺餘力據舊志而增補之舊
志始于洪武改元迄于隆慶礽撰篇
目雖立十鈌其五如上而
聖政下而奏疏關係弘鉅猶未入編逄年
補佚增新共爲二十卷較舊不啻倍

之既成上之
太宰暨一時在事
諸名公輒謬加許可竊愧上之不能
讀三墳五典如楚史所稱次之未及
從耆儒宿老之後耳熟
熙朝鴻秘而僅僅搜孑晷之流傳襲陳編
之遺瀋安冀信今而傳後大雅君子

得微啞且笑之乎昔龍門抽石室金
匱之藏以成史而其書至今不朽扶
風搜外臺小說以補遷之不足而其
書亦至今不朽龍門之作以太史扶
風之作以掌故掌故果得與太史爭
價千秋耶亦取其書之弗畔而已夫
述舊聞覈往事以備一代之遺志識

一官之掌故者則不肖年今日之事
也若夫鋪張大業潤色皇猷進而與
天祿石渠之作較雄論烈以垂不朽
則有我
太宰及
諸名公在爰述纂輯之始末若此云
天啓壬戌冬仲雲間王逢年謹跋

南京吏部志提綱

王者憲天出治天無言而時物行生言不幾於贅乎雖然風雨露雷誰非天之彰癉誰非天之言耶故雖唐虞三代至治之世猶不廢謨訓諸篇至於元首股肱廸知忱恂之語尤不啻再三諄切焉其重可知已

高皇龍飛淮甸定鼎南服雲龍騤騤羣材輻輳一時君臣相與告誡上自敬天下至畏人

鉅而軍國細而燕私靡不心惟口畫而拱

桷榱梁之喻莫邢騏驥之稱首懸于即位

之始嗣是

聖子神孫奉爲章程代有渙汗雲漢爲昭昔周

以大訓爲宗器子孫世爲著蔡綿歷八百

書曰監於先王成憲其永無愆詩曰不愆

不忘率繇舊章又曰無怨無惡率繇羣匹

今

聖訓具在是世世之寶也自燕都肇建以後銓
　選黜陟之權雖稍移而之北而煌煌
祖訓南國實首奉
絲綸況權有重輕職無同異遵而守之何敢貳
　焉爲
聖訓志
　國家諸凡禮樂刑罰軍旅鏹穀皆政也皆
　有畫然之例一成之格可依可傍可倣可

倣惟提衡人物用舍舉錯之政不可以成
例例之定格格之古者明王喆后簉羅賢
豪風雲玄感往往假途于夢卜發簌于神
靈聲應氣求符券不爽此豈有倣倣依傍
按圖索駿若後世循資守格之拘拘者乎
哉
皇祖崛起草昧鳳麟羆虎之士雲合景從然皆
途遘巷遇于立談之間至其

登極後張官置吏或出于獨斷或得于僉謀沿

華因勢而定增損隨時以易鼓舞一世之

豪傑奔走錯出之使能用不一途途不一

轍縱橫顛倒令人莫測其意故曰聖之所

刱著爲令豈非神謨睿慮固有超越尋常

萬萬者歟

文祖繼之振刷蠱廢潤色舊章要于師其意不

師其迹

兩朝之懿爍可攷鏡焉爲

聖政志

自有六相四友而後世遂因之以建官葢一人不可以獨理也然唐虞之世不過九官十二牧而周官則三百六十有奇詳哉乎其言之矣而或又曰官不必備惟其人然則無其人將虛其官與漢祖以御史大夫周昌爲趙相日弄御史大夫印而難其

屬一日熟覻趦竟曰無以逾公遂拜爲御
史大夫葢建官若斯之難也
明興衆建諸司而吏部獨爲六官之長然
自
太宰而下其官可紀也豈官不必備之謂
與洪武創制最得周官精意建文中稍更
其名而事權如故至
文皇都燕南北銓並建而事權始分

列聖相承以來雖其間不無損益然要之四子

部分理庶務

太宰受成事而少宰佐之則固位無曠官

也爲建官志

古者前朝後市定有規制然特大略耳巢

居之世勿論即唐虞尚茅茨不剪馴至姬

周堂搆漸啓故斯干之什曰君子攸躋而

公劉之什曰于時處處于時旅旅然此猶

宸居而未及公署也逮至秦漢其制大備漢時長安千門萬戶毋論官府即民居且有新豐矣

高皇肇基建業土木大興先

皇居次百司而吏部其首也迄今二百餘年不改鳥革翬飛之舊非

宗社實式靈之與漢初丞相府至屈甍時壞爲馬廄車庫奴婢室史臣有餘慨公署之

典替亦關於

國家之盛衰故序其沿革爲公署志

一人之身而五官亂營身必病一家之內而主伯競功家必廢故局分內外員列煩簡各相守則治交相侵則亂職掌之說所從來矣鄭簡公嘗謂子產曰子毋入寡人之樂寡人無入子之朝韓昭侯之時典冠典衣兩人者俱不克逭於罰彼故工習爲

名家言宜其刻核爾爾迺若師濟之朝工
虞士數不並營作人之世疏附後先不共
業此何以稱焉
高皇建吏部獨以統均之任責之
太宰而少宰佐之兼總諸曹提衡庶務絲
牽繩貫若御轡之在手而無旁落之患其
次有文選有考功有驗封有稽勳犂然秩
然比耦鱗次不相統一而承流宣布職繁

肩瑣于其間者屬之司聽期于各舉其職各効其能司其筦者不得弛肩于局之内非其任者不得代庖于局之外然後統均之地正而百司庶府莫敢不正矣自銓衡之柄移而之北南銓幾號爲閑曹四司職掌半屬文具獨

留都内計仍在南銓自來南計夙稱平允

朝野厭服以爲衡鑑之宗則知優閑養望之

地故多簡要清通之品乎爲職掌志

唐虞之世九官十二牧不聞需次卽十六族之舉亦終始一官耳至三代始有一命再命三命之法三命而貴顯極矣此歷官之大都也若夫顏駟皓首爲郎劉更生三十年不調荀慈明九十五日而登台司此又歷官之變局也

明興草昧之初未循次第有布衣而卽紆金

紫者郎
憲廟時有甫釋屩而郎給事黄門何其捷乎吏
部熟可炙手人人豔慕然未易越次而得
間有以才望自他曹及外僚入者不啻如
登瀛終未能一蹴而躋膴仕展轉於四曹
之間漸次以升滯不至如顔劉速亦不至
如慈明此固
列聖厲世磨鈍之大權也其世可經其人可緯

其代不乏人可上下而儀刑爲歷官年表

志

唐虞之世君若臣相與都俞吁咈于一堂

之上馴至後世尊君抑臣不得面相可否

於是有書有封事有劄子總之皆奏疏別

名也蓋國家大政人臣義既不得自專而

人主深居端拱勢又不能上達非假奏疏

何以悉事情故奏疏者所以通召對之窮

我也

聖祖

列宗神明御極廣聽納開忠益未嘗有拒諫之

名然

天威咫尺或未敢盡言往往托之奏疏爭可否

晰利害於方幅之上況職在南銓主持清

議尤不得不假疏牘以陳者無論銓綜流

品敷陳剴達即旁及庶務亦何莫非用人

行政之大端在一時爲靖獻在萬世爲章
程經世名言非迂緩無當者也歐陽文忠
公嘗著奏事錄司馬文正公嘗著手錄以
表明良契合之盛猗歟可繼美也爲奏疏
志

傳者傳也所以寄嬍惡予奪之微權在焉
故雖有元愷不廢窮奇卽班馬二史亦有
循酷二傳政欲俾賢者有所勸不肖者有

所懲義至深也今木天所載大都兼舉而
於志獨不亟陳必其人有忠言嘉謨豐功
偉績月日無議者蓋志以人重非人以志
重也故其人是雖郎以下必傳也其人非
雖都三公弗傳也官天部者自洪武迄今
未易枚數然皆金玉其行冠裳其品至用
人行政必平衡明鑑開誠布公者斯非所
謂萬人之人足以樹表正基邦家者耶詩

曰高山仰止景行行止傳之宜也第傳固
有體家乘之諛詞稗官之浮撥總無取焉
其文則質其事則核倘亦傳信不傳疑之
遺意乎爲列傳志
夫言爲心聲而文亦言也仁義之人其言
藹如有忠君憂國之心者必發爲忠君憂
國之言屈騷賈賦非與此皆攄自性靈非
可塗飾於楮墨間者也

明興初闢草昧故其文未雕未琢如渾金璞

玉逮成弘間文明大啓其文溫厚典雅至

於今稱極勝矣然

國初與成弘實太和元氣之文也今吏部所

存碑版其文不盡出於

國初及成弘時然皆不虛美無戹詞負贔鑴

珉皆成著蔡在公退食咸列座銘洋洋大

觀眞無愧於古初作者所謂藹如之言也

曹丕嘗謂文章經國大業不朽盛事何可
不備載簡編以垂之永永爲藝文志
奉勅纂修雲間王逢年謹識

纂修姓氏

南京吏部尚書孫瑋

尚書何熊祥

右侍郎孟時芳

署部事右侍郎黃儒炳

文選清吏司郎中計元勛

郎中王命新

主事涂紹煃

考功清吏司郎中陳陛

郎中涂一榛

郎中王三德

主事李一鰲

驗封清吏司郎中濮中玉

郎中吳亮

主事譚性教

主事夏嘉遇

稽勳清吏司郎中沈維昞
司務廳司務錢承擴
貢生王逢年

重修南京吏部志目録

南京吏部志卷之一

聖訓

聖有謨訓明徵定保是故帝王之建官也將以授之
職也人臣之事君也將以承上命也
國初誥諭悉出
淵衷大哉
王言一哉
王心鑑衡之喻公明之訓典銓之道何以加焉凡
誥諭頒於正統前者備録云志

聖訓舊序

太祖高皇帝

吳元年十一月

上諭中書省臣曰立國之初置賢爲急中書百司綱領總率羣屬須採擇賢者與之共理任人之道大小輕重各適其宜若委重於輕是以栱桷而爲棟梁委大於小是以鐘庾而盛斗筲又

諭曰莫邪之利能斷犀象以之斵石則必缺駃騠之駛能致千里以之服耒則必蹶要之處之得其宜

用之盡其才可也又

諭曰新授郡縣官多出布衣到任之初或假貸於人或侵漁百姓不有以養其廉欲其奉公難矣故賜道里費

洪武元年

諭六部尚書滕毅等曰朕肇基江左軍務方殷官制未備今以卿等分任六部國家之事總之中省分理六部至爲要職凡諸政務宜竭心爲朕經理或有乖繆患及天下不可不慎

洪武三年吳琳除吏部尚書授之

誥曰惟古帝王之治天下在於得人才然人才實繇於銓選朕所以於吏部之責必擇器識公明者居之具官吳琳學術既醇踐履尤正其來事朕繇博士陞僉憲司克振風紀及貳鹺臺國課以辦俾居記注獻納爲多茲用陞長天官以掌銓衡之重爾其量才而授官計功而考能使賢愚有別而黜陟合宜庶稱朕爲官擇人之意

洪武四年以王敏爲吏部尚書授之

誥曰昔君之用人也善用而無疑非也非獨君能無疑於臣實而臣不致疑而能成賢者矣朕統寰宇設官分職惟吏曹爲六卿之長可不精其選而索其人矣爾王敏雖周旋左右未久見其施設誠爲允當今特授吏部尚書

洪武四年以李守道詹同爲吏部尚書

諭之曰吏部者衡鑑之司鑑明則物之妍媸無所遁衡平則物之輕重得其當蓋政事之得失在庶官任官之賢否繫吏部任得其人則政理民安任非

其人則瘝官曠職卿等居持衡秉鑑之任宜在公平以辨别賢否毋但庸庸碌碌充位而已

洪武六年正月

命吏部訪求賢才於天下

上曰世有賢才國之寶也古之聖王恒汲汲於求賢若高宗之於傅說文王之於吕尚二君者豈其智之不足也而遑遑於版築鼓刀之徒盖賢才不備不足以爲治鴻鵠之能遠舉者爲其有羽翼也蛟龍之能騰躍者爲其有鱗鬣也人君之能致治者

爲其有賢人爲之輔也今山林之士豈無德行文藝之足稱者宜令有司採舉備禮遣送至京朕將任用之以圖至治

洪武七年六月

上命吏部曰古稱任官惟賢才凡郡得一賢守縣得一賢令足以致治如潁川有王霸中牟有魯恭何憂不治今北方郡縣有民稀事簡者而設官與繁劇同祿人供給未免疲民可量減之於是吏部議北方府州縣減官三百八人

洪武九年三月

上謂吏部臣曰朝廷懸爵祿以待天下之士資格者為常流設耳若有賢材豈拘常例今後庶官之有材能而居下位者當不次用之

洪武十年三月

上命吏部曰考績之法所以旌別賢否以示勸懲今官員來朝宜考其言行察其功能課其殿最第為三等稱職而無過者為上賜坐而宴有過而稱職者為中宴而不坐有過而不稱職者為下不豫宴

序立於門宴者出然後退庶使有司知所激勸

又

勑吏部尚書阮畯等曰比遣使偏諭有司各舉才能以備任使而有司不體朕意往往以庸才充貢已嘗勑所司按之以法爾吏部宜申諭有司用心咨訪務得真才舉非其人罪罰無貸

又

上諭吏部臣曰天下之務非賢不治求賢之道非禮不行故湯致伊尹舒於三聘漢徵申公安車束帛

近朝臣以朕舉賢朕皆徵用之所舉者多名實不稱徒應故事而已夫披沙將以求金掘井在於獲泉薦士期於得賢今所舉皆非豈昧於識人耶抑賢才之果難得也爾吏部其以朕意再諭天下有司盡心詢訪必求真才以禮敦遣

洪武十三年正月召山西左參政偰斯為吏部尚書

敕諭曰保身固位無補於君者甚非良臣卿前朝之名家今事於朕已有年矣於事未見剛明邁衆露

其過若欲宥之慮恐可惜特赦爾過取任吏部尚
書馳驛前來毋稽故茲勑諭
賜誥曰朕惟國家之用人也去取雖在於人主銓選
必繇於吏部得人則拔擢才良甄別流品清濁臧
否不致混淆而庶職理矣爾斯事朕有年奉職惟
謹察其設施誠爲允當其以爾爲吏部尚書爾其
懋哉
洪武十三年
上諭吏部所舉到儒士及聰明正直之人曰天生蒸

民必命人主以治之朕承天命養育黎庶不能以獨治故求賢人君子以共治之然宇宙之廣豈無遺賢數勑有司薦舉賢良之士至者授以職任使所至爲造福邇年以來或貪虐撓法有傷吾民朕甚憂之故又勑有司精愼所舉今爾等至京初皆庶民歲授官役朝廷得失有司利病必盡知之今盡授以官當盡心所事鑒前人之非爲朕福民朕之望也

洪武十四年

上諭吏部臣曰樹藝非其土則不蕃授官非其才則不任任官之務當取方正之士凡邪佞者必去之

吏部臣對曰人之邪正實亦難辨

上曰衆人惡之一人悅之未必正也衆人悅之一人惡之未必邪也蓋出於衆爲公論出於一人爲私意然正人所爲治官事則不私其家當公法則不私其親邪人反是此亦可辨

洪武十四年十月

上諭吏部臣曰教官訓導所以作養生徒爲國儲才

選者有司往往委以公務使不得盡心教訓甚非
所以崇儒重學之意其禁之
洪武十六年五月吏部奏考滿官二員當選
上曰仕官之法考課爲重唐虞成周之時所以野無
遺賢庶績咸熙者用此道也若百司之職賢否混
淆無所懲勸則何以爲政故鑑物必資於明鏡考
人當定以銓衡爾等考覈務存至公分別臧否必
循名責實其政績有異者即超擢之庶幾賢者在
位而人有所勸矣

洪武十七年正月
上謂吏部臣曰設官分職以爲民也曩者諸司任用
非人常遣官屬吏卒下鄉逮捕追督迎送供給甚
爲民患已嘗下令禁止近河南府仍遣永寧縣官
下鄉拘捕逋卒民甚苦之此豈良有司所爲宜即
逮治仍申明禁令使天下知之
洪武十七年二月
上諭吏部臣曰近內外官員有以微罪罷免者其中
多明經老成練達政務一旦廢斥不能盡展其才

能朕甚惜之爾吏部可移文各處凡罷免官通經

術有才幹悉起赴京

洪武十七年七月

上謂吏部臣曰近郡縣薦舉多冒濫諸司考課殿最

亦多失實爾部其申諭之凡賢才必繇鄉舉里選

擇其德行著稱諸論所推者貢之考覈官員稱職

與否務從至公歲終來朝具實以聞違者罪之

洪武十八年六月

上諭吏部臣曰天下府州縣一歲一朝道里之費得

無煩勞自今定爲三年一朝齎其紀功圖册文移
藁簿赴部考覈吏典二人從之其布政司按察司
官亦然著爲令
洪武十八年十二月
命舉孝廉之士於天下
上諭吏部臣曰朕向者令有司舉聰明正直之士至
者多非其人甚孤所望朕聞古者選用孝廉孝者
忠厚愷悌廉者潔已清修如此則能愛人守法可
以從政矣其令州縣凡民有孝廉之行著聞鄉里

者正官與耆民以禮遣送京師非其人勿濫舉

洪武十九年都察院左都御史兼吏部尚書詹徽

奏用監生十四人皆爲六品以下官

上諭之曰事君之道惟盡忠不欺治民之道惟至公無私凡一郡一邑之民必有饑寒不得其所者有獄訟寃抑者有賢才不舉者有豪猾蠹民者汝等到任時能不爲私欲所蔽人言所惑則方寸自明而諸弊可息一牽於私欲而惑於人言則冥冥如坐暗室饑寒者無繇獲濟寃抑者無繇申理賢才

壅閉奸猾縱橫則爲曠職矣古人有言人始入官
如入暗室久而方明明乃治矣汝等切記毋爲蔽
惑也
洪武二十二年十月
上諭吏部侍郎侯庸曰人之成才至難自非聖賢鮮
有無過者若有過能改則志乎善矣可以録用比
受歲祿之人及民間子弟久居學較教養有成或
因小過罷出者悉許自新仍録用之又
諭曰朕觀歷代賢明之君於輔導太子必擇忠正賢

良之士三代保傅禮甚尊嚴後世若唐太宗爲子擇師傅而李綱之徒直言正議頗有裨益今東宮官屬詹事未設衆務無所統領兵部尚書唐鐸爲人謹厚有德望宜當兹任其以鐸兼詹事仍食尚書之禄

洪武二十四年七月

上諭吏部臣曰用人之道在於隨材任使則天下無棄人矣又

諭曰觀人之法有數等材德俱優者上也材德不及

者其次也材有餘而德不足又其次也苟一二者俱無此不足論也至若逐勢變移好作威福言是而行非此小人不可用也

洪武二十六年

勑諭各衙門司務二員坐廳東南向面西將守籍吏二名終日在堂專管紀載本衙門出入文書隨即附簿驗其應速者速應遲者遲明白勾銷下註或字有差錯不許塗抹於傍圈註逐日紀載事件至晚計定件數庶便稽考若事有可速者而遲之躭

誤公事矣若事可遲而遠事不當矣惟克果斷乃
無後難其司務之設職亭甚重其所鍊磨也甚出
非常若勤於督責精於註銷使合衙門官吏皆不
入刑憲之所其司務之才能已稱堂上之任矣又
何考試之疊疊

成祖文皇帝

永樂元年九月

勑吏部臣曰朕以眇躬嗣承大統圖惟求賢以資治
理宵旰皇皇急於饑渴其令内外諸司於羣臣百

姓之中各舉所知或豈宜在下而沉滞下僚或可謫
繁而優游散地或抱道懷才隱居田里無間遠近
並以名聞毋娼嫉蔽賢毋徇私濫舉書曰舉能其
官惟爾之能稱非其人惟爾不任欽哉

永樂元年十二月

上諭吏部尚書蹇義等曰為國牧民莫切于守令守
令賢則一郡一邑之民有所恃而不得其所者寡
矣如其不賢當速去之蓋吏部選授出一時倉卒
未能悉其才行必考察所行乃見賢否其令巡按

察院御史及按察司凡府州縣官到任半歲之上者察其能否貪廉之實具奏

永樂二年三月吏部尚書蹇義奏請明日選官

上諭之曰爾等職專銓選辨別邪正但當揆理不當任情揆理則以是非爲進退任情則以從違爲取舍愼之愼之又曰用人之道各隨所長才優者使治事德厚者令牧民蓋有才者未必皆君子有德者必不同小人不可不察

永樂二年九月

上召吏部尚書蹇義等諭之曰往者慮各處守令未必皆得人故命御史分巡考察比聞御史至郡邑但坐公館召諸生及庶人之役於官者詢之輒以爲信如此何繇得實如入其境田野闢人民安禮讓興風俗厚境無盜賊吏無奸弊即守令賢能可知無是數者即守令無所可取矣且詢言之弊非一端人好惡不同則毀譽亦異若只憑在官數人之言以定賢否其君子守正自守小人賂遺求譽而即墨及阿之毀譽出矣故孟子論取舍必徵諸

國人自今御史及按察司考察有司賢否皆令具
實績以聞
永樂六年六月吏部引選人奏授官既罷
上語尚書蹇義等曰用人當量其才高下而任之譬
若器焉能容數石者投以數石能容數斗者投以
數斗過則不可若以小才任大職則敗事以大才
任小事則枉人其精審之
永樂七年二月
上命吏部臣曰洪武中所用之人皆爲建文擯棄者

朕即位以來皆復其職惟衰老者不欲重煩以政
悉令致仕今朕廵狩北京思得老成列置郡縣以
副撫綏之寄其自洪武三十五年七月以後致仕
還鄉年雖老而志未衰者悉召之來暫任以職待
朕還京仍舊遣歸
永樂七年四月
勑吏部尚書兼詹事府詹事蹇義曰朕命皇太子監
國其取裁決務須令六科逐月類奏且如賞一人
何繇而賞罰一人何繇而罰或罰而復宥皆須詳

錄奏來勿有所隱夫國之儲嗣天下之本朕簡爾

等輔導期有裨益使天下之人仰望風采如一賞

一罰皆出公當庶足服人苟有不當爲天下所議

爾等其夙夜盡心以副朕懷

永樂七年六月

勑吏部及都察院曰守令民之休戚係焉比遣御史

考察賢否而陞黜之還言汝上縣知縣史誠祖廉

公愛民治行顯著已陞爲濟寧州知州仍掌汝上

事易州同知張騰貪污殘虐壞法欺公已寘諸法

夫郡邑之廣守令之衆豈能悉得其人卿等宜悉
心詢訪具實來聞其廉能恤民者進用之貪刻無
狀者罷斥之庶幾勸懲激勵之道

永樂八年十二月

上諭吏部尚書蹇義曰御史國之司直必有學識達
治體廉正不阿乃可任之前有刀筆吏爲之者刀
筆吏知利不知義知刻薄不知大體此徒任風紀
使人輕視朝廷前之繇吏爲御史者爾吏部悉罷
之繼今風憲吏不得用吏著爲令

永樂十年正月禁諸司造作雜務不許擅差守令

正官

上諭吏部尚書蹇義等曰守令一郡一邑之長若人

每戒數易盖牧守之寄甚重須久于其職比聞諸

司以造作雜務輒差正官意在成事之速此俗吏

不識大體自今一應公務不許擅差守令俾專職

理民

永樂十六年三月吏部言各處布政司按察司官

多缺

上曰布政司按察司右方嶽之臣方數千里之地生民吏治懸諸數人之手得人則民安而政理不得人則民不安政不理其任匪輕令廷臣中有賢能者可選用之

自後吏部南北分建矣舊志於分建後聖諭通錄以其係銓臣之通遵也謹循其例凡累朝實錄及　累朝寶訓錄萬曆絲綸錄所載有關吏治通行南北者備錄於後

永樂十九年八月

皇太子謂吏部刑部都察院臣曰比年各處閒吏羣聚於鄉起滅詞訟攪擾官府貽害平民爲患不小

令後吏考滿不給繇丁憂服滿不起復得代不赴京因事赴京還不著籍者悉發保安衛充軍

仁宗昭皇帝

洪熙元年正月

上以文官員冗諭吏部汰之曰古稱官不必備惟其人今過冗矣且賢否廉汙混淆無別廉汙無別則廉者之心或怠君子小人並處則小人之勢常勝且老病昏懦之人在位徒糜廪禄何裨政理其在內諸司令堂上正官在外令巡按監察御史及按

察司明公廉察凡賢材者留其貪刻庸鄙及老疾
者悉送吏部罷之自今吏部宜精選勿濫
洪熙元年二月
上諭吏部尚書蹇義曰自古人君厚其臣必體其情
而及其父母故後世有推恩封贈之典今武臣皆
得封贈祖考文臣得者甚少
太祖
太宗之世旣皆行之明著吏部職掌蓋褒善勸功勵
人心於忠孝者在此其舉行之但毋越成憲濫及

匪人耳

洪熙元年二月

上諭吏部尚書蹇義兵部尚書李慶曰庶官賢否軍民休戚之所係唐太宗書刺史之名於屏朝夕省覽聞其有善政則各疏於下故當時所用之人皆思奮勵致治效斗米三錢外門不閉

皇考亦嘗書中外官姓名於武英殿南廊閒暇觀之今五府六部之臣朕朝夕接見得詢察其賢否若都司布政司按察司官朕既不盡識之又不悉其

姓名雖或聞其賢否邪正既久不能不忘爲臣者
善而上忘之誰肯自勉有不善而上忘之誰肯自
戒如此國家何以望治效爾吏部兵部具各都司
布政司按察司官姓名履歷揭諸西序朕得閒暇
觀之以考察其行事而黜陟焉其悉書之

洪熙元年八月

上諭吏部臣蹇義等曰今之人才多出學校若無明
師訓誨何以望其成才監生選除固是舊例須令
祭酒司業及諸學官務選經明行修之人不得濫

舉

洪熙元年九月

上謂吏部臣曰比者御史考察官員闒茸不稱者多係吏典出身蓋初用之時失於慎選今各衙門吏典宜從親臨官選擇吏部審覆鄙猥不堪者罷歸為民

洪熙元年十二月

上諭吏部臣曰師儒之職不可濫授此欲其成就人才德古以模範稱之模範不正其所造器何能得

正比來國子生務實學者甚少大率於諸司歷事苟延歲月以圖出身固是學者志趣卑下亦繇師範失職所致卿等毎引選國子監官皆循資格歴之不聞舉一道德老成之士如何望太學之師皆得人自今愼重其選

宣宗章皇帝

宣德元年四月

上諭吏部尚書蹇義等曰庶官賢否關國家之治亂掌銓衡者以進賢退不肖爲職一事得人則一事

理一邑得人則一邑安推之庶政達之天下無二

致也朕嗣承

祖宗大統維新治理以安民生選賢任能尤爲切要

古人取士於鄉以其道藝著聞有素後世以言貌

求其底蘊蓋亦難矣況篤實之士率多恬退便辟

之才巧於進取非至公無以勝私非至明無以格

物嚴選舉以遏冗濫精考覈以防矯僞毋俾小人

貽患於民斯其善矣古之大臣以賢事君國家膺

福蒼生受惠觀其事無過與學較勤勞來勸課農

桑修舉水利蠲徭役人而已非有奇才異能以鉤
駭人之視聽然而傳之者何哉以其奉職循理而
民自化異乎尚威嚴以爲治者自古有天下者皆
以民爲本舜禹之相戒亦曰德爲善政政在養民
水火金木土穀惟修正德利用厚生惟和而已夫
既有所養又有所教而後民生遂民性完然治天
下之民必用天下之賢士此後世縣令郡守之職
所以重也夫一郡一邑其地環千里其民以千萬
計而任其才行著欲其教養之而已教養之道農

斂而已農桑之業修則民足於衣食而遂其
生學校之政舉則民習於禮義而全其性如是足
以爲善治矣然而世之才能之吏或不知務此往
往任智所爲威嚴苛刻峭急於是民受其弊此趙
廣漢輩之所以不得爲循吏也今天下之郡邑多
矣予惟師舜禹之道以教養斯民故於守令之選
加嚴焉詩曰愷悌君子民之父母安得皆有如古
人者布滿天下郡邑哉

宣德二年正月

上語吏部尚書蹇義等曰詔書求賢不問已仕未仕
近觀各處所舉亦有拔自民間天下之大豈無遺
才皆當召至考其所學試其所能然後命之以官
君子小人各以類進但觀所舉之賢否則舉主之
賢否可知卿等切須詳慎務得真才勿容濫舉
宣德二年七月
上召吏部尚書蹇義等諭曰唐太宗嘗言用人當以
德行學識爲本此語甚是今之所用多是進士監
生彼讀書知古必能務德行廣智識間有人才吏

皆緫亦少在要職大凡用人正如工匠用木大小
長短各當其宜然後能成居室若用人不當何以
成治功卿宜更加詳察有在高位而德行學識未
稱則改用之有在下位而德行學識優長則進用
之庶合至公而人莫不服

宣德二年十月

上御奉天門諭少師吏部尚書蹇義等曰書云萬邦
黎獻共惟帝臣惟帝時舉蓋天下未嘗無賢賢者
亦皆願仕在乎人君舉用之耳朕下詔求賢意亦

誠切天下之大豈無若伊尹傅說諸葛孔明者而
皆不見舉比者一二大臣所舉薦或既受職即以
賄聞或以庸鄙曠位大臣所舉如此朕何賴焉卿
以進賢退不肖為職尤當為朕留意舉能其官惟
爾之能必使野無遺賢官無廢事然後副朕意

宣德三年三月

上諭吏部臣曰朕惟人君主宰天下生民之衆政務
之繁必簡賢才與之共理其銓選之法殿最之方必
屬有司以盡至公我

祖宗稽古建官選任賢良厥有成憲朕嗣大歷服率
繇典章不以私暱千名爵不以小人間君子招徠
善類以安兆民庶幾輔成之效比隆前古咨爾吏
部實典銓衡夫官不必備貴在得人諸司官員舊
有定額今事不加多而額外添註紛紛倖位苟祿
偷安其可不革正乎吏員出身雖有定格往時選
用嚴慎受官者少比年吏典考滿日歲以千計不
分淑慝一槩收用廉能幾何貪鄙塞路其可不精
擇乎數詔求賢期得實才與共治理而各司所舉

不論才德或以親故或以貨利徇私濫保假公濟
欲其可不核實乎官之考滿績最者陞有貪汚無
耻罷軟無能苟積歲月均得超用何以辨清濁職
之大小必量才稱任或以權貴之言或緣親舊之
故不量所能悉授美職何以别賢否惟公惟明用
人之道書曰舉能其官惟爾之能稱匪其人惟爾
不任爾其懋哉盖庶官之賢否政治之盛衰關生
民之休戚朕既付爾以銓選之任所選者君子斯
庶政乂安民受其福有利於國家所選者小人則

庶事隳廢民受其殃欽怨於朝廷爾其慎哉君以
得賢爲本臣以進賢爲忠敬之敬之庶幾明良相
與共致太平之盛故諭
宣德五年正月行在吏部奏選官退
上因與侍臣論前代官制
上曰省官安民之道唐虞建官惟百夏商官倍秦漢
以下視夏商官益增多何也侍臣對曰時勢不同
也
上曰唐虞三代事簡民淳不可比擬唐太宗定內外

官七百三十員去古未遠亦足爲法侍臣對曰然
必繇君心清則事可簡事簡則官可省官省則民
安矣若國家多事政務煩雜小人倖進冗食者多
欲百姓免於煩擾難矣
上曰此誠確論清心者省事之本
宣德五年八月
上罷朝謂吏部尚書等曰東漢孙實融保河西以孔
奮爲姑臧長姑臧富饒奮以廉潔自守衆皆笑之
謂其身處脂膏不能自潤光武知之及融率官屬

入朝即擢奮爲武都郡丞以旌之夫激揚清濁爲
治之道使清濁無别何以勸懲天下光武即位未
幾舉卓茂又舉孔奮東漢多循良吏盖繇此今天
下未嘗無潔士爾宜爲朕甄别以聞朕當旌之若
人有善而上不知則爲善者怠矣

宣德五年十二月

諭吏部曰朕以用人之柄付卿卿當爲朕擇才昨郡
守多缺乃勞廷臣共舉古之人當斯任者必勤於
訪問有得即録之故官不乏才呂蒙正之夾袋虞

之文之材館録是也自今留意

宣德六年六月

上謂少師吏部尚書蹇義等曰朕甞作招隱詩賜羣
臣以示求賢之切然古亦有招隱詩蓋彼欲招隱
者與之俱逺遯朕則意在招徠賢者而用之使無
久淹巖穴恐才德之士猶未悉朕意不肯輕出再
賦七言招隱歌以示卿等序曰朕惟賢者政治之
具即位以來屢詔有司舉德行才智之士將與共
圖治道然林泉巖谷必有逺引而不輕出者朕夙

夜念不能已已夫枉己求售非志士之本心而潔身獨善豈聖賢之中道以故作招隱之歌欲使幽遠之賢皆明朕意庶幾幡然有奮起者盖昔人嘗賦招隱矣彼其有激欲與俱去遯世遺人一己之私朕之所懷天下之公題雖同而志則異觀者亦亮予志焉耳又謂蹇義等曰卿等爲國重臣同朕欣戚特示觀之夫舉賢爲國人臣之忠其必有以勉副斯意勿徒視爲空言也

宣德七年六月

御製官箴成以示百官諭之曰朕承大寶臨撫兆民實賴中外文武羣臣同心同力以興起治功昔舜命九官十二牧皆孜孜訓諭虞史書之夫以大舜爲君禹皋稷契輩爲之臣猶致儆如此況朕菲薄敢不究心然遠臣既不得數見而人諭之近臣雖朝夕相接亦不得數以言諭因取古人箴儆之義凡中外諸司各著一篇使揭諸廳事朝夕覽觀庶幾有儆然古之君臣有交儆之道凡在位君子有以嘉謨告朕者尤朕所樂聞也箴凡三十五篇

吏部箴曰周官六卿其長太宰統治百僚以熙功載漢設選部官置尚書有佐有屬代襲弗渝致治之本寔資用賢甄拔簡任爾持衡銓爾惟敬之務公戒私善爾勿蔽才爾勿遺必黜憸邪必進忠貞用舍適宜治繇爾興苟或貿貿弗博詢采謀而用弗究其內玉石不分臧否莫明治之弗興亦繇汝成度德定位乃稱任使小知大受官罔不弛精爾識鑒勵爾正直相予於治夙夜無斁

宣德七年八月

上御奉天門視朝罷
勅諭吏部曰致理之方用賢爲要事君之道薦賢爲
忠朕主宰天下思惟負荷之重必得賢才共圖治
理夙夜在念寢食弗忘嘗勅朝臣三品以上舉薦
所知又出示招隱濟蘭之作庶幾羣臣咸明朕志
近惟一二廷臣曾有舉薦其餘曠時積月不舉一
人豈果無遺賢歟抑今中外所用皆得人歟蓋典
銓衡者之怠忽也朕以誠心求賢望理不圖臣下
玩爲虛文孔子曰十室之邑必有忠信况今天下

之廣生民之衆乎爾吏部即會在京三品以上官
衆議推舉有才行者有學議者具名來聞朕擢用
之毋徇私濫舉塞責仍同都察院考察在外方面
有司官之昏懦不立貪暴無狀者具奏罷黜之庶
以副朕惓惓求治之意欽哉

英宗睿皇帝

正統元年四月

勑吏部曰朕嗣位以來夙夜惓惓體

皇天仁民之德廣敷寬恤之政而今萬物長育之時

天久不雨又兼水潦蝗蝻洊軫朕心揆厥所繇咸
謂牧守之官未盡得人貪虐暴刻所在有之及命
官考察又或徇私捷於科徵巧於諂事者率以爲
能斁於撫字廉介自守以爲不稱公道弗明人怨
弗恤所爲如此何望和氣之應爾典銓選之官獨
不思爲國家生民慮乎今直隷府州縣官從吏部
遣官及巡按御史考察務在廣詢細民不許偏詢
糧長里長老人扶同之言以昧至公若考察得實
賢才者之守令職具名奏聞不才者就起送吏部

[illegible]使發遣其布政司按察司堂上官從吏部都察
院考察屬官從巡按御史按察司考察今後方面
及郡守有缺仍遵
皇考宣宗皇帝勑旨舉保不許故違但犯贓罪并坐
舉者爾等欽承之用副朕恤民求治之意
正統元年十二月
勑吏部曰今兩京御史及天下知縣缺人宜令在京
三品以上官各舉廉潔公正明達事體堪任御史
者一員在京四品官及國子監翰林院堂上官各

部郎中員外郎六科掌科給事中各道掌道御史
各舉廉慎明政寛厚愛民堪任知縣者一員爾吏
部又加詳察而擢用之必甄别之明去取之公毋
撓於勢毋惑於私毋怵於利使二者之任皆得賢
才庶副朕求賢圖治之意欽哉

正統五年六月

勑諭六部都察院通政司大理寺等衙門大小官員

曰朕嗣承

祖宗大統代天理人夙夜兢業慎簡賢良分理庶事

共成治功所望在廷大臣咸秉一德以匡不逮今
同心同德効輔弼之勤者固多若正己率人之道
或有未至歟年來方面郡守率繇保舉得人能潔
已奉公然京官尚有未能盡革舊習者只如舉官
一事凡君子所舉皆賢其間亦有不賢者是舉者
之不明或溺於私也於是舉知縣作弊甚有賄賂
公行肆無畏忌其令給事監察御史體實以聞近
知縣多缺未舉者尚多豈果無其人與抑爲常例
之所拘與進士監生皆國家作養成材以待用者

何以不見薦舉自今進士觀政一年者監生歷事考中并坐監三年以上有學識者銓吏員出身授官曾歷兩考能廉潔守身忠厚愛民才識相稱者悉聽舉保送吏部照例考用後犯贓罪并連坐舉者薦舉雖命庶官選任專委吏部選之不精吏部之責爾其慎之凡在別處辦事而帶俸者不必責其舉官銓技藝出身與曾犯贓罪官員俱不許舉刑罰貴乎平恕近者或以好惡爲輕重欲重之則餙以非情之罪欲輕之則畧其眞犯之情何以服

人爾法司其慎之凡言事之職須明　近者或
因小罪加人大惡或假公法報已私忿或進諂訐
以希進用或泛言諸司弊事悉無實跡皆非公正
之道自今慎之如有交通囑託以私滅公顛倒是
非並須直言不可黨比亦不可誣枉朝廷於百司
設正佐官俾共理政第凡正與佐皆當以誠相與
有善相輔有過相規此協彼和事乃有濟不可專
恃已見不悉衆善屬官中賢者須禮之不及者須
教之不肖者須明其罪黜之如或恍諂訐納浸潤

則賢者受抑不肖者得志孰與成功爾等有即改
之無則加勉自古明君良臣必務交修爾大臣者
宜體朕心見諸實行庶幾表率羣僚永保祿位欽
哉
憲宗純皇帝
成化二十二年六月
上諭吏部等臣曰朕惟人君圖治必先於得賢人臣
輔治必謹於奉法夫法者治天下之具得衆賢以
奉法則治功未有不成者我

太祖高皇帝創業貽謀百司庶務具有[illegible]矣
列聖相承守而弗失治化之隆逺邁前代肆朕繼統
一惟成憲是遵夙夜兢兢恒思得人輔理奈何歳
月滋久大恬武嬉往往有恣情玩法曠職僨事者
形跡敗露朕已寘法憲典尚慮爾文武羣臣罔知
警戒居官職者或私勝公徼交逼囑託引用非人
以致殃及於軍民在下位者或知小謀大貪緣行
賄躐求非分以致僨切於人心此而不禁必將傚
傚成風廉恥不顧名節不立勲業無聞祿位不保

國家之治亦何所賴焉茲特降敕戒諭爾等其各
惕然修省奉公守法勉副委任或内省有疚者須
痛自懲艾改過自新務期職修政舉有利於軍民
用稱朕求賢圖治之意敢有執迷不悛仍蹈前非
者
祖宗法度具在朕不爾宥其戒之慎之
世宗肅皇帝
嘉靖七年六月吏部覆大學士楊一清舉賢才議
上曰此當今急務宜虛心延訪公聽詳、察才尚可用

疏名上請仍通行兩京大臣及科道上舉所知

聽吏部參酌擬議以聞

嘉靖十二年四月

上諭吏部曰部院考察京官及科道拾遺事既竣獨科道互相糾劾業有成命今數日未見題請顯有畏附之私姑置不究宜遵例令兩京六科十三道從實互舉以聽去留

神宗顯皇帝

萬曆二年四月吏部一本重久任專責成等事覆

吏科張　本奉
聖旨久任本係良法但近來華要衙門陞轉太驟若
獨責之守令其勢自難久行今既欲漸復
祖宗舊規都着一體遵守
萬曆四年四月某日
上諭吏部曰司官托病給假那缺催償以期速化及
離任之後高坐私家俟至有闕即不候到部坐缺
推補都是近年宿弊今朝政精明各衙門官俱要
實積年勞方得陞轉有患病等項實病的亦必再

三查勘方得放回乃吏部以題奏方　以遂得委曲
自處任情去來非正大公平之體朕前勉卿等以
正己率屬吏部是百司之長尤須深體此意嚴督
司屬勤修職業用舍進退務施一槩之平毋曲徇
私情踵習輕䝉致人心不服政體有乖
萬曆十九年七月
皇帝勑諭六部都通大
祖宗設官分職使之上下相統內外相維體式具存
紀綱攸係是官守之責各有司存豈容紊亂近年

以來人各有心衆思爲政或以卑凌尊或以新間
舊或以僚屬而詈官長或以外吏而排閣臣以致
國是紛紜朝綱陵替大臣解體急欲乞身國無其
人誰與共理内治不舉外患漸至四夷交侵職此
之故今後但有爲名犯分詆胃誣衊肆無忌憚者
典憲昭然定不輕貸
萬曆二十年九月
上諭吏部曰人臣恬退知止原係士節但近來舛飾
虚名以退爲進致使職業曠廢陞轉㮣等徒長澆

風於國家何賴爾部還嚴核名實　政體内外
官果有廉靜實行的仍不次推擢用示風勵
萬曆二十二年十一月三十日吏部都察院接出
聖諭今當朝覲考察之期爾部院表率百僚甄別賢
否明示黜陟　欽此
祖宗圖治之盛典也遵行已久比年以來考察之後
羣言藉藉有廉直自持任怨任勞者或被抑屈貪
黷無耻淫躁飾非者附和結納以故是非淆亂人
無勸懲於是紀綱日頹士風日壞近來有等不守

循良專挾制人之術風尚囑託假公營私凡事附和甚無公直爾部都察院再行申飭

萬曆二十六年四月

上諭吏部日司官員缺行各部院照省直每缺各舉一人類奏待[illegible][illegible]用其郎中員外堪改的也着舉來與見在部裏的相兼請點務求廉明勤恪公正守法之人不許徇私濫舉着永遠遵行

萬曆二十七年三月吏部接出

聖諭近來欽點及陞遷官員皆推故延[illegible]不行趨赴

到任供職管事其於君命召不俟駕請好生玩

視怠慢爾該部可查但是欽點及陞遷官員都着

作速上緊到任更替供職管事如有仍前蔑旨不

遵枉道原籍為私忘公推調支吾的着科道官參

來重治不饒欽此

萬曆三十六年三月

上諭吏部日以後各官考語并舉劾本章俱要核實

顯明毋得雕琢文辭專尚對偶及滋隱晦失實之

弊

今上

天啓二年二月南京吏部尚書孫　奏申職掌肅

官常等事奉

聖旨近來人情玩愒私曠職這所奏差官違限任

俸降處徂徑千　升貣行其卿貳大僚着上緊到任

不得稽延

南京吏部志卷之二

聖政

伏誦

聖祖謨訓洋洋已然豈空餙告誡哉蓋酌古定制慱
采沉詢務令銓臣舉職而百度維新一時吏治
若雷厲風行疇非
躬攬親裁睿思注貫者耶
文皇繼之振刷蠱廢潤色舊章猗歟
兩朝之懿爍咸在留銓記載鈌佚將何攷鏡焉志

聖政

洪武二年

詔府州縣正官三年一考課於吏部覈其賢否而黜
陟之佐貳及首領官在任三年所司具其政績申
達省部吏目典吏在任者給繇赴

京

洪武三年吏部言守令職主牧民官久其任治效
始著而知府職任尤難非老成廉能無過者不可
居其任請自今同知一考無過者陞知府知縣二

考無過者陞知州縣丞一考無過者陞知縣

上從之

吏部奏凡庶官有罪被黜者宜除廣東儋崖等處

上曰前代儋崖在化外以處罪人朕今天下一家何

乃爲此若其風俗未淳更宜擇良吏以化導之豈

宜以有罪人居耶

洪武四年

命吏部月理貼黄初吏部以文武百職姓名邑里及

起身歷官遷次月日自省府部寺暨行省府州縣

等衙門皆分類細書於黃紙貼置籍中而用

寶璽識之謂之貼黃有除陞遷調輒更貼黃處雖百

職繁夥而此法便於勾稽然拜罷之數則貼黃有

未及改注更貼者故

命吏部月一更貼之每歲終以其籍進貯於　内庫

遂爲定制

命吏部定内官散官正四品中政大夫從四品中侍

大夫正五品中衛大夫從五品侍直大夫正六品

内侍郎從六品内直郎正七品正奉郎從七品正

備郎正八品司奉郎從八品司直郎
吏部奏欽天監司曆楊埜俞鈞職專司天非常選
官之比宜令久任非奉　特旨不得陞調
上從之
吏部言天下有司官員到任未久賢否未明今後
歷任三年考覈稱職無私過者然後給　誥
上從之
吏部奏天下府州縣通一千三百四十六官四千
四百九十三府一百四十一官八百八十州一百

九十二官五百七十二縣一千一十三官三千四十一是時吏部銓選南北更調已定爲常例而有厭遠喜近者往往以南籍改冐北籍以北籍改冐

南籍

上聞之曰凡治者必先自治此輩立身先已如此其能治人乎諭吏部禁絶之

命吏部議定内監等官品秩内使監令正五品授中衛大夫丞從五品侍直大夫　皇門官門正正六品内侍郎門副尚寶奉御俱從六品

命吏部定文武官祖父封贈之典初中書省議
贈之典
上意欲以功臣封爵爲一例以常銓官品秩爲一例
於是中書省定開國功臣文武勲臣一品至四品
及常選除授一品至八品散官職事付吏部吏部
議曰公侯伯子男不論品級取自
上裁不在封贈常例其一品至七品不限文武内外
應封贈者驗本身品級皆止封贈散官若奉
特旨封公侯伯者則隨其爵具其事以聞

上曰爵以報功漢高帝非功不侯此實可法朕今非
吝封爵也但無功受封則有功于國者又將何以
待之耶自五等之爵不論品級非有大功于國者
雖官丞相亦不得封其開國功臣已封公侯伯者
則其祖父亦依見授封爵封贈若不係功臣止依
品級授散官職事蓋功臣封爵與常選之品不同
爾吏部其以兩等著爲定例如無大功勞所司朦
朧奏請者并授者皆罪之

洪武六年

命吏部定天下文武各司官職名并該掌印信以爲

定式

洪武七年吏部奏本部主事員多欲以主事王性

中改任戸部

上不許曰自古設官分職以理庶務政有煩簡故官

有多寡當因時制宜豈得盡拘一律乎凡初入仕

者政非素習必久而後通今未滿考而遽遷之使

所施者非所習事何繇治職何繇稱哉自今六部

官毋得輕調如有年勞者就本部陞用先是吏部

以本部主事宋麟改戶部因本與工部自後有陞
擢無改調
命吏部考唐漢與制公主府設家令一人正七品司
丞一人正八品録事一人正九品
洪武八年正月各省郡縣官入覲
上以濟寧知府方克勤有善政　錫燕儀曹
洪武九年
命中書吏部自今諸司正佐首領雜職官員以九年
爲滿其犯公私罪應笞者贖應徒流者杖每歲一

考歲終布政使司呈中書省監察御史按察司呈
御史臺俱送吏部紀錄
命吏部自今各處有司知府以實歷俸月日為始每
年一朝　覲其佐貳官及知州知縣每三年一朝
覲
詔知府亦三年一朝
命吏部自今倉庫司局錢穀官吏以歷俸周歲為滿
收受少者以數付代官給繇多者以半俸守支畢
日給繇陞經歷除亦以九年通論省府臺六部各

布政司都指揮使司按察司各衛各府州縣等衙
門遞吏令史典吏舍人知印宣使奏差已有資格
出身亦以九年爲滿有司吏以歷俸三年爲滿如
縣吏州吏陞府方入省注一任入流注用其布政
使司等衙門典吏歷俸三年許於相應衙門内轉
陞令史書吏俱以九年爲滿
莒州日照知縣馬亮考滿入
覲州上其考曰無課農興學之績而長於督運吏部
以
聞

上曰農桑衣食之本學較風化之原不知務此而曰長於督運是棄本務末民必受患宜黜降之使有所懲

山西汾州平遠縣主簿成樂考績州上其考曰能恢辦商稅吏部以聞

上曰地之所產有數官之所取有制若曰恢辦是額外剥削主簿之職在佐理縣政撫安百姓豈以恢辦爲能州之考非是爾吏部其移文訊之

吏部尚書趙好德奏准諸司正佐首領雜職官犯

公私罪該笞者贖罪杖流者紀録毎歲一考呈送
吏部紀録以便稽查
洪武十年
詔吏部凡官員亡故者免其家徭役三年子孫年長
才堪任用願赴　京者聽
洪武十二年吏部試尚書陳昱奉
命奏定内外文武官老年致仕者秩品三品以上仍
舊四品以下各陞一級給與
誥勑其歷任未及三年爲事降用或工役屯種取到

者依本等職事致仕不給　誥勅後又奏定年六十以上者皆給　誥勅處鄉黨於族內序尊卑如家人禮於其外祖及妻家亦序尊卑若延宴則設別席不許坐於無官者之下如與同致仕官會則序爵爵同則序齒其與異姓無官者相見不須答禮庶民謁見敢有凌侮者論如律

洪武十三年

命吏部銓次各處所舉儒士及聰明正直之人皆授以官凡十一人各

賜夏衣一襲諭令盡職

命吏部定在京三品以下衙門典吏月俸一石六品

以下衙門典吏月支米六斗

吏部言舊制秘書監令一人丞二人直長三人以

掌秘書令

內府書籍已有翰林院典籍掌之其秘書監令丞

誠爲虛設宜罷

上從之

吏部奏天下郡縣所舉聰明正直孝弟力田賢良

方正文學才幹之士至京者八百六十餘人

上命各授以官因

諭之曰人之才能少得全備如寬厚慈祥者使之
長民勤敏通達者使之集事量能授官庶有成績
若使才不稱職位不達才國家雖有褎德録賢之
名而無代天理物之實非所以圖治也爾其審之
於是授職各有差

命吏部凡郡縣所舉諸科賢才至

京者日引至端門廡下令四輔官諫院官與之議

論以觀其才能

吏部言天下稅課司局歲收課額米不及五百石者凡三百六十有四宜罷之從府州縣徵其課爲

便

上從之

上御奉天門

命吏部以北平山東山西陝西河南四川之人於浙江江西湖廣直隸有司用之浙江江西湖廣直隸之人於北平山東山西陝西河南四川廣東廣西

福建有司用之廣西廣東福建之人亦於山東山
西陝西河南四川有司用之考覈不稱及爲事謫
降者不分南北悉於廣東廣西福建汀漳江西龍
南安遠湖廣郴州之地遷用以示勸懲
命吏部制内外文武官年老致仕者秩品
上諭吏部曰錫爵報功佚老優賢國家之令典朕思
創業以來文武群臣宣力效勞與朕同休戚者是
皆天錫英賢輔我邦國今多年高矣宜令致仕還
家樂其壽考以終天年其秩三品以上仍舊四品

以下者各陞一等給以　誥勅以示寵章時署吏
部尚書劉崧致仕有　誥
洪武十四年
命吏部定考覈法在京六部五品以下及太常司國
子學屬官聽本衙門正官察其行能驗其勤怠定
爲稱職平常不稱職五軍各衛首領官俱從監察
御史考覈各三年一考九年通考黜陟其四品以
上及通政使司光禄司翰林院尚寶司考功監給
事中承勅郎中書舍人殿庭儀禮司磨勘司判禄

司　東宫官俱爲近侍監察御史爲耳目風紀之
司太醫院欽天監及　王府官不在常選任滿黜
陟取自
上裁直隸有司首領官及屬官從本司正官考覈任
滿從監察御史覆考各布政使司首領官屬官並
從提刑按察司考覈其茶馬司鹽運司鹽課提舉
司并軍職首領官任滿俱從布政使司考覈仍送
提刑按察司覆考其布政司四品以上按察司鹽
運司五品以上任滿官黜陟取自

上裁內外入流并雜職官九年任滿給繇赴吏部考
覈依例黜陟果有殊勳異能超邁等倫者取自
上裁
吏部奏各處倉官周歲考滿守支俸給奉
旨倉官雖只是一年爲滿守支三年五年者首尾不
得結絕只教他一年爲滿守支了未入流陞從九
品流官入流陞一級正九品
詔立賢無方令內外各薦所知山西郡守舉浮山縣
人李信爲能吏

上欲試其才授試吏部侍郎信敏練識事體能振其
職十五年正月署部事奏令朝覲官各舉所知
上嘉納之三月陞吏部尚書五月以經明行修之士
鄭韶等三千七百餘人引見
上諭之曰朕自即位以來側席賢士與圖致治然知
人堯舜所難豈所知者皆賢未知者無賢哉故勑
天下徵聘遺逸卿等固皆賢人君子山林之下又
豈無如卿者其悉舉以爲朕用於是濟寧單縣儒
士張寧以董倫等薦復遣使徵之仍

賜韶等鈔人一錠
洪武十五年吏部以徵至天下儒士選其經明行
修者列其等第上　聞
上曰賢才固不乏也令賢人君子出爲時用小大器
使當隨其能毋使有其才而不盡其用也
詔吏部近所徵天下秀才有老疾不願仕及考下等
已授職而未任者　賜鈔四錠遣還鄉
命吏部凡府州縣儒學訓導九年考滿用爲教諭
命吏部更定春坊爲左右春坊坊置大學士庶子諭

德各一人中允贊善司直郎各二人置司經局設
洗馬校書正字各二人
柳州馬平縣主簿孔性善言溪洞猺獞恃險竊發
殺掠吏民及官軍討捕卒不能獲兇頑自恣爲患
益深然此雖盜賊豈無良心昔者陳景文爲知縣
猺獞皆應差役厥後長吏撫字乖方始復反側誠
使守令得人示以恩信諭以禍福彼雖兇頑豈不
華心向化爲良民乎
上嘉納其言

命吏部凡溪洞郡縣擇賢守令以撫輯之

洪武十六年

命吏部尚書李信同李善長定議文官封贈廕序之

制著爲令

封贈之例十一　其一文官一品至七品止封贈

散官職事其應封一代者父與子同妻與夫貴應

封二代者祖降父一級應封三代者曾祖降一級

父見任者不封已致仕及沒亡者封之其在任棄

職受封者聽　其二應封父母者嫡母在所生之

母不得封嫡母亡並得封若所生母未封不得先
封其妻　其三父母有二子當封者從其高品婦
人因其子受封而夫與子兩有官當封者從其高
品父祖原有官既歿而因其子孫封贈者進一階
其四應封妻者止封正妻一人如正妻生前未
封已歿繼室當封者正妻亦得追贈凡繼室止封
一人[illegible]命婦因子孫品級封者並加太字若
歿或曾祖祖父母在者不加　其六從七品陞
至從六品止封一次其陞至從五品封贈一次陞

至正從四品封贈一次陞至正從三品封贈一次陞至正從二品封贈一次陞至正從一品封贈一次　其七曾祖父母祖父母曾犯十惡奸盜除名等罪其妻非禮聘正妻或再醮及娼優婢妾不許申請其封贈之後但犯贓私者並追奪　其八凡推封一品贈三代二品三品贈二代四品至七品贈父母妻室　其九凡婦因夫貴母因子貴受封不許再醮違者問之如律　其十京官四品以上試職實授須給誥命取自上裁其已授誥

命者亦須一考滿秩方許封贈五品以下官試職一年考覈稱職者實授頒給　誥命不稱職黜降其已授　誥命勑者亦須一考方許封贈　其十一凡在外三年爲一考稱職者頒給　誥命冊考稱職聽請封贈其有才能卓異出自　特恩者不在此例

廕序之例五　其一用廕者以嫡長子有廢疾則之子孫以逮曾玄無則嫡長之同母弟以逮無則繼室諸妾所生者又無傍廕其親兄

弟子孫又無傍廕伯叔子孫　其二廕者孫降子
曾孫降孫傍廕者皆於廕序品第降二級　其三
正一品官廕其子正五品用從一品子則從五品
用正二品子則正六品用從二品子則從六品用
正三品子則正七品用從三品子則從七品用正
四品子則正八品用從四品子則從八品用正五
品子則正九品用從五品子則從九品用正六品
子則於未入流上等職敘用如典史巡檢司獄之
類從六品子則未入流中等職敘用如各庫倉稅

糧課司局批驗鐵冶所官之類正從七品子則於未入流下等雜職內叙用如遞運驛丞閘壩官之類　其四凡係職官子孫許廕一人年二十五以上能通經書大義者叙用其不通者發還習學其五應叙之人各於原籍附近布政使司所屬地方銓選

洪武十七年

[illegible]部尚書事禮部尚書任昂定凡文官居憂制在職五年廉勤無贓私過犯者照品級半祿終制

在職三年者給全祿三月

吏部尚書余爌言公侯伯子男爵雖五等不可以常調品級論也今公侯三代得封贈公侯者給誥如一品封贈伯者給誥如二品封贈子男者給誥如三品封贈如是則有遞降之殊非所以示寵異也自今五等之爵誥皆如一品庶見

殊恩

上是之自是有封爵者給誥皆用一品之制惟公侯仍用玉軸子男仍用犀軸以此爲別

上命吏部凡徵儒士至　京宜訪其縣官政事得失
風俗美惡以陞黜之亦治道之一助也然人之好
惡不齊偏聽生奸又不可不察於是吏部尚書余
熂言善政美俗者佐貳官宜陞正官留候除官代
之而後陞
上曰善者即陞一等否者待朝　覲之日黜之或能
遷善改過亦不黜也陞者黜者皆令本貫知之以
勸戒
命吏部以天下朝　覲官所舉屬官之廉能及儒士

人材之堪用者簿録舉主姓名俟滿考其當否併
爲黜陟其所舉倉庫官即除人代之
命吏部尚書余熂定有司入　覲考績法天下諸司
三歲一　覲俱以十二月二十五日至　京其服
色各以品級爲差惟雲南邊遠在邉圍特免其來朝
司府州縣官各如款式造事蹟文冊幷畫其地圖
與原領
勑諭職掌俱以明年正旦上之部聽黜置部奉法黜
其不職者而定留用官爲三等其廉能愷弟治行

卓異者爲上考
召見奬勵　賜坐宴其稱職無過者爲中考宴不坐
有過不稱職爲下考不與宴屏立已事而退○又
立吏員撥用法試中一二等者於在京出身衙門
内用三等者於在京未有品級衙門内用遇鈌以
次撥用仍出榜示
吏部言天下布政使司按察司及府州縣朝覲官
凡四千一百一十七人考其政績稱職四百三十
五人平常二千八百九十七人不稱職四百七十

一人貪汚百七十一人闒茸百四十三人

詔稱職者陞平常者復其職不稱職者降貪汚者付

法司罪之闒茸者免爲民

詔吏部凡文職官年七十者聽其致仕俱給

誥勑吏部尚書余熂因言前十三年已有定制凡三

品上從見任品級四品下遞陞一等品級皆以致

仕　誥勑給之其歷事未及一考及有罪降用者

但以本等職事致仕不給　誥勑宜如舊制從之

洪武十八年

命吏部定翰林院官制正官學士一人秩正五品侍講學士二人從五品孔目一人未入流屬官侍講各二人正六品五經博士五人正八品典籍二人從八品侍書二人正九品待詔六人從九品史官修撰三人從六品編修四人正七品檢討四人從七品又定　華蓋殿武英殿文淵閣東閣文華殿五大學士秩俱正五品

吏部言天下役滿吏員凡一千八十人宜避籍貫選之如湖廣用於江西四川江西四川用於湖廣

其福建於浙江廣東於廣西直隸於山東河南於
陝西北平於山西皆互相選用
上從之
吏部侍郎劉逢吉言自今除授在京官員俱令試
一年後考覈稱職者實授須給
誥勑不稱職者罷黜
上從之
洪武十九年
命吏部考國子監官怠於訓教者罰俸一年到任未

及一歲者半之

吏部議各布政司按察司都轉運使司首領官理問所正官首領三年秩滿從本司正官所轄上司按察司考覈或稱職或平常仍令守職且考過呈部其不稱者則給繇赴部覆考茶馬司鹽課司提舉司正官首領官并在外軍職首領官從本司及上司考覈仍赴布政司按察司覆考府州縣首領官亦從本衙門正官考覈縣赴州州赴府府赴布按二司覆考凡三年一考九年任滿給繇監察御

史及吏部通考而黜陟之其衛所首領官亦同

詔從之

命吏部自今除授外任官員不給符契止給劄付若

布政司正官給照會九年考稱職者須給

誥勑

命吏部選取直隸應天諸府州縣富民子弟赴　京

補吏於是選者凡千四百六十人

詔吏部舉經明行修練達時務之士年六十以上七

十以下者郡縣禮送　京師當置翰林以備顧問

四十以上六十以下者則於六部及布政使司按
察司用之
上以天下郡縣多吏弊民蠹皆繇雜流得爲牧民官
乃
命詹徽同祭酒司業擇監生千餘人送吏部除授知
州知縣等職
命吏部設勘合字號初除授官員皆給勘合到任至
是革之其行取官員及查理事務等項則仍用勘
合廣西雲南浙江湖廣廣東江西則用子丑寅卯

辰巳字山西山東河南貴州陜西福建則用午未申酉戌亥字滁徽蘇州鳳陽揚州松江淮安太平寧國常州安慶則用角亢氐房心尾箕斗女虛字鎮江廣德池州廬州徐州順天永平保定河間應天真定大名廣平順德和州隆慶保安則用危室壁奎婁胃昴畢觜參井鬼柳星張翼軫字

上以北方學較無名師生徒廢學

命吏部尚書詹徽選南方學官有學行者教之增廣生員不拘額數

召還謫官魏安仁等

上諭吏部臣曰國家人材非一日所能造就曩進士魏安仁等六人嘗以過謫爲浙江按察司書吏使知自新今已歷年恐爲小人所侮則終身喪志雖欲改過不可得矣其召還用之

洪武二十一年

召前諸城縣知縣陳名恭於雲南

上諭吏部臣曰爲國以任人爲本作奸者不以小才而貸之果賢者不以小疵而棄之奸者必懲然不

廢法有過而用則無棄人陳允恭前任知縣以簿書之過謫戍雲南比有言其治縣能愛民夫長民者能愛民雖有過可用也於是召允恭復還其官

洪武二十二年

命吏部令天下州縣選民間耆老有德者每里一人以次來 朝既至隨令觀政三月遣歸

洪武二十三年

命吏部選天下耆民有才德知典故者授以官凡四

一百五十二人

洪武二十四年吏部尚書詹徽　奏言監生劉肅已除靖州衛知事未任欲奔祖父喪而有父在況祖父母伯叔及兄服俱朞年若一一奔喪守制或一人有五六期喪或往返有八九千里又兼因濟其私非特曠官悞事抑且有乖禮制難從其請上命六部都察院通政司等官會議上除父母及祖父母丁憂承重外其餘朞年服制俱不許奔喪但遣人致祭如擅自離職還家拿問如律從之

洪武二十五年安慶府知事周昌言臣見士人或因小過罷黜然其才有堪用而於例不得舉宜普寛宥令有司得薦起之吏部　奏言有罪復用無以示懲昌言不可聽

上諭曰良工琢玉不棄小玭朝廷用人必赦小過故改過遷善聖人與之録長棄短人君務焉苟因一事之失而棄一人則天下無全人矣昌之言誠是其令有司凡士人因小過罷黜遠方者如其才德果優並聽舉用

玭音疵
玉病

洪武二十六年

命吏部尚書詹徽議立教官考滿法凡天下府學額設生員四十名州三十名縣二十名教授學正教諭九年之內府生員取中九名州中六名縣中三名又考通經者爲稱職則陞用府中四名州中三名縣中二名又考通經者爲平常平等用若府生員取中不及四名州不及三名縣不及二名考又不通經者不稱職出降別用其訓導分教生員一十名九年內取中三名又考通經者陞教諭若中

二名或一名者又通經仍充訓導若科舉生員全

無又考不通經者降出別用

上以諸司職有崇卑政有大小無方冊以著成法恐

後之涖官者罔知職任政事施設之詳乃

命署吏部尚書翟善同翰林儒臣倣唐六典之制自

五府六部都察院以下諸司凡有設官分職之類

務編爲書名曰諸司職掌

詔刻行頒布中外

吏部奏各衙門吏三年役滿於本衙門見缺令史

書吏内陞用再役三年給繇赴　京如有餘吏送赴吏部不許一槩照常縣陞於州州陞於府府陞於布政司等衙門及　王府長史司託故不給繇者治罪其各處布按承差以能幹人員選取三年考滿役日無私過於雜職内叙用有私過者則充吏

詔從之

署吏部事主事翟善言内外雜職官三年給繇無私犯者未入流陞從九品有私犯者降用有司官

三年秩滿不稱職者黜降稱職及平常者雖有私
犯亦令復任令議雜職私犯尚有降用之條况有
司曾犯私罪而不加黜降則無以示勸懲
上曰有司犯私罪而宥之所以冀其改過自新也宜
勿降等
命吏部今後除授官員即與實授勿令試職著爲定
例
洪武二十七年吏部奏北平等布政使司山東等
按察司考覈所屬有司官不勝任者四十餘人宜

行黜降
上曰考覈行則善惡明黜陟公則賢者得以展其才
不肖者不得以曠其職此輩宜即除官代還毋令
廢事
東宮官屬缺
上命舉孝弟節行之士吏部諸臣以浦江鄭氏對
上曰鄭氏朕素知聞其里人王氏亦倣鄭氏家法皆
可選用以風勵天下乃徵兩家子弟年三十以下
者請　闕既至復令自相推舉鄭氏舉濟王氏舉

懃奉
旨鄭濟爲左春坊左庶子王懃爲右春坊右庶子
洪武二十九年
命吏部尚書杜澤首定朝　覲之制以辰戌丑未年
爲期朝正後吏部會同都察院考覈　奏請定奪
其存留官員公事未完者引至
御前刑部及科道官各露章彈劾責以怠職來朝官
皆免冠伏候
上命既宥還任各　賜勑一道以申戒飭若廉能卓

異貪酷異常則又有別典以示勸懲

洪武三十年

命吏部尚書杜澤定考覈等第先是洪武初在京官

三年一調用二十九年始以九年爲滿至是定官

員等第勤慎者仍治其事實授在任三月才力不

逮者　奏請降黜其各　王府官與護衛首領官

例不考覈

上令澤再試寄監下第舉人中式者次其等第授教

授教諭訓導其不中者則除州吏目

吏部考功員外郎盧義建言凡官員給假皆具
奏關領　内府勘合
詔從之
洪武三十一年
命吏部定考覈府縣首領官法先是各府州縣首領
在任三年及九年考滿考不稱職者發充吏役至
是乃令首領官不分在任淺深但不稱職俱發充
吏
又續定吏員出身資格皆以九年考滿出身或在

京兩考在外一考或在京一考在外兩考一品二品衙門提控都吏從七品出身掾史令史典吏并內府衙門吏正八品出身三品衙門令史從八品出身典吏正九品出身四品衙門司吏正九品出身四品衙門典吏五品衙門司吏典吏書吏俱從九品出身六品至九品雜職衙門吏典都察院吏典俱係雜職其撥歷亦各從衙門大小而均分之其吏員考滿不給繇丁憂不起復及侍親等項託故在閑已經官府問斷仍充吏役者重歷三年

建文元年選補儒學官先是學官缺用舉人及中
試監生通經儒士至是
詔天下凡在任未入流官及坐法謫戍已更者但通
經薦試俾又　詔衛官舉通經軍士聽布按二司
試上吏部銓用
永樂元年十月吏部言太僕寺太常寺光禄寺通
政司大理寺國子監鴻臚寺翰林院正佐官考滿
舊例四品以上本部不考五品以下未有定擬
命准四品以上之例

吏部尚書蹇義等言

太祖時未任者至建文中授以官後復以罪出今有

來告復職者此於例不當復

上曰天下人材皆

皇考所造就爲國家之用朕即位以來仰遵古憲凡

一材一藝悉用之古稱任官惟賢才初興之主往

往因材於前代况出

皇考所造就豈得因建文嘗用而遂去之自今弗復

分别但隨身擢用

命儀封縣知縣許譽復職譽居官有守政不苛刻百姓安之秩滿至　京縣耆民詣　闕乞留
上從之謂吏部臣曰守令民休戚所係欲知其賢否但觀民心之嚮背今民不忍其去此必嘗有及人之德即令復任遂　賜鈔二十錠文綺衣一襲
命吏部奉天靖難公侯伯皆如舊制封贈其三代及妻給之
誥命
吏部言凡內外官有過紀録任滿當出降者今雖

吏赦猶宜舉以示懲

上曰朕初即位與天下更新不宜復念舊惡其悉除

之

永樂二年吏部尚書兼詹事府詹事蹇義等言在

京各衙門官原有定額近因事繁額外添設不無

冗員宜令各衙門依定制選留餘並送部別用在

外大小衙門官亦有多設宜令所隷上司嚴行考

覈其罷軟不勝及老病貪墨者悉送赴部今年所

取進士諸司無缺銓注各　王府教授伴讀多缺

擬於第三甲內選用仍令食進士八品之禄第二甲第三甲進士擬量留七十員分隸諸司觀政遇缺取用餘悉遣歸進學凡冠帶舉人亦令歸進學以待後科會試諸司歷事監生例應三月後授官近因少缺有一年未授者而　內府辦事監生止是謄寫奏本查理文冊磨算數目別無政務比內官監　奏准半歲授官而歷事監生有政務者授官反遲今後宜令所司　內府辦事監生月日滿者定例給賞仍令回監進學依次歷事出身

上旨從之

永樂五年吏部言詹事府六品以上正佐官三年考滿宜如太常寺等衙門例不考滿九年奏請黜陟其主簿録事通事舍人係屬官宜如六部等衙門屬官例考覈

上從之

永樂五年

上以鹽量商糧遣監生非便

命吏部增置按察司官專任之於是浙江江西廣西

廣東湖廣河南雲南四川按察司增置僉事一員
陝西福建山東山西按察司增置僉事二員
永樂九年吏部尚書蹇義同六部等官上言在外
布按二司府州縣官職在承流宣化以撫字爲職
必須得人得人之道在銓選精嚴薦舉有法宜令
在內文職七品以上在外五品以上及縣正官各
舉所知賢能廉幹堪任牧民及居風憲者一人吏
部考驗如果賢能量材擢用其所保非才或授職
之後闒茸貪汚舉主連坐

上是其言命所司速行之

永樂八年吏部奏官員九年考滿給繇依職掌事例考覈陞降近有歷任三年或仍留視事未經給繇考覈者今通歷九年本部議得初考稱職次考未經考覈今考稱職者若初考平常次考未經考覈今考稱職者俱請依稱職例陞用

上從之

永樂十七年巡按交趾御史黄宗載言交趾人民新入版圖勞來安輯尤在得人今府州縣官多係

兩廣雲南等處歲貢生員下第舉人因其願仕遠方遂授以職旣乏太學教養之素又非諸司歷試之才所以牧民者不知撫字理刑者不明律意若俟九年黜陟廢弛益多宜令到任二年以上者從巡按御史及布按二司嚴加考覈上其廉汙能否實跡以憑黜陟庶幾有所勸懲

上從之因謂吏部曰守令民之師帥不得其人民受其殃前除交趾郡縣官出一時之宜今御史所言良是繼今宜愼選之

吏部言明年天下官員皆應朝
覲交趾新附宜
命布政司按察司掌印官一員來朝餘令在任治事
以安遠人
上從之因
命吏部凡守邊將師當朝者皆止弗來

卷之二終

南京吏部志卷之三

建官

吏部者周冢宰之職率其屬以統百官均四海者也洪武永樂間南典銓選則權歸於南正統以後非典銓選則權歸於北蓋吏部贊

天子之黜陟

天子所在政權歸焉爾簡畀之重體統之崇南北一也豈可以異觀哉志建官 舊序

吏部尚書侍郎古天官之職也周官設六卿分

職而天官爲六卿之長以其總百官也名曰冢
宰亦曰太宰漢初置尚書常侍曹光武尋改爲
吏曹漢末改爲選部尚書曹魏又改爲吏部時
陳群拜尚書建九品官人之法而自晋以後始
重其官歷宋梁陳皆資位特隆隋亦曰吏部而
益侍郎一人以貳尚書唐初改爲選部天寶間
改爲文部定其官聯爲六曹前行至太和中列
爲三銓以尚書廳之次爲東西銓久次侍郎居
西新除侍郎居東能其職如高季輔者有金鏡

之賜焉宋初尚書省總六曹吏曹幾爲空署元
豐間以中書權太重分置吏曹四選以審官東
院爲尚書左選審官西院爲尚書右選以流内
銓爲侍郎左選三班院爲侍郎右選尚書皆賜
服佩魚重矣
太祖高皇帝初設吏部尚書或以一人任或以二人
並任侍郎如之又或試或署未有定員一時薦
舉辟召之士皆得除授間以下僚不次擢用至
太宗文皇帝都燕置吏部　命以留京吏部爲南京

吏部始定制尚書一人侍郎一人

累朝以來皆用科目積資累望之重臣

簡命是任而或特荷

隆眷晉膺大拜典制與

國初殊絶矣

吏部四司古天官之屬也周官天官之屬六十

有六少宰以官府之六叙正群吏漢初常侍曹

置尚書郎四人光武稍增益之考之漢官儀則

光禄勲有南北廬主事三署主事矣魏晉有吏

部郎後魏尚書量事置掌故主事員隋初吏部
尚書下置司郎每司又各置員外郎於郎之外
復爲員以掌銓籍者也大業間改選部又置選
部主事唐初爲選部郎中員外郎都事武德間
改吏部又置主事六員宋大畧因之尚書侍郎
左右選外分職爲三封爵贈官之事則司封主
之賜功定省之事則司勳主之官資課最名諡
之事則考功主之隨所分隸較勘以上尚書應
論奏者尚書與郎官同上殿建炎中六曹惟吏

部備官而他部則長貳互置蓋郎官賛太宰以
銓管人才弘昆寅亮職爲最要歷代變更莫之
能廢也
高皇帝初設吏部於司名屢有移易而每司設郎中
員外郎主事之員終洪武之世無改所除授擢
用亦什九爲薦舉辟召之士
累朝以來始專用科目才望及
徵召外僚之卓異者居之或洊登冢宰或晋陟台
輔其盛咸可紀云

洪武元年始置吏部官統於中書省先是中書省惟設四部掌錢穀禮儀刑名營造之務至是上乃命中書省李善長等議建六部分理庶務乃定置吏戶禮兵刑工六部部設尚書侍郎郎中員外郎主事首以滕毅爲吏部尚書樊鑑璞爲侍郎

洪武元年八月中書省奏定六部官制吏部尚書正三品侍郎正四品郎中正五品員外正六品主事正七品

洪武五年六月定六部職掌歲終考績以行黜陟吏部掌天下官吏選法封勳考課之政其屬有三一曰總部掌文選二曰司勳部掌官制三曰考功部掌考覈設郎中員外郎主事分掌其事而以尚書侍郎總其政務

洪武六年定六部及諸司設官之數部設尚書二人侍郎二人吏部設總部司勳考功三部每部設郎中員外郎各一人主事各二人通十六人

洪武十三年陞吏部官品秩先洪武元年始設
吏部定官秩屬中書省至是罷中書省陞六部
官秩倣古六卿之制分領中書之政陞尚書正
二品侍郎正三品郎中正五品員外郎從五品
主事正六品司務從九品設司務年無考
洪武十五年定吏部官制尚書侍郎各一人總
掌天下官吏銓選勳封考課之政令其屬有四
部焉曰總部掌天下選吏及開設革并衙門之
屬郎中員外郎主事各一人都吏一人令史六

人典吏十二人曰司封部掌天下封爵凡封贈
誥敕承襲禮儀印信之屬郎中員外郎主事各
一人都吏一人令史二人典吏四人曰司勳部
掌天下文職勳級月俸陞轉資格品級官制貼
黃之屬郎中員外郎主事各一人都吏一人令
史二人典吏四人曰考功部掌天下官吏之考
課凡朝　覲任滿給繇起復官吏考其功過別
其殿最　奏請黜陟之屬郎中員外郎主事各
一人都吏一人令史四人典吏八人承發典吏

一人契勘兼公銷異吏一人
洪武二十二年改六部所屬總部之名以吏部
總部爲選部又以四部郎中員外郎爲屬官主
事司務爲首領官
洪武二十九年改吏部四屬部爲清吏司更選
部曰文選司封部曰驗封司勳部曰稽勳司考
功如舊時
上欽飭爾衆官六部所屬皆易其名爲清吏司
章定四司職事文選清吏司郎中員外郎主事

掌天下官吏班秩品命凡銓綜選授之典注擬黜陟之法各參伍而分理之驗封清吏司郎中員外郎主事掌百官之封爵　誥勑與夫制吏訓官給符考成之事咸綜理之稽勳清吏司郎中員外郎主事掌邦國官人之勳級及名籍喪制歸寧之事皆覈實然後定擬考功清吏司郎中員外郎主事掌文職官吏之考課及內外官之考察凡旌別訪舉及諸事故皆得稽之

洪武三十一年添設文選司主事一員

革除年六月吏部言建文中改舊官制如吏部
尚書舊正二品陞正一品又增設侍中二員正
二品位侍郎上所屬諸司舊有清吏二字皆除
去凡中外大小衙門創革陞降官員額數有增
減者及所更改文武散官並合遵復舊例
詔速復之革侍中尚書復二品
永樂元年正月以北平為北京二月置北京行
部其屬六曹十八年定都罷北京行部分置行
在六部六部在南者加南京字稱南京吏部

洪熙元年增設南京行部仍加北六部行在字

命南六部悉去南京字本部仍稱吏部

宣德三年革南京行部於南六部無改本部稱

吏部如舊行部者永樂初設爲總攝六部之事以備扈從

正統六年除北京六部行在字南部定稱南京

遂爲永制兩京建置悉同但南部官制間有裁

省是年本部革四司員外郎

天順四年本部並設左右侍郎左後或缺右或缺

正德二年復設左右侍郎

嘉靖五年後不設左侍郎

嘉靖八年裁革南京冗員謂南京九卿衙門堂上官景泰前止設一員後雖間有增置隨亦停省至弘治間每設二員遂爲常額今按諸司事務不多堂官一員已足辦理但恐遷轉事故新舊不接各留二員吏部雖稱事簡但遇考察之期難以他官攝理亦留堂官二員止革文選驗封稽勳三司主事各一員

嘉靖十年

詔復南京司屬官裁革者吏部仍設文選驗封司主
事各一員
嘉靖二十二年吏部以奏
旨裁革冗員　奏言查過各衙門官原係額設及隨
事添設各有職掌者俱應存留添注者待有額
設員缺奏　請補任其南京衙門應革官員行
南京吏部議擬具　奏該本部尚書宋景等奏
言查南京各衙門堂屬見在官俱是額設各有
職務且嘉靖八年曾革冗員官一百五十餘員

後以使令不敷事難兼攝復還補四十餘員今
比原額所減尚多似應存留庶幹濟有人亦可
行之久遠
詔可是年本部官屬無革
隆慶四年革驗封司主事
萬曆三年革右侍郎至十一年復設
萬曆十八年復設驗封司主事
正堂
尚書一員

右侍郎一員

文選清吏司

郎中一員

主事一員

驗封清吏司

郎中一員

主事一員

稽勳清吏司

郎中一員

考功淸吏司

郎中一員

主事一員

司務廳

司務一員

附考

國初吏部四屬部各設主事司務一員爲首領官

通爲主事四員司務四員有主事印至洪武二

十九年改主事爲司官革主事印而司務亦止設二員以司務爲首領官永樂後止設一員至今爲定制云

仁宗垂意豐鎬舊都仍以北京六部爲行在洪熙元年復給南部以吏部等舊印而南京吏部等印命悉送印綬監貯之至正統六年復改給

卷之三終

南京吏部志卷之四

公署

粤稽古昔夙夜在公在公明明公所者固所以

承

天子之政令而出納於上下者也

國初罷中書省吏部實首百寮公署重矣而宅署

則又諸君子捐俸易之以詔將來使無假館於

人以利用安身辨别等威者也進思盡忠退思

補過其在斯乎志公署舊序

南京吏部堂

正堂五間西向堂之顏天啓壬戌尚書孫瑀題

統均

一 前爲甬道甬道中有屏門門之東西塀各甃

左右翼以廊房外爲儀門爲大門榜曰吏

一

洪[illegible]川堂今顏曰衡鑑有東西廂廂前各有竹臺

後堂上揭

玉音曰精鑒勵直萬曆壬辰尚書溫純侍郎劉元

震立

又後爲敬亭亭之額萬曆癸巳尚書温純侍郎

鄧以讚題曰天鑒在兹

後堂左爲尚書室前爲書房後爲凉亭周亭有

池有竹有水鑑亭南向傍有餘清亭萬曆癸卯

爲尚書曾同亨建侍郎葉向高撰記

後堂右爲侍郎室後爲書房右有思補軒嘉靖

巳未侍郎尹臺建自爲記

敬亭後爲架閣庫洪武初建庫二以備案籍置

吏一人掌之歲久傾圮弘治三年尚書王與侍

郎王克復董軒爲改建有記

正堂左爲公會廳上揭

勑諭額曰寅恭萬曆癸丑司務錢養庶又題曰奉公

左監生房

正堂右爲司務廳詳後

正堂左廡入司二曰文選曰稽勳右廡入司二

曰驗封曰考功詳後

中門外之左爲土地祠右爲官屬直房大門左

右爲修廊以揭板榜外護以闌楯皆弘治時

肅王儼增建

文選清吏司

司堂三間堂曰銓衡左爲卷房右爲辦事房

川堂題曰秉哲

後堂曰正己堂曰來儀堂又曰氷玉堂又有題

曰淸通簡要

後堂左爲寢室有倚玉軒右爲寢室有書房

後爲圃楔棹曰近瀛曰捧旭内爲看竹亭爲望

月臺爲碧嶂丹泉亭亭跨池上又有題曰一鑑

日考槃曰在銓曰猗猗亭

稽勳清吏司

司堂三間題曰司勳左爲卷房右爲辦事房

川堂題曰參一堂又曰稱秩元宗

後堂曰敬義堂又曰正大光明

後堂左爲寢室右爲廂房

前爲園楔棹曰咸樂林池亭曰拙逸亭門曰明

月方塘後曰碧梧翠竹爲水竹亭又題曰棲鳳
亭嘉靖乙巳郎中趙承謙有水竹亭記萬曆乙
卯郎中李萬化有重修棲鳳亭記

驗封清吏司

司堂三間題曰司封又曰鑑正衡平
左爲卷房右爲辦事房
川堂曰主爵
後堂曰和衷堂又曰寅賓曰叙正曰正已曰公

清廉明

後堂左右爲寢室爲書房

後爲園爲澄心亭爲水閣曰麗澤門曰半畝澄

清爲公餘對青亭又爲水壺澄鑑坊爲來青軒

爲瞻闇亭爲林水亭

考功清吏司

司堂三間曰式序有位

左爲卷房右爲辦事房爲委蛇亭

川堂

後堂曰正巳

後堂左右爲寢室

前爲圃爲册庫爲自考亭爲水鑑亭亭跨池上

周垣有竹

司務廳

廳在正堂之右題曰靖共後爲敬事堂嘉靖乙

巳司務劉顯道題右後爲寢室

附 官宅

堂宅　一在尚書巷有記尚書湛若水撰

　一在兵戶宅前有記侍郎費宷撰

司宅　在西營內者二　在錦衣巷者三

　在菜市口者一　在四牌樓者一

　在洪武岡之東者一

銓曹公署萬曆甲辰郎中徐必達所倡建也自爲記地在柳樹灣近東城限門面東今題曰文部闔門內爲夕戶堂吏進爲問業堂又題門關

鏡曰水鑑澄觀其堂臨水水之南右旋爲尺天樓又題曰環玉曰蘭馨循堤而東有軒曰濠濮間諸所位置點綴詳記中迨後撤其軒改建文昌樓則萬曆庚戌署部事南工部侍郎徐大任所創也并佐以工曹之羨鏹而成弘廠雄麗葢增勝槩云今題曰水明樓

附考

洪武二十五年八月

勑建六部等官署

上諭廷臣曰南方爲離明之位

殿廷皆南向人臣以左文右武北面而朝五府六部官署宜東西並列其建六部於廣敬門之東皆西向建五府於廣敬門之西皆東向惟刑部都察院大理寺已置於西北太平門之外悉改造令規模宏壯

命主事高有常董其役而吏部居五部首署見實錄

國初吏部以主事司務爲首領官司務廳外有主

事廳今無考

天順五年夏四月修南京吏部見實錄

成化五年工部侍郎范理修南京吏部見實錄

按理以成化七年改本部侍郎先在工部謂

留都歲久凡百皆敝葺造鉅費不欲動帑煩

民乃請鬻蘆場之新萻抽分局之腐木碎炭

内庫之舊貯布帛通售銀殆萬兩又請令織

内罪人當贖者隨工料所需而輸納於是自
郊廟城闕與府部諸署以至街衢坊表無不改觀
而吏部署亦爲之一新
弘治十七年二月又修南京吏部見實録
按實録於天順弘治兩修不詳其始末他無
可考見

南京吏部志卷之五

職掌

堂左有石刻職掌猶稱總部蓋洪武二十一年以前分職云諸司職掌則定於洪武二十六年也會典則修於弘治十五年也洪武時吏部郎今南京吏部法得備書而會典惟載南京見行事例分司類集職以位定例緣事設居其位者思盡其職焉爾志職掌舊序

總職掌

石刻

尚書

掌天下官吏選授擬注資任遷叙考課封爵策勳殿最之法凡進賢退不肖甄别流品布列中外務得實才以臻治効考百官功過善惡之課定官制品級之等司功勳世禄之榮皆總其綱要而奉行其制命焉屬有四

總部　郎中　員外郎　主事

治文吏銓注之典

凡本部一應行移文選抄選舉保選職調用
及赴任公文照會劄付開設裁革衙門陞除
降用截替類選缺官吏役內外缺官赴選聽
除選用能吏給假省親雜行印色紙劄俸給
等事並皆掌之

司封　郎中　員外郎　主事

治定封爵之等第

凡封贈及文職爵級文官誥勑散官封贈廕
敘承襲土官符契印信遷葬禮儀給賜行移

體式公用筆墨等事並皆掌之

司勳　郎中　員外郎　主事

治勳級資品之等

凡官制貼黄吏員資格實寫脚色等事並皆

掌之

考功　郎中　員外郎　主事

治官吏之課最

凡考課朝覲給繇致仕侍親考滿辭退更名

復姓給繇牌號紀録官吏過名附寫行止照

刷文卷紀功圖式雜犯刑名選舉歲貢人才
鄉舉里選秀才賢士等科事故官吏丁憂極
刑病故故官家小雜行本部修理公用什物
等事並皆掌之

諸司職掌

尚書侍郎之職掌天下官吏選授勳封考課之
政令其屬有四曰選部司封司勳考功
選部郎中員外郎主事掌天下文吏班秩品
命選官

司封部郎中員外郎主事掌邦之封爵

司勳部郎中員外郎主事掌邦國官人之勳級

考功部郎中員外郎主事掌文職官吏之考課

國初總領官制

官內如詹事鴻臚等官初皆不載查係洪武二十九等年增設亦初制也今皆補入

在京

宗人府

正官

宗人令　左右宗正　左右宗人

首領官

經歷一員

吏部

正官

尚書一員　左右侍郎各一員

屬官

選部司封司勲考功四部　郎中各一員

員外郎各一員

首領官

選部等四部　主事各一員　司務四員

戶部

正官

尚書一員　左右侍郎各一員

屬官　十二部北平山東山西陜西河南四川浙江江西湖廣廣東廣西福建也

浙江等十二部　郎中各一員　員外郎各一員

首領官

浙江等十二部　主事各一員內北平部四員

照磨所　照磨一員　檢較一員

司務四員

所屬衙門

寶鈔提舉司　提舉一員　副提舉一員
典史一員
抄紙局　大使一員　副使一員
印鈔局　大使一員　副使一員
寶鈔廣惠庫　大使一員　副使一員
廣積庫　大使一員　副使一員　典吏
一員
贓罰庫　大使一員　副使一員
外承運庫　大使一員　副使一員

甲乙丙丁戊字庫　大使各一員　副使

六員丁字庫二員

軍儲倉　大使一員　副使一員

龍江鹽倉檢較批驗所　大使一員　副

使一員

禮部

正官

尚書一員　左右侍郎各一員

屬官

儀部祠部主客部膳部　郎中各一員

員外郎各一員

首領官

儀部等四部　主事各一員　司務四員

所屬衙門

儀禮司　司正一員　左右司副二員

左右司丞四員　鳴贊四員　序班四

十四員　考此即鴻臚寺之初制也

行人司　司正一員　左右司副二員

行人三百四十五員

鑄印局　大使一員　副使一員

教坊司　奉鑾一員　左右韶舞二員

左右司樂二員

兵部

正官

尚書一員　左右侍郎各一員

屬官

司馬職方駕部庫部　郎中各一員　員

外郎各一員

首領官

司馬等四部　主事各二員　司務四員

所屬衙門

典牧所　提領一員　大使一員

副使一員　典史一員

會同館　大使一員　副使一員

大勝關　大使一員　副使一員

刑部

正官

尚書一員　左右侍郎各一員

屬官

浙江等十二部　郎中各一員　員外郎

各一員

首領官

浙江等十二部　主事各一員

照磨所　照磨一員　檢較一員

司務四員　司獄司司獄六員

工部

正官

尚書一員　左右侍郎各一員

屬官

營虞水屯四部　郎中各一員　員外郎

各一員

首領官

營部等四部　主事各一員　司務四員

所屬衙門

文思院　大使一員　副使一員

巾帽局　大使一員　副使一員

針工局　大使一員　副使一員

營繕所　所正一員　所副一員　所丞二員

皮作局　大使一員　副使一員

顏料局　大使一員

織染所　大使一員

寶源局　大使一員　副使一員

鞍轡局　大使一員　副使一員

軍器局　大使一員　副使二員

龍江提舉司　提舉一員　副提舉二員

典史一員

龍江抽分竹木局　大使一員　副使四員

大勝港抽分竹木局　大使一員　副使一員

都察院

正官

左右都御史二員　左右副都御史二員

左右僉都御史四員

首領官

經歷一員　都事一員

屬官

十二道同十二部
時未有雲貴

浙江等十二道　監察御史六十員

司務四員　司獄司司獄六員

通政使司

正官

通政使一員　左右通政二員

左右參議二員

首領官

經歷一員　知事一員

屬官

中書舍人二十員

大理寺

正官

卿一員　左右少卿二員

左右寺丞二員

屬官

左右二寺　寺正二員　寺副四員　左

評事四員　右評事八員

司務二員

吏科

都給事中一員　左右給事中二員

給事中四員

戶科

都給事中一員　左右給事中二員

給事中八員

禮科

都給事中一員　左右給事中二員

給事中六員

兵科

都給事中一員　左右給事中二員

給事中十員

刑科

都給事中一員　左右給事中二員

給事中八員

工科

都給事中一員　左右給事中二員

給事中四員

承天門

待詔一員　閣門使四員　觀察使十員

太常寺初爲司洪武二十九年改名寺

正官

卿一員　少卿二員　司丞二員

首領官

典簿二員

屬官

博士二員　協律郎二員　贊禮郎六員

司樂二員

天地壇祠祭署　奉祀一員　祀丞一員

山川壇耤田祠祭署　奉祀一員　祀丞

一員

祖陵祠祭署　奉祀一員　祀丞一員

皇陵祠祭署　奉祀一員　祀丞一員

楊王墳祠祭署　奉祀一員　祀丞一員

徐王墳祠祭署　奉祀一員　祀丞一員

光禄寺

正官

卿一員　少卿二員　寺丞二員

首領官

典簿二員　錄事一員

屬官

大官珍羞良醞掌醢四署　署正各一員

署丞各四員　監事各四員

司牲司　大使一員　副使一員

太僕寺

正官

卿一員　少卿二員　寺丞四員

首領官

主簿一員

所屬衙門

各牧監　監正各一員　監副各一員

錄事各一員　各羣　羣長各一員

鴻臚寺此卽前儀禮司之改設也員額皆定於洪武二十九年

正官

卿一員　少卿一員　寺丞一員

首領官

主簿一員

屬官

司儀司賓二署　署丞各一員

鳴贊四員　序班十二員

國子監

正官

祭酒一員　司業一員　監丞二員

首領官

典簿一員

屬官

博士五員　助教一十五員

學正十一員　學錄十一員

典籍一員　掌饌二員

中都國子監

正官

祭酒一員　司業一員　監丞一員

首領官

典簿一員

屬官

博士一員　助教二員　學正一員

學錄一員　掌饌一員

殿閣

華蓋殿大學士　文淵閣大學士

武英殿大學士　東閣大學士

文華殿大學士　時殿閣俱無定員今又有建極殿係增設

詹事府

正官

詹事一員　少詹事二員　府丞二員

首領官

主簿一員　錄事二員

左右春坊

大學士各一員　左右庶子各一員

左右諭德各一員　左右中允各二員

左右贊善各二員　左右司直郎各二員

司經局

洗馬二員　較書二員　正字二員

翰林院

正官

學士一員　侍讀學士二員

侍講學士二員

首領官

孔目一員

屬官

侍讀二員　侍講二員　博士五員

典籍二員　侍書二員　待詔六員

史官

修撰三員　編修四員　檢討四員

尚寶司

卿一員　少卿一員　司丞三員

欽天監回回監

正官

監正各一員　監副各二員

首領官

主簿各一員

屬官

春夏中秋冬官各一員　五官靈臺郎各八員　五官保章正各二員　五官挈壺正各二員　五官監候各三員　五官司曆各二員　五官司晨各八員

漏刻博士各六員

太醫院

正官

院使一員　院判一員

首領官

吏目一員

屬官

御醫四員

所屬衙門

惠民局　大使一員　副使一員

生藥庫　大使一員　副使一員

五軍都督府經歷司左右中前後

經歷各一員　都事各一員

五軍都督府斷事司

正官

斷事一員　左右斷事二員

首領官

提控案牘一員

司務二員　司獄司司獄一員

屬官五司

稽仁各一員　稽義各一員　稽禮各一員　稽智各一員　稽信各一員

應天府

正官

府尹一員 府丞一員 治中一員

通判一員 推官一員

首領官

經歷一員 知事一員

所屬衙門

上元江寧二縣 知縣各一員 縣丞各

一員 主簿各一員 典史各一員

儒學 教授一員

陰陽學　正術一員

醫學　正科一員

司獄司　司獄一員

江東巡檢司　巡檢一員

都稅司　大使一員　副使一員

龍江宣課司　大使一員　副使一員

聚寶門宣課司　大使一員　副使一員

太平門稅課司　大使一員　副使一員

秣陵鎮巡檢司　巡檢一員

織染局　大使一員　副使一員
龍江稅課司　大使一員　副使一員
龍潭稅課局　大使一員　副使一員
大勝驛　驛丞一員
江東驛　驛丞一員
龍江水馬驛　驛丞一員
龍江遞運所　大使一員　副使一員
批驗茶引所　大使一員
龍江裏外河泊所官二員

石灰龍江二關各大使一員　副使一員

中東西南北城五兵馬指揮司

正官

指揮各一員　副指揮各四員

首領官

吏目各一員

各衛

經歷司　知事各一員

倉　大使　副使各一員

留守中前等衛

九門千戶所　吏目各一員

牧馬千戶所　吏目一員

僧錄司

左右善世二員　左右闡教二員

左右講經二員　左右覺義二員

道錄司

左右正一二員　左右演法二員

左右至靈二員　左右玄義二員

神樂觀

提點一員　知觀一員

在外

各布政使司

正官

左右布政使各一員　左右叅政各一員

左右叅議各一員

首領官

經歷司　經歷各一員　都事各一員

照磨所　照磨各一員

理問所　理問各一員　副理問各一員

提控案牘各一員

所屬衙門

庫雜造軍器寶泉織染局　大使各一員

副使各一員

各府

正官

知府一員　同知一員　通判一員

推官一員

首領官

經歷司　經歷一員　知事一員

所屬衙門

司獄司　司獄一員

儒學　教授一員

倉庫稅課司雜造織染局稅課分司　大

使各一員　副使各一員

陰陽學　正術一員

醫學　正科一員

僧綱司　都綱一員　副都綱一員

道紀司　都紀一員　副都紀一員

府州縣巡檢司　巡檢各一員

府州縣水馬驛　驛丞各一員

府州縣遞運所　大使各一員

府州縣河泊所　所官各一員

各州若不及三十里長有所屬縣分者裁減同知無所屬縣分者裁減同知判官

正官

知州一員 同知一員 判官一員

首領官

吏目一員

所屬衙門

儒學 學正一員

陰陽學 典術一員

醫學 典科一員

倉 大使一員 副使一員

僧正司 僧正一員

道正司　道正一員

各縣若不及二十里者裁減縣丞主簿

正官

知縣一員　縣丞一員　主簿一員

首領官

典史一員

所屬衙門

儒學　教諭一員

陰陽學　訓術一員

醫學　訓科一員

僧會司　僧會一員

道會司　道會一員

各按察司

正官

按察使一員　副使二員　僉事員數不等

首領官

經歷司　經歷一員　知事一員

司獄司　司獄一員

各鹽運使司

正官

運使一員　同知一員　副使一員

判官員數不等

首領官

經歷司　經歷一員　知事一員

各鹽課提舉司

正官

提舉一員　同提舉一員　副提舉員數不等

首領官

吏目一員

煎鹽提舉司

正官

提舉一員　同提舉一員　副提舉一員

首領官

典史一員

鹽運司提舉司所屬

倉庫　大使各一員　副使各一員

各處雜職

陝西茶馬司　大使副使各一員

四川茶馬司　大使副使各一員

廣西裕民司　大使副使各一員

雲南滇池魚課司　大使副使各一員

四川阜民司　大使副使各一員

福建銀屏山銀場　大使副使各一員

陝西司竹局　太使一員

長淮廣濟關　大使副使各一員

各處閘壩　閘官各一員　壩官各一員

各處税課局　大使副使各一員

各處茶課司　大使副使各一員

各處鐵冶批驗茶鹽引所　大使各一員

中都留守司

經歷司　經歷一員　都事一員

斷事司　斷事一員　副斷事一員　吏目

一員

各都指揮使司

經歷司　經歷一員　都事一員

斷事司　斷事一員　副斷事一員　吏目

一員

各衛　將來設衛經歷

經歷司　知事一員

守禦千戶所　吏目一員

王府官

長史司

左右長史各一員

首領官

典簿一員

屬官

審理所　審理正一員　審理副一員

典膳所　典膳正一員　副一員

奉祠所　奉祠正一員　副一員　典樂

一員

典寶所　典寶正一員　副一員

紀善所　紀善二員

良醫所　良醫正一員　副一員
典儀所　典儀正一員　副一員　引禮
舍人一員
倉庫　大使各一員　副使各一員
土司官
宣慰使司
宣慰使　同知　副使　僉事各一員
流官　經歷一員　都事一員
宣撫司

宣撫　同知　副使　僉事各一員

流官　經歷一員　知事一員

安撫司

安撫　同知　副使　僉事各一員

流官　知事一員

長官司

長官　副長官

流官　吏目一員

蠻夷官司

長官　副長官　蠻夷官　苗民官　千

夫長　副千夫長　百夫長

軍民萬戶府

經歷司　經歷一員　知事一員

吏

在京

宗人府　提控　典吏

五軍都督府　提控　掾吏　典吏　門吏　承

發　架閣庫典吏　掌關防文簿

典吏

吏兵禮工部　都吏　令史　典吏　承發　架

閣庫典吏

戶部　都吏　令史　典吏　承發　架

閣庫典吏　照磨所司吏典吏

刑部　都吏　令史　典吏　承發　架

閣庫典吏　掌簿籍典吏　照磨

所司吏典吏

都察院　都吏　令史　典吏　看奏本典

吏　承發　巡按書吏

十三道　書吏　典吏　承發

通政使司　令史　典吏

大理寺　胥吏　典吏　承發　架閣庫典

吏

五府斷事官　司吏　典吏　承發　架閣庫典

吏　稽仁等五司司吏典吏

太常寺　司吏　典吏　祠祭署司吏

國子監　司吏　典吏　典簿廳典吏

光祿司　令吏　典吏　大官等署司吏典
吏　司牲司司吏
王府典膳所司吏按此當是為親王未之國者設
太醫院　司吏　典吏　惠民局司吏　生
藥庫司吏
欽天監　司吏　典吏　五官司曆司吏
翰林院　司吏
太僕寺　令吏　典吏　牧監司吏　各羣
司吏考已上吏制獨六科尚寶衙門無設

應天府　令史　典吏　承發　經歷司典吏　司獄司典吏

上元縣　司吏　典吏　鋪長

江寧縣　司吏　典吏　承發　書狀　鋪長

應天府儒學　司吏

應天屬　秣陵鎮江東二巡檢司　司吏

龍江遞運所　司吏　典吏

大勝驛江東驛龍江水馬驛驛吏

龍江龍潭二稅課局司吏攢典

都稅司司吏典吏

批驗茶引所攢典

聚寶門龍江二宣課司司吏攢典

太平門稅課司司吏攢典

龍江石炭山二關司吏

戶部屬

寶鈔提舉司司吏典吏

龍江提舉司司吏

軍儲倉攢典

抄紙印鈔局司吏典吏

龍江鹽倉檢較批驗所攢典

甲乙丙丁戊字贓罰廣惠承運廣

積庫司吏典吏

禮部屬

儀禮司司吏　行人司司吏

鑄印局司吏

會同館司吏　大勝關司吏

兵部屬

典牧所司吏　司牧局司吏

牧馬千戶所百戶所司吏

工部屬

營繕所文思院司吏典吏

顔料局司吏　軍器局司吏

織染實源皮作鞍轡四局司吏典

吏

巾帽針工二局攢典

龍江大勝港二抽分竹木局司吏

令史　典吏　承發　千戶百戶

所司吏　鎭撫司吏典吏　倉

攢鞍轡火藥局司吏　草場柴場

錦衣衛

所司吏
王府儀衛司司吏此亦爲未之國者設
金吾前衛
令史　典吏　衛鎮撫司吏　所
鎮撫司吏　千戶所撥守大理寺
旗軍所草場所司吏
羽林左右府軍左右前後旗手神策驍騎右鎮南
虎賁右水軍右龍驤天策豹韜興武鷹揚江陰十
九衛
令史　典吏　千戶所司吏　鎮
撫司吏　柴草場司吏

留守中虎賁左廣洋三衛
令史　典吏　千戶所司吏　衛
鎮撫司司吏　倉攢典　所鎮撫
司司吏
應天和陽留守左右水軍左龍虎武德横海龍江
九衛
令史　典吏　千戶所司吏　鎮
撫司吏　倉攢典
瀋陽左右留守前後英武蒙古右六衛
令史　典吏　千戶所司吏　鎮

撫司司吏

廣武衛　令史　典吏　千戸所司吏　倉

攢典

飛熊衛　令史　典吏　千戸所司吏

蒙古左衛　令史　典吏　千戸所司吏　鎮

撫司司吏　倉攢典

午門端門承天東上東中東安西上西中西安北

上北中北安九門　門吏

中東西南北城兵馬司　司吏　典吏

在外

各布政司　通吏　令史　典吏　承發

架閣庫典吏　庫攢典

經歷司典吏　理問所司吏典吏

各府　司吏　典吏　承發　府庫攢典

經歷司典吏　司獄司獄典

各州縣　司吏　典吏　承發

府州縣屬　各府州縣儒學司吏

各府州縣倉攢典

各府州縣稅課司局司吏攢典

各遞運所司吏典吏

各水馬驛驛吏　各巡檢司司吏

按察司

書吏　典吏　承發

經歷司典吏　司獄司典吏

架閣庫典吏

鹽運司

書吏　典吏　承發　庫攢典

經歷司典吏　鹽倉攢典

批驗所攢典

鹽課提舉司　司吏　典吏
鹽課司司吏
都指揮使司　令史　典吏　承發
經歷司典吏　架閣庫典吏
斷事司司吏典吏
各衛　令史　典吏
千戶所司吏　鎮撫司司吏
各守禦千戶所司吏
王府長史司　司吏　典吏

典簿廳典吏　倉庫攢典

審理等各所司吏典吏

按此即

國朝之周官書也伏睹

高皇帝聖神御極因事設官皆有深意凡百司庶府

靡鉅歷稽往牒斟酌前代而又與詹翟諸銓

臣規畫講求以

裁定之必要之至當大而承弼卿貳下至圉牧委

吏之微近而
宮府輦轂外至窮陬絶徼之遐辰錯碁置所在截
然非六典之一極盛哉舊志籍諸司職掌之
官制而列之未及洪武末年所設者茲皆考
補而又提挈其班序整齊其銜名竊謂備一
代舊章之全以鏡萬禩庶幾率繇者易攷見初
制云

南京見在官制

舊志曰會典於南京官制云裁減員數正佐多寡不一不復備列近年裁省旋革旋復夫建官分職所以修明庶績裁冗汰濫所以經制國用政本並行勢非偏重識治體者當自得之茲各書其見在而附沿革於末云

按舊志乃據嘉靖間續纂職掌而列之者迄今年久增損不合員額矣茲所錄則萬曆十五年重修職掌官制也沿革亦照會典悉于各署之下分註以便稽考

南京吏部見建官

南京戶部

尚書一員　右侍郎一員嘉靖二十六年革南京糧儲都御史以本部侍郎督理糧儲　左侍郎一員天啓二年添設

浙江司福建司郎中員外郎主事各一員

江西司郎中一員員外郎一員隆慶二年革萬曆十一年復設　主事二員舊一員

湖廣司郎中一員員外郎一員萬曆九年革十一年復設

主事一員

廣東司郎中員外郎各一員主事一員舊二員內

一員管黃册隆慶三年革一員

廣西司郎中一員舊有員外郎一員隆慶三年革主事二員

內一員管黃册

河南司山東司四川司貴州司郎中主事各

一員

山西司郎中一員舊有員外郎一員嘉靖三十七年革主事二

員內萬曆九年革一員十一年復設

陝西司郎中一員舊有員外郎一員嘉靖三十七年革主事一

員

雲南司郎中一員舊有員外郎一員隆慶四年革主事二員
內萬曆九年革一員十一年復設

司務一員　照磨一員舊有檢較一員嘉靖八年革

所屬寶鈔提舉司舊有提舉一員隆慶二年革歸併丸庫大使兼管

廣積庫承運庫贓罰庫大使各一員

甲乙丙丁戊字庫大使各一員

寶鈔廣惠庫大使一員

軍儲倉舊有大使一員隆慶二年革

長安門倉副使一員

東安西安北安門倉舊有副使各一員隆慶三年革

龍江鹽倉檢較批驗所大使一員

南京禮部

尚書一員　右侍郎一員萬曆三年革十一年復設

儀制司郎中一員主事一員隆慶四年革萬曆十年復設

祠祭司郎中一員主事一員萬曆九年革十年復設

主客司郎中一員

精膳司郎中一員舊四司有員外郎正統六年革

司務一員

所屬鑄印局副使一員嘉靖八年吏部議革侍郎奉　欽依南京禮部職掌慶賀等項禮儀堂上官照舊留二員

南京兵部

尚書一員　右侍郎一員萬曆三年革十一年復設　左侍郎一員天啓三年添設

武選司郎中主事各一員

車駕司郎中員外郎主事二員

武庫司郎中主事各一員舊有員外郎正統六年革

司務一員

所屬典牧所提領一員會同館大使一員

大勝關大使一員

南京刑部

尚書一員　右侍郎一員萬曆三年革十一年復設

浙江司郎中一員舊有員外郎一員隆慶三年革主事一員萬曆九年革十一年復設

江西司郎中一員舊有員外郎一員隆慶三年革主事一員

福建司山東司山西司郎中主事各一員

湖廣司郎中一員主事一員萬曆九年革十一年復設

廣東司郎中員外郎各一員主事一員舊二員隆慶三年革一員

廣西司郎中一員主事一員萬曆九年革十一年復設

河南司郎中一員舊有員外郎一員嘉靖三十七年革主事一員萬曆九年革十一年復設

陝西司郎中一員舊有員外郎一員嘉靖三十七年革主事一員

四川司郎中一員舊有主事一員隆慶四年革

雲南司郎中一員舊有主事一員隆慶三年革

貴州司郎中一員舊有主事一員嘉靖二十七年革

司務一員　照磨一員舊有檢較一員嘉靖八年革

司獄二員

南京工部

尚書一員　右侍郎一員萬曆二年革十一年復設

營繕司郎中一員員外郎一員嘉靖三十七年革萬曆十一年復設主事二員舊有三員嘉靖三十七年革一員係添設修倉主事

虞衡司郎中一員主事二員萬曆九年革一員十一年復設

都水司郎中一員舊有員外郎一員嘉靖三十七年革主事二

員內一員管新江口船隻

屯田司郎中一員主事二員內一員嘉靖二年添設

司務一員

所屬營繕所所正所副所丞各一員

龍江提舉司清江提舉司各提舉一員

織染所大使一員

寶源局大使一員

軍器局大使一員舊有副使一員後革

龍江抽分竹木局大使一員

尾屑斵抽分竹木局大使一員

皮作局鞍轡局舊有大使各一員嘉靖八年革

文思院舊有大使一員嘉靖三十七年革

嘉靖八年吏部議革侍郎奉欽依南京工部司工作事務浩繁堂上官照舊留二員

南京都察院

右都御史一員　右副或右僉都御史一員提督操江

浙江等十三道監察御史三十員舊每道各三員嘉靖隆慶有革有復後定浙江江西河南山東山西陜西四川雲南貴州九道各二員福建湖

廣廣東廣西四道各二員近年不全設常以一員兼管數道

司務一員　經歷一員舊有都事一員隆慶四年革

照磨一員舊有檢較一員嘉靖八年革

司獄一員舊二員嘉靖三十七年革一員

南京通政使司

右通政一員　右叅議一員隆慶四年革萬曆十一年復設

經歷一員

南京大理寺

卿一員　右寺丞一員萬曆三年革十一年復設　左右寺正

各一員　左右評事各一員舊各三員隆慶三年各革一員萬曆九年又各革一員十一年各復設一員

司務一員

南京六科

吏科給事中一員

戶科給事中二員內一員管後湖黃册

禮科給事中一員　兵科給事中一員

刑科給事中一員　工科給事中一員

南京太常寺

卿一員　少卿一員萬曆九年革十一年復設天啓二年添註無定員

又舊有寺丞一員正德二年革　典簿一員　博士一員

贊禮郎六員舊七員嘉靖三十七年革二員萬曆十一年復設一員

司樂二員　神樂觀提點一員舊有知觀一員嘉靖年革

天地壇祠祭署奉祀一員舊有祀丞一員嘉靖三十七年革

山川壇籍田祠祭署奉祀一員萬曆九年革十一年復設

祖陵祠祭署奉祀一員舊有祀丞一員後革

皇陵祠祭署奉祀祀丞各二員

孝陵祠祭署奉祀祀丞各一員

楊王墳祠祭署奉祀一員舊有祀丞一員後革

徐王墳祠祭署奉祀祀丞各一員

嘉靖八年吏部議革少卿奉　欽依南京太常寺主典
孝陵并　壇廟祭祀止留卿一員恐有差占事故
若令屬官管理似非尊事神明之意還照舊設
少卿一員革協律郎

南京光祿寺

卿一員　少卿舊一員隆慶四年革天啓二年添設無定員

典簿一員　大官署署正署丞各一員

珍羞署署正一員舊有署丞一員萬曆五年革

良醞署掌醞署各署正一員舊各有署丞一員嘉靖三十七年革

南京太僕寺

卿一員　少卿舊二員隆慶二年革存一員天啓二年添設無定員　寺丞舊二員隆慶四年革一員　主簿一員

南京鴻臚寺

卿一員舊寺丞一員正德二年革　主簿一員　鳴贊四員萬曆九年革一員十一年復設　序班九員舊設十二員內三員又任補嘉靖三十七年革二員萬曆九年又革一員十一年復設三員　司儀署司賓署署

丞各一員

南京國子監

祭酒一員　司業一員　監丞一員

博士二員舊有三員隆慶四年革一員　助教四員舊六員嘉靖三十七年革二員　學正四員舊五員隆慶四年革一員　學錄二員

典簿一員　典籍一員舊有掌饌一員嘉靖年革

南京翰林院

掌院事一員或用侍讀學士或以春坊庶子諭德中允侍講署掌

孔目一員

南京尚寶司

卿一員

南京行人司

司副一員

南京欽天監

監正一員舊有監副一員後革 主簿一員

五官科冬官正一員春夏秋中不設 五官司曆一員

天文科五官靈臺郎二員 五官監候一員

南京太醫院

院判一員　吏目一員

惠民藥局生藥庫各大使一員

東南西北惠軍藥局署吏目各一員

南京詹事府堂上官今不設

主簿一員

南京　宗人府正官不設

經歷一員

南京中左右前後五軍都督府經歷司

經歷各一員　都事各一員

南京各衛經歷司附倉

孝陵衛經歷知事各一員

錦衣衛經歷知事各一員烏龍潭倉副使一員

旗手衛經歷一員　東西倉副使各一員

羽林前左金吾前後左右府軍府軍後濟川江

淮十衛經歷各一員　東西倉副使各一員

虎賁左衛經歷一員　倉副使一員

府軍右衛經歷一員　西倉副使一員

羽林右衛經歷一員　復成橋養虎倉副使各

一員

分屬五府留守等三十二衛經歷司經歷各一

員　倉副使各一員

舊有留守等衛分管通濟等門各千戶所吏目共六員萬曆九年俱革

京衛武學

教授一員　訓導一員舊二員嘉靖三年革一員三十七年又革一員

應天府

府尹府丞各一員治中一員通判二員一員兼管巡捕一員管馬正統四年添設萬曆九年革管馬通判十一年復設推官一員

經歷知事照磨檢較各一員
司獄一員　儒學教授一員　訓導六員
陰陽學正術一員　醫學正科一員
廣積庫副使一員　常平倉大使一員
都稅司大使一員　批驗茶引所大使一員
聚寶門江東龍江三宣課司大使各一員
朝陽門分司副使一員舊有太平門宣課司大使併入此
江東江淮秣陵鎮三巡檢司巡檢各一員
龍江水馬驛江東馬驛驛丞各一員

龍江裏外河泊所官一員

龍江遞運所大使一員

龍江關石灰山關大使各一員

上元縣知縣縣丞主簿典史各一員

淳化鎮巡檢司巡檢一員

江寧縣知縣縣丞主簿典史各一員

大勝驛江寧馬驛驛丞各一員

南京中東西南北五城兵馬司

兵馬指揮各一員　副兵馬指揮各一員舊各二員

吏目各一員
萬曆九年各革二員

南京僧錄司

左右善世二員　左右闡教二員

左右講經二員　左右覺義二員

南京道錄司

左右正一二員　左右演法二員

左右至靈二員　左右玄義二員

今南京僧錄司只設左覺義一員右覺義三員道錄司只設左玄義一員右玄義三員餘無設

附考

永樂十八年九月

上命行在禮部自明年正月初一日始以北京爲京師不稱行在各衙門印有行在字者悉送印綬監預遣官取南京各衙門印給

京師各衙門用南京衙門皆加南京二字別鑄印遣人齎給 見實錄

李維楨列卿表曰國初官皆在今南京永樂初改燕國爲北京有行部尚書四年後有行在各

部尚書事權猶在南也十八年定都北除行在二字事權悉歸北而南各署始稱南京南北分矣洪熙初在南者復除南京字仍設行部于南在北者復稱行在宣德正統間始革南行部除北行在字爲定制按正統四年登會録各官有行在字至七年無

卷之五終

南京吏部志卷之六上

文選司職掌

國初事例

作缺

凡內外官員考滿侍親致仕丁憂殘疾極刑考功司勳來付案呈本部立案作鈌寫鈌本赴內府銓注如遇本科遷調改降及內外衙門開到爲事提問等項官員本部立案作鈌仍連送選部移付司勳照勘明白開附轉續貼黃考功附

寫行止如事故不明難以作鈌者本科自行照勘回報明白者一體作鈌開附貼黃行止

類選

凡考功付到考滿官司勲付到起復官及内外衙門送到降用裁減截替别用官員就憑來文附簿立案

起復考滿官止憑來付案呈本部審實相同比例無差就便謄錄選本引選

本科該管裁減改降截替并爲事釋放罷閑起

取官員隨令備供歷任脚色開寫公私過名比
堂題判送司勳考功查對貼黃紀録明白類奏
照例選用如有公過差錯就行引問取招移付
考功紀録過問如隱匿的決及贓私等項過名
及改換出身有害於事者具
奏送問
進士監生通經秀才人材孝廉賢良方正等項
俱憑來文附簿責供年籍住址出身名色丁產
營生過名分成等第然後引奏選用

陰陽醫術行移太醫院欽天監考試如果堪用照例具奏引選不堪用者將原舉官吏依貢舉非其人律付考功紀録本人放回仍督令别舉僧道亦憑僧道録司考試堪用申送本部俱該類

奏引選

其應選官員人等除僧道陰陽醫士就除原籍其餘俱各例避貫銓注如無相應見缺借除在京在外者皆仍支合得俸給通理月日

凡在京初入仕者試職其在京實授試職官員
凡有陞除即與實授量才授職比與前任品級
降等者亦實授外任官員果有才德薦舉陞除
在京者亦實授若因朝
覲給繇等項到部遇有缺員就便對品改除者實
授陞除者試職如遇
特旨陞降及與實授者不在此限在京已入流倉
官不須試職未入流品官員俱與實授
舉人出身第一甲三名第一名從六品第二名

第三名正七品賜進士及第第二甲從七品賜進士出身第三甲正八品賜同進士出身

在外承差有鈌於能幹人員内取用考滿者准考功來付於行人内用起復者准司勲來付於五府六部知印内用　五府六部知印有鈌具奏於識字人材内取用

抄選

凡内府除授官員令主事抄寫處所到部呈堂具本

覆

奏附選京官就令赴任行移在京各衙門在外官

負關領劄付其布政司正佐官負關領照會俱

定限到任仍行取到任月日候回報立案送司

勲附黄如遇

特旨陞改降除官負皆要具本覆

奏附選一體行移其在外官負赴任一千五百里

之外者移咨兵部應付脚力

衙門

凡在外開設裁革減併一應衙門欽奉
聖旨或據准各處來文開到各項緣繇若係開設復
設衙門定擬衙門品級各設官員數目具
奏附寫官制照例除官設吏若係裁革減併衙門
具
奏銷除官制見任官吏取回移付該科别用俱咨
禮部鑄銷印信仍立案連送付司勳貼黄缺科
作缺司封行移設吏

官制

凡内外各司府州縣衙門并合屬倉庫河泊所稅課司局驛遞閘壩僧道醫術大小衙門合設官員及五軍都督府并各衛所軍職文官制度并令典名數務要周知額設官已見總領

還職役

凡在京各衙門送到還職官員俱憑來文隨即附簿查對鈌冊如未作鈌者立案類寫手本赴吏科給憑已作鈌未除官者立案給憑就連送赴鈌科銷鈌司勳續黃作鈌已除官者見送官員

若照

欽定事例戴罪還職者立案給憑赴任仍將新官類

奏取回或就彼調用若不係戴罪還職先已除官

代替者不必發回就令備供脚色過名查考類

選別用但有過名紀録的決并戴罪者俱付考

功紀録司勳附黄還役吏送赴司封轉發還役

人材生員人等咨發原該衙門收管辦事

給假

凡内外官吏給假省親遷葬者須要具

奏俱量地遠近附簿定限行移應天府給引照回

仍行體勘至期各還職役不在作缺之數如違

限日久不到者就行提問

已上皆諸司職掌之文係

國初所定者今不盡行

南京吏部志　卷之十八　　八　　七十五

南京吏部志卷之六下

文選司職掌

見行事例

署印

凡南京六部等衙門堂上正佐官皆缺洪武永樂以來委給事中郎中等官署掌印信弘治十二年奏准如吏戶禮兵工五部及通政司缺就於各衙門堂上官内推舉一員三法司有缺就於三法司堂

上官內推舉一員署掌仍將推舉過職名奏

聞會典

一嘉靖四年本部右侍郎李　題吏部題

准今後南京三法司如俱缺官准令暫於南京吏戶

禮兵工等部堂上官內推舉素有風力官一員

署掌印信有官之日仍照前例行俱將推舉過

官員職名案候每季終具本題

知

一南京太常寺等衙門缺官具呈到部劄委卿寺

相應官員署掌印信以下俱候該衙門有官交代不具題

一尚寶司缺官委光祿寺少卿署掌如無少卿委

六科倖深給事中署掌

一南京宗人府經歷司太醫院行人司缺官委本

部郎中主事等官詹事府主簿缺委翰林院孔

目欽天監缺官委禮部司務等官五府經歷缺

委都事如無都事委

宗人五府經歷通政司經歷缺委五府經歷都事

等官各署掌印信太醫院各局缺官管事該院

查推相應人員呈部劄行委署

附考

一萬曆三十八年南京兵部右侍郎署部事張

陞總督兩廣軍務兵部右侍郎兼都察院右僉

都御史所有原署南京兵部印信推南京都察

院右僉都御史丁賓相應署掌續准右僉都御

史丁　咨稱職係四品京官推署兵部印務事

體重大遽難掌管俯乞另推三次具繇前來堅

辭特因堂上官寥寥至極無可更推隨該本部

會集南京大小九卿科道等官會議得南京兵

部印務雖事體繁重機密所關但右僉都御史
丁　乃都察院堂上官而又提督操江總轄兵
機事關表裏兼署允當不妨原務前去署掌

文憑

凡南京各衙門新除復任官員吏部咨開職名到
部各取到任日期并各衙門繳到各官文憑收
候半年類繳吏部如遇丁憂者先行咨繳會典
一投繳文憑到部送司查收内有違限者除水程
外不拘月日多寡每季終類佘仍備開依限違

限道數印鈐洛繳吏部

一弘治十五年題

准赴任官員除水程遇限外河南山東山西陝西南

北直隷違限兩箇月之上浙江江西湖廣福建

違限三箇月之上雲貴四川兩廣違限四個月

之上應提問者提問應參奏者奏　請提問若

果患病三個月之上具告本管官司備繇具

奏方免提問若違限一年之上革職爲民其進

表給繇官員復任違限者一體參問

一嘉靖三年題奉
欽依赴任違限官員都提問違半年以上者送部别
用一年以上革職爲民考滿公差復任違限照
例行又三十年題　准今後赴任違限官員照
例查參患帖不許准理
一嘉靖二十六年吏部咨南京各衙門陞轉官員
憑限日期郎行各衙門知會文憑到部郎便登
記各具印信領狀赴司領回仍具發過日期回
咨吏部内有丁憂事故回報不行赴領者收候

季終繳回

一隆慶四年該吏科都給事中光懋題吏部覆奉

欽依今後凡遇赴任還任官員務要嚴查硃限按季類報應參奏者照例參奏應提問者徑自提問酌量遠近量添水程不得仍前紛紛告改憑限具繇報部以憑查考其陞調官員有水程所在該衙門有回護違限不行類報及日久不開缺者聽本部參　奏處治本年又該總督兩廣都

御史李　題爲官屬久不赴任乞革水程嚴期

限以飭吏治事該吏部覆奏
欽依將各省水程通行查革訖
一萬曆二年十一月准吏部咨該吏科給事中劉
不息等題爲奉揚
綸音稽考文憑以安地方事該本部詳議事理
覆題奉
聖旨是今後各官文憑該科務照舊規定與期限不
許任情寬假水程照舊裁革有違限的各撫按官
務要從實查參患帖俱不准理其給憑繳憑俱照

題准事例行有仍前代爲親識告領告改的該部科參來處治你每亦不許徇情即爲改給自壞法守欽此等因備咨前來欽遵在卷

一萬曆六年本部查參長安門倉副使陳魁到任違限該吏部查得見行事例除州縣正官到任違限一月之上問罪兩月之上送部別用三月之上罷職不叙外其餘官員到任違限者提問半年以上者送部別用一年以上者革職爲民又查得江西南昌府同知陶之肖　慶成王教

授陳文俱到任違限未及一月已經題奉
欽依免究今本官違限未及一月又查有前例合無
姑免究問奉
聖旨姑免究欽此
一萬曆七年准吏部咨開吏科都給事中陳三謨
等題爲酌議文憑違限事例以警曠官以重職
守事該本部覆題今後兩京凡領劄憑官員及
在外佐貳首領雜職等官違限一月以上問罪
半年以上降級別用八個月以上罷職不叙在

南京者除違限一月查參外未及一月免參大
小各官給繇或進
任各照前例一體施行前項應參應題官員先
令任俸管事候問明還職之日方許關支仍抄
招送部紀録過名以憑查議本部給發文憑即
將違限事例填寫憑内使各官皆知遵守等因
奉
聖旨這官員到任違限事例依議行欽此
附考
一進表官舊例即於儀制司原送到文内照依水

程定限赴任其有違限者照違憑限例行近年
公差及進表官員如遇陞轉到任違限者俱免
叅
一兩京庫官巡檢倉官查係扣鈌除憑限外仍寛
限半年司印鈐蓋北例
一如有候憑未到者徑照咨内限期給與執照到
任北例

作鈌

一南京各衙門陞轉丁憂事故等項官員作鈌到

部按季類咨吏部銓補惟欽天監官不係常選

另咨吏部

起送

凡南京各衙門陞轉降調官員俱係本部給文起

送吏部會典

一太常博士國子監官舊與行人等官相兼選用

嘉靖十四年吏部題取南京主事王畿等太常

寺博士林廷𣏌國子監助教黃希韶等奉

聖旨南京官員罷欽此以後節年俱未題取二十七

年南京國子監祭酒程文德題乞將南監博士
及六堂官一體行取該吏部覆　准南京國子
監官并太常寺博士等官一體取用是年南京
刑部王事阮鶚評事姜良翰給繇到京該吏部
題　請一體取選
一舊例坐名行取近例兩監官定限一考以上稱
職無過及不係改調者移咨本部轉行起送
一南京欽天監開送考過天文生到部爲起送吏
部

一南京欽天監官不繇常選六七品官員缺行本監於屬官内推補八九品官員缺行南京禮部公同該監堂上官於本科專業年深人役内考選具結定擬堪任職名起送到部轉咨吏部銓補成化二十二年題　准人專一科科專一業凡本科員缺就將本科人起送同科考試居優等者挨次除補

一南京禮部咨送鑄印局儒士援例到部冠帶後仍送禮部肄業聽候二年十三年各滿日起送到

部覆行禮部儀制司查明無礙咨送吏部選用

一南京禮部鑄印局永樂後止設副使一員食糧

儒士一名遇缺南京禮部題

請通行直隸所屬地方訪取身家無過能通楷篆子

弟會同本部考試選補嘉靖十五年增取候缺

習學儒士四名食糧儒士三年役滿禮部起送

轉咨吏部題授本局副使候缺習學儒士依次

挨補食糧

考北例鑄印局大使員缺本局副使陞補副使

有缺三年糧滿儒士除補若糧滿無缺願告外

選者除府檢較告守本局者題給冠帶咨回禮部候缺其本局一時缺官查無糧滿人役於內儘其糧深者題授署職候糧滿實授南京鑄印局照北例陞除係南禮部查題或南禮部咨送禮部查題俱咨吏部覆題

一嘉靖十九年工部題議鑄印局聽缺儒士納銀冠帶辦事半年滿日咨吏部選用南京者咨南吏部轉咨南禮部收候北例

一隆慶三年戶工等部題准兩京鑄印局儒士食糧未及一年及一二年以上幷考中候糧者各准照例納銀冠帶食糧者聽

選其候糧者回局辦事半年滿日咨送照本等
資格選用原納在局習學累試無進者許納銀
冠帶辦事二年滿日咨部選用民間子弟納充
儒士肄業亦許納銀冠帶辦事二年滿日咨部

選用

一南京禮部咨送太醫院九年考滿醫官及歷役
九年醫士無過者到部照例起送吏部

一嘉靖十年禮部會同兵部議題
准設立東南西北四惠軍藥局每局提調醫士一名

管理原有冠帶者冠帶無冠帶者三年無過赴
部告明給與冠帶六年告明九年功勞顯著者
咨送南京吏部起送吏部　奏陞署吏目仍支
醫士月糧常川在局提調遇有
恩例實授三年照例給繇
一考中一等從七品從九品并雜職出身及提控
都吏援例免考從七品或考在二等雜職出身
并起復等官例應咨選者先告司狀次日投通
狀說　堂後行驗封司并原役衙門查若五府

六部都察院知印援例從八品正九品出身者
止行原役衙門查各候回銷無礙先一日呈看
堂稿并送應天府給引次日印咨批各官仍投
引赴司掛號聽候三九日辭　堂後給發咨引
一太常寺協律郎有缺於司樂内選補贊禮郎司
樂
孝陵祀丞缺於三行（三行者典儀掌樂教師也）執事樂舞生叙補
提點缺協律郎選補奉祀缺祀丞補俱行本寺
查取持身無玷供事年深員役選定具結送部

給文起送吏部照例奏除其曾經問罪者不許
起送近年該寺徑起送太常寺轉呈吏部銓補
本寺呈本部知會
考北例太常寺各壇 天地山川壇及各 陵
壝所奉祀祀丞知觀典樂贊禮郎缺於年深執
事樂舞生内挨補協律郎司樂缺於掌樂敎師
内選補兩京各自爲例
一南京僧錄司額設左覺義一員右覺義二員如
左覺義缺於右覺義内推選年深者轉補右覺
義缺於五大寺住持内考選精通經典者咨送
禮部 奏補咨本部知會

一南京道錄司額設左玄義三員如左玄義缺於右玄義一員右玄義缺於朝天宮住持内考通經典者准補一咨本部知會一咨禮部奏　請銓補

給假

一洪武間在京大小衙門官吏給假省親祭祖等項自行具　奏取自
上裁如准本部覆奏定限放回其考滿吏給假别無粘帶就行定限除路程日期外别與假一個月

在家俱給引照回

一成化元年令京官離家十年者方許省祭至二十三年

詔兩京文職有離家六年之父欲給假省親者查無違礙許其歸省若祭祖假例歷任十年以上者

准

一弘治十七年禮部會題奉

欽依送幼子還鄉官員行勘是實止各許在家兩個月若違限半年之上雖有堪信文憑送法司問

罪

凡南京各衙門官員奏行給假省親本部劄送應
天府給引定限回任若違限一年半以上本部
暫令到任管事具奏請
旨送問會典

一南京各衙門官員有父母迎養在任因老病要
乞扶送回籍及給假省親祭祖遷葬等項者各
官具奏吏部咨行本部舊例本部結勘明白咨
吏部題覆移文本部轉行該衙門取同鄉同僚

官勘結繳報吏部一面劄送應天府給引回籍令其遵照本部定限六個月復任赴部投銷近年係本部查勘是實即與定限放回按季咨報各衙門辦事及未撥辦事官吏告假送幼子還鄉者行五城查勘具揭到部照例定限給引放回依限赴銷仍扣補辦滿日給引省祭

一吏部咨南京各衙門官員如有公差給假省親祭掃及送幼子還鄉回任的確日期按季咨報吏部查考

一京官省親祭祖各奏　請給假吏部查議題
舊例量地方定限違限一年之上住俸五個月
一年半之上送問嘉靖三十四年該吏部議
遷葬官員照養病例四十三年光祿寺少卿李鏈
表[illegible]具奏省親該吏部覆　准照遷葬例俱作缺限
三年限外到部革職到部雖在三年外起文在
三年內具繇奏
請定奪
一舊例京官歷俸六年以上方許給假省親十年

以上祭祖近年省親祭祖者六年之上遷葬者三年之上送親送子者不拘北例

一京官妻故奏送幼子還鄉不作缺除水程外止許在家兩月老親隨任奏送還鄉不論大小俱作缺量地方定限北例

附考

一嘉靖五年應天府府丞唐鳳儀　奏要送母還鄉吏部具題行勘是實又與彭汝寔事體相同准奏移咨本部送應天府給引照回還鄉令其依限赴任供職奉

聖旨是欽此本年又該應天府府尹王爌　奏稱伊
　母高年異常乞要暫容取道歸省吏部覆奉
聖旨王爌既母年九十准他便道歸省欽此
一本生母喪給假舊無例嘉靖四十二年翰林院
修撰諸大綬給假遷葬因本生母喪違限吏部
題　准寬宥通行内外官員凡遇有本生父母
亾故自願回籍治喪者在京照例具　奏在外
呈詳撫按衙門給假回籍員缺另行銓補不拘
守制之例定限周歲或半歲有司照限起送其

有違限者照例行查續該稽勳司案呈議得回
籍治喪定限二年覆
准欽遵至嘉靖四十四年山東武定州知州范學禮
朝　覲到京聞有本生母喪　奏請給假該吏
部覆照前例定限一年送順天府給引放回
一送子喪還鄉舊無例隆慶二年十月考功司員
外郎郭諫臣奏　請該吏部查比妻故送幼子
還鄉例題
准作鈌照依水程定限北例

一隆慶五年五月御史馬三樂題該吏部覆
准今後給假省親送子遷葬官員俱要該衙門掌印
官勘實代　奏方准題覆放回至隆慶六年閏
二月該大理寺左少卿孫光祜奏給假省親該
吏部覆　准本官係署印堂官無人查勘只得
自行陳奏以後堂上掌印官無人代　奏者俱
照此例徑自奏　請北例

實授

一南京戶部等衙門咨開署職三六年考滿例該

實授郎中等官到部按季轉咨吏部

一南京各道御史有缺吏部咨送試職理刑等官到部轉咨南京都察院分撥各道取到院日期咨吏部至試職理刑滿日本院考過移文本部咨送吏部奏請實授

一試職御史丁憂復任不預會考者都察院單題考試查有嘉靖三年起復王鼎四年候秩徐岱六年邵豳例俱前後未及半年題請實授

一南道實授先年或起送赴部或因差用缺人免

送臨期咨部查例題　請至正德四年題　准

以後凡南道應該考試實授之時南京都察院

具本題　請幷咨本部轉咨吏部知會吏部查

例覆題止行南京都察院考試免其起送移咨

本部轉咨該院考試開具堪任次序咨本部轉

咨吏部具題實授吏部仍咨本部轉行知會其

有應該別用者起送赴部銓補

附一凡署郎中寺正事員外郎寺副歷俸一考　署

考

員外郎寺副主事評事歷俸兩考　行人司司
正司副都察院都事中書舍人太常博士司務
陞署郎中員外郎考九年滿　俱繇考功司付
到文選司類題或單題實授北例
一凡五府經歷陞郎中　五府都事陞經歷　都
察院都事陞經歷　通政司知事陞經歷　都
察院檢較陞照磨亦俱歷九年實授北例
一六科給事中正德三年吏部題覆將年深者實
授進士新選者俱與試職候一年實授南京六

科別無差用免其試職即與實授（今北科亦無試職）

俸資

一隆慶元年吏部咨南京各衙門備將各屬五品以下官員到任歷俸日期逐一備查明白先行咨報以後每季移咨一次以便推補

一考功司付送三年六年考滿在任給繇官到司例應給咨劄復任行原衙門仍取到任日期繳報（此與下款復任還職查俸）

一南京刑部送到還職官員到司轉送該衙門復

職仍取復職過日期繳報

附考　一隆慶六年少師兼太子太師吏部尚書楊　題

節奉

聖旨南京言官職任原無輕重今後選用陞遷都一

體酌量行隨該吏部議得在京都左右給事中得

遷太僕太常少卿尚寶卿等官刷卷提學大差

御史得陞太僕卿大理寺丞光祿少卿等官今

後南京給事中雖無都左右之銜御史雖無刷

卷提學之差若資俸相等陞遷亦如之題奉

聖旨是欽此此科道俸例

吏員資格 以下俱吏員例

一南京五府六部等衙門知印有缺移咨本部轉咨吏部請

旨黜撥到部轉送該衙門着役三年役滿到部咨送吏部考試同九年周歲考滿官類奏會典

一五府提控六部都察院都吏考中一等從七品二等雜職

一五府六部都察院并內外守備掾史及總督令

史典吏并　皇城各門門吏　宗人府典吏考
中一等正八品二等雜職
一通政司大理寺國子監太常寺太僕寺鴻臚寺
光祿寺詹事府應天府在京各衛令史胥吏司
吏考中一等從八品典吏考中一等正九品二
等雜職
一光祿大官等署典吏國子監典簿廳典吏各道
各縣各儒學各百戶所各兵馬司各經歷司照
磨所提舉司九庫司獄司各局稅課司巡檢司

驛遞各倉塲批驗所司典吏攢典考中一等雜
職二等雜職分別一等二等開註
一在外充都布二司令史典吏到京未撥當該援
例正八品
一在外充按察司書吏各衛令史到京未撥當該
援例從八品
一在外充按察司并各衛典吏到京未撥當該援
例正九品
一在外充府司吏到京未撥當該援例正九品

一在外充府典吏州司吏到京未撥當該援例從九品

一在外充州典吏縣司吏到京未撥當該援例雜職

一在外候都布二司缺援例到京已參未撥參援例俱正八品

一在外候按察司缺援例到京已參援例正八品未參援例正九品

一在外候衛缺援例到京已參援例正九品未參

從九品

一在外候府缺援例到京已叅援例正八品未叅

從九品

一在外候所缺援例到京已叅援例正九品未叅

從九品

一在外候都布二司首領幷州及提舉司缺援例

到京已叅援例從九品未叅雜職

一在外候按察司首領幷各府首領及縣缺援例

到京已叅未撥叅援例俱雜職惟撥叅各道幷

巡按書吏援例從九品

五府知印援例從八品六部都察院知印援例

正九品

一各行吏典告陞者照在外衙門到部資格告降

者照降叅衙門資格

給繇

凡南京各衙門三考役滿吏典成化十一年

詔免其赴京從本部照例考試中式者就令冠帶辦

事不中者徑發爲民二十三年　詔考試不中

者給與冠帶閑住會典

凡本部每季考過三考吏典一等二等冠帶分別資格撥各衙門辦事六個月滿日從七品出身者起送吏部聽選其餘俱給引照回原籍省祭

三等冠帶閑住每年終類奏會典

仍造冊繳吏部內考功司付文閑住候文給引吏典另記簿待後滿日查銷方准給引

一弘治九年准吏部咨今後官吏有犯公私徒杖罪及私笞減等不盡者俱照例降級若犯公罪該笞或私笞減盡無科者俱免降級

以上三考吏典付送到日分别資格擬辦仍查考功司付文有無過犯如係役內例該降級者附過即定降級字様另與本等後逐一查對明白開款類　奏仍造册繳吏部

一弘治十八年

詔給繇官吏紀録過名悉與除免照例陞用收考

此一時　恩例非見行若役內有犯公私過名笞杖罪犯在革前照例除免犯在革後例不除

一各部并各府提控都吏不分考中納銀及知印援例冠帶辦滿告起送者行驗封司及原役衙門查有無過犯開列明白給文起送吏部若吏典省祭滿日起送者止行查原役衙門不必行

驗封司如係在外通吏到京辦滿未撥當該撥
例者止行驗封司不必行原役衙門如原在考
功司以吏典改納各行起送者亦行考功司并
原役衙門若俊秀子弟改行不必行原役衙門
一兩京京倉攢典冠帶後在倉守支嘉靖十二年
天策衛北倉攢典張文卿奏行比例守支八年
起送選用不及八年者給引照回省祭嘉靖二
十七年南京戶部咨金川門馬房草場役滿攢
典程鳳鳴守支八年盡絕乞要比例選用本部

移咨吏部咨部照例具結起送

一萬曆六年辦官王化及冠帶攢典張昺等告比比例起送聽選等因移咨吏部查覆南北事體相同都吏提控考中二等并考中從九品及一等雜職辦滿日即准起送倉攢考中一等仍令守支盡絕方准起送二等雜職守支一年准免省祭二年守支已及六年者准留在部候足十四年咨送守支七年者即准移咨收選俱免其回籍未及六年者餘月亦准扣算註引回籍候

十四年滿日起送其鹽倉草塲守支盡絕冠帶攢典不准折算年分舊例倉攢冠帶後守支八年者起送徑選其未及八年者給引回籍省祭

一稽勳司付送丁憂起復稱辦官到部查明註撥通前六個月及倉攢查算守支年月久近照例罰班各滿日有應該取選者告行到部駁查原役衙門無礙倉攢仍具結狀各照例起送吏部

一稽勳司付送起復聽選等官到司除自官辦未滿內有丁憂者扣月日補辦其班滿未銷違限

日又遇有丁憂者候起復付送到司扣查自正
辦滿日爲始至丁憂日爲止除該補辦者照月
日補辦外其違限月日照職掌罰班此銷辦
一每季考功司付送三考倉攢到司照例冠帶守
支未盡發回該倉守支盡絶咨部查照守支年
分罰班及稽勲司付送丁憂起復倉攢未及八
年之上者亦照前例罰班滿日各送應天府給
引放回省祭如二司付文内原開暫撥及欠册
供者案候回銷方許給引

一每季考功司付送考過三考吏典及援例吏[illegible]
司說　堂冠帶後查照名數多寡均撥內有倉
場攢典仍各發回守支其考中一等并援例者
分撥本部并各司辦事二等者俱撥送各衙門
辦事俱六個月撥完次月給發手本此冠帶撥辦
一戶工二部咨送援例冠帶吏典到部三考役滿
及一考二考援例者付考功司查三考歷役未
滿者行原役衙門查又同辦事已滿未滿者付
驗封司查各查明照原納品級冠帶撥各衙門

辦事　比例

一兵工二部等衙門當該書辦吏役題

欽依或免辦考或免省祭等項咨送到吏部郎與查

原題議覆　比例

一萬曆十五年准吏部咨開據吏張文宦等讀律

艱苦本部議處自本年夏季起凡招擬頗通作

爲副卷列二等之前量免省祭五年明註選册

至期取選

一萬曆四十六年准南京工部咨開三考役滿吏

典知印黎上聘談文彬等各因修理
孝陵殿宇等處跟隨書辦工完題奉　欽依免其考
試各照本等資格出身
一各衙門辦事官吏撥役後不許倩人代替遣者
照行止有虧例問革其代替者别有職役一體
問革比例
加納
一省祭官加納行頭先具司狀連引呈驗審放後
投遍狀一年以下取結三年行原籍查明方准

收納

一三考官告要加納考中上糧從七品及一等雜職出身等官查例相合及行驗封司并原役衙門查明無礙方准移咨南京戶工二部轉發應天府收納例銀候呈繳庫收前來罰辦一月完日咨選仍候年終類　奏

附考

一各行加納官原籍起送到部者候戶部手本查明送納公文投戶部者弔查如係探親逼狀告納及給引已及半年之上者驗引送納候戶部

咨到日仍行原籍查明給劄若送納一年之上方咨到部或告復本行俱行原籍查（比例）

比例

一吏員冠帶聽選願告不出仕者先年吏部題准事例給與應得職銜仍行有司免其雜泛差役嘉靖三年　詔吏員冠帶願告不出仕者照資格授與職銜欽此今遇具告人員查對選簿係考中上糧何項品級或雜職照依資格填註衙門職銜各給與明文照回

一南京戶部咨送民間子弟援納遙授太醫院吏目空銜者照例給劄回籍冠帶候年終類奏

附考

一近年北部因戶部開例省祭願告遙授者中間有願授府經歷布政司照磨州吏目縣典史等名色各納銀多寡數目不等俱不得徑授北例

給引

一辦事官滿日起送到部查無違限并投有原役衙門結狀者次日開送應天府給引仍投司掛號并遍鄉保訖候三九日辭　堂給發如考功

司付文内開有候文給引者案候改銷方准給

引

一凡各衙門辦事及未撥辦事官員告假送㓜子還鄉者行五城查勘具結到部照例定限給文放回依限赴銷仍扣補辦滿日給引省祭

一省祭官在外犯罪曾追文引塗抹後復　奏告辯復起送到部駁查原籍衙門取具官吏鄰佑覆查甘結無礙方准補給文引按季咨吏部

事故

一各處聽選官員在家省祭文引遺失燒燬等項原籍告有官吏鄰佑人等顯跡結狀與黏連咨批開寫明白方許准信若中途失落雖告有堪信文憑亦不准理駁查近年俱行查

一法司送到華職官員及各處省祭官有犯罪問革申呈到部除名者抄招轉咨吏部除名

歷辦

一本司收行官或考功司收行吏到司各歷辦一個月

一援例官送應天府納免辦銀完日本部冠帶後借辦一個月

一各倉冠帶攢典未經收糧二年之内起送赴部者比照九庫冠帶吏例補辦六個月二年之外者免

一三考吏臨撥揑病不到者於正辦外每一日加辦三日如私自逃回久不赴撥者一月之上行提送問仍於正辦外照例加罰若逃回一年之上仍候行查

一辦滿官起送到部除違限十日外每三日罰班一日每一月罰班十日其過六個月以上者行原籍查近議四川兩廣程途頗遠寬假水程一月姑免行查加班四個月如違至七個月者俱行查

一辦滿官違限半年以上領文行查回銷者罰班四個月

一辦滿官違限一年以上例應革役今姑寬宥送問行查回日罰班五個月

一辦満官違限一年半以上及二年者例應革役
今從寬宥送問覆查回日罰班六個月
一辦満官已經依期銷辦明白後復遲延不即具
告起送或投結給引者明係規避仍照職掌每
一月罰班十日六個月以上俱照例行
一倉塲冠帶攢典放糧盡絕南京户部咨送到部
查其守支未及一年者罰班四十日一年以上
三十日二年以上者二十日三年以上者十日
若役内未經收糧及役内守支已經盡絕者俱

赴部撥辦不必守支中間如有在倉守支盡絕
掃盤明白無故延捱遲至一年之外方行起送
者加班二個月若果應賠糧情非得已者姑免
罰班其有守支將完故意留數十石不行報完
朦朧守支者行原役衙門查

附考
一辦事官滿日起送到司職掌内開除違限十日
外每三日壓辦一日其過一年以上者行原籍
查二年以上者送問行查完日仍照例壓辦止
六個月遵行已久至萬曆八年正月内奉本部

送准吏部咨開一　辦事官傍要依期完辦給引
照回若滿期過半年以上不赴給引者行原籍
查一年以上照例革役雖有事故亦不准理等
因題奉
欽依備咨前來欽遵在卷萬曆十八年五月内該本
司酌議爲照地有遠邇人無常態槩行查則貧
窮者不勝其妄費輕革役則迫切者或苦于非
辜故一照例行紛紛告擾不日横罹家難則日
偶遭病纏況如四川兩廣往返動經幾月若非

稍爲酌議各官不無愁嘆合無量于限外各依例寛假水程一月凡無故遷延違慢法應革役者悉遵近例查革外其有情非得已以致愆期如違限至七個月以上者行原籍查若直隷有該府文結各省有布政司文結到部姑免行查其一年以上有司府文結到部者姑送問免查無文結者送問行查一年半以上及二年者雖有司府文結送問仍行覆查二年半以上照例革役即有司府公文結稱事故亦不准理庶情

法允當寬猛適宜各辦官亦免至賣擾矣等因
開具呈　堂奉批如議行

取歷　以下俱監生

一凡南京各衙門寫本監生俱行本部轉行南京
國子監取撥惟戶工二部徑自行取弘治三年
奏　准俱從本部取撥轉送會典

一各衙門歷事及寫本監生名缺查扣滿期每月
下撥初一日取上撥十五日取劄行南京國子
監照缺取人撥補

撥歷

一國子監取到正雜歷監生本司查照名數親手取鈌呈　堂除官生恩生舉人坐與五府六科名鈌蘇州松江二府江西浙江二省者俱應迴避戶部外各生俱照該監呈文名次唱名當堂闔撥畢即給手本赴各衙門歷事萬曆二十一年五月奉　堂批新例選貢亦准坐闔

一天順八年正歷監生六個月寫本八個月成化間正歷十個月寫本一年弘治間正歷寫本各

一年嘉靖八年以後一時乏人減去正雜歷缺一百六十五名添正歷十五個月雜歷十二個月嘉靖十五年禮部右侍郎黄宗題稱在監人多仍增舊額四百四十二名復正歷十二個月雜歷九個月嘉靖十六年禮部尚書霍韜題准南監監生比照北監事例正雜歷各遞減三個月他日坐班生員稀少之日再議停止隆慶五年祭酒陶大臨奏南監歷少人多守缺壅滯乞要比例疏通暫減歷事月日增其名額題奉

欽依將各衙門應該正歷三名者量增一名其歷事

月日照舊不减暫行二年仍復舊規

各衙門額數

正歷原額二百一十七名添註一百二十六名

雜歷原額六十名添註三十九名

吏部原額正歷十名雜歷二名添註正歷八名雜

歷二名

文選司正歷五名雜歷一名

驗封司正歷五名

稽勲司正歷四名

考功司正歷四名雜歷一名

戶部原額正歷二十四名雜歷二名添註正歷二十四名雜歷一名

浙江等十二司正歷各四名

貴州司雜歷三名

禮部原額正歷六名雜歷二名添註正歷八名雜歷一名

儀制司正歷五名雜歷二名

祠祭三司正歷各三名

兵部原額正歷十名雜歷二名添註正歷八名雜歷二名

武選司正歷三名雜歷一名

車駕司正歷四名雜歷一名

職方司正歷七名
武庫司正歷四名
刑部原額正歷三十九名雜歷一十四名添註正歷二十六名雜歷一十三名
浙江十三司正歷各五名雜歷各二名
廣東司正歷五名雜歷三名
工部原額正歷二十九名雜歷二名添註正歷八名雜歷二名
營繕司正歷一十一名
虞衡屯田司正歷各八名雜歷各一名
都水司正歷一十名
都察院原額正歷三十九名雜歷七名添註正歷

二十六名雜歷七名
浙江十二道正各五名雜各一名
貴州道正歷五名雜歷二名
大理寺原額正歷三十名雜歷四名添註正歷四
名雜歷二名
左寺正歷二十一名雜歷五名
右寺正歷十三名雜歷一名
通政使司原額正歷三名添註正歷二名
中左右前後五府原額正歷各五名添註正歷各
二名
行人司原額正歷二名添註正歷二名

內守備原額雜歷十名添註雜歷一名
司禮監原額雜歷四名添註雜歷一名
吏戶禮刑工五科原額雜歷一名添註雜歷一名
戶科勘合科原額雜歷二名
兵科原額雜歷一名添註雜歷一名
尚寶司原額雜歷二名添註雜歷一名
一補歷監生在歷事衙門歷過十個月已經附選
止該二個月在歷若告𣙜養病二個月之外者
違例雖有該衙門准令調治手本并遍狀案候

等項俱送問

一國子監呈送撥歷監生到部臨期揑病不赴拈鬮卽係托故舊例發回肄業今先坐撥三法司缺如果患病暫准調理不得過三月如回籍行原籍提解至日送問若係半年以上取結一年以上行原籍查明方准壓撥仍補原衙門缺

一撥歷監生臨期因病告曠告假違限三月以上壓一撥五月以上壓二撥半年以上壓三撥仍取同鄉印結違限一年以上行原籍查明方准

一各衙門歷事未滿監生告假回籍起送到部者送原衙門補歷如例貢一年之上歲貢五年之上方行歷滿者行原籍查

考勤

一洪武間令監生分撥在京各衙門歷練事務三個月考覈引　奏勤謹者送吏部附選仍令歷事平常者再歷才力不及者送監讀書奸懶者發充吏會典

一宣德三年令在京各衙門辦事監生以半年更

代會典

一南京各衙門歷事監生舊例考過勤謹逐起差人具　奏成化九年奏　准本部案候每季通類具　奏會典

一各衙門歷事監生三個月例該考勤咨送到部即時照名親自附簿其本部監生應考者呈堂送司候二三名一起案呈劄送司務聽考覈考卷用手本印鈐回呈送司各生附簿俱案候每季終具本分別類　奏

一考勤監生未經附選除告病給引外若有托故逕自回籍不給引者送問各該府州縣月自申送者參究

一嘉靖二十三年吏部題各衙門凡遇撥到監生俱要查審正身令其常川在公供事書辦講習律令每三月考勤之時嚴加考較如有律意不通者不准附選仍令習學以俟再考其有私自回家僱人代替者查實將各犯參送法司問罪監生仍照行止有虧革罷爲民

一嘉靖三十年該吏部題　准以後各衙門定限
季終考勤先將各生查果歷事勤謹方准照常
考試論判不許容留代替仍分別滿期先後爲
序

附考
一監生在歷丁憂如北監正歷但經考勤上選起
復不必補歷換引聽選未經考勤者補歷其南
正歷雖經考勤例未上選仍補歷若兩監寫本
出巡清軍續黃寫
誥等項俱補歷起復補歷舊例不拘衙門湊補近年

仍擬原衙門 北例

作缺

一本部并各衙門監生歷滿一月前領作缺手本赴部親附缺簿滿後作缺者行原歷衙門查報

附選

一各衙門開送歷滿附選監生赴司各具親供各照後開日期各親附簿先期者不准毋半年一次各照科貢官恩援例挨次序名具本類奏仍造册咨繳吏部

各衙門附選監生

舉人未滿五日前　歲貢未滿四日前

援例未滿三日前

本部四司歷事監生

舉人未滿二十日前　歲貢未滿十八日前

援例未滿十五日前

一弘治二年成國公朱儀等會奏

准南京各衙門歷事寫本歷滿監生從南京吏部置

立文簿挨次紀録姓名年籍脚色定限送應天

府給引放回每半年一次類繳吏部例該具奏

仍照舊例徑自具　奏

一正德十二年准吏部咨南京戶科給事中易瓚

等　奏吏部題　准南京國子監原撥後湖清

查黃冊監生比照刷卷并清軍事例查理黃冊

三個月滿日准作實歷其餘月分於各衙門歷

事湊補完日送該部上選給引回籍聽用

給引

一本部并各衙門歷事監生滿日投給引手本到

司次日查明說　堂照原限三六九日審放給

與手本送應天府給引照回依期赴選如有稱

病不即給引者俱許於原歷衙門案候其本部

監生通狀到部查審别無詐捏情弊俱准案候

一附選後養病監生病痊外省者例應布政司起

送直隸者例應該府起送若止投原歷衙門手

本告稱病痊給引者歷滿後一年以上取同鄉

官印結准給三年以上有原籍司府公文到部

者准給到原歷衙門者吊卷查明准給無公文

者行原籍查十年以上齋有司府文結到部姑
免覆查准給到原歷衙門者吊卷查明准給無
原籍司府公文者行原籍查二十年以上雖有
原籍司府公文仍行原籍查
一監生文引在家被盜失火燒燬等項查有原籍
司府公文曾經有官吏里老鄰佑人等顯跡結
狀粘連咨批開寫勘明免行查應換給者補給
開報不明者駁查如途中盜失雖告有堪信文
憑亦不准理仍行被盜處并原籍查若給引一

月以裏在京盜失者行該城查公文被盜失火

同

刷卷

一每遇刷卷年國子監開送京畿道刷卷監生一

百名刷卷完日該道先行手本知會案候吏部

移咨到日行監陸續起送各生到部附選各遍

覈供另立簿附記審給文引完日類

奏仍造冊咨繳吏部有二三名不赴附選者將見

到先行冊繳續至者另繳暫撥者候銷

鄉試

一每遇鄉試年本部在歷及先年患病案候在部監生有經原籍起送或各具通狀赴司一年以上者仍取同鄉印信結狀中間查無曾經給引人數類齊司審次日　堂審納卷彌封用印又次日送　堂考選取中者劄送應天府鄉試

一嘉靖二十三年禮科給事中陳　題　准各處歲貢援例生員分入南北監次撥諸司歷事三年之間新舊更替應該歷滿上選聽其回籍候

選期將近方許給文來京聽選俱係見行事例
今定立限制令兩京國子監并各府部院寺等
衙門以後凡遇考送監生科舉務備查在監在
歷有無增減月日託故遲延及選期未及先到
等項情弊如無方許收考仍各嚴加較閱以爲
去取名數毋得過多
一嘉靖四十三年御史史官題吏部覆　准各行
監生俱限七月半以前各衙門考送禮部會同
本部再加精選送試

一隆慶二年禮部尚書吳嶽奏　准各衙門歷事監生務依期完事給引還鄉如有告假及告丁憂等項亦須嚴行保勘所告果實方許放回俱各立限期依期回還如有托故遲延直至科舉臨期方到者不准入試

一萬曆元年祭酒林士章等題　准監生歷滿給引之後在南部上選給引者赴南部收考臨期務要司府結勘給文起送如無原籍公文假以在京依親及援例改納爲繇朦朧告考者不准

一萬曆十六年該南京禮部尚書姜寶題　准
議得監生科舉各有定例已附選者毋遇開科
年分起文赴原歷衙門及吏部考試旣無保結
又難識認不免有僱倩等弊委應議處查得萬
曆九年曾經吏部題　准臥引監生止原籍科
舉萬曆十二年又該國子監題
准仍許在京應試合無遵照近例嚴加關防凡附選
監生告考科舉者務令起有原籍公文官吏里
鄰印結細開年甲籍貫面貌及上選給引月日

各該衙門查驗明確方准收考在各省者起文之日仍聽本提調官面試文論二篇親加批語以其原卷粘連於起送文結用印鈐盖到部驗實方准收考考取以後係兩直隷者令隨本州縣應試生員一起點入以便識認係各省者令與同鄉監生五人互保無同鄉者則與同事五人以便識認亦可以革代倩之弊

告會

一各衙門開送在歷舉人會試送應天府給引往

來水程歷事監生准七個月補歷扣滿寫本者
准八個月扣算如先次不曾厯俸起送會試及
告會後有前途患病仍回考補者俱不准往來
水程其下第復歷遇缺准撥除水程四十五日
外違限半年以上取結一年之上送問

就教

一凡南京國子監呈送願就教職監生到部咨送
吏部施行舊例查扣坐監水程及一年者徑自
起送近年仍繇本部考試及各衙門在歷及歷

滿告乞就教者逼狀到部查審明白取同鄉監
生連名甘結考試文理平通者起送吏部仍送
應天府給引

比例

一監生加納預授職銜各先齎戶部手本幷親供
一張到司查在歷年月附選給引月日明白回
覆該部後賫戶部庫收咨文到部呈　堂冠帶
一面行原籍查候回銷給劄如係附選十年以
上例應選用告乞起送者查明給文起送

一監生援納預授職銜俱係南京戶工二部咨送前來說　堂冠帶仍驗本生有原籍府縣印信結狀方准給劄執照如各部咨開行查者止令冠帶仍候查覈至日方行給劄如無原籍公文各部未經行查仍行原籍查明中間如有丁憂者案候服闋方准冠帶間有監生附選已經十年以上歲貢五年以上告要咨送北部挨選者審有原籍印結并納銀庫收准咨聽選仍候年終類　奏遙授

一凡南京坐監監生不願出仕具告到部行本監查勘無礙照例擬授職名填註衙門給與散官奏令冠帶閒住會典

一成化十一年

詔監生有不願出仕聽選者授以從七品有司職名依親坐監者正八品有司職名俱令冠帶閒住原籍官司以禮相待免其雜泛差役

一嘉靖元年

詔監生不願出仕者已有授職事例令後還填註衙

門給與散官二十九三十六等年戶部咨開歲
貢援例監生歷滿上選有願遥授在京在外職
銜者各開納銀數在京於戶部在外於所在官
司申報戶部查明咨部銓註職銜劄付閒住其
未經納銀不願出仕者止給冠帶不擬職銜
附考
一正德十二年官生林有恒奏乞授職閒住吏部
覆　准授以南京都察院都事職銜致仕嘉靖
十九年吏部尚書王瓊妻白氏爲男王朝立具
奏吏部議照廕叙應選咨格覆　准遥授右軍都

督府經歷司都事致仕二十年舉人秦鏜比照
官生林有恒例乞　恩遙授吏部覆　准照例
填註南京都察院都事致仕二十三年聽選官
生楊襄具　奏授都察院都事致仕
一隆慶二年歲貢生員蔡瓚告要遙授儒官名色
吏部題　准今後歲貢生員已經廷試不願出
仕者俱遙授訓導職銜其廷試不中者止給冠
帶

起復

一凡監生丁憂起復應補歷者遇缺准撥舊例已
考勤者准令附選給引未考勤者扣月日補歷
嘉靖十年吏部咨令後丁憂監生已經考勤起
復到部俱扣月日補歷滿日上選給引暫撥者
照常附簿候銷

告病

一各衙門歷事監生患病輒回籍有手本送司作
缺行原籍提解至日送問半年以上者仍行查
明歷撥如初一日以後到司壓至本月下撥十

六日以後到司歷至次月上撥如係歷滿應給文引查係一年以上者取同鄉印信保結三年以上者行原籍查明候回文至日給引如無原歷衙門手本在卷者仍候原衙門起送

一嘉靖八年吏部咨監生上選後各衙門嚴加約束如果患病止許在外調理不准放回作缺有恃頑私自逃回者各衙門開送本部酌量地方遠近定立限期行提到部送問完日補歷如違限半年以上革爲民

一嘉靖十九年吏部題 准國子監監生今後不分在監在歷私逃回籍三月以外者發回原學肄業半年以上者一體革退爲民永爲定例

緣事

一監生問革塗引復經辯明抄招起送赴部查招明白取有鄉官印結若不開招錄駁查如遇例納復亦須抄招送部定奪如在歷聽選偶因公事詿誤問罪明白送回者仍送補歷并收候選

一各司府申送到問革監生緣繇到部隨將附選

簿除名仍咨吏部知會若有辯復者申報本部行查明白招繇并咨吏部

一監生例該送問者問訖前卷行原籍保勘一年以下者免

告假曠

一正統三年奏　准監生擬歷計其坐監月日淺深給假違限者並同虛曠

一正歷監生於考勤後雜歷監生於歷過二個月後方准告假此舊例也今議諸生到歷正歷未

及考勤雜歷未及兩月如果父母在家患病或果係婚葬或別有變故情甚迫切勢難久待者許明白開具情繇呈　堂批司審實取在部同鄉監生保結回　堂不拘到歷久近量其水程准與曠限不許混呈請假其正歷考勤後雜歷兩個月復告有前項事情者批司審實取結量與假限截日作曠赴銷之時並不許請曠作假違者酌量罰班

一監生偶有微疾照舊例具呈該司及司廳止給

短假在寓調理不許回籍果有重病一時難愈
查照前例一體准曠准假
一告假告曠監生該司查照　堂批給與印信小
票明註期限隨知會司廳開註卯簿如有違限
一個月不赴銷者即具手本移付本司作缺另
行補撥
一告假告曠監生俱要依限赴銷如違限一個月
以内者姑免罰班各照期補歷如違限二個月
者罰班半月三個月以上者罰班一月半年以

上者罰班三個月爲止一年以上者行原籍查
勘仍罰班三個月延至三年以上無故不復班
者明係曠蕩不守部規雖有原籍公文亦不准
遲革罷爲民

一告假曠監生如情詞不實託故偷安者查訪
得出未行者照所批日期罰班已行者復班日
送問其同鄉監生明知詐月扶同出結者一體

罰治

一在歷監生有私自逃回者查照職掌内題

准事例酌量地方遠近定立限期行提到部送問完日補歷如違限半年以上革罷爲民有因原籍地近潛回隨即復班者亦照逃例送問補歷

應付脚力

一選及已選官員并歷事監生在京病故者行查明送車駕司應付

附考

官二條　吏一條　監生三條

一凡推陞內外官文憑嘉靖二十年題　准南京者類發兵部車駕司順齎南京吏部各省者類

發都察院行各該廵按轉發仍各取到任日期

并原憑類繳註銷

一凡京官陞外告病隆慶二年吏部議題　准患

病在先推陞在後比外官已到任者不同許令

回籍養病痊日給文赴部隆慶五年又題　准

今後京官陞外告病乞休者俱令致仕不許病

痊起用

一天順二年奏　准辦事官滿者數多俱候類

奏方得放回省祭自後各衙門送到查審明白

即送順天府給引照回以次取用

一成化九年本部尚書崔恭　奏南監監生歷事滿必抵北紀選而還卒業其中貧乏者病於往復率多淹滯於法非便乞令南士得紀選於南

奉

欽依

一弘治八年國子監祭酒林瀚奏天順以前監生多在監讀書十餘年方得撥歷後因積滯人多頻減撥歷歲月以疏通之至是監生在監者益

少吏部聽選積萬餘人有十餘年不得選者請量開科貢且照舊例撥歷下禮部覆奏科舉名數已有定額不可再增各處歲貢生員自明年以後請如永樂三年例府學一年二員州學二年三員衛縣學一年一員其順天應天二府學一年三員俱至弘治十二年止四年之間歲貢人數增三千五百餘名分選南北兩監庶足坐班撥歷之用其兩監撥歷等項亦請自明年爲始正歷監生三月考勤之後仍歷一年其餘寫

本者一年清黃寫　誥清軍清匠者三年以至隨從御史出巡之類俱照舊制月日滿後方與更代侯監生如前積至一萬以上再行查處如此庶諸生坐監稍久各司差撥不缺不惟監學
准制可復而仕途亦不致壅矣從之
一嘉靖二年本部尚書楊旦題南京國子監監生數多撥歷壅滯請諸司量增歷事人數并請三
部允行
月考勤附選如在京例

卷之六終

南京吏部志卷之七上

考功司職掌

國初事例

考覈

官

凡在京六部太常寺光祿寺通政司大理寺國子監太僕寺欽天監翰林院太醫院儀禮司屬官五軍都督府各衛軍職文官應天府首領官并所屬上元江寧二縣官俱從本衙門正官考覈

應天府五品以下監察御史從都御史考覈給事中從都給事中考覈

東宮官王府官尚寶司中書舍人都給事中儀禮司行人司正官從本衙門將該考官員行過事蹟并應有過犯備細開寫送本部考覈欽天監翰林院太醫院正官都御史試職實授須給

誥勑取自

上裁其有　特恩實授給與　誥勑者不拘此例

凡在京官初入任者且令試職一年後考覈堪用

者與實授不堪用降黜量才録用其在任未經
考覈試職官遇有調除仍於本衙門及别衙門
本職等内用通理月日降除及對品改除者止
通理見任月日俱候一年照例考覈或有爲事釋
免再任除授者試職照例考覈
凡六部五品以下官太常寺光禄寺通政司大理
寺國子監太僕寺欽天監翰林院太醫院儀禮
司屬官歷任三年聽於本衙門正官察其行能
驗其勤惰從公考覈明白開冩稱職平常不稱

職詞語送監察御史考覈本部覆考其在京軍
職文官俱從監察御史考覈各以九年通考四
品以上官員任滿黜陟取自
上裁其在外有司官員三年考滿給繇到京考覈平
常稱職者遇缺借除京官亦以九年通考若行
人司行人以一年爲滿從本司正官考覈分豁
稱職不稱職呈送禮部轉送本部覆考稱職者
於從九品內陞用不稱職者於未入流品官內
叙用有過罰差一年儀禮司序班在職一年本

司考覈堪用不堪用送禮部轉送本部覆考堪

用請

旨實授不堪用黜降若三年考滿俱發監察御史考

覈發送本部覆考但係一應京官三年考滿具奏

俱於在京對品內調用

升通政司光祿寺翰林院尚寶司給事中中書舍

人

東宮官俱係近侍官員監察御史係耳目風紀之

司太醫院欽天監及　王府官不係常選任滿

黜陟取自
上裁
凡在京五品以下官俱令試職候一年後考覈定
奪比先除授已經試職一年二年之上及已實
授一年二年之上者一例考覈試職堪任用者
與實授及已實授堪任用者俱給與
誥勅三年考滿許請封贈其試職及已實授而不
堪任用者一體黜降其有經考滿復任者不必
再考須給

誥勅聽請封贈已入流倉官不須試職候一年任
滿給與
勅命守支未入流品官員俱與實授不給
勅命以上付發司封具奏頒給施行
凡在外有司府州縣官三年考滿先行呈部移付
選部作缺銓注司勲開黃仍令給繇其見任官
將本官任内行過事蹟保勘覆實明白出給紙
牌攢造事蹟功業文冊紀功文簿稱臣僉名交
付本官親賫給繇如縣官給繇到州州官當面

察其言行辦事勤惰從實考覈稱職平常不稱職詞語州官給繇到府府官給繇到布政司考覈如之以上俱從按察司官覆考仍將考覈覆考詞語呈部直隷府州縣官考覈如前其府官給繇送監察御史考覈本部覆考類奏以上三年考滿給繇考覈平常稱職者於對品內別用不稱職正官佐貳官黜降首領官員充吏役俱以九年通考黜陟其雲南有司官員任滿給繇一體考覈不稱職者黜降緣係邊方具奏復任

九年通考

凡各處布政司按察司鹽運司首領官屬官從本
衙門正官考覈按察司首領官從監察御史考
覈其餘衙門並從本道按察司覆考其茶馬司
鹽馬司鹽課提舉司正官至首領官并在外軍
職文官任滿俱送本處布政司正官考覈仍送
本處按察司覆考布政司官四品以上按察司
鹽運司五品以上俱係正官佐貳官三年考滿
給繇進牌別無考覈衙門從都察院考覈本部

覆考具奏黜陟取自
上裁
凡内外雜職官三年給繇無私過未入流陞從九品從九品陞正九品稅課司局及河泊所倉庫官先於户部查理稅課軍器織染雜造等局官送工部查理造作花銷明白送部通類具奏其倉官收糧不及千石者本等用虧折賠納足備者照依品級降用其有私笞者本等用但犯贓私并私罪曾經杖斷未入流降邊遠從九品降

未入流不識字者本等用如有學無成效及罷閒生員除授雜職者犯贓私杖罪發在京衙門

書寫

凡各處府州縣學訓導與教官一體歷俸九年考滿給繇其訓導給繇到部出題考試將所試文字送翰林院批考通經者於縣學教訓內叙用若不通經旨本處復充訓導自來不通經者量材別用教官考覈稱職陞一等平常者本等用不稱職者黜降不通經者別用若承差考滿無

私過於行人內用其犯私笞杖罪發行人司聽
差一年無過陞用有贓私者發在京衙門充吏
其五軍都督府知印三年考滿於從八品內陞
用六部知印三年考滿於正九品內陞用
凡內外入流并雜職應考官員任滿給繇赴部本
部從實考較才能優劣依例黜陟果有殊功異
能超邁等倫者取自
上裁
繁而稱職無過陞二等有私笞公過陞一等有

紀録徒流罪一次本等用二次降一等三次降
二等四次降三等五次以上雜職内用
繁而平常無過陞一等有私笞公過本等用有
紀録徒流罪一次降一等二次降二等三次降
三等四次以上雜職内用
簡而稱與繁而平常同
簡而平常無過本等用有私笞公過降一等有
紀録徒流罪一次降二等二次雜職内用三次
以上黜降

考覈不稱職初考繁處降二等簡處降三等若
有紀録徒流罪者俱於雜職内用
凡九年之内　二考稱職一考平常從稱職
二考稱職一考不稱職或二考平常一考稱職
或稱職平常不稱職各一考者俱從平常
二考平常一考不稱職從不稱職

繁簡則例
在外府以田糧十五萬石以上州以七萬石以
上縣以三萬石以上或親臨

王府都司布政司按察司并有軍馬守禦路當驛

道邊方衝要供給去處俱爲事繁府州縣田糧

在十五萬七萬三萬石之下僻靜去處俱爲事

簡在京衙門俱從繁例

吏

丹在京大小衙門及外布政司并直隸府州縣吏

典各以三年考滿給繇其倉攢典以週歲爲滿

除稅課司庫局攢典考滿之日隨即交割明白

給繇府州縣倉攢典將經收糧斛支銷盡絶方

許給繇應有府州縣吏典考滿當即給繇如布
政司府州縣過違一年直隸并在京過違半年
給繇到部俱送法司取問如不過違者隨付司
封照依資格撥用

事故

極刑

凡在京衙門及在外布政司并直隸府州縣官吏
果有家屬干犯極刑除緦麻踈遠異姓親屬不
准外其小功巳上親例合回避務要開寫爲因

何事得何罪名係何衙門取問處决實蹟親身赴京陳告以憑行移原籍及任所并原取問衙門照勘取其原籍官吏里隣結狀并宗支圖本及任所官吏保結明白以憑定擬奏准方許去官離職

老疾

凡在京衙門及在外布政司并直隸府州縣官吏具告老病殘疾劄付太醫院轉行惠民局委官相視明白果成篤廢殘痼疾病分豁堪與不堪

醫治明白具奏取自

上裁

行止

凡在京及在外府州縣官員除授之時投報供狀

當即於簿內附寫歷仕脚色始末緣繇或任內

謫除如有事故開附行止以憑稽考

紀録

凡有在京衙門及在外布政司并直隸府州縣見

任官員但係工刑等部都察院等衙門或因事

提問等項問過應有的决紀録公私過名開寫
本部於紀録文册内明白附寫候九年通考以
憑黜陟其有司官員三年考滿給繇到部供報
任内公私過名於册内比查除上司未行知會
紀録罪名另行抄録外有已行知會任内公私
過名隱匿不報者議擬具奏送法司問罪

貢舉

凡各府州縣每歲於所轄隅厢鄉都内抜選容止
端謹無過人材一名申送布政司考覈轉行按

察司覆考堪充歲貢開坐考過詞語差人送部
應有賢良方正及山林巖穴隱逸之士并通曉
經書儒士秀才孝廉俱各訪求到官審無過犯
違碍不拘名數差人伴送到部或内外官員人
等舉薦人材秀才即便行移原籍官司起取赴
部如儒士秀才出題考試果否通經賢良隱逸
等項人材量其才能定其高下仍取本戶丁糧
數目作何營生及戶内有無雜役事故供結明
白然後開發選部選用如將鄙陋不堪之人一

槩朦朧濫舉原舉官吏依貢舉非其人律問罪

朝覲

凡在外官員三年徧行朝
覲其各布政按察司鹽運司府州縣及土官衙門
流官等衙門官一員帶首領官吏各一員各理
問所官一員照依到任須知依式開欵攢造文
冊及將原領
勑諭諸司職掌內事蹟文簿具本親賫
奏繳以憑考覈各衙門先儘正官正官到任日淺

佐貳官到任日久必先佐貳官來若係栽革未
及二十里長州縣止設正官首領官各一員去
處只令首領官吏來朝其程途遠近各量里路
比照行人馳驛日期起程本衙門速將起程月
日申部遠者不許過期近者不許預先離職俱
限當年十二月二十五日到京其來朝官員服
色各照品級花樣及欽依今定樣製務要新鮮
潔淨俱各自備脚力不許馳驛及指此爲繇科
擾於民

凡諸司置立文簿將行過事蹟逐件從實開寫承
行發落緣繇務要簡當每季差吏一名依期賫
赴本管上司查考布政司考府府考州州考縣
務從實效除將
勑諭事理令諸司進課官吏賫擎前去及行移布
政司并直隸府州縣照依　勑諭事理置紅油
木牌刊寫青字於本衙門公廳上常川懸掛永
爲遵守每歲進課之時將考過事蹟各賫赴京
奏繳以憑通考若遇三年朝

覲來朝官吏先將舊年春夏秋三季來考冬季事

蹟未完許於次年進課之時令該吏

進呈毋得誑惑繁文因而生事科擾

已上皆諸司職掌之文係

國初所定者今不盡行

南京吏部志卷之七下

考功司職掌

見行事例

考覈

一南京六部都察院通政司大理寺太常寺太僕寺光禄寺鴻臚寺國子監翰林院欽天監太醫院堂上官及應天府府尹府丞考滿例不考覈徑給文起送以下俱考覈通例

一南京各衙門該考覈官考滿俱先於本衙門考

覈方到本部咨都察院行河南道考覈牒回本
部覆考給文起送
一南京尚寶司卿行人司司副六科給事中考滿
俱本衙門不考覈亦不咨都察院止本部考覈
給文起送
一南京都察院首領官并十三道御史考滿該院
堂上官考覈咨本部覆考
一本部官考滿一面赴都察院過堂考覈一面本
司請堂上官考語

一應天府治中通判推官考滿繇該府呈部咨送
都察院堂上考覈回部覆考
一五城兵馬司官考滿先赴兵部考覈咨送本部
仍行河南道牒回覆考
一衛所文職首領官考滿上直衛所徑送屬五府
者該府起送到部行查任內曾否奉何衙門差
委有無違限扣俸等情候回文方咨都察院考
覈
一南京各衙門例不考覈官考滿及倉庫官周歲

考滿及各未入流官考滿俱不考覈徑給文起
送
一凡南京各衙門官員考滿到部舊例三年六年
九年起送赴京應考覈者本部咨南京都察院
考過咨送吏部覆考景泰元年奏准例應考覈
者從本部覆考停俸運人咨送吏部成化二十
一年該南京吏部尚書等官陳俊等題稱南京
五府六部都察院等衙門屬官首領官三年九
年考滿照例赴京引奏其六年考滿照依在京

官員在任給繇事例從南京吏部照舊考覈具
繇類奏復職吏部覆題節奉
欽依依擬行欽此
一各衙門六年考滿官考覈即付文選司轉發復
任不停俸
一上中下見官九年考滿堂審後卽請堂上出題
本司考試科目出身者考論監生出身者考判
語吏員出身者考行移知印承差出身者寫供
狀

一各考滿官到部查扣日期未滿者發回候滿方
准如不足月日多者參究
一各衙門官任滿三箇月之上方起文到部者行
查如回文不明者參究如公差患病者准理若
倉官則以守支盡絕掃盤之日爲滿近例以該
部批允日爲據
一各考滿官領文三箇月之上方到部者行查如
月日多者參究
一考滿領文不曾赴京遇有丁憂回籍等項後復

原職當考滿者將原領本部咨文繳回附卷另

行給文起送

一每年夏冬二季之後類題考滿官本二次六年

考滿者一本并部咨俱開考語其無考語雜職

官附列于後九年周歲考滿官三年役滿知印

共一本并部咨俱不開考語其内府庫官四門

倉官俱不入類本

一考滿官任内非因緣事提問住俸但係住俸罰

俸管事者及陞俸降俸者俱以見任准作實歷

一三六九年考滿官有考語者備開揭帖一本咨送吏部查對已上皆舊文　下方皆本司續纂

一永樂八年令官員九年考滿給繇初考稱職次考未經考覈令考稱職者初考次考不給繇三考稱職者俱從稱職初考不給繇次考稱三考平常者初考平常次考不給繇後考稱者俱從平常初考不給繇次考平常三考不稱職者從不稱職會典　以下又考覈通例

一弘治元年令兩京各衙門屬官考滿堂上官出

與考語送都察院并本部覆考如原來考語得當續出考語不嫌雷同如有不當聽覆考官從公考覈平常者引奏復職有贓者罷黜爲民其有前考平常後能懲艾勉於爲善者亦宜書稱前考稱職後或放肆改節者亦書平常以憑黜陟 會典

一弘治十三年令在外大小文職若九年已滿托故在任久住不行赴部及不申缺者參提究問就彼放回原籍冠帶閑住 會典

一凡在京堂上正佐官三年六年考滿不停俸在
任給繇不考覈不拘員數引至
御前奏請復職永樂元年奏　准太僕寺光禄寺通
政司大理寺國子監鴻臚寺翰林院五品以下
堂上官照例不考五年奏　准詹事府六品以
上官照太常寺等官例亦不考候九年奏　請
黜陟南京堂上官考滿日停俸赴京給繇其年
七十以上例應致仕者皆不引奏特具本奏
請取自

上裁惟欽天監例不致仕仍引奏復職 會典

一凡在京衙門堂上官及監察御史調除外任雖品級相等俸月不准通理其餘調外任者品級相等俱准通理 會典

一在京官員三六年考滿在任給繇俱不停俸在任給繇滿後三月無故不給繇者參問公差准理歷俸三十六箇月或三十七箇月俱准一考多歷少歷俱參問 會典

一凡考滿官患病不滿三箇月及非緣事住俸月

日不作實歷者條間增減十歲以上考滿後非
因公差摘占歷半年以上及不報前任事蹟并
隱匿過名者俱送問會典

一在京歷任衛經歷兵馬司官京縣官舊規考滿
俱准通理以後准駁不一近年京縣知縣陞各
部主事品級考覈相同亦准通理其京府通判
陞太僕寺丞緣寺丞例不考覈不准通理查得
成化十五年該禮部主事金溥等奏稱要將前
任太常寺寺丞歷俸月日比照汪景昂王熙事

例通奏今任主事六年考滿該本部議照汪景
昂先任尚寶司卿今改郎中王熙先任郎中今
改順天府治中俱係該考官員於例應該湊補
金溥王恒先任太常寺寺丞今改主事緣太常
寺寺丞係在京衙門堂上官員例不考覈各部
主事例該考覈官員比與汪景昂事體不同係
是　舊制難以通理題奏
欽依金溥王恒准他通湊前任考滿欽此
一嘉靖四十年陳壄隆慶四年諸大綬俱係翰林

院掌院事侍讀學士將前任左諭德通湊考滿
諭德例該考覈講讀學士例不考覈緣係品級
相同得准考滿北例
一在京致仕起用復任官舊例以後任歷俸日爲
始另歷三年給繇近例前後歷俸俱准通理正
德十六年該吏部題要將正德二年以後致仕竟
軍等項官員但經查訪起用復職者前後俸月
容令通理奉
聖旨是欽此又嘉靖元年以後等年節該大學士費

宏尚書孫交王憲熊浹秦金周用都御史俞諫

侍郎陳洪謨張珩各以致仕閒住爲民起用通

查前例題奉

欽依俱准通理

一京官原係考滿陞俸者即同見任照俸扣滿其

餘不准病痊支俸者只算實俸其患病住俸月

日不准

一兩京除堂上官外其餘九年考滿官員在京滿

後三箇月不赴部遞供南京滿後一年不赴部

者俱參問雖有公差患病俱不准理

一南京考滿官員以給文日爲始除水程四十日外扣違四箇月之上參問雖有事故亦不准理

嘉靖三十四年南京太醫院院判袁遷考滿給繇將及三年尚未到部吏部准本部咨題奉

欽依冠帶閒住

一京官考滿例該本衙門掌印官開送考語到部以憑覆考嘉靖四十三年該吏部題　准京官五品以下不待九年通理但遇三六年給繇該

衙門堂上官務要摭實填註稱職平常不稱職
三等考語其賢者或言其文學政事或言氣節
操守其否者或指其貪或指其酷或指其昏庸
送都察院及本部覆考賢者備他日之推用否
者仍會同都察院每年黜其尤者一二人以警
官邪隆慶二年又該吏部尚書楊　議將三六
九年考滿官到部仍照舊例分别三等不得槩
考稱職其平常與不稱職各官内或量行别處
或請　旨罷斥覆奉

聖旨依議着實舉行欽此

一隆慶五年該大學士掌吏部事高　題　准公差官員各有正限今後考滿到部惟正限之内准作實俸若違限日久應送問者照舊送問其未及送問者正限之外俱作虛曠在差陞任者必到任之日方准實俸如有假捏月日以虛爲實仍前朦朧考滿者俱聽糾究罷職不叙

一隆慶五年吏部題　准京官考滿以

命下之日爲始者謂其身未出京原無曠日云爾若

乃自內而外如部寺之爲督撫自外而內如督
撫之回部院自此而彼如某處督撫陞調某處
督撫雖皆係京官然必到任支俸乃作實歷非
謂　命下之日即實歷之日也以後俱以到任
支俸之日爲始總計考滿其在途在家月日不
許一槩朦朧扣算若已陞調候代者既尚在地
方理事得准實俸離任之後截日住支公差官
員惟正限之內准作實俸若違限日久應送問
者照舊送問其未及送問者正限之外俱作虛

曠在差陞任者必到任之日方准實俸如有假
揑月日以虛爲實仍前朦朧考滿者俱聽本部
參究

一萬曆五年吏部咨引奏考滿京官奉
聖旨各官既考稱都着復職近來各衙門考語多至
數十句浮詞虛美務相諛悅殊非政體今後都着
崇尚簡質即有實行可稱毋得過於四句其不稱
職的還要指事直陳不許扶同容隱混淆名實如
有仍前浮泛及賢否倒植你部裏徑自駁回仍同

該科指實參奏欽此

一萬曆六年吏部咨查得本部見行事例凡內外
官員因事罰俸者俱作實歷不碍陞遷其未滿
月日在京者於戶部扣支在外者於陞任衙門
扣支務要補足原罰月日蓋停禄示懲乃
朝廷儆勵臣工之典雖經敘遷亦難倖免以後凡
官員罰俸未滿陞遷者不論品級崇卑俱於陞
任員下照依應罰月日住支補足明註憑內令
於陞任扣住奉

聖旨是欽此

一萬曆四十一年吏部尚書趙煥題爲酌議南京給繇官員除五品以上京堂官例應　面奏取旨處分者及歷俸九年例不復職者照舊起送外其餘各衙門官員三六年考滿照依北京一體接俸管事免其赴部聽彼中吏部都察院河南道考覈明白移咨臣部每雙月二十五日類題復職等因奉

聖旨是欽此備咨到部隨該本司查得留都各官欵

目多端而原咨未經開載臚列禀　堂某應裁
咨其應起送以便遵行計開於後
一三年考滿欽天監太醫院堂官遇有給繇查
係例不考覈取自
上裁者如國子監司業太僕寺寺丞及太醫院判欽
天監副雖俱係六品人員查係各衙門堂上官
亦係例不考覈遇有考滿照舊起送赴部又尚
寶司卿雖係本部考覈之官但查係五品京堂
照舊起送赴部又南京甲字等庫中和橋等草

場并鹽倉大使及各倉副使雖係雜職例不考
覈官員查係周歲滿例應改選照舊起送赴部
又寶鈔清江龍江等提舉典牧所提領營繕所
正副丞神樂觀提點及會同館織染所寶源軍
器龍江等局甕屑𡎺生藥庫等衙門大使等官
雖係例不考覈員數但各官原與周歲改選者
不同遇有考滿相應遵照新例免其赴部移咨
類　題俱經案呈本部移咨吏部知會去後續
奉送准吏部咨開院判監副司業太僕寺丞及

尚寶司卿均係堂官應照例赴京取
旨處分其倉場各官任滿例應起送赴部敃選寳
鈔清江等衙門提舉等官應照新例免其赴部
聽南京吏部查明移咨本部類　題
一六年考滿各官原係先年題　准聽本部考
覈明白復職免其赴部候半年類　奏亦經移
咨知會續准回稱六年考滿官仍照常半年類
奏一次
一萬曆四十六年南京禮科給事中晏文輝九年

考滿例應赴京給繇時因南科缺人本官見今
奉
命巡視京營九庫後湖等差并六科印務俱係一人
管理難以離任先行具呈本部移咨吏部案候
本官一面自行題　請内云於例應否案候補
考云云續奉送准吏部咨開本官歷俸諫垣業
經九載考之　令甲例應赴京給繇但南京六
科止有本官一人既兼數差又攝六印委難離
任相應題候　命下免其赴部仍移咨南京吏

部將本官考覈詞語咨部另行題　請等因奉

聖旨是欽此

一各衙門堂上官給繇到部至司門揖各具供到狀近例堂上官繇後門入者俱止投帖具供到狀惟繇前門入者照舊

一上見官給繇到部至司門揖具供到狀逢七堂審逢九辭堂仍各至門揖具領狀領文

一中下見官給繇到部各具供到狀大堂投文後隨文到司中見官露臺行禮下見官甬路行禮逢五司審逢七堂審到司見逢九辭堂各具領

狀到司領文役滿知印與下見官同

一考覈官

六部　郎中　員外郎　主事　司務

戶刑二部　照磨　檢校

都察院　司務　經歷　都事　照磨　檢校

十三道御史

通政司　經歷

大理寺　寺正　寺副　評事　司務

宗人府　經歷

五府　經歷　都事

太常寺　博士　典簿　司樂　贊禮　協律

天地山川孝陵壇祠祭署　奉祀　祀丞

光禄寺　典簿　署正　署丞

太僕寺　主簿

詹事府　主簿

鴻臚寺　鳴贊　序班　主簿　署丞

國子監　監丞　助教　學録　學正　博士

翰林院　孔目

應天府　治中　通判　推官　經歷　知事
照磨　檢校
太醫院　吏目
欽天監　靈臺　保章　春夏秋冬官正
司曆　監候　主簿
五城兵馬司　指揮　副指揮　吏目
上江二縣　知縣　縣丞　主簿　典史
各衛　經歷　知事　吏目
一不考覈官

神樂觀　會同館　鑄印局　典牧所

營繕等所　兎眉石灰等壩閘　織染等局

國子監　掌饌　寶鈔清江龍江等提舉司

司獄司　巡檢司　倉場庫官

一南京參贊機務兵部尚書總督糧儲戶部侍郎

提督操江都察院副僉都御史俱係領

勑官近來俱照外差例徑自具　奏吏部覆題復職

咨本部知會以下堂上官例

一嘉靖三十年吏部題都察院左都御史屠僑歷

任正二品六年已滿例該給繇但查本官任内
曾奉
欽依降俸五級緣考課之典止論見任官職本官雖
經降俸其供辦職業則固正二品也況查與罰
俸住俸官員俱作實歷事體相同題奉
聖旨准照例行欽此
一嘉靖四十五年南京禮部尚書尹臺二品給繇
行至中途被論回籍萬曆元年仍以原官起用
本官移咨到部要行補考該吏部議二品三年

係嘉靖四十五年之前歲久難以考覈合自起
用到任之日爲始重歷三年滿日給繇到部查
將前歷月日得准作六年通考
一嘉靖四十五年南京浙江道御史艾可久題要
將南京各堂官考滿凡遇正卿員缺則亞卿不
得擅自離任亞卿員缺則正卿不得擅自離任
毋得同時給繇却以他部攝掌該吏部尚書楊
博覆題今後南京各堂上官雖遇考滿之期必
須本衙門見有堂官在任方許給文赴京如無

堂官各先具繇移咨本部知會候有官接管然
後起行
一萬曆二年吏部議京堂大臣給繇雖例不考覈
皆繇本部查理明白方准引奏恭候
明旨處分兩京六部堂上官員事同一體今後南京
給繇京堂大臣行至中途即有疾病苟不至危
篤必須勉力前來候引奏復職後另行陳乞庶
全政體奉
聖旨是欽此

一萬曆三十一年該本司看得留京九卿衙門事
體關係頗重先年雖間有兼攝然不過以陞遷
公差未回可以刻期交代近因缺多未補以至
一人常兼攝數篆而至於數年者云云議同本
部尚書曾同亨題吏部覆　准南京各堂上官
以後考滿之期通查見在堂官有六員以上方
許離任照例赴部如止五員暫留在任候有官
接管給文起行其太常寺等衙門官如遇考滿
一時缺人者併許暫留具繇咨部准其補考奏

聖旨是欽此

一凡五府六部等屬官首領官

天地等壇　孝陵等陵官俱咨都察院劄付河南道

考覈牒回覆考以後俱五品以下官例

一凡應天府管馬官先咨兵部轉行太僕寺查馬

數咨回本部發落會典

一凡應天府所屬在外六縣縣官學官三年六年

九年考滿俱本府考覈詞語送本部咨送吏部

附考嘉靖四十三年該兵科右給事中刑守庭題吏

部覆　准令後府州縣正官給繇免其赴京聽
撫按從公考覈賢否先令就彼復職牌册差人
齎繳四十四等年六合等縣知縣劉格等三年
考滿給繇到吏部不復考覈
一戶部等部奉　勅公差鈔關洪閘等官考滿不
得赴京具呈該衙門將行過事蹟并考語咨部
應行河南道考者候牒回日覆考具題就彼復
職管事俱候事完赴部　北例
一嘉靖四十五年該御史陳聯芳等奏要將出差

各御史三六年考滿比照南直隸提學事例具
呈造册差人齎赴部院考覈該吏部覆　准令
後南直隸印馬屯田御史不拘三六年若滿期
已過差事未完不得赴京及南北各差未完而
考滿及期遇有陞遷事故俱許具繇呈部在京
者聽都察院考覈在南京者聽南京部院考覈
移咨吏部覆考具題應得
恩典一體請給其餘省分各差御史仍照舊例通候
事完回京補考

一隆慶五年南京吏科給事中王楨奏稱三年考
滿因奉
勑巡視南京營務乞要就差考滿該吏部覆　准移
咨本部將本官考覈免其赴部只將行過事蹟
并考覈詞語咨部題覆復職六年該南京山西
道御史姚光泮奏稱三年任滿例應給繇緣奉
勑巡江乞要就差考滿該吏部查照王楨事理題行
南京部院查取事蹟考語咨部覈令復職
二嘉靖十六年司經局洗馬管國子監司業事童

承叙題該吏部查得弘治四年南京國子監助
教李槩九年考滿到部擬陞南京翰林院檢討
仍管南京國子監助教事題奉
欽依又查得正德三年南京國子監助教黃英九年
考滿到部查照前例題奉
欽依黃英陞俸二級仍舊管事欽此合無今後遇有
兩京國子監博士助教等官員鈌本部先於科
目出身教職内查有學行可取者陞補待其三
年滿日祭酌本監考語果有志卄恬退學稱師

模堪以久任者仍令歷至九年滿日查照李栥
黄英擬陞翰林院檢討仍管助教事事例奏
請題奉
聖旨准擬欽此
一萬曆四十一年應天府治中許在庭歷俸三年
任滿通詳操江都御史羅朝國應天巡撫徐民
式巡按周達各考覈具題保留免其赴京俱奉
聖旨是着就彼復職移咨前來該本司郎中陳龍光
等看得本官考滿例應給繇赴部照例考覈明

白咨送吏部類題復職今本官未經本部考覈
先行復職則南京吏部職掌有碍具稿禀本部
尚書鄭繼之題參該吏部覆奉
聖旨將本官罰俸三箇月以後應天府各官給繇不
得沿襲朦朧違避考覈
一萬曆四十一年南京前軍都督府經歷司署經
歷事都事趙士簡三年考滿違限三月之外查
係先以奉差催冊後因患病又有應天府知事
莫違信三年考滿違限半年查係委署江浦縣

印務俱經備云呈　堂移咨吏部去後續准該
部咨開患病既無印結委署亦非公差均於明
例有違該吏部題奉
聖旨將趙士簡等着南京法司提問候問明仍行抄
招咨送補考
一萬曆四十三年南京兵部職方司添註署郎中
事主事金汝嘉先任刑部貴州司主事陞廣西
司署郎中已歷俸三年因差賫俸滿除
勑諭未經考滿後告改南授今職要在南京吏部補

考該本司添註主事張斗樞看得本官滿期在
先改南在後以南兵而撰北刑之考殊無當也
具稿稟　堂不准給繇原咨送回
一萬曆四十三年二月南京鴻臚寺鳴贊潘衍慶
先任北寺序班於三十六年八月三十日到任
至三十九年十月十九日陞南寺鳴贊四十年
二月初十日到任扣至四十三年正月初九日
三年考滿呈部送司該本司添註主事張斗樞
看得序班鳴贊官品相同南北俸資自應通理

本官北俸頗久何至今月始考三年之滿稟
堂駁回另行改考六年
一凡欽天監官考滿洪武四年奏　准職司天文
比與常選人員不同不准考滿三十五年令欽
天監正佐官俱不考覈今大小官員俱照例考
滿會典　以下欽天監等官例
一嘉靖二十二年吏部題　准太醫院除堂官外
其餘各屬官醫三六九年考滿先送禮部查覈
行能塡註考語轉咨本部如有違越者聽禮部

參寃欽天監鴻臚寺通事官俱照此行

一兩京神樂觀并道録司僧録司官員有品秩無俸級提點知觀樂舞生出身例不支俸亦不考覈九年考滿查例具題復職照舊供事

一刑部都察院司獄三年六年考滿止咨吏部知會九年方起送以下雜職倉庫等官例

一凡兩京所正所副所丞大使副使司獄等官俱例不考覈查俸明白引奏復職九年考滿雖係事繁衙門止陞一級會典

一凡南直隸所屬司獄司稅課司局驛遞閘壩河泊等官三年六年考滿景泰元年奏准俱赴本部給繇考覈復職行南京吏科填給文憑復任其牌冊差人類送吏部查考會典

一洪武十四年欽奉詔書各處倉官只照周歲考滿守支俸給三分内支一分欽此該吏部照倉官周歲考滿與三年任滿不同奏奉

太祖高皇帝聖旨倉官雖只是一年爲滿守支三年五年者首尾不得結絶只教他一年爲滿守支了

未入流陞從九品流官入流陞一級正九品欽此

一應天府常平倉照順天府二十四馬房倉例供

不守支

一倉官考滿來文開具經收數目不明及不開全

減支俸及無守支盡絕日期者行查候回文起

送

一倉官無糧草收受周歲任滿起送問方收糧不

准功蹟雖有過名亦不論非例

一倉官少歷不及一月者送問照常付選其少歷

一月之上者俱改選另歷周歲（非例）

一倉官正糧守支盡絕即當住俸若守支交盤餘米變賣蘆蓆仍支減俸者參問（非例）

一舊例在京　長安等門四倉副使不係收糧官員該本等用搭選南京者具　奏入選今亦收糧俱照常付選（非例）

一在京倉官守支扣及五年不拘有無盡絕輒便交盤給繇希圖另行改選殊非法紀隆慶六年該吏部議令後京倉官守支五年之上錢糧放

支盡絶者准照舊另立行欵付選若正糧支剩千石以下未盡者始准照常付選不在另立行欵之列其支剩千石以上者戸部不准起送違者仍照舊例駁回守支

一凡倉塲官收糧千石草十萬束以上無過陞一級有笞杖罪本等用徒罪降用收糧不及千石草不及十萬束本等用有過降用係雜職降邊遠雜職内用若收糧不及千石草不及十萬束者歷俸周歳許交盤給繇到任半年無糧收受

者起送赴部行戶部查勘明白付文選司别用若初到之時雖曾盤收不係經收者亦起送其正糧守支盡絶即當減俸若守候二年之上放支不盡絶者仍聽全支本等俸給不及二年不許仍支全俸或守支間奉上司委署别衙門印信亦不許遷延過違年限丁憂復除或改除河泊所官千戶所吏目俸月不准通理違者皆送問

會典

一各處倉場官半年無糧草收受戶部起送轉咨

送吏部別用若到任之時雖盤收前官糧草不
係自巳經收之數照例起送違者參問非例
一凡倉庫司局等官俱行戶部查勘經收錢糧河
泊所官行戶工二部查勘魚課織染局官行工
部查勘段疋鹽課稅課司局官行戶部查勘鹽
課商稅在南京者俱繇南京查勘明白起送赴
部洪武九年令倉庫司局管錢穀官以歷俸周
歲爲滿收受少者以數付交代官給繇多者以
半俸守支畢月給繇雖經改除亦以九年通論

又令　內府庫官一年爲滿就將原收物件盤與新官接管給繇對品改用會典

一舊例在外各布政司庫官驛遞閘壩司獄河泊鹽場稅課司局織染局茶引批驗所等官三六年考滿屬北直隷者赴北部給繇屬南直隷者赴南京吏部各省者俱赴布政司給繇查理明白就令復職該司將各官牌冊具本類繳俟九年通考赴部給繇以憑查考違者送問嘉靖四十二年給事中邢守庭題本部尚書嚴訥議將

在外雜職等官三六年考滿俱赴各該上司從
公考覈轉詳撫按年終類題册報部院以憑通
考黜陟
一凡南京庫官周歲考滿户部查錢糧明白送部
入選會典
一萬曆四十五年該南京户部咨送留守中衛倉
副使吴大器周歲考滿給繇到部送司查得本
官於四十二年七月呈詳南京户部批准起送
至四十五年六月方行赴部該本司主事孫織

鎖査已遠隔三年稟　堂不准起送原咨送回

考察

一成化四年令兩京文職堂上官曾經科道糾劾及年老不堪任事才德不稱職者各自陳致仕取自

上裁五品以下官本部會同都察院及各堂上掌印官公同考察年老無為貪滛酷暴者革職翰林院屬官并帶俸官譯字等官本院學士會同

內閣考察會典

一成化十年吏部議得通政使司參議大理寺太
常寺太僕寺寺丞翰林院學士光禄寺鴻臚寺
少卿寺丞國子監司業欽天監監正監副太醫
院院使院判上林苑監監丞等官俱係在京衙
門堂上官員若論堂上官例不考覈若論品級
例該考察題奉
欽依各衙門堂上官但係五品以下的恁部裏照例
會官考察欽此
一弘治元年令南京五品以下官照例考察翰林

院亦從吏部考察其被黜之人有造言生事攄拾妄奏者發遣爲民會典

一正德十六年翰林院侍講學士劉龍奏稱本院學士俱聽自陳免赴部考察奉

欽依學士免考欽此

一嘉靖二十四年吏科都給事中盧勳等題該吏部會同都察院覆題　准將各衙門所屬官員六年之內未經考察者不拘陞遷見任等項俱各堂上官開註事蹟揭帖俟會考之日親携赴

部酌去留及議將欽天監官免其考察太醫

院官照例考察奉

欽依照嘉靖六年考察事例行欽此

一嘉靖三十年該吏科都給事中張秉壺等河南

道監察御史黃汝桂等題　准考察之期着以

二月内舉行又該吏部題稱欲將堂上官五品

及所屬五品以下見任帶俸公差丁憂養病侍

親給假及行查未報并陞任等項官員備開脚

色務在三月内先送本部查收約會考察及六

年之内陞任官員有物議沸騰公論難容者一

體黜調奉

欽依其太醫院等衙門照二十四年考察例行欽此

又該應天府治中龐嵩奏乞將本府官定擬考

察吏部覆題　准比照順天府事例凡遇考察

之期將應天府并上元江寧二縣隨同南京官

員考察其所屬在外句容等縣於三年朝　覲

期本府堂上官帶領赴京聽候部院考察奉

欽依悉照順天府行欽此

一隆慶三年吏科都給事中鄭大經等奏吏部覆

題　准兩京六科官原無堂官可註考詞仍照

本部近題事理各聽部院徑自考察

一考察之年候吏部題本後以正月下旬行手本

到各衙門取六年內曾經在任官員脚色文册

其有公差給繇丁憂養病侍親給假陞遷降調

病故者亦各明白開具限十日内送到

一刊刻曉諭禁約給散五城張掛以下考察規

一堂審前二日本司預行上江二縣於部前搭蓆

棚一所張掛告示事畢即撤

一本司造寫考察册一樣四本送本部都察院堂上該衙門各一本送各堂上會考及造見任上中下見官堂審簿四本中下見官司審簿二本及引審單目文册驗封司取點卯吏寫

一預於文選司借辦事官分派司審堂審日執事

一堂審之期候吏部咨到後以二月中旬爲率本司官先期會都察院兩堂及河南道吏科議至期本司官以堂審前五日宿部各司官以前三

日宿部本部兩堂以前二日宿部差官請都察院兩堂以堂審前一日四鼓進部近俱前一日午後進部

一堂審前一日中下見官俱赴本司審

一堂審之日先五品堂官如大理寺寺丞翰林院庶子尚寶司卿國子監司業俱不審次本部四司次六科次十三道次戶禮兵刑工次都察院通政司首領官次大理寺次宗人府五府首領官次太僕寺寺丞太醫院院判俱本司唱名其餘中下見官俱係本司排定次序隨牌喚入

一堂審日各衙門堂上五品官俱於堂之前見本部官及給事中各衙門上中下見官俱依過堂禮見本司郎中立堂上左柱下執小揖唱上見官名主事同立

一堂審後本部都察院至敬亭會議設

聖旨及天鑒牌預置奏稿簿并筆硯會議之序先五府次戶禮兵刑工通大次各卿寺府衛等衙門方及都察院六科與本部各衙門該前後門進各照常照依次序一位入議既出復請一位太

常以下俱立議如無掌印官將五品堂官聽考者請入立議議定各親書奏字於稿簿內而出

一本司郎中及主事同立於本部正堂之席端主事司一應送迎防範其啓閉皆厢房吏惟中堂請客擇用辦事官數人餘不得入

一議定各堂上官俱於本部堂印簿上親書各官前件下議俱畢前簿及各開考語揭帖等件收置小厢公同封鎖以防漏泄

一本司先將奏本預寫臨時填入考察某項某官

一行後列各堂上職銜姓名仍請都察院兩堂
親筆書名奏其各衙門堂上官有患病不會議
者亦送簿書奏字其移吏部咨文亦先期預寫
臨時照本内名數填入
一先期起領四馬勘合差定辦事官二員齎本赴
京定限四十日回還另差辦事官二員押送至
濠梁驛回報仍取各驛申報行過時刻以憑稽
查其寫本書手人等暫閉本司即中衙内數日
放出

一是日大九卿俱從後門入後堂與本部相見後
堂列坐小九卿三品四品俱從前角門入川堂
見川堂列坐五品同
一大九卿出本部右堂量送至後二門内其太常
以下本堂送出敬亭主事送出川堂門繇前門
出司官不相見
一本部各司及都察院跟隨人等量留一二其餘
俱不得容留在部其各衙門會議官不得跟人
進部

一考察奏上候

命下除陞轉外任及丁憂養病官員吏部移咨都察院轉行各官原籍及陞任衙門欽遵外其在任官員照吏部咨仍行各衙門知會

老疾

一凡告老疾官員年五十五歲以上者冠帶致仕未及五十五歲者冠帶閒住其考滿官員到部但年六十五歲以上不得取選會典

一凡兩京考滿官員到部年七十者例應致仕未

及七十自陳老疾乞　恩放回者堂上官本部覆奏定奪其餘行原衙門勘實具奏請
旨在外各衙門各官員給繇起復等項到部奏告老疾者行順天府揆審驗實通類引奏發落（會典）
一凡南京各衙門願告致仕養病官員行勘明白具奏放回（會典）
一兩京大臣乞休照例題覆致仕如年力未衰者擬令回籍調理病痊起用如不覆將奏詞立案行文照舊供職亦有題覆行令在任調理（非例）

一舊例京官年七十以上方回年六十以上方准致仕弘治四年題　准凡自願告退官員不分年歲俱准致仕北例

附考

一在京官告致仕例候具　奏其奉祀吏目等項雜官并改除考滿有司首領倉巡等官願告致仕或准通狀取具保結新選者查未領憑或領憑未任親自齎憑赴司告銷者查無違碍俱准類題給帖放回致仕北例

一嘉靖十年吏部題奉

聖旨今後大小官員陞遷未到任告致仕的都只着
以原職致仕著爲令欽此
一南京考察被劾聽降聽調官奏要以原職致仕
嘉靖二十四年南京翰林院侍讀學士華察係
被劾聽調三十三年南京刑部郎中邵鐸係考
察不及俱該吏部題覆　准以原職致仕

官員養病

一天順二年令御史不許養病省親成化二年奏
准內外文武官員患病三箇月之上俸糧截日

住支御史如果久病勘實許還原籍調治會典
一凡兩京見任官員并辦事進士乞 恩養病者
行原衙門勘實具奏請 旨放回病痊之日赴
部聽用仍行巡按御史并按察司查勘其在外
方面有司官員不許養病會典
一弘治十八年吏部題 准今後南京各衙門如
有患病官員許其照例令人齎奏 命下移咨
南京吏部轉行本衙門查勘是實取具同僚并
同鄉官不扶結狀繳報方與題覆仍行本部令

三百○七

其回籍調理若有揑故情弊聽本部徑自參究
保勘之人連坐以罪嘉靖二十九年南京戸科
給事中李萬實奏稱患病吏部查與給事中甄
成德事體相同議行本部查勘仍將勘結咨吏
部題請奉
聖旨李萬實未經查勘不准養病欽此結狀一本一
畨本部附卷一轉繳吏部
一隆慶六年吏科給事中周良臣題該大學士掌
吏部事高　覆題　准京官遷外任者雖未到

地方已是外官外官原無養病事例今後兩京各衙門如有京官陞授外職告病乞休者俱令致仕不許病痊起用若有規避希借京官名色等項即降級改用敢抗違不就者除名閑住

附考

一兵馬係雜行陞除但遇患病輒令致仕例不養病近比序班例不分正副指揮俱准養病痊可之日起文赴部查有隆慶五年兵馬副指揮蕭

廕例 北例

一凡京官養病回家痊可即便依期赴部若有托

故延住三年之外起送赴部若照例革職若到部雖在三年之外起文尚在三年之內照例具

繇奏　請定奪

一舊例患病官員先次具奏詞立案候再奏行該衙門勘實取同僚同鄉官結狀及住俸月日明白查例覆題行該衙門轉行本官遵照回籍仍付驗封司類行原籍候病痊起送付文選稽勳二司作缺開黃隆慶五年御史馬三樂條陳該

太學士掌管吏部事高　覆兩京各衙門以後

如有養病官員必須先呈本衙門堂上官或關
掌印官處查勘的確取具同鄉同僚官結狀代
爲具奏　勑下吏部方爲題覆放回病痊之後
務要依期前來供職違限者照近例處置
一萬曆元年該給事中秦燿條陳吏部議覆兩京
大小衙門凡告病官員查非真實危篤者不許
狥情結勘代　奏中途患病及先養病在籍未
痊者必須所在與原籍撫按衙門覈實具　奏
方與准理如有托病黨護情弊俱以欺罔㕘

奏重加究處奉
聖旨是欽此
一萬曆六年該都給事中陳三謨題稱兩京大小
官員如果病勢沉痼痊可無期或年力衰遲自
甘廢棄仍許自行陳乞放歸如三月未痊實難
供職即爲代　奏有希偷安代　奏未得憤挾
乞休者徑題致仕未過三月住俸月日不明將
奏詞停寢不行該吏部覆議通行各堂上官凡各
官患病從實代　奏有病勢危迫不可久待者

審實即題其自　奏乞休查無規避徑覆致仕
如係假托欺詐不分告病告休悉聽叅究革職
爲民題奉
聖旨是欽此

兩考給繇

一廣東廣西四川三布政司江西贛州南安二府
湖廣衡州永州長沙寶慶辰州常德德安七府
并郴靖二州福建行都司并興化汀州漳州泉
州邵武五府兩考吏典俱赴本部給繇其湖廣

江西福建三布政司兩考吏典舊例俱三人共

一咨呈批文近不拘此例　郴言琳

一凡各處兩考役滿吏典永樂年間定撥廣東廣

西四川三布政司分隸本部宣德十年奏　准

添撥江西南安贛州二府福建漳州泉州二府

湖廣永州辰州寶慶三府及靖州正統五年奏

准添撥湖廣常德長沙衡州三府并郴州福建

汀州興化二府弘治三年奏　准添撥福建邵

武湖廣德安二府十年奏　准添撥福建行都

司并所屬建寧左等五衛二十五所并武平等
守禦千戶所會典
一兩考給繇吏起送到部送司查册如兩考册同
別無違碍者准收撥其一考有册一考無册及
丁憂患病緣事截出補參無册者暫撥行查兩
考俱無册者聽候行查
一來文參克并上下手年月日期與册不同者暫
撥行查如據册歇役違例情屬規避者聽候行
查

一前後考滿後歇役及役內外丁憂服滿歇役俱應聽候行查但前考滿後歇役及前考役內外後考役內丁憂服滿歇役二年半之上近時姑准收撥後考滿後歇役二年之上及役外丁憂服滿歇役二年半之上亦准暫撥其後考滿後歇役三年之上爲民如原役起送尚在三年之內及來文開有公故實跡者始准送問重歷聽查

一前後考多歷少歷未及三箇月者送問暫撥行

查少歷三月以上送問補歷

一在役公差月日應作實歷不扣作實歷者送問暫撥行查

一後考滿後役外丁憂者付稽勳司查預申報喪公文有者准收撥無者聽候行查

一丁憂來文無病故并聞喪服滿月日及丁祖父母憂不開何年父故有無伯兄應否承重者暫撥行查若那移聞喪病故日期者送問聽查

一丁憂以聞喪日爲始不計閏二十七箇月少一

月者多一月者送問暫撥行查

一前後考役内緣事歇役年久及無招無復役還役牌案者聽候行查若隱匿過名及曾經革役不繇撫按衙門詳允朦朧復役補參起送者送問聽查

一來文不係巡按衙門號印及不開司典行頭者暫撥行查其咨批洗改槩闕字樣送問聽查如無規避者免送問

一原籍結狀全無或後考結狀全無或後考頂參

下手無結狀及兩考滿後丁憂起復無原役衙
門印結俱暫撥行查
一倉攢有經收糧數無守支盡絕日期或有盡絕
日期無經收糧數暫撥行查如全不開有無經
收糧數聽候行查歇役則以守支盡絕之日爲
始
一查違限以領文之日爲始四川廣東廣西二箇
月湖廣江西一箇月福建五十日除水程之外
如違一年之上送問暫撥行查二年之上送問

聽候行查一應患帖俱不准理未及一年者罰
班
一吏典給繇赴部中途被水火盜賊失落原領公
文雖告有所在官司文憑亦聽候行查明白方
許付撥會典
一都布按三司起送給繇吏典到部查有原役衙
門結狀或無原籍府州縣里隣保結者免查明
付若府州縣等衙門給繇吏公文内無該府州
縣一處印結者取鄉官印結明付非例

一凡吏典給繇例限南直隸并各布政司俱十四箇月北直隸者八箇月違者送問會典

一吏典二考給繇到部以役滿爲始廣東廣西四川違限至十四箇月福建江西湖廣違限至一年之上者罰班一月以後每違一月罰班五日班止三月如違至二年半之上暫付行查三年之内給文三年之外到部者聽候行查至日定奪若公文開有上司駁查未完不係本吏規避及給繇違限已經在外司府問罪方令給文到

部者俱以起文之日論違限若起文雖在三年之内限違四年之外到部并起文到部俱在三年之外者例應革役公文開有爲事躭延招册明白行查定奪如無事故仍俱革役但違限者除閏扣算丁憂起復違限者照此例行二考滿後革役以納復辯復日爲始違限者亦照此例行北例

一土官邊方及　王府吏典給繇到京咨批文册遺錯不重者俱量情發落

一吏典兩考滿後丁憂服滿起送例該將公文送稽勳司查預申有者明付無者暫付行查舊雖丁憂有冊仍查預申今冊明者免查非例

一吏典給繇查無本處造到吏冊亦准驗封司暫撥辦事行勘無碍辦事滿日照例實撥倉場攢典同會典

一吏典給繇到部有後考冊無前考冊者免查明付前後考俱無冊或有前考冊無後考冊及丁憂起復補參一年之上無冊者俱暫付行查雖

有自帶本衙門小冊不准兩考無冊若在北部與咨文同者若補缺不及一年者有省院印鈐小冊攅不及半年與告南者俱免行查

一後考參克年月公文與冊不足據冊違限三年之外例應革役者仍以冊爲准免其革役行查

至日定奪

三考役滿

一三考滿後本衙門起送文書并下手頂結俱到

每季月類考付文選司冠帶

一季月考官預投備供付稽勳司查丁憂付驗封

司查過名并參克年月日期下手已撥未撥俱
回到司無碍准考其暫撥未經回銷者役滿起
送之日會攅歷役守支通滿三年之上者俱姑
准考仍候文給引若在京丁憂稽勲司改暫撥
或被告緣事未結有碍者俱不准考考畢將驗
封司查過名備付文選司造册
一役滿無故三箇月之上方行起送者送問若未
及三月者罰班六十日
一宣德三年奏　准吏役滿擇其年五十以下堪

用者存留五十以上不堪用者俱罷爲民有赦
前在逃能自首者仍令爲民隱而不首事覺發
隆慶州爲民會典
一爲處置吏役事該吏部題京通等處守支倉分
攢典以一年爲滿起送冠帶仍令守支等因奉
聖旨是欽此會典
一弘治十七年辦事官魏寶　奏稱南京倉場攢
典歷役一年減俸守支三年役滿起送吏部冠
帶仍守支六七年乞要比照北京倉攢王鶴事

例一年考滿起送冠帶仍令守支吏部咨行南
京戸部查得南京神策等倉金川中和等草塲
俱守支七八年之上其南京　長安等四門倉
應天龍虎瀋陽右横海飛熊英武廣武等衛倉
糧米隨收隨放該吏部覆　奏將南京烏龍潭
等三十五倉并中和橋等二馬草塲守支頗久
比照京通倉攢周歲考官其　長安等門十一
倉俱照三年役滿起送冠帶奉
聖旨是欽此

一嘉靖三年南京户部咨該南京吏科給事中彭汝寔攢典黄宋　奏稱南京　長安等四門并江北七倉要比照前例周歲考官該户部覆准南京四門倉收糧僅彀一年支用收支既盡攢典猶拘閑食實爲冗費并江北七倉攢典擬同烏龍潭等倉攢典一例俱准周歲考官

兩考援例

一在外兩考援例吏領咨起送赴户工二部納銀如轉咨粘繳庫收明有籍結只欠本部咨照應

者或戶工部及本部俱行查本部回銷已到而
戶工部未轉咨回銷者俱准姑收撥
一在外已參吏典及農民不係原役衙門起送徑
自來京援例戶部咨送到司者聽查候回銷方
定行頭考付
一在外候缺未參者例降一等若原係雜行援例
者就入本行
一子弟不係本布政司起送徑自來京援例止憑
戶工部咨送者行查其後止有戶工部轉咨回

銷而無本部回銷者暫撥仍候銷若參克未及

一年援例者雖無册亦姑收撥其考滿無册者

仍暫撥

一子弟不繇起送徑自來京援納知印承差者聽

查候回銷方送選司冠帶

一在外兩考或一考未滿援例者恐有賣參之弊

來文若無本衙門印結及同房結并頂結或雖

有同房結頂結不開並無賣參及索取項頭字

樣者暫撥係衙所吏不在此例

一初考二考吏援一年以下例以實歷六箇月之上爲准其援二年以下例以實歷一年半援三年以下例以實歷二年半連閏但少歷者候照年分補納其叅抑具呈日期及行頭事例銀數明白者明付如一件不明者暫付行查數件俱不開者行查定奪

一農民援三年以下例繇原籍衙門起送到部查有候缺年月及行頭事例銀數明白者方送戶部納銀候其咨到明付其候缺必及半年者方

准未及半年者照俊秀子弟例送納如公文不開候缺及行頭事例或銀數不明者俱暫付行查若數件俱不開者行查定奪

一在外各布政司及直隸各府起送援例吏農到部送司查冊相同用手本送開例該部上納候咨到查對明白付驗封司吏典聽撥當該農民查撥辦事若不係該府該布政司起送徑齎州縣公文者暫付行查直隸該衙不係該府轉文者取結免查

一援例吏以農民援者班一月一考援者班二十
日兩考援者班十五日來京援者班一箇半月
以子弟援納知印承差者班二月
一援停止例者免駁回查新例補納改正
一援例吏不拘在京在外查庫收數目與見行事
例有不足者送應天府補納
一嘉靖二十一年吏部題　准衛令典援例除照
府典銀數補納至四十兩者方許作衛典其餘
雖經參破不拘年月久近一體俱降所司其納

銀十五兩俱衛所鈌農民援例者俱降條記今

所司不准降條記

一初考係小行頭二考轉叅大行頭者如不録考

中效勞超陞等項仍送户部補納後考行頭銀

兩如無銀補納願降初考行頭者准爲初考衛

令後叅都典告降原行者不准止降所司

三考援例

一在京援例吏查門供未收撥及在京丁憂稍勲

司改暫撥或被告緣事未結有碍者俱不准其

五府提控六部都察院知印都吏及本部令典歷役未及二年之上者亦不准近例都吏提控不准援納京考

一審准援例吏劄付應天府納銀取大小庫收回部驗過付文選司冠帶

一兩考吏未經撥辦者不准援例

一援例吏每月初五日告司狀審准初七日告通狀到司付勳司查丁憂封司查過名并叅充年月日期十七日起送文書頂結限俱到司十九日撥格單鄉房保結查點俱到二十一日劄付

應天府納銀取大小庫收回部驗過二十七日
司審二十九日堂審過付文選司冠帶
一援例吏准行後取具同鄉熟知家世新叅三月
以上吏結狀開冩並無預聞親喪并展轉托故
情弊赴司投遞如巳告遍狀或巳領劄付患病
不能納銀者准告註簿俟下月如過期每一月
罰班十日半年以上送問一年以上革役如不
告明案俟者每月倍罰三月以上送問一年革
役

一實役吏已准援例復捏故告改者不准仍重責

一援例吏已繳庫收不冠帶願考本等者准候類

考若北告南仍援例及三考俱援例未經參破

者俱不准考領劄未納銀者不准考

一加行援納知印承差原未撥者不准

外歷多少　附京歷

一吏典前後考歷役連任三十六箇月爲一考若

多歷二箇月以上者免送問暫撥行查少歷未

及三箇月者仍以雜辦内壓補三箇月以上者

付驗封司撥外衛所轃補若失扣閏一月及日數月數少者俱免行查俱照日數月數罰班

一吏典在役患病及公差月日俱准作實歷若不算即係多歷量行罰班免送問

一三考吏典役内或患病或公差俱准作實歷如少歷多歷照月罰班

吏典犯贜

一初考滿後犯贜者側送戶部納銀十兩間有無力上納准降行頭於事體人情均屬未便今議

轉參在三年之外者班二月每多一月班五日班止四月免其送贖亦不降行已經在外納贖者免

紀録過名

一弘治元年奏准内外各衙門問過官吏公私過名及罰俸等項年終造册類繳赴部送司以備查考會典

一宣德五年奏准有過名吏公文吏册開報不明者先取親供結狀准收實撥冠帶仍行查勘

會典

一初考或二考內緣事還役公文開具明白有招者明付無招着暫付行查若公文隱匿不開者送問暫付行查情重干礙行止者行查定奪

一吏典但犯有贓及盜印信說事過錢聽許財物毀駡及誣告本管官員又犯奸詐匿喪求索恐嚇枉法監守自盜曾充皂隷之人俱不入考發回原籍爲民續該都察院等衙門題開聽許財物未收似難輒擬行止有虧仍送吏部收考發

落中間果有情重法輕難以寛縱者須臨時具

實奏處 此例

查回改銷

一註銷吏不拘日期早赴司先投供到查取原批

門供本日午隨文改銷不先投供者罰班五日

如不親自告銷者不准銷

一行查吏有窺伺美缺方將該省回文投改以圖

僥倖者若回銷到司以出文日爲始除水程外

再寛二月如又過限者每一月罰班十日若未

及一月或有印信事故患帖可據者免罰

一聽查回銷未到者辦滿後點卯二十箇月以上姑准改暫撥其暫撥役滿起送之日係倉攢者歷役守支通滿三年之上姑准考官仍候文給引如期限未滿而告擾者重責不准其候文給引而久不到者准與行催

一行查吏回銷未到遇有該省新册到部許告查册收撥仍查原遠紅限并少結少同補班若係歇役等項不該查册例該回銷者不許混告

考官事宜

一宣德七年吏部　奏吏員三考滿當授官者中
間人有南北才有高下吏部通行於
内府會同六部都察院翰林院堂上官出題南北
類試錦衣衛堂上官監察御史六科給事中監
試會考之時合無分爲等第其文義麄曉行移
的當書札不謬三事俱可取者爲一等二事可
取者爲二等另行奏　請量材授任三事俱不
可取者發回原籍爲民奉

聖旨是一等的照本等資格用二等的雜職裏用全不曉得的發回原籍爲民當差欽此_{會典}

一成化七年　詔今後三考滿役吏典從本部陞績考試不必會官仍照三等例行

一每年四季考三考吏遇季月預於初五日投備供付勲司查丁憂封司查過名并彔充年月日期十五日投格單限投起送頂結文書俱到二十一日投鄉房保結本日審理若原未收撥及勲司改暫撥或被告緣事未結有碍者俱不准

考二十三日司審投卷二十五日司考二十六日堂審進卓二十七日堂考畢付文選司冠帶封司查過名回付到司備付文選司造冊如遇年終前項日期預前四五日

一司審三考各吏自報願做招行註簿收卷 非例

一堂審三考不到者票堂註簿總聽發落不到係做招者壓下次做行及免考者准銷 非例

一外考咨開有過者投文內具招京考來文內開有過名者抄招粘連及隱匿過名者考付日遞

招案候方准考官如無不准援例吏同其京考

有過者仍付驗封司查

一吏農暫付行查者當該滿日若未經註銷不准

收考係免考者不准付冠帶 非例

一三考俱援例未經參破半年者不准考官

一非告南吏未經參破半年仍援例者不准考官

一三考役滿在季月三十日者准考官若在下月

初一日不准

一三考卷已報行而臨期又告改報招者不准

一季月二十一日具手本會同封司稟　堂請定
堂審進卓堂考日期及具題紙請題
一司考日封閉司門司官及各吏俱不上堂
一堂考前一日本司編號彌封考卷
一隔别省分編寫圖單次早唱名進考招卷大約
三人取一無則缺之不得過數北例
一堂考日五鼓請兩堂進部司官隨點抄題吏進
至後堂燭下抄寫畢抄題吏封閉於敬亭午後
從後門放出

一黎明司官於二門外督令弓兵搜檢挨次序入

報招者堂上報行者兩廊各聽考兩堂出坐前

堂司官侍立抽籤唱名散卷畢司官退至司廳

兩堂用飯司官上堂暫代防範候兩堂閱卷畢

當晚榜示

一刑名之學宜以刑名爲主考官閱卷先看引用

律例精切次看招詞明順又次看書寫清楷三

者俱擅首取無疑其或不能俱全而舍短取長

又或長短相並而優劣難辨者皆以此定之

吏員資格

一宗人府五府提控六部都察院都吏布政司通
吏考中從七品出身
一宗人府五府令典總兵掾史六部都察院巡撫
令史典吏清軍人吏　內府門吏在外都布按
三司令典考中正八品出身
一通政司太常寺光禄寺太僕寺詹事府順天府
應天府各衛令史大理寺胥史在外按察司鹽
運司書吏各衛令史行太僕寺苑馬寺令史考

中從八品出身

一大理寺通政司詹事府太常寺光禄寺太僕寺順天府應天府各衛行太僕寺苑馬寺典吏國子監鴻臚寺司吏在外按察司鹽運司各衛典吏府司吏考中正九品出身

一國子監鴻臚寺典吏翰林院左右春坊太醫院欽天監上林苑監司典京衛鎮撫司典吏各千戶所司吏巡按及十三道書吏各

王府長史儀衛二司司典在外各府典吏各衛鎮

撫司吏各州司吏典吏考中從九品出身
一戶刑二部都察院順天府應天府照磨所司獄
司典吏十三道典吏宛大二縣上江二縣五城
兵馬司營繕所司典文思院光禄寺上林苑監
各署各司典吏各百戶所司吏柴炭司蠟燭司
十庫九門倉御馬等倉二十四馬房倉各草場
抽分局巡檢司驛遞所閘宣課稅課司攢典順
天府太僕寺庫攢典在外縣司典并所屬攢典
考中俱一等雜職出身

日行事宜

一行查吏回文到日親自赴司告銷查取原批門供對明准改收撥其原以本身無冊行查而仍無小冊者罰班准銷

一狀告南吏赴驗封司投文後各具親供脚色毋月逢一七日赴本司呈遞親自上簿以憑三考滿日或援例到司查對未上簿者不准

一丁憂吏各投供狀案候查考

一毋年終將各行查聽查勘合違限不報者查出

姓名年分類咨都察院轉行巡按衙門催報
一每月三九日考付班蒲吏及改銷吏
一每月十九日類付收撥暫撥聽查催銷駁查吏
一每月二十九日官吏監生俸糧付勲司關支

雜行

一每遇季終差官刑部關公用紙劄
一民瘼事每年正九十一月初旬通行南京户部
兵部都察院應天府各轉行所屬欽遵及付驗
封清吏司類行十三布政司一體欽遵

南京吏部志　卷之十　十二

附計典

此皆見於累朝實録政屬内計者也而職掌中向不載入謹附録於此蓋以遡事始以稽曠典亦可爲司功備攷之别牘云耳

洪武二十九年始定在京五品以下官六年一次

吏部會都察院并各該衙門掌印官及堂上官考察此考察之始諸司職掌亦未載

弘治元年二月吏部覆奏南京御史吳泰等所陳考察兩京五品以下官因言天順八年例則五品以下堂上官除欽天監太醫院之外其餘老疾者

自陳致仕成化十三年例則凡五品以下官俱照
例會官考察今兩具以請
命欽天監官免考察太醫院官選差明習醫道御史
給事中各一員會同院使院判考察品第高下并
具明脉理用藥有效著明者以　聞各衙門堂上
官但五品以下者悉照成化十三年考察例行
弘治十年吏部以考察京官　請會同都察院如
例考察在京五品以下官凡見任帶俸并丁憂公
差養病省祭等官併行考察其職業頹修操履不

失者請存畱供職罷軏不謹年老有疾浮躁淺露之類各開具奏　請定奪如考察不公聽科道官糾舉亦不許被黜之人造言攙拾妄奏仍行南京吏部一體會同考察徑自奏　請施行從之又以御史鄭惟桓等奏欲兼考察大臣　請通行兩京四品以上官令自陳

弘治十年吏部疏請考察在京五品以下官年老及有疾者致仕罷軏及不謹者冠帶閒住浮躁淺露及才力不足者降調外任逃者爲民

詔從之此考察則例之始　但今例年老與有疾及老疾三項序列

弘治十四年吏部議覆南京吏部尚書林瀚等所言明黜陟事謂在外司官以下官俱三年一次考察兩京及在外武職官亦五年一考選惟兩京五品以下官十年始一考察法太闊畧請如瀚等所奏今後例六年一考察從之

正德四年吏部奏　請考察京官言自弘治十七年考察後迄今雖未六年但今庶政維新百官賢否不一宜嚴加考察其中年老不及初入仕途者

量改教授并國子監官中間才力各有所宜量才
改調得
旨進退人才朝廷重事兩京吏部同都察院并各堂
上官從公考察務協衆論堂上官四品以上令自
陳翰林院官令本院考察欽天監太醫院皆免之
既而吏部以考察職名上　請俱如例其才力不
及初入仕途者量改教職兩京國子監官才識各
有所宜者本部酌年資擬授南京事簡之地并在
外府州縣相應職事其改調降調者自後若能練

歷修爲功蹟著聞一體陞擢從之

正德四年南京吏部尚書劉忠奏謂南京去京師數千里道里隔絶人易懈怠中有不才幸考察已行因而縱頑長惡玩法欺公若必六年之上方加黜罰則谿壑之欲蓋已滿盈而吞舟之惡又或脫漏論情據法實所難容乞令考察之後或有如前所云惡跡顯著者容糸奏罷黜以示勸懲則各官當知警惕矣吏部覆議從之

正德五年南京吏部尚書劉忠等奏南京户科給

事中葉良清理鋪戶私受請囑潛改底冊顛倒貧
富御史許立與良同事不能舉察俱宜有罪下吏
部議照考察例黜良為民立調外任
正德十年南京吏部郎中歐陽詔言順天應天二
府及京縣官既同外官三年朝　覲考察又同京
官六年考察非均平之體吏部議請自後治中以
下皆同京官例三年朝　覲免考察其上林苑監
正以下亦如之
詔可

嘉靖十年南京給事中林士元御史馮恩等請如

累年考察故事南京科道先上彈章使部院有所

據考掌院都御史汪鋐言彈劾在考察之先則部

院惑於其言恐去留有所遷就而科道或有報復

之私拾遺於考察之後則部院得虛心詢問而科

道未嘗失彈劾之權部院諸臣苟有不公尚懼言

官之議其後也宜准成化弘治以前故事

上以其言下吏部查舊例以　聞吏部覆言往年考

察論劾先後未有定例據嘉靖七年都御史李承

勛所奏則論劾在考察之後據成化二十年南京
御史朱守恕等所劾則論劾在考察之前然臣等
竊謂不當計先後當計公私且論劾在科道斟酌
在部院權衡亦自不失自今宜令南京科道論劾
各舉其實於十二月終具　奏俟部院考察臨期
叅合以爲去留報
可
嘉靖十一年吏部尚書王瓊等奏言考察舊例止
據三年任内事蹟初非通考生平素行邇來往往

苟求有已陞外官因前任京官而被黜者有已陞尊官因前任卑官而被黜者殊失惜才之意請今歲大計一遵舊例其有在任緣事等官亦當據其考語去留不可輒議罷斥報

可令兩京一體遵行

嘉靖六年禮部右侍郎桂萼題成化中奉

憲宗皇帝聖旨科道雖是言官中間豈無不停當的還着他互相糾察來說乞要申明舊例該吏部覆題奉　旨欽遵至十二年四月有

旨今年你每如例奏請考察京官事訖矣科道官既如例指劾四品以上官矣亦拾其遺矣獨科道官有成命令互相糾舉令數日未見你部裏題請顯有畏附之私該吏部認罪具題奉

旨這科道官互相糾舉事例你部裏既查明便行兩京六科十三道照例着實舉行不許容隱推調如有欺違的定行重治不饒欽此至十七年十一月内欽奉

詔書内一款科道官互相糾劾原非定制近年拘例

塞責往往挾私報復排擊善類甚非治體今後不
許互糾其兩京給事中御史賢否着吏部都察院
從公考察欽此
舊規考察之年先期兩京科道條陳吏部題覆各
衙門乞　恩免考奏下查照節年事例題　請考
察奉有　旨咨吏部并南京吏部欽遵施行其考
察後自陳例先　內閣次各衙門二品堂上官次
三品次四品嘉靖十八年以前俱經奏　旨去留
二十四年三十年兩京四品俱下部看覆其兩京

科道拾遺本經批或下部覆惟南京庶官拾遺例
該本部覆題見北例
隆慶元年該吏部考功司主事郭諫臣奏兩京各
衙門官員今後令掌印官從公取具各屬賢否實
跡每年終類送吏部都察院以憑稽考其吏部都
察院屬官及六科給事中悉憑部院堂官各取考
語互相封送稽考至於翰林院則憑掌院學士太
常光禄鴻臚等寺及太醫院行人司悉憑禮部堂
官太僕寺五府首領各衛經歷五城兵馬則憑兵

部堂官各取具賢否事實類送部院該吏部尚書
楊　議京官考滿向來雖有堂官考語詞多溢美
難以盡憑亦有全無考語者若今每歲開註又恐
嫌怨易生是非反謬合無今後每遇京考之年先
期三月本部并南京吏部咨劄各衙門堂上掌印
官將所屬但在應考數內者查取考語務要或賢
或否明註實跡不許含糊兩可類送部院以憑面
議酌處如掌印官原非科目出身照依主事郭諫
臣今擬施行至於六科給事中係近侍封駁之臣

例無考語南京部院止照舊規從公考覈不必紛

擾覆奉

聖旨依擬行欽此

隆慶二年十一月吏部覆都給事中鄭大經御史

鍾沂等疏陳考察京官事宜其一謂憑詢訪以定

賢否不無遺議宜行各堂上官秉公實註考語送

部院參詳一謂匿名文揭報復之私該部宜嚴行

逮治一謂宜論大節而細故浮議在所必原首黜

巨奸而衙門成數在所不論一謂科道拾遺往往

有投匭中傷之弊彼此牽多異同間亦有局趣首鼠以避嫌怨者今宜重爲之戒

上從之仍　諭部院考察廼朝廷重典爾等其尚虛心鑒别精汰衆職以彰黜幽之公又吏部覆題准南京各衙門堂上官將六年以裏應考人員各要秉公覈實手註考詞如其爲賢能某爲不肖不肖者如不及貪酷不謹浮躁老疾等項俱要指事直書其中果有名實不相孚及衆好衆惡不同者必須虛心鑒别通限十二月内開送南京部院以

憑蔡互綜覈註考之後或別有聞見臨時與部院面訂不妨與同務求至當但不許徇私任情市恩遠怨及依回含糊自干公論

萬曆二年四月巡按河南監察御史褚鈇題劾宣府僉都御史吳兌奉

聖旨這方面陞任京堂的自有糾劾冒濫事例今緊行考察恐非政體着吏部都察院看議來說欽此該吏部都察院看得外官考察舊例在京科道官無先期備考察之疏而事後則拾遺南京科道官

有先期備考察之疏而事後仍糾冒濫外省撫按凡方面有司在三年之内皆得糾劾令吳兌以參議歷陞巡撫在三年之内褚鈇以御史論劾參議亦係應考之官合無今後考察凡三年之内方面已陞京堂者止聽南京科道官論劾外省各撫按官不得一槩參論奏

聖旨是欽此

萬曆十年吏部題　准先曾調用官員再考不及者查果才力綿弱即照罷輭例閒住如以別事議

調才力尚有可用仍照不及例酌量改降
萬曆十三年吏部題　准致仕官員有志并悟退
爲親告休者不得復入考察
天啓三年正月吏部奏考察日期或照節年舊規
於二月初二日或照十五年二十年二十七年及
三十三年事例於正月二十八日舉行其三十九
年四十五年愆期月餘以致人心搖惑難以爲例
伏乞
聖明歷查節次舊規　速賜裁定等因題奉

望古京察着於二十八日行欽此

卷之七終

金陵全書

乙編·史料類

南京吏部志（二）

（明）王逢年 重修

南京出版傳媒集團
南京出版社

圖書在版編目（CIP）數據

南京吏部志 /（明）王逢年重修. -- 南京：南京出版社，2015.2
（金陵全書）
ISBN 978-7-5533-0728-2

Ⅰ. ①南… Ⅱ. ①王… Ⅲ. ①吏部－史料－南京市－明代 Ⅳ. ①D691.42

中國版本圖書館CIP數據核字（2014）第252097號

書　　名　【金陵全書】（乙編・史料類）
　　　　　南京吏部志
編 著 者　（明）王逢年　重修
出版發行　南京出版傳媒集團
　　　　　南 京 出 版 社
　　　　　社址：南京市太平門街53號　　郵編：210016
　　　　　網址：http://www.njcbs.cn　　淘寶網店：http://njpress.taobao.com
　　　　　電子信箱：njcbs1988@163.com
　　　　　聯系電話：025-83283871、83283864（營銷）　025-83112257（編務）

出 版 人　朱同芳
責任編輯　楊傳兵　潘　珂　徐　智
裝幀設計　楊曉崗
責任印製　楊福彬

製　　版　南京新華豐製版有限公司
印　　刷　南京凱德印刷有限公司
開　　本　889毫米×1194毫米　1/16
印　　張　114
版　　次　2015年2月第1版
印　　次　2015年2月第1次印刷
書　　號　ISBN 978-7-5533-0728-2
定　　價　3900.00元（全三册）

南京吏部志卷之八上

驗封司職掌

國初事例

封爵

見封

凡公侯伯子男見職授封者必須隨即奏　請封號爵祿等級及附馬婚禮俱用具　奏給授誥命劄付翰林院撰文具手本送中書舍人書寫尚寶司用

寶完備擇日具　奏頒降

凡功臣殁後加封公追封爲王侯追封爲公合封三代者照依追贈封爵一體追封其襲爵子孫非建立奇功異能生死只依本爵

凡命婦因子孫官爵封母并祖母者並加太字追封則不用

凡封贈公侯伯子男者其公侯夫人各從其爵伯子男夫人止封夫人不須用爵

凡功臣封號如開國輔運守正文臣之類非特奉

聖旨不與
凡見封公侯伯子男封贈三代并妻室合依
欽定事例各依見授官職照例封贈

封贈

公
父祖父曾祖父各封某國公
母祖母曾祖母各封某國夫人

侯
本官妻封某國夫人

父祖父曾祖父各封某侯

母祖母曾祖母各封某侯夫人

本官妻封某侯夫人

伯子男同

襲封

凡受封官身死須以嫡長男承襲如嫡長男事故則嫡孫承襲如無嫡子嫡孫以嫡次子孫承襲如無嫡次子孫方許庶長子孫承襲不許攙越仍用具　奏給授

誥命劄付翰林院撰文具手本送中書舍人書寫
尚寶司用
寶完備具　奏須降及孔氏襲封衍聖公如之其
湖廣四川雲南廣西土官承襲務要本司委官
體勘別無爭襲之人明白取具宗支圖本其官
吏人等結狀呈部具　奏照例承襲移付選部
附選司勲貼黄考功附寫行止類行到任見到
者關給劄付領給
誥勑

加贈

凡文職官一品至五品武職一品至六品照依生前散官果有功蹟合加封者例與加贈

追封

凡公侯一品贈三代二品三品贈二代四品至七品贈父母妻室

凡文官一品至七品止封散官職事其合封三代二代并父母及妻者照依子孫見授職事照例

封贈

凡封贈文官散官如上階特進光祿大夫光祿大
夫之類非特奉
聖旨者不與
凡文官應封贈祖父母父母妻室者照依
欽定資格一品贈三代二品三品贈二代四品至
七品贈一代各照見授職事依例封贈
正一品至從七品曾祖父祖父父各照見授職
事對品封贈
正從一品曾祖母祖母母妻各封贈夫人

正從二品祖母母妻各封贈夫人
正從三品祖母母妻各封贈淑人
正從四品母妻各封贈恭人
正從五品母妻各封贈宜人
正從六品母妻各封贈安人
正從七品母妻各封贈孺人
凡遇前項封贈依例具本奏
聞吏科給事中置立文簿附寫各該封贈爵職欽用
勑符御寶本部抄錄具印信手本送中書舍人書寫

誥勑其文職官員申請封贈本部行移保勘如果於
例相應然後照例施行
凡文官一品至七品止封贈散官職事其合封一
代二代三代者俱照見任授職父母見任者不
封巳致任并不在任者封之能在任棄職就封
者聽見行
凡諸子應封父母嫡母在所生之母不得封嫡母
亾得並封若所生母未封贈不得先封其妻見
行

兩子當封從一高者婦人因其子封贈而夫子兩

有官亦從一高者見行

應封妻者止封正妻一人如正妻生前未封已歿

繼室當封者正妻亦當追贈其繼室止封一人

見行

凡命婦因子孫品級封母并祖母者並加太字若

已亾殁或曾祖祖父在者不加見行

凡正從七品至正從六品止封一次陞至正從五

品封贈一次陞至正從三品封贈一次陞至正

從二品封贈一次陞至正從一品封贈一次
凡曾祖父母祖父母父母曾犯十惡姦盜除名等
罪及例所封妻不是以禮娶到正室或係再醮
倡優婢妾並不許申請見行
凡諸職官員受贓不許申請封贈之後但犯取受
之贓並行追奪其祖父原有官進一階非因子
封贈者不在追奪之例
凡婦人因夫子得封者不許再嫁如不遵守將所
授

誥勑追奪見行

凡在京官四品以上試職實授頒給

誥命取自

上裁已給

誥命者亦須一考滿方許封贈五品以下官務到

任試職一年後考覈堪用者與實授仍具　奏

頒給

誥勑不堪用者不與已給　誥勑者亦須一考方

許封贈

凡在外官員三年爲一考稱職者頒給
誥勑再考稱職聽請封贈其有才能卓異之人出
自
特恩者不拘此例

廕叙

凡用廕者以嫡長子如嫡長子有廢疾立嫡長子
之子孫曾玄同如無立嫡長子同母弟曾玄同
如無立繼室所生如無立次室所生如絕嗣者
傍廕其親兄弟及各子孫如無傍廕伯叔及其

子孫

凡用廕者孫降子曾孫降孫及傍廕者皆於合叙品從降一等

凡職官子孫廕叙正一品子正五品叙從一品子從五品叙正二品子正六品叙從二品子從六品叙正三品子正七品叙從三品子從七品叙正四品子正八品叙從四品子從八品叙正五品子正九品叙從五品子從九品叙正六品子於未入流品相應上等職事內叙從六品子於

未入流品中等職事内叙正七品子於未入流

品下等職事内叙

凡職官用廕各止一名年及二十五以上須試本

經或四書能通大義其有不通者發還習學再

試

凡廕官各具父祖歷仕緣繇去仕身故歲月并所

授

誥勑彩畫宗支指實該承廕人姓名年甲本處官

司體勘房親揭其籍册别無詐冐及無廢疾過

犯等事上司審驗相同保結申覆令親賫文解

赴部

凡廕叙其遠方地面官員宜照原籍於附近布政

司所轄去處銓用

誥勑 兼冊封鐵券之事

公侯一品至五品皆授以

誥命六品至九品皆授以

勑命婦人誥勑同夫品級

公侯誥用玉軸一品官同伯子男誥用犀軸二品

官同三品四品官用抹金軸五品以下用角軸
在京官四品以上試職實授頒給
誥命取自
上裁五品以下官初任試職一年後考覈堪用者與
實授頒給　誥勑已入流倉官不須試職候一
年任滿給與　勑命守支未入流品官員俱要
實授不給　勑命在外官員三年爲一考稱職
者頒給
誥勑陞除官員各與實授者於本任内歷事一年

二万五十八

後方可出給　誥勑若有才能卓異之人出自
特恩者不拘此例欽天監翰林院太醫院正官領給
誥勑取自
上裁本部遇有應給　誥勑官員具本奏
聞仍具印信手本開寫合授散官并年籍腳色送中
書舍人候書寫完備本部用印信手本送尚寶
司於
御前用　實訖具奏　御前領給其有追奪爲事官
員　誥勑具本　奏繳

内府會同吏科給事中中書舍人於勘合底簿内
附寫爲事緣繇眼同燒毀

散官

自榮祿大夫至將仕佐郎凡九等十八級所除官
員合得散官照依定制奏
聞給授及選部付到在京各衙門實授官員及考功
考過稱職三年堪用并三年稱職者合得初授
陞授散官具　奏行移該衙門轉行陞授
凡白身人入仕并雜職人等初入流者與對品初

授散官任内歷俸三年初考稱職與陞授散官
又歷俸三年再考功績顯著方與加授散官若
考覈平常者止與初授其任内未經初考遷調
改除者仍照見授職事與初授散官已經初考
合得陞授遷調改除仍係本等品級者照見授
職事與陞授散官若陞等者止與對品初授或
有已得陞授未經再考遷調改除仍係本等品
級者照見授職事與陞授散官已經再考合得
加授遷調改除仍係本等品級者與加授散官

若陞等者止與對品初授其有先曾歷任二品
三品等職今次降用若係有罪及闒茸不稱職
貶降者照依見授職事與初授散官若量才任
使不係貶降但令授職事比與原授降等其原
授散官　誥勑仍舊者亦照見授職事與對品
初授散官俱於三年之後照例陞授其加贈一
節考驗本人生前功蹟合得加授者照例給與

正一品
初授特進榮祿大夫
陞授特進光祿大夫

從一品
初授榮祿大夫
陞授光祿大夫

正二品　初授資善大夫　陞授資政大夫　加授資德大夫

從二品　初授中奉大夫　陞授通奉大夫　加授正奉大夫

正三品　初授嘉議大夫　陞授通議大夫　加授正議大夫

從三品　初授亞中大夫　陞授大中大夫　加授太中大夫

正四品　初授中順大夫　陞授中憲大夫　加授中議大夫

從四品　初授朝列大夫　陞授朝議大夫　加授朝請大夫

正五品　初授奉議大夫　陞授奉政大夫

從五品　初授奉訓大夫　陞授奉直大夫

正六品　初授承直郎　陞授承德郎

從六品　初授承務郎　陞授儒林郎　儒士出身同　吏才幹出身授宣德郎

正七品　初授承事郎　陞授文林郎　儒士出身同　吏才幹出身授宣義郎

從七品　初授從仕郎　陞授徵仕郎

正八品　初授迪功郎　陞授修職郎

從八品　初授迪功佐郎　陞授修職佐郎

正九品　初授將仕郎　陞授登仕郎

從九品　初授將仕佐郎　陞授登仕佐郎

吏役

凡在外各衙門送到考滿吏典於在京對品衙門

內用在京各衙門考滿吏典照依資格陞用無
缺借用仍支合得俸裁革減併吏對品衙門用
借撥者支前役俸農吏罷閑官生員監生承差
爲事充吏遇缺撥用各支本等俸其五品以下
衙門吏典該與俸米食米者照例支給若罷閑
承充截替市井吏遇缺量度撥用止支九品衙
門司吏俸壹石工滿并爲事斷發吏遇缺撥用
月支食米五斗每月通類行移各衙門收役并
勾取在逃吏自首行勾日淺未曾撥補准首仍

送着役若及日久窺伺撥補避難及已務文原籍勾解者俱送刑部問罪仍發本部聽用若各衙門退回奸猾託稱不諳吏事舊吏照地方發邊遠充軍爲事還役吏典在京者行移各該衙門收役在外者劄付應天府給引轉發着役

勘合

凡本部四子部付到合行各布政司并直隸府州事件通類具手本赴吏科關填勘合仍附寫底簿開列前件以憑回銷

皂隷

凡本部額設皂隷照依原定則例分撥跟官聽差如有事故行移兵部照欽取補

到任須知

凡除授官員於吏科給憑就行關領到任須知前去本衙門到任務要照依須知内條款事例逐一遵守施行毋得視爲文具

巳上皆諸司職掌之文係

國初所定者今不盡行

南京吏部志卷之八下

驗封司職掌

見行事例

封爵贈附　會典曰文武官俱有封贈武官歸兵部惟公侯伯以封爵從本司職掌

一公侯伯加陞師保等官俱止授本身不許乞贈三代

一公侯伯之父未襲爵而亡其子　奏乞追贈行該府查勘無礙照例題給　誥命

一嘉靖十四年豐城侯李熙係旁支承襲　奏要

將自己并妻應得　誥命移封所生父母祖父
母該吏部覆題奉
旨准他欽此嘉靖十九年東寧伯焦棟
奏比李熈事例隨該吏部查得職掌武職官員舊
無移封之例止以嫡派相傳承襲俱有爵位之
貴不俟移封中間因故絕之變乃得以支紹宗
憲章所著止明承繼之序未及推　恩之典近十
四年内豐城侯李熈以姪繼襲伯父之爵奏乞
移封本爵緣此比引陳乞臣等未敢擅擬等因

覆奏

旨准他欽此嘉靖二十八年平江伯陳圭　奏稱積

有年勞比例移封該吏部行移兵部查報相同

題奏

旨准給與欽此　此旁襲移封

襲封

一公侯伯事故子孫　奏襲行禮工二部查祭葬

畢吏部方與具題行移該府保勘應否襲爵取

具結狀宗圖連人送部辨驗

結勘明白奏請定奪

一凡公侯伯歿後子孫未出幼奏　請優給吏部具題行移該府保勘明白連人開送覆　題應給祿米請自

上裁

封贈

一凡武職子任在京文職成化二十三年　詔書照文官事例父職高於子者依原職進一階職

甲者從子官封

一父原任五品曾授封後陞至四品未封其子職
卑請封者就于四品上進散官一階不拘四五
不同封例
一嘉靖十三年令考察降調官不許濫給原任封
贈
一父母見任不封在任棄職就封者聽已致仕職
高于子者於原職上進散官一階並無加授例
若冠帶閒住職卑于子者俱照子官封贈職高
於子其子　奏乞復職致仕者查有嘉靖三十

年吏部員外郎南軒　奏復父南逢吉副使四
十四年禮部員外郎佘立　奏復父佘勉學按
察使俱該吏部覆　准復職致仕
一父祖貪酷爲民者准與冠帶閒住
一六七品四五品不重封以考滿言隆慶元年題
奉
欽依不拘五品陞四品或改七品或先已授外官封
典今陞授京職者俱照見任職銜一體改給以
後考滿等項仍照舊例其

兩京官員例前陞授者不分已未到任仍照隆
慶元年題　准事例一體　請給
一萬曆三十四年　詔兩京科貢八品以下官准
照行人例行
一前母追贈隆慶元年題有
欽依暫爲一行以後考滿等項不援以爲例以下俱
一凡封贈生母者母以子貴照子之官品封贈不
許比夫子兩有官從一高者例
一該封繼母者止封見在繼母一人若前繼母曾

因其父授封後繼母見在未封者合從子官授

封

一隆慶元年吏部題凡生母先故者一體給與贈

奉

欽依准給與仍著爲例

一三母不得並封事例查得隆慶元年禮部員外

郎成鍾音戶部主事彭文質比照先年主事熊

遇事例乞將一嫡母并生母並封雖該吏部議

處節奉

俞旨係出　登極希有之恩似難據爲定例合無以
後封贈止許嫡母一人生母一人其繼嫡母不
得一槩並封但有陳乞者悉從停寢
一隆慶二年四月内該吏部尚書楊　條議追贈
前母　令甲未載先年尚書楊鼎侍郎曹嵩學
士蔡昻三臣雖蒙　准贈係出一時
特恩隆慶元年諸臣相繼陳乞彼時吏部以
登極覃恩難拘常例覆奉
欽依多從准給即今又奏　新詔若使槩行給與似

屬冒濫合無從宜酌議未奉
旨者即有奏討俱行停寢以後考滿等項不得援以
爲例
一泰昌元年九月　詔有嫡母已經受封生母年
踰六十巳上准並封其妻亦得並給
一成化二十一年南京刑部尚書張瑄　奏先任
布政巳經給有從二品　誥命今歷正二品俸
三年考滿　奏請改給吏部覆奉
旨准改給以後但歷正二三品俸三年考滿内有先

曾給授外官從二品及正從三品

誥命者比例奏　請俱准改給以下俱改給

一嘉靖三十年該兵部右侍郎張時徹　奏稱先

任福建布政司左叅政已經　請給從三品

誥命該吏部查例題奉

旨准改給欽此

一嘉靖三十二年廣西道監察御史霍冀　奏先

任推官考滿已蒙　准封父母并本身妻室

勑命未領今又歷御史俸三年考滿復職乞要比

例照今官職銜改給該吏部查與知縣蔣秀王
激事體相同况本官今任御史又與先任推官
品級相等題奉
旨准他欽此
一隆慶六年吏部題查嘉靖三十六年吏部題
准本部右侍郎孫陞考滿父孫燧以都察院右
副都御史已贈資善大夫禮部尚書母楊氏已
封夫人燧又進階資政大夫今次有祖父與父
如孫燧者照例進散官一階其祖母與母即各

從其夫一體封贈

一萬曆元年南京刑部侍郎曹三暘　奏先任布

政已經給有　誥命今歷侍郎俸三年考滿

奏改京官職銜南京兵部侍郎杜拯　奏先任大

理寺卿應得　誥命尚未關領今以侍郎考滿

奏改新任職銜俱該吏部覆奏

旨准改給欽此

一嘉靖三十年該原任工部都水司署郎中事主

事今陞山東按察司僉事趙介夫　奏稱原歷

三王專係三年已滿比因公差在外照例具呈給

繇公文到部隨陞前職乞要　請給原任

勅命該吏部查照前例覆題奉

旨准給與欽此查得趨介夫陞任未久即行具　奏

方與前例相同其陞官日久或再轉別官妄引

前例者不准以下俱補給

一嘉靖三十八年該原任四川按察司僉事致仕

安如山　奏稱原任南京戶部江西司員外郎

請給　誥命二軸被倭賊燒毀乞要比照延平

府知府廖紀等事例補給又查與廖紀等原給
誥命被寧賊入城燒毀查給事體相同題奉
旨准給與欽此若非地方失事止收藏不密者不許妄援此例
一隆慶六年欽奉
勅諭吏部題議遇蒙　誥勅官員但係丁憂給假養
病官員候其復除之日移文到部即與具題補
給不必自行陳　奏又議得兩京官推陞除授
既有成　命即係見任不分已未到任一體准
給至於在外兵備官員未經到任者不得援以

爲例

一萬曆三十一年吏部題　准行人司務過蒙

覃恩准陞改之日補給父母及妻　誥勑

一兩京官父母有犯除名等罪不該受封者子孫

將本身　誥勑比例　奏乞移封查例具題取

自

上裁　以下俱移封

一嘉靖三十八年翰林院修撰諸大綬　奏稱三

年考滿例應　請給　勑命但臣先年過繼叔

父爲嗣封例止所繼父母本身及妻而本生父
母不封乞要比例將本身及妻應得　勅命移
封本生父母吏部查得本官名雖出繼而撫養
教訓仍賴本生父母見今二母同居就養若一
封一否人子之心深爲不堪又查與豐城侯李
熙等事例大略相同雖其爵秩有間而懇惻之
情則一題奉
旨准移封欽此
一凡諸職官曾受贜者不許申　請封贈之後但

犯取受之贓並行追奪其祖父原有官進一階非因子封贈者不在追奪之例（會典）以下俱追奪

一宣德五年令應授　誥勅官員未授之先曾犯贓罪已經赦宥者悉免追奪若授　誥勅之後犯贓罪雖經　赦宥皆追奪（會典）

一正德五年令文官有閒任爲民充軍非犯贓罪皆不追奪　誥勅已追及未領者俱仍給與（會典）

一各衙門追奪事故　誥勅鐵券送到吏部具題送印綬監收候年終類　題燒毀

附考一隆慶四年刑部咨南京魏國公徐鵬舉繼室鄭

氏先年已經請給　誥命後查係鵬舉第三妾

吏部覆奉

欽依追奪訖

廕叙國初因前代任子之制文官一品至七品皆得廕子一人以世其祿後乃漸爲限制

一南京堂上三品官考滿已經請給　誥命者取

該衙門供結廕子緣繇到部轉咨題送國子監

讀書免其自行陳乞

一成化三年奏　准在京三品以上官員子孫聽

令一人送國子監讀書出身若大臣果有勳勞

於國出自

特恩錄用其子孫者不在此限會典

一天啓元年　恩詔兩京三品以上文官未考滿

者廕一子入監讀書其已經三品考滿廕子又

歷二品俸三年考滿及二品先任在京者仍廕

一子入監讀書

誥勑

一文職官一品至五品給　誥命六品至九品給

勑命婦人　誥勑同夫品級

一各衙門三年考滿官應請　誥勑命者原衙門文書保結到司後仍候考功司考過稱職咨吏部

一奉　恩詔請封官員移文取各衙門供結明白咨吏部

一四品以上京堂官及欽天監太醫院翰林院正官三年考滿請給　誥命者本部轉咨吏部照例具題取自

上裁若已經封過者不必取結

一凡五品以下京官考滿及奉　恩詔例得　誥

勑者不論已未封贈俱取親供及同鄉同官保

結一樣二本一本部附卷一本咨吏部

一嘉靖六年吏部題天順以來丁憂養病給假但

係見任官員節有准給事例奉

欽依既係　累朝已行之例實我

祖宗廣愛敬之意不必變更都准照例給與今次但

係丁憂養病給假官員應得封贈　誥勑俟其

復除日移文到部即與具題不必自行陳　奏

一弘治十一年令各官考滿已奏　准給授

誥勑未領因事降調者非犯貪淫酷刑俱仍給與

散官

一凡南京文職散官每年正月以裏通行各衙門

取勘歷任親供應　請初授陞授加授散官類

咨吏部具　奏給授會典

一南京官向無　請給弘治二年吏部尚書王

題准兩京事體相同每年照例類咨　請給

一自榮祿大夫至將仕佐郎凡十八級凡新除新陞者與本品初授散官各類題每年春秋二次歷俸三年初考稱職與陞授散官六年考滿稱職與加授散官若考覈平常不准陞授加授近外官俱不題散官

吏典

一凡在京各衙門辦事已滿吏聽撥當該願告南京者吏部咨到本部收附撥簿與南京各衙門應撥當該相兼取用會典

一廣東廣西四川三布政司湖廣所屬永州辰州寶慶靖州常德長沙衡州郴州德安江西所屬南安贛州福建所屬漳州泉州汀州興化邵武及福建行都司所屬建寧左等五衛二十五所并武平等守禦千戶所吏典俱南京撥歷

吏額

一南京各設吏衙門五百二十五處共吏一千五百五十一名

先弘治十八年本部尚書林　題革二百三十八名及後題　准裁革外隆慶三年查共實撥

吏典提控十名都吏四十名掾吏二十七名大二石令史四十八名小二石令史八十一名胥吏六名司典吏六百八十七名

吏部　都吏四名　令史四名　典吏十名

戶部　都吏十三名　令史二十三名

典吏六十名　照磨所司典吏十名

所屬九庫吏十名　倉攢三十六名

禮部　都吏四名　令史四名　典吏十三名

鑄印局吏一名

兵部　都吏四名　令史七名　典吏五十四

名

所屬犧牲所司吏三名　武學吏一名

會同館司吏一名　門令十六名

大勝關司吏一名　五城兵馬司吏共

十五名

刑部　都吏十三名　令史十四名　典吏五

十九名　照磨所吏八名　司獄司吏

四名

工部　都吏四名　令史七名　典吏三十三

名

所屬

營繕所吏二名　文思院吏一名

織染所吏一名　皮作局吏一名

抽分局攢典四名　鞍轡局吏一名

寶源局吏一名　軍器局司吏一名

清江提舉司吏一名　龍江提舉司吏

二名

都察院

都吏二名　令吏六名　典吏十二名

照磨所吏六名　司獄司典吏三名

巡按書吏七名　十三道書典吏共六十四名

中軍都督府提控二名　掾史六名　典吏十三名　鎮撫司吏一名　牧馬所典吏三名　金川門中和橋草場攢典四名

左軍都督府提控二名　掾史六名　典吏六名

右軍都督府提控二名　掾史五名　典吏八名

前軍都督府提控二名　掾史五名　典吏八名

後軍都督府提控二名　掾史四名　典吏九名

宗人府經歷司　典吏一名
內守備廳　掾史二名
外守備廳　掾史四名
總督糧儲　典吏一名
通政司　令史六名　典吏六名
大理寺　承發典吏二名　胥吏六名　典吏七名
詹事府主簿廳　典吏一名
太常寺　令史二名　典吏四名

犧牲所司吏一名

光祿寺　令史二名　典吏二名

大官等署司吏四名　典吏四名

太僕寺　令史六名　典吏四名

應天府　令史八名　典吏二十八名

照磨所典吏四名　廣積庫吏一名

司獄司吏一名　儒學司吏一名

江淮巡檢宣課等司吏共二十二名

上元縣司吏十三名　典吏二十六名

江寧縣司吏十四名　典吏二十三名

國子監　司吏一名　典吏二名　典簿廳典吏一名

翰林院　司吏一名

鴻臚寺　司吏一名　典吏一名

司儀署司吏三名

太醫院　司吏一名　典吏一名

生藥庫攢典一名　惠民局司吏一名

欽天監　司吏一名　典吏一名

五官司曆司吏一名

行人司　司吏一名

錦衣衛　令史三名　典吏九名

千戶所司吏十九名　百戶所吏三十

二名

鞍轡局司吏二名

旗手等四十八衛　共令史五十五名　典吏二

百零八名

各千戶所司吏三百四十七名　百戶

所吏三名

撥吏行頭

一凡吏典撥歷俱以實米多寡爲准

一在外遍吏大二石五斗　撥在京五府六部都察院提控都吏不須考揀如遍吏少則以都布二司令史按察司鹽運司書吏宣慰司及各衛令史春秋二季考揀

一在外都布二司令史按察司鹽運司書吏宣撫司司吏衛令史大二石　撥在京五府六部都察

院掾史令史　內府門吏

一在外府司吏小二石　撥在京大理寺胥吏通政司太常寺光祿寺太僕寺應天府鴻臚寺國子監各衛令史司吏

一在外都布按并各衛府鹽運司宣撫司典吏大一石　撥在京五府六部都察院典吏并宗人府總督衙門典吏近准告陞各　內府門吏

一在外州所鎮撫司長史司提舉司儀衛司斷事司長官司吏小一石　撥在京大理寺通政司詹

事府太常寺光祿寺太僕寺應天府鴻臚寺國子監并各衛典吏

一在外縣司州典都布二司經歷斷事司長史司典繕工正所提舉司理問所審理所典（以上謂之五品所司北謂之縣司州典）撥在京鴻臚寺翰林院國子監各千戶所鎮撫司吏太醫院欽天監司典

一在外縣典都布二司照磨所按察司經歷司照磨所府經歷司照磨所典吏同撥在京十三道書吏典吏巡按書吏各百戶所司吏戶刑二部

都察院應天府各照磨所司典并十庫司攢光祿寺大官等署典并錦衣衛百戶所班劍等司司吏江寧上元五城兵馬司司典行人司司吏九庫四門倉營膳所文思院司典應天太僕各庫刑部都察院應天府司獄司典

一在外倉攢撥在京馬房攢典并草場抽分局巡檢司閘壩吏各稅課司攢典

一在外巡檢司稅課司儒學驛遞閘壩吏庫攢獄典撥京通二倉守支攢典會典

以上二行謂之條記行頭但有應撥倉吏先于
考功司查果守支六年以上免辦者不撥倉鈌
其餘一槩混鬮鹽課司吏守支者亦照此例行

鬮撥

一每月取鈌先文後武先急後正但查作鈌月日
序補不憑各衙門文書

一凡本部遇有當該名鈌本司先於該行考選行
移平通寫字端正者每一鈌選定二人當堂鬮
撥

一每月二十一日通將各衙門報到及前次已開未經撥補名缺盡數查出照依次序開列一呈堂一揭出大門外示衆通知不許隱漏

一取撥各行吏典及北告南吏先儘做缺丁憂起復裁革送回及聽撥丁憂起復者次在外實歷兩考辦滿者次在外做破缺援例免辦者次在外全無歷役援例辦滿者次各行納撥及加行者次緣事及患病在逃改降者俱扣算候撥月日久近挨次點撥即於點卯之日當面截取以十

分爲辛實歷者六七人免歷等項共取三四人
鬮撥之時當堂塡寫鬮條鈐簿以防那換若截
取到臨鬮不到者許丁手代鬮
一本部各司都吏令吏等名缺俱與各衙門一體
鬮撥不許坐鬮北例
一凡在京聽撥當該吏典皆稱取撥未到者送應
天府給引照回依限回部聽撥若延住三年之
上者行查其願告兩京外考聽會典
一在京各衙門當該吏典或稱患病或因裁革送

回或託故告回但情有規避者仍擬原缺其患
病送回及開逃者候半年擬補　北例
一各吏闕撥之後舊許遍融更換本爲便益下情
近有狡猾之徒一拈美缺希圖罔利轉賣他人
後又假以患病等項告回改擬以避所換冷缺
是本部體恤之意反爲奸人開騙局也今闔定
之後不許告更　北例
一嘉靖二十七年九月內題　准各行吏與除正
擬外其人多壅滯行頭卯大一石情願降擬縣

典條記情願搭撥者每年于五月十一月許具
告到司量撥在京各衙令史典吏名缺近年俱
以每雙月搭撥一次如搭撥後丁憂者起復之
日仍照原搭撥闕補不許指以做破混補本行
以起窺避三考滿日仍照原行頭出身北例

[揀考都吏]

一每年春秋二季揀考都吏將都布二司留守司
令史按察司浙鹽運司書吏各衙令史除暫撥
及班未滿者不准考揀外其收撥者先二日司

考寫字端楷倣招默律不差者取審供狀鄉保及卷彌封貯櫃其有寫字默律俱欠及有營求別弊俱不准送先一日堂審進卓榜文預押本日五鼓將考卷點單赴二門外唱名搜檢明白給卷與本吏進考與考官同招

一萬曆四十五年本部切照考都止是春秋兩季而每季取中又不過三五名此外援都之吏每年僅有一二人以致各衙門都吏積有三四十缺甚至報滿已經七八年猶然懸缺無人頂叅

今查大一石吏幾有五六十人本行人多缺少守候年久竟不得收叅且各衛分司典之缺又非所宜告願不便愈覺壅滯此向大才等所以嘵嘵具告也合無倣縣典雜行借叅之例聽大一石吏辦滿者劾勞二月未滿者劾勞四月准借撥年遠未叅都缺俟役滿後仍歸本行聽考冠帶其一二年近缺并本部四司都缺仍留以待考中之吏俱不准混告此葢爲人多而就缺也又查江北衛分其缺既令其地又遠是以人

不願叅積缺幾至六七十縱各衙雖無事務而有官無吏殊不成體合無聽各吏願告者不拘到部遠近不論點卯多寡惟辦滿徑撥即有違取違卯違辦違假例該壓撥者一槩豁免儻係跟辦之吏如願叅北缺亦照納辦事例免候兩月庶幾願叅者多矣此葢爲缺多而就人也如是則缺不致於久懸人不致於久滯是亦本部通變之微權而扳幽開塞之盛典也

援例

一都布二司留守司令史按察司鹽運司書吏各衛令史已叅援例者到部俱入大二石行頭如都布按府各典吏已叅及候缺典吏援例者到部俱入大一石行頭如衛典已叅援例到部方入大一石行頭如候衛缺援例十五兩之外又加銀二十五兩到部亦入大一石行頭如候衛缺無加納并候衛所司未叅援例者到部俱入小一石行頭府司候所司俱無加納例如候州司未叅援例者到部入州典行頭如候縣司未

叅援例者到部入縣典行頭如候縣典缺援例者仍入縣典

一在京援例吏俱准考功司上銀手本赴司方准撥補下手查無實收者不准延至半年以上者照逃吏一體查問

一吏典加納考揀都吏若在外兩考俱援者本司先行面試行移通者許加納候考不通者止許加行不准考揀

一各衙門都吏懸缺數多春秋二季考揀每二名

取一名雖招擬未甚通暢亦備數供役各吏考中比加納省銀二百兩乃收參未久輒即告援各衙門不得都吏之用徒爲各吏開一捷徑耳已經本司條議一槩不准其有錄通吏到部併在京加納者不在此限然必收參一年半以上方准告援至于大二石大一石及小二石小一石文缺亦俟收參一年以上餘俱半年以上違者不准援納

一在外兩考俱援吏職掌不准再援今照職掌條

議在先事例　題行在後查無別項前弊亦准

告援

附考

一聽撥吏典告願加納者查果歷役半年以上無行查者准送如做破援冠帶者候該衙門起送如援例赴部又援冠帶者趕二月撥後未叅者不准送北例

告陞

一每月大一石告陞　內府門令縣典告陞衛典雜職告陞所司各置簿每月十五日各吏親將

到部點卯等項日期塡註簿内查准方許具告
通狀至考官日仍將簿查對照各本等行頭類
付其告陞衛典者止許干下侍衛序撥近本司
查得上侍衛分及五府六部掾史懸缺數多議
每年終不分上下侍衛俱許告陞其掾史亦許
大一石吏陞叅十二月通行一撥
一小一石文缺久懸舊例年終止許告陞一次嗣
後停止今議諭令所司懸典雜行吏每遇冬夏
二仲月赴司告明許准告陞

一雜行舊例只許告陞所司今查江北衛典名缺
懸久亦准告陞如江南衛典照舊不准

〔雜辦〕

一弘治十年奏　准凡南京辦事吏典大小二石
辦事半年大小一石并州所司吏辦事一年方
許實撥京考若缺多照例以次陞叅

一嘉靖六年　詔書內開吏役到部免其罰班其
辦事免半年即撥當該三十六個月內亦革去
俸糧半年以存省國儲欽此查得南京大小二

條議見後各衙門內
萬曆四十八年己止天啓二年總合酌量去留
未註通抵一月隱匿水程者加罰一個月此例
納仍准辦一月免辦減辦者亦加辦一月抑有
限三日罰辦一日以上違加有餘願告陞參者有
一札告衙吏役到不論各行借辦一月仍各註違
借辦等一個月
各衙門餘吏辦事大一石五斗并大小二石仍
石減盡無辦其餘俱止辦八個月迄遵舊例復

一大一石吿歷門令及縣典吿歷衙典者俱加辦
一月雜職吿歷所司免加俱照那二月每月十
五日俱吿縣典候辦滿雜職當月即撥
一每月三九日考功司付到各行雜辦吏有收撥
暫撥聽查三項先收撥次暫撥次聽查其援例
有巳參援例者有候缺援例者先巳參次候缺
俱依序親填流水簿內當日籤撥送辦辦滿聽
查者仍送考功司候查銷到日付本司候撥收
撥暫撥者照那簿每三九日聽點候撥若大二

石令吏候至半年以上改朔望點卯

一撥過本衙門辦事吏告回本司者准照例收班別衙門者不准收班仍令赴原撥衙門辦事各衙門辦事吏如遇本官陞遷等項轉送別衙門官若不改註者滿日到司站班一月 北例

一辦滿吏違限一年之上班二月取印結二年之上行原籍查如果無礙仍班六月止三年以上革役爲民 北例

免辦

一付到二考倉場攢典內開守支月日者查算若及六年免辦隨辦滿吏與聽撥當該不及六年者照數扣算補辦明註流水項下以備查考如無守支月日不准免辦

一初參一考倉場攢典一考巡司驛遞儒學稅課閘壩不拘前後考但開有守支月日者若及七年免辦照前付撥不及七年者照數補辦若後考係府州縣衛所司典者雖有前考守支月日仍辦滿日依後考行頭收撥當該

一鹽課司攢典原係兩考共計六年役滿起送者付到開有守支月日查算若及八年免辦不及八年者照數扣算補辦

一凡吏典丁憂起復成化二十三年奏准一年者免其辦事未及一年者補辦會典

告南

一三九日北告南吏到司先取同鄉同批保結照各行上簿以咨文名次爲序如不同批者以咨批年月爲序除齋到小票對同外其間有咨批

漏名者或字畫洗改者或增添加行字跡可疑者或字雖同而印信不鈐於加行之上者俱按季類用手本印封一付吏部驗封司一付戶部廣西司查明如無別礙照例撥叅

一天啓元年奉　堂批據吏劉懋橋等呈稱役等効勞滿乆乞恩設法代辦等情到司查得南例止到部各吏稀少無人効勞頂替以致各吏告補似應變通合無姑照後開欵項暫濟其窮以待人數充足照舊停止說　堂准照議行　一

告効勞四月者借叅大二大一等缺仍暫免府
缺優之以酬其勞　一點卯吏効勞一月免其
候卯　一告陞應天府缺者効勞兩月告陞門
令者効勞一月方准　一冷缺告退者不准外
其有苦頂首措勒願告退壓者効勞六月免壓
一月

一天啓三年奉　堂批據本司案呈卷爲咨放回
南吏胥以絕弊竇事往例吏有放南蓋緣浙江
南京於南爲近水土不服乞恩而南耳邇來吏

弊百出假印紛紛道路修阻改咨添吏人言嘖嘖今部已停止放南二年矣正月奉到總咨共計三百零四名内有已考官者有將報滿者又有數十人尚未到者有一二已到過期二年餘者大抵各吏兩考在南文移可以行查府縣可以取結而寄籍於北兩考於北納辦於北獨不京考於北三年之間屈指冠帶乃復掉臂而南二年不行投到姝屬可疑若復行查徒滋其僞槩不收撥恐妨其眞合將天啓三年正月一咨

除已考官與久經撥役外其未到部與已到未
撥者原係兩考在南行文府縣取結收撥若係
兩考在北無可稽查仍宜咨回吏部收撥庶真
僞自有分剖而南中弊竇永清矣等因呈　堂
奉批遲來僞印盛行一咨改南三百餘人其中
不無假添雖告者匿名難以宪詰而其事不可
不核也據議除已考官及久撥外其餘兩考在
南者行文原籍查勘取結在北者咨回吏部真
僞於此有分而吏弊可清甚得綜核之道亟如

議行

一北告南吏洗改行頭自首者量行發落如本司查出或被人告發者送問革役有考官回籍者行提追引問革仍赴文選司咨吏部除名

一違限半年之上者送問行查如實有原籍公文結勘無礙者姑免送問加罰兩月仍行覆查若案候月久違限不到者每年三九月付勘合科行各吏原籍官司查提

起復

一稽勳司付起復吏到司俱查辦事并借辦月日辦期過半者免辦未及者仍補辦亦量免半如欠四月者止辦二月之類其原辦已滿者隨撥當該其已撥當該者原撥三年衙門者仍補役三年衙門原撥一年衙門者仍補役一年衙門原陞叅者仍同陞叅拈鬮送役手本内詳開原役某衙門於某月日丁憂已役過若干歲月今扣該補若干歲月

一丁憂起復吏典起文到部延捱候缺臨期投遞

轉付希圖撥參今後凡遇稽勳司付丁憂吏典
如初十日以前准撥參初十以後歷至次月闔
撥

一弘治三年奏　准倉攢未及周歲及已周歲未
及守支丁憂會交盤無礙者起復到部撥各衙
門辦事一年半准作守支月日收考違者仍撥
原倉守支照三年滿日事例收考會典

附考

一丁憂吏典以聞喪日具行頭通狀投遞聽撥當
該者止驗原籍公文已撥當該者不分已未參

充俱要該衙門起送手本并驗原籍公文北例

一萬曆四十五年本司照得起補聽坐此向來舊例本司踵而行之無非軫念丁憂窮苦稍示優恤之恩耳不意狡猾之徒反乘機縣閃見有美缺則趨見有惡缺則避自今以後取缺止憑稽勳司付文按起復叙簿本月到限以本月取如有縣匿不出者照違取例壓罰仍不准坐

壓撥

一各衙門辦滿吏典過限十日以內者免究十日

之外不投銷者每二日罰辦一日止半年仍通
計每二月壓一撥
一告南吏除大批限外違二日罰辦一日
一逃卯吏典除一卯免究外二卯以上每一卯罰
辦三日五卯以上每一卯罰辦五日止半年仍
通計十卯壓一撥
一聽查吏臨撥月分改收撥暫撥者俱壓一撥先
月者不壓暫撥改收撥者不壓
一送問行查者俱免罰辦

迴避

一江西浙江蘇松吏典迴避戶部若應天府所屬迴避應天府并上江二縣其各司道令與書吏俱迴避各吏鄉貫

一戶部廣西司 徽州府 淮安府　福建司 安慶府 廬州府

雲南司 常州府 池州府　陝西司 寧國府 滁州徐州

廣東司 鎮江府 太平府　四川司 常州府

河南司 鳳陽府　山東司 揚州府

江西司 應天府　湖廣司 湖廣人 廣德州

倉攅 蘇州府 松江府　總督府倉攅 浙江 江西

一刑部貴州司 蘇州府　山東司 鳳陽府 滁州 徐州

浙江司 和州　陝西司 太平府

湖廣司 寧國府 池州府　廣西司 徽州府 安慶府

四川司 松江府　江西司 廬州府

河南司 揚州府 淮安府　福建司 常州府 廣德州

山西司 鎮江府　廣東司 應天府

一都察院

浙江道 廬州府　福建道 常州府 池州府

四川道松江府廣德州　陝西道和州

河南道揚州府　廣西道徽州府安慶府

江西道淮安府鳳陽府　廣東道應天府

山西道鎮江府太平府　山東道滁州徐州

湖廣道寧國府　貴州道蘇州府

一各省人避該道司

一太僕寺廻避凡七處

安慶人　太平人　池州人　滁州人

和州人　楊州人　廬州人

一南直隸江西避巡書
一兵部武庫司五府科令典架閣勘合科典軍籍不擬
一正德十五年吏部咨該河南道御史許奏准軍籍不擬後湖雜辦

重歷

一考功司付重歷吏發回原籍重歷有願告在京者即撥衛缺所司滿日仍願原役二一考行頭

告假

送幼子還鄉吏先唯通狀行兵馬司查勘是實
量地里遠近立爲期限隨撥應天府給引照回
依期限赴投

一在部聽撥當該吏典告假回籍者先赴本司告
明須點卯二月以上方准具通狀稟　堂本司
填給小票執照假限以五個月爲率外加往回
水程在一月以內者往回通算一月以外者全
算一次再加一月爲止二月以外者全算一次
再加四十日爲止三月以外者全算一次再加

五十日爲止不許再加銷假違限三月之內者
免寃三月之外者每三日班一日仍通計每兩
月壓一撥半年之上取同鄉吏保結姑准收撥
一年之上行查暫撥有原籍公文者免行查二
年之上行查回文至日始撥有原籍公文覆查
暫撥仍以前後名取到之月筭壓二年半至三
年姑照違辦事例送問雖有原籍公文覆查筭
壓如前三年三個月之上革役如給假在家丁
憂照辦滿例行

一辦事吏典開稱患病或給假三個月告到者行城查勘是實仍舊補辦月久者行原籍查勘有無逃回定奪

一凡在京辦事吏典原籍災傷告回省災者類題給引定限回部仍送原役衙門補辦違限半月者送問會典

一在部聽撥當該吏典告假回籍准放者送應天府給引其依限前來者止給本州縣批申粘連里隣結狀徑自申部不必赴司府倒文若違限

一年之上不繇司府起送者班三月行査雖不
違限起文一年之上到部者行査其中途盜失
文引雖經給有執照仍行彼處并原籍査公文
無印結者班一月仍取印結 北例

冠帶

一願告冠帶吏典已撥各衙門當該者遵照題
准事例着役三月方許具本衙門官吏結狀起
送赴本部文選司辦滿聽撥當該者取具同鄉
結狀轉付文選司具題給引各照回原籍冠帶

閒任

附考 一隆慶三年該戶部題　准各吏有願納不出仕冠帶者兩考納銀二十兩三考納銀一十兩給與冠帶得與吏員雜職出身一體優免

還役

一各衙門爲事還役吏典未經撥補者發回照舊着役已撥補者改撥相應衙門

一本司被人首告吏行原籍查勘有經年不回銷者今議應照功司例查各吏原籍遠近酌定限

期還役使知遵守廣東廣西四川限十五個月
北直隸福建江西湖廣限一年南直隸浙江限
半年如過限至限外三個月不回銷者革役
一刑部各司都察院各道手本送到在京各衙門
爲事還役吏典到司應還役者呈　堂送發原
役衙門還役中間有收查發落者參詳招內果
有干礙行止應爲民者呈　堂照例發原籍爲
民
一爲事還役吏查係公錯者歷一擬情重者歷二

撥已經問革辯明者歷四撥各註下缺聽撥當
該者查無重情照例鬮撥
一在京各衙門當該吏典着役後有以寫字遲慢
粗拙送回者大二石降撥小二石下直衙分令
史大一石小二石降撥下直衙分典吏小一石
降撥下直衙分所司吏縣司州典俱降撥下直
江北衛分所司吏縣典各撥本行冷缺不許降
條記若因索取頂首不遂假以前項名色送回
者逼不准收降仍送原衙門收役遲者照例查

究

在逃

一各衙門開送逃吏案候三月不到者行原籍提解若未經行提告到者仍送原役衙門及行提表報六月之内告到者量責仍發原役衙門如已撥補者將先補吏截出回文至日仍送問其一年之内告到者送問改撥一年之上者不問告到提到俱發爲民俱以開逃日爲始如已經行提而告稱患病者查係一年之内行城勘實

亦照前例行

一吏典已撥各衙門當該逃回者候開逃手本到日行提如提到原缺未補者重責送參已撥補者罰班三月照例壓降坐闒冷缺二年以上不到者革役

一違礙未明官吏擅逃回籍者送問情重者仍聽查

一辦事吏已經撥出恃頑私自逃回類行原籍官司提解未久投到者罰班一月如一月之外與

行提到部着罰班三月仍送原撥衙門辦事一年之上行查明白送問二年之上革役爲民

送問

一吏典隱匿過名者送問

一告南吏典違限半年之上送問行查批限算如齎有原籍公文結勘無礙者姑免送問加罰兩月仍行覆查

一兩考吏典少歷三月以上者送問發在京衛所湊稱多歷二月以上者送問三考少歷三日以

上者免送問駁回補歷一月以上者送問補歷
如多歷五日免究十日以上行原役衙門查勘
責治一月以上送問
一北告南吏領批回籍延住二年之上赴部者先
行原籍查無礙送問三年以外者查革爲民
一辦滿給假違限及逃躱吏半年之上俱取同鄉
吏保結無礙姑準收撥一年之上行查暫撥二
年之上送問行查回文至日始撥三年之上者
查革爲民

行提

一北告南吏案候月久違限不到者每年三九月付勘合科行各吏原籍官司查提

一各布政司直隸府州申取緣事吏役重則行縣解發輕則取同鄉官吏保結在卷着令回籍聽理如府州縣蠹取者駁回若係起送之後告發招扳者尤難准發

告病

一在京大小衙門當該吏典有患病一月者勘實

就將該吏俸糧截日住支名缺行移本部撥補

待病痊日仍送原衙門取候叅補若有奸懶

託故以圖改撥者送問發回原籍爲民

一凡南京各衙門老疾吏典行應天府撥醫看驗

并告貧者取同鄉人執結是實給引放回爲民

會典

借叅收叅

一大二石大一石縣缺甚多縣典雜行候缺人衆

先年本司呈　堂春秋二季將二行吏干考官

之日隨班聽考選取借叅前欽往往不敷萬曆
二十九年該本司主事徐　條議令所司縣典
雜行吏願赴本部執事辦滿者效勞四個月辦
內加二個月季終考行借叅
一北告南吏舊例只縣典雜職二行節大二石大
一石亦係告降續後北部徑將原歷行頭放南
各吏希援本行告擾但向無此例難以徑擬今
議各行有願効勞借叅者原充大二石大一石
行頭免執事二個月小二石小一石免執事一

個月所司縣典雜行照舊四個月

一三考吏典滿日須審下手參充明白方准付考

功司其未報參充者即係上手刁勒不准其下

手未參丁憂幷未撥下手者亦准付若下手竄

避冷缺不行頂參上首告乞付考者仍候該衙

門有開稱下手在逃及别項緣繇到司候半年

以外一面行提一面作缺撥補仍候參充報到

方准付考若上首早圖冠帶揑報參充查出送

問

一大二石大一石每取部院三缺間一府缺借參
者掾史令史典吏混闘近來各吏闘撥府缺每
每退回其中貧難者固多而窺避者不無定巡
職掌歷六撥其有不領手本徑自告退者歷十
撥如上首分外需索許令稟究新議加二撥
一內外守備廳掾史并應天府令典名缺懸久頂
首數多各吏貧難頂參以致屢撥屢退殊非良
法今議大二石并借參吏有願參內外守備廳
掾史者小二石小一石并所司縣典雜行告陞

吏有願參應天府令典者俱于每月二十一日赴司告明若係二人照舊同鬮一人即准坐撥

一萬曆四十四年本司照得候參之吏日多而應參之缺甚少蓋有丁憂不報者有援例未出者有年月已滿而戀缺不吐者有已經報缺被經承人役隱漏者今聽各吏舉首得實即准以本缺收參其匿缺者罰壓二季方准收考

一萬曆四十四年本司為按撥算滿作缺收參以杜隱匿以拔壅滯事切照吏役三年報滿此其

定額也其中如倉攢如九庫雖止歷役一年而
報滿亦不容遲乃邇來奸胥積猾弊竇叢生缺
美者即三年歷滿隱匿不報或那移收參月日
貪圖人戀缺冷者延捱不參或參後告假一去
不返而代攝之吏又希圖月領俸糧即既滿之
後猶然不報如趦忕之匿缺如何立善之那移
種種情弊難以覺察以致新到之吏守候多年
竟不獲收參無論米珠薪桂邸費難支即人壽
幾何堪此沉滯合無今後取缺止據堂簿闔缺

日期算定應滿年分無論該吏報與不報滿與不滿徑自出缺撥新頂參縱有一二未滿者將一應文書事件交付新吏接管承行而舊吏止許在原役衙門隨班升晝不得兜攬事權仍扣至滿日聽該衙門起送如悠悠期不報照例壓罰其中有援例有丁憂有緣事有病故者同房吏即時代報儻通同匿缺壓罰一年方准收考若各吏舉首得實自有坐撥舊例庶已叅者無久戀之缺未叅者無久候之苦不必責其緩叅而

自無不叅之吏不必搜其隱匿而自免匿缺之奸是誠杜弊竇通湮滯之一策也合應知會各衙門一體遵行此報滿收叅

稽查歷役

一弘治三年奏准兩考吏到部有少歷未及三月該撥外衛者免其奏補就于辦事月日內照數增加准作該補之數三月以上仍撥外衛湊補會典

一分撥各衙門吏行令各該衙門將收叅過日期

繳報查考如三個月後未見開報收參過日期
者類查行催其行催三個月後仍不開報者新
舊吏俱拘審明白應參問者照例參問
一闔撥後另立文簿一扇遍將撥過各吏即于堂
簿內備出總註于後已上若干名扣該某年某
月滿其有各項事故者來文到日即註本吏名
下扣至滿日查無各項事故而不行報滿作缺
者即行各該衙門查明回報果有干礙照例施
行

一每季考官通查各衙門開送到三考役滿吏役
内有無隱匿公私過名別項事故原係何年月
日闡撥何年月日該衙門收參着役有無未及
滿期預送等弊明立文案方准送考
一吏典壓撥查得大二石大一石小二石小一石
行頭缺多人少或因違辦違假等項每該壓撥
撥免柴撥所司縣典雜項人多缺少每該壓撥
撥免參撥如告陞與大二石同免違辦假一年
以上行本縣查二年以上行布政司查二年半

雖有原籍公文覆查暫撥三年二個月覆查回文至日始撥免送問三年三個月以上姑免革役送問覆查四年半以外革役

一新撥當該吏報參定以每月二十七日起至次月初九日止違者不准如過三個月以上不報行查　此報參

一三考吏報滿舊例每月十一日爲期餘日不准各吏籍口限迫希圖戀役今議定每月十一日報鉄起至二十五日止若過期即係戀役定行

查究此報滿

查銷撥役

一各衙門送到辦滿吏役實撥科中間有行查聽

查二項應候回銷日收撥當該近議得前項吏

典俱有司府印結公文起送只因歇役等故行

查文移往返動經一二年若候至日收撥未免

久候人情難堪今將此二項回文各以十個月

爲期暫撥者再及期而不至姑與開糧聽查者

再及期而不至姑先撥役三及期而不至則與

開糧銀支到日查有干礙者本吏送問支過俸
糧追出還官若當該滿後猶未註銷仍不准送
考

一萬曆四十三年本司照得凡准功司付到各吏
查係遞更及大二石小三石行頭照職掌撥辦
三個月其餘各行俱撥辦六個月派送各衙門
及本部開有無方貼工情願親跟者即撥跟各
司服役至滿日方准銷辦挨參向行無異近見
各吏既已貼辦又欲候滿方得參缺不無株守

之苦是以屢告願跟令蒙量免貼辦者兩月僅歷役四月即准銷辦挨叅此固優恤該吏有此寬政第本年二月以前先有完辦者如仍候六月方撥是令後到之吏撥缺反在先到吏之前不惟啓攙越之漸而紛紛告爭且非一視之仁而人心不服合無將前項完辦吏亦照新例免候兩月庶先後俱得沾恩而體統歸一各吏督服矣呈　堂奉批照免又批通行　此銷辦挨叅

一暫撥者不得開糧聽查改收撥暫撥者守候已

久付到之日俱與收掇者一體叙掇不得更分先後

勘合

一每月各司付到一應行勘事情俱於月終類行勘合差辦事官送通政司掛號類發有告領者掛號給領其繳到勘合隨付各司

一凡民瘼事每年正月十一月二次通類勘合行十三布政司并南北直隸府如有蝗虫生發即行撲滅毋貽民患

一凡本部編置各布政司直隷府州勘合紙張底簿書填盡日又復照式置簿編號差辦事齋赴兵部車駕司轉發其各布政司有底簿未到申請者即差原來吏役沿途挨查如失落無存其已行勘合行該布政司照常查行類繳本部另印底簿并勘合發行

開糧

一各衙門吏典開糧查考功司改收撥付無礙并取同鄉保結備開有無過名家小給手本行原

役衙門開支其有過名者即於手本上塡註知
會各衙門扣減其告開續到妻糧行該設衙門
查係何年月日搬到正妻某氏不係妾媵准與
幇支

一泰昌元年十一月准南戶部咨糧廳手本開比
照北戶部

題覆事例許在京各衛所吏典捐俸告假回籍議定
准假二年以省　國儲一年在役辦事

雜行

一吏典撒潑抗拒誣告本管官員及犯該詐騙詐欺恐嚇取財未得入已并偷盜自首者俱發原籍爲民

一大小衙門撥到吏典照缺收參若舊吏索要頂頭錢者事發問罪不分已未得財俱照行止有虧事例革役爲民

一正德元年十月吏部咨該尚書焦　題今後兩京各衙門吏典有頂房銀兩者舊吏役滿必待新吏親遞結狀明白稱說並無受要情繇然後

收考冠帶若曾受要頂房銀兩許新吏必不來遞結狀其舊吏雖等候日久別無違礙亦不准收考彼急于冠帶勢必退還縱未盡還亦必遞減幾分期以數年之久勢必減盡若舊吏原無受要頂房銀兩新吏不來投遞結狀許舊吏告官將新吏問擬應得罪名如此則不惡而法自嚴不勞而事有効吏弊不革而自除矣奉

聖旨是欽此

一嘉靖七年二月驗封清吏司爲嚴禁吏役索取

頂頭銀兩除宿弊以光　聖治事該吏部題奉
聖旨吏役頂頭銀兩積弊有年屢經奏禁未見革除
這所奏的是便依擬嚴加禁約今後有犯的舊吏
送問黜發爲民新吏依聽出錢一體革役其本管
掌印官容情故縱緝訪得出或被人告發就作罷
軟黜退在外衙門通行撫按官照例禁治俱勿姑
息欽此
一萬曆五年二月貴州道御史龔懋賢　奏該吏
部覆准吏役叅缺遞用頂首銀兩實係弊規先

年曾經議革年久法玩仍復如常但人情沿襲已久一旦盡革容有未堪先年各衙門嘗議爲遞減之法使果着實舉行則五易之後自然盡消合無行令各衙門查照原議遞減規則置立文簿一扇毋遇吏役頂叅以原數十分爲率減去二分明註簿内稽考計五人頂叅之後消減已盡卽不許索取分毫敢有仍前刁勒者送法

司究問革役

一萬曆四十一年本司編照三考辦事原

歷祖宗定制而親身供役實職分當然奈原坐省分遞
來起送到部甚少縱功司付過二三正辦吏役
又窺貼工者費於出鏹謂跟走者苦於奔馳往
往告討執事迨既經撥後便覓人代役及有惧
事復又彼此推諉萬一冐名替考更何從辨驗
此項替者之爲害一也其中或當臨撥之時而
故推不肯外撥甚至包攬之徒賠受貼工銀兩
頂名代爲告辦及撥送各衙門輒又私自逃回
致該衙門或移文關提或另討更換此窺避者

之爲宜二一也合無今後遇有頂替執事者參送
問擬壓罰十撥遇有應撥窺避者免其送問壓
罰五撥庶奸吏知儆而弊竇自塞矣等因呈
堂奉批如議行

卷之八終

南京吏部志卷之九上

稽勳司職掌

國初事例

勳級

凡文職官員一品至五品應合授勳者照依散官

定擬奏

聞給授

正一品 左柱國 右柱國

從一品 柱國

正二品 正治上卿

從二品 正治卿

正三品資治尹　從三品資治少尹

正四品贊治尹　從四品贊治少尹

正五品修正庶尹　從五品協正庶尹

凡武職官員一品至六品應合授勲者照依散官

定擬奏

聞給授

正一品左柱國　從一品柱國
右柱國

正二品上護軍　從二品護軍

正三品上輕車都尉　從三品輕車都尉

正四品　上騎都尉　　從四品　騎都尉

正五品　驍騎尉　　從五品　飛騎尉

正六品　雲騎尉　　從六品　武騎尉

資格

官舊所載是洪武二十六年前官制時詹事鴻臚等皆未載後於洪武二十九等年增設矣亦初制也故今補入之以便查資如太常光禄司改寺行人六科等改品級亦皆洪武末年定今皆從改者列之

正一品　太師　太傅　太保　宗人府宗人令

左右宗正　左右宗人

從一品　少師　少傅　少保　太子太師　太子太傅　太子太保

正二品　太子少師　太子少傅　太子少保

六部尚書　都察院左右都御史

從二品　布政司左右布政使

襲封衍聖公　眞人

正三品　太子賓客　六部左右侍郎　都察院左右副都御史　通政使司通政使　大理寺卿　詹事府詹事　太常寺卿　應天府府尹

按察司按察使

從三品　光祿寺卿　太僕寺卿　布政司左右

參政　都轉運鹽使司運使　宣慰使司宣慰

使

正四品　都察院左右僉都御史　通政使司左

右通政　大理寺左右少卿　詹事府少詹事

太常寺少卿　太僕寺少卿　應天府府丞

按察司副使　各府知府　宣慰使司同知

從四品　國子監祭酒　布政司左右參議　都

轉運鹽使司同知　宣慰使司副使　宣撫司

宣撫

正五品　華蓋殿大學士　文華殿大學士　武

英殿大學士　文淵閣大學士　東閣大學士

翰林院學士　左右春坊大學士　左右庶子

通政使司左右叅議　大理寺左右寺丞　光

祿寺少卿　尚寶司卿　六部各清吏司郎中

應天府治中　宗人府經歷司經歷　欽天監

監正　太醫院院使　按察司僉事　各府同

知　王府長史司左右長史　宣慰使司僉事

宣撫司同知

從五品　翰林院侍讀學士　侍講學士　左右

春坊左右諭德　司經局洗馬　尚寶司少卿

鴻臚寺左右少卿　六部各清吏司員外郎

五軍都督府經歷司經歷　都轉運鹽使司副

使　鹽課提舉司提舉　市舶提舉司提舉

河渠提舉司提舉　各州知州　招討使司招

討　宣撫司副使　安撫司安撫

正六品　翰林院侍讀　侍講　詹事府府丞
左右春坊左右中允　國子監司業　尚寶司
司丞　太常寺寺丞　太僕寺寺丞　六部各
清吏司主事　大理寺左右寺正　欽天監監
副　春夏中秋冬官正　太醫院院判　都察
院經歷司經歷　應天府通判　京縣知縣
兵馬指揮司指揮　神樂觀提點　僧録司左
右善世　道録司左右正一　中都留守司經
歷司經歷　斷事司斷事　都司經歷司經歷

斷事司斷事　各府通判　王府審理所審理
正　長官司長官　招討司副招討　宣撫司
僉事　安撫司同知
從六品　翰林院修撰　左右春坊左右贊善
左右司直郎　光祿寺寺丞　鴻臚寺左右寺
丞　大理寺左右寺副　光祿寺各署署正
應天府推官　僧錄司左右闡教　道錄司左
右演法　布政司經歷司經歷　理問所理問
都轉運鹽使司判官　鹽課提舉司同提舉

市舶提舉司副提舉　河渠提舉司副提舉
各州同知　安撫司副使　長官司副長官
正七品　翰林院編修　六科都給事中舊正八品
十三道監察御史　大理寺左右評事　五軍
都督府經歷司都事　都察院經歷司都事
通政使司經歷司經歷　行人司司正舊正九品
太常寺博士　典簿　營繕所所正　京縣縣
丞　兵馬指揮司副指揮　中都留守司經歷
司都事　斷事司副斷事　都司經歷司都事

斷事司副斷事　按察司經歷司經歷　王府
審理所審理副　煎鹽提舉司提舉　各府推
官　各縣知縣　安撫司僉事　蠻夷長官司
長官
從七品　翰林院檢討　中書舍人　六科左右
給事中（舊從八品）　給事中（舊正九品）　行人司司副（舊從
九品）　詹事府主簿廳主簿　光祿寺典簿廳典
簿　各署署丞　太僕寺主簿廳主簿　太常
寺各祠祭等署奉祀　應天府經歷司經歷

欽天監五官靈臺郎　布政司經歷司都事
理問所副理問　都轉運鹽使司經歷司經歷
鹽課提舉司副提舉　各州判官　錦衣衛經
歷司經歷　各衛經歷司經歷　王府護衛經
歷　宣慰司經歷司經歷　招討司經歷　蠻
夷長官司副長官
正八品　翰林院五經博士　國子監監丞　行
人司行人舊未入流　戶刑二部照磨所照磨　都
察院照磨所照磨　通政使司經歷司知事

太常寺協律郎　欽天監主簿廳主簿　五官
保章正　太醫院御醫　典牧所提領　營繕
所所副　京縣主簿　寶鈔提舉司提舉　大
通關提舉司提舉　龍江提舉司提舉　清江
提舉司提舉　僧錄司左右講經　道錄司左
右至靈　前鹽提舉司同提舉　按察司經歷
司知事　王府典寶正　典膳正　良醫正
奉祠正　紀善正　工正　各府經歷司經歷
各衛經歷司知事　各縣縣丞　宣慰使司經

歷司都事　天全六番招討司都事

從八品　翰林院典籍　左右春坊左右清紀郎

國子監典簿廳典簿　博士廳博士　助教

應天府經歷司知事　光祿寺典簿廳錄事

各署監事　鴻臚寺主簿廳主簿　太常寺各

祠祭署祀丞　欽天監五官挈壺正　神樂觀

知觀　僧錄司左右覺義　道錄司左右玄義

元符崇真二宮副靈官　布政司照磨所照磨

都轉運鹽使司經歷司知事　王府典寶副

奉祠副　典膳副　良醫副　宣撫司經歷司

經歷

正九品　翰林院侍書　翰林院司經局校書

國子監學正　戶刑二部照磨所檢較　都察

院照磨所檢較　太常寺贊禮郎　鴻臚寺二

署署丞　欽天監五官司曆　五官監候　各

署錄事　會同館大使　承運庫大使　寶鈔

廣運廣積贓罰甲乙丙丁戊字庫各大使　皮

作鞍轡寶源顏料局各大使　文思院大使

織染局大使　營繕所所正　典牧所大使
應天府織染局大使　龍江寶鈔提舉司副提
舉　大通關提舉司副提舉　煎鹽提舉司副
提舉　布政司照磨所檢較　按察司照磨所
照磨　各府經歷司知事　各縣主簿　茶鹽
馬司大使　王府長史司典簿　典儀正　典
樂　宣撫司經歷司知事　宣慰司知事　欽
坊司奉鑾

從九品　六部都察院大理寺司務（舊未入流）　詹事

府丞簿廳錄事　左右春坊左右司諫　司經

局正字　通事舍人　翰林院待詔　國子監

學錄　典籍廳典籍　欽天監五官司晨　漏

刻博士　鴻臚寺鳴贊　序班　大常寺司樂

太醫院吏目　應天府照磨所照磨　京衛武

學教授　寶鈔廣運廣積贓罰甲乙丙丁戊字

庫各副使　承運庫副使　節慎庫大使　都

稅司大使　宣課司大使　太平門稅課司大

使　會同館副使　典牧所副使　司牧局大

使　司牲局大使　犧牲所吏目　皮作鞍轡

寶源局各副使　軍器局大使　柴炭司大使

文思院副使　織染局大使　顏料局副使

應天府織染局副使　御馬倉大使　京府草

場大使　京府庫大使　廣盈倉大使　軍儲

倉大使　按察司照磨所檢較　各府照磨所

照磨　各州吏目　各府儒學教授　宣慰使

司儒學教授　各府陰陽學正術　各府醫學

正科　都司庫大使　各牧監監副　布政司

庫寶泉雜造織染軍器局各大使　都督府草
場大使　布政司倉大使　宣慰司畢節倉大
使　各府倉大使　各府稅課司大使　各府
織染雜造局大使　各司獄司司獄　巡檢司
巡檢　千户所吏目　鹽課提舉司吏目　茶
鹽馬司副使　茶馬司倉庫局大使　河泊提
舉司吏目　王府典儀副伴讀　教授　僧綱
司都綱　道紀司都紀　安撫司吏目　招討
司吏目　宣撫司吏目　教坊司左右韶舞

左右司樂

未入流　翰林院孔目　國子監掌饌廳掌饌

兵馬指揮司吏目　鑄印局大使副使　抄紙

局大使副使　稅課局大使副使　巾帽針工

二局大使副使　軍器局副使　抽分竹木局

大使副使　生藥庫大使副使　惠民藥局大

使副使　銀塲局大使副使　鐵冶所大使

司牧局副使　司牲局副使　各牧監錄事羣

長　太倉銀庫大使　廣積庫典史　廣盈庫

副使　蕪稅司副使　宣課司副使　太平門
稅課司副使　宣德倉大使副使　御馬倉副
使　長安門倉副使　東安門倉副使　西安
門倉副使　北安門倉副使　京衛照磨所檢
較　京衛武學訓導　各府照磨所檢較　各
府稅課司副使　各府稅課分司大使副使
清江提舉司典史　龍江提舉司典史　鈔關
大使副使　各府儒學訓導　各州儒學學正
各縣典史　各縣儒學教諭訓導　孔顏孟三

氏學學録　都司斷事司吏目　布政司理問
所提控案牘　布政司庫副使　各都司倉庫
副使　鹽運司衛所州庫大使　軍儲倉副使
各府倉副使　州縣税課局大使　縣庫大使
各州縣衛倉大使副使　煎鹽提舉司典史
茶鹽課司大使副使　茶鹽批驗所大使副使
鹽倉大使副使　茶倉大使副使　阜民司大
使副使　廣西慶遠裕民司大使副使　河州
衛軍民指揮使司税課司大使　遼陽税課司

大使　楊州府邵伯氐洲稅課司大使副使

青州府樂安稅課司大使　布政司寶泉軍器

織染雜造各局副使寶泉局副使革　各府織染雜造

局副使　宣慰宣撫稅課局大使　州織染局

大使　水馬驛驛丞　遞運所大使　閘壩官

河泊所官　王府引禮舍人　長史司倉庫大

使副使　各州陰陽學典術　醫學典科　各

縣陰陽學訓術　醫學訓科　僧綱司副都綱

道紀司副都紀　僧正司僧正　道正司道正

僧會司僧會　道會司道會　長官司吏目

蠻夷官　苗民官　千夫長　副千夫長　百

夫長

吏

在京

未入流品衙門吏攢滿日于九品衙門吏員内

用

九品衙門吏攢滿日於八品衙門司吏七品衙

門典吏内用

八品衙門司吏七品衙門典吏滿日於七品衙
門書吏六品衙門典吏內用
七品衙門書吏滿日於五品衙門司吏內用
六品衙門司吏滿日於五品衙門司吏內用
五品衙門典吏滿日於五品衙門司吏四品衙
門典吏內用
五品衙門司吏滿日於四品衙門司吏三品衙
門典吏內用
四品衙門典吏滿日於四品衙門司吏三品衙

門典吏內用

四品衙門司吏滿日於三品衙門令史胥史二品衙門典吏內用

三品衙門典吏滿日於三品衙門令史胥史二品衙門典吏內用

三品衙門令史胥史滿日於二品衙門令史一品衙門典吏內用

二品衙門典吏滿[illegible]於二品衙門令史一品衙門典吏內用

二品衙門掾史滿日於一品衙門掾史對品衙門都吏內用都吏滿日於一品衙門提控內用

品衙門典吏滿日於對品衙門掾史內用掾史滿日於對品衙門提控內用

在外

大小衙門吏典不許陞轉三十六月考滿給繇赴京聽用

貼黃

一凡除授過官員開寫年籍鄉貫住址脚色貼黄

通類具奏赴

内府用

寳附貼如有陞調改降官員續附轉貼及本部選

部考功付并各衙門開到官員事故明白下落

緣繇通類具

奏開揭如無的確下落行移該衙及原任衙門照

勘明白以憑施行

實寫

一凡事故官員照依揭下貼黄於事故冊内類姓開寫年籍腳色鄉貫住址歷任俸月過名及事故下落緣繇以憑存照

丁憂

一凡内外官吏人等例合丁憂者務要經繇本部京官具　奏關給

内府孝字號勘合吏典人等劄付應天府給引照回在外官吏人等移文知會所在官司給引回還除祖父母父母承重丁憂外朞年喪服不許

守制及移文原籍官司體勘明白開寫是否承重祖父母及嫡親父母取具官吏里老人等結罪文狀回報如有詐冒就便解部仍以聞喪月日爲始不計閏二十七月服滿起復若有過期不行移文催取到部果無事故在家遷延者就送法司問罪

致仕

一凡官員年七十以上若果精神昏倦許令親身赴

京面　奏如
准本部查照相同方許去官離職

侍親

一凡官員父毋年七十之上許令移親就祿侍養如果父毋老疾去官路遠戶內別無以次人丁者方許親身赴京面
奏揭籍定奪及吏員人等父毋年老別無人丁者務要經繇本部移文體勘是實明白奏
准方令離役俱候親終服滿起復赴部聽用

更名復姓

一凡官吏人等或年幼過房乞養欲復本姓者經繇本部移文原籍官司體勘是實及官幼名改諱具

奏改正貼黄仍行知會移咨戶部改附册籍吏員人等幼名改諱者移文本部准改

雜行

一凡本部官吏人等俸給每月初間明白立案及帶支衙門將實支官吏姓名同該支米數造册

赴部劄付該部官員放支仍將實支米數回呈

立案

一凡本部合用印色支銷盡絕移咨工部轉行該

庫放支

一凡本部合用紙劄移咨刑部於贓罰鈔內關支

價鈔買用明白立案開銷以憑稽考

已上皆諸司職掌之文係

國初所定者今不盡行

南京吏部志卷之九下

稽勳司職掌

見行事例

【勳級】會典曰舊文武勳俱隸稽勳司後文勳及公侯伯受勳者改隸驗封司武勳改隸兵部武選司今文勳仍隸此

一在京在外五品以上文職六年考滿復職後例應授勳候考功司付到檢照諸司職掌定擬奏聞給授係京堂單題其餘上下半年類題

【貼黃】

一清理文職貼黃每三年一次通行各衙門造册繳報類咨吏部

一凡續附貼黃嘉靖二十一年題　准官員出身監生有歲貢納粟官生舉人選除有大選揀選遠方選乞　恩功陞吏典有省祭遠方選免考免當該納銀免一二考納銀免第三考免辦事等項今後開報脚色務要照前一一詳具不許含糊違者駁回另報會典

丁憂

一凡南京各衙門堂上官丁憂本部咨送吏部關
領　內府勘合其餘官員就送南京吏科關填
勘合給與若辦事官吏監生俱送應天府給引
照回守制按季開咨吏部并南京都察院轉行
原籍官司查勘會典

一凡在京堂上官丁憂具　奏給與孝字號勘合
司屬以下官并太醫院醫士舊例類引　奏請
弘治元年奏
准不引官關勘合醫士送順天府給引南京堂上官

丁憂親自赴京　奏給勘合司屬以下官吏部
以勘合發南京吏部填給起復齎赴吏部類繳
其吏員人等各給引如舊會典
一南京各衙門官員丁憂勘合吏部具奏於　内
府編定字號用半印每起一百道并底簿一扇
發南京　内府吏科收掌遇有丁憂官員南京
吏部具手本關給照囘守制服滿賫赴吏部起
復填給將盡該科關南京通政司轉行應天府
具申本部　奏領勘合内開服滿徑賫原給勘合依期赴部告繳聽用毋得

托故躭延若果有捺服等項事故干礙起復者
許令家人齎赴所在官司陳告勘結是實入遞
申繳以憑查照發落此通例也南京官告領在
南京投繳在北近歲亦俱差人赴本部改填

一嘉靖十一年吏部咨查得諸司職掌內一款凡
內外官吏人等例合丁憂者務要經縣本部京
官具奏關領　內府孝字號勘合吏典人等劄
付應天府給引照回在外官吏人等移文知會
所在官司給引回還除祖父母父母丁憂承重
外朞年喪服不許守制及移文原籍官司體勘
明白開寫是否承重祖父母及嫡親父母取具

官吏里鄰人等結罪文狀回報如有詐冒就便
解部仍以聞喪月日為始不計閏二十七個月
服滿起復若有過期不行移文催取到部果無
事故在家遷延者咨送法司問罪今查得本部
正德四年題　准南京各衙門堂上官與部屬
官等丁憂俱在南京關領勘合正德五年復題
准南京堂上官丁憂仍要赴　京關領勘合部屬等
官丁憂就於南京關領勘合後又題
准京官在外在家丁憂除應該赴　京復命外有故

不能赴　京聽差人具　奏給領勘合緣南京
非京俱爲京官堂上與部屬等官俱有公差聞
喪丁憂事同一體但原議不曾明開南北兩京
字樣難以遵行爲照洪武初年議定諸司職掌
京官丁憂關領勘合照回原籍守制專爲南京
官而設初無堂屬之分今北京官丁憂不分堂
屬俱在京關領勘合惟獨南京官丁憂去北京
路遠郡令堂上官赴京關領勘合與舊例職掌
不合及後題　准京官差出在外患病在京養

病省親等項丁憂許差人赴　京關領勘合事
例不曾開載兩京官字樣以致南北事體不一
合無今後丁憂不分南北亦不分堂屬俱一例
各于北京南京關領勘合公差官員聞喪俱要
赴　京復
命事畢關領勘合照回守制在家養病省親丁憂等
官俱不必關領勘合南京官員公差丁憂造冊
具本差人　奏繳仍於南京吏部關領勘合照
回守制題奉

聖旨是欽此

一嘉靖二十七年吏部題　准今後兩京官出差丁憂者免其來　京准令差人齎執所在官司堪信公文赴部告領勘合其舘局所倉司庫等官止令給引照回守制不關勘合

一嘉靖三十二年本部題吏部覆題　准今後南京給繇官員往回在途聞喪者俱照公差丁憂官差人關領勘合

一南京大小官員丁憂堂審後應關勘合送南京

吏部關塡孝字號勘合應放給引者送應天府給引各回守制按季類咨吏部并付文選司作缺

一在京丁憂應領勘合當時不曾關領如遇考察降調後來　京告給者不准

一新除南京官領憑未到任丁憂者不准關給勘合

一京官援喪丁憂差人赴部改塡勘合者卽塡寫原勘合上用印鈐蓋

一官員緣事在京聞喪緣事月日俱不准理以給引日爲始

一凡京官公差養病在外丁憂不給勘合及相繼丁憂不以勘合并官司申文赴部改填或勘合遭風水濕無告官明文者俱問罪 非例

一弘治三年令官吏未滿接服守制不行申報及扶同者官吏究問若稱已行申報中途沉滯者官員監生不許附選吏典不許實撥候行查至日定奪 會典

一官吏監生父母隨任隨役病故者行城查明審放給引免勘

一官吏在京而父母在家故者戶丁隨即告官申報本部審放

一凡官吏監生父母喪原籍三千里之外者公文到在半年之上不及三千里者公文到在三個月之上未經告回守制直待報喪到而後告或無報喪而方告俱送問方准審放不論有無報喪仍行查若將報喪公文洗改病故年月日者

行查如情可疑者仍送問無礙方准審放內役
滿考官及援例冠帶并監生見在應試大二石
見考都吏俱要嚴行其餘監生吏典情有甚不
得已者許赴告酌處
一各衙門歷事監生官吏人等丁憂俱要先具通
狀投部即赴本司遞供狀并同鄉保結如雜辦
聽考援例吏准考功司正辦點卯聽撥吏准驗
封司辦事官准文選司已撥衆當該吏准該衙
門各印信手本文書到司查果無礙每月除朔

日外逢三九日司審一五日堂審審後隨發手本過應天府給引仍投司掛號具狀領回

一洪武十九年令欽天監不守制後許奔喪三個月滿日起復到部仍送回監辦事 會典

一洪武三十五年令太常寺官雖係樂舞生出身聞父母喪亦許回原籍守制 會典

一永樂元年令太醫院官醫士有父母歿葬於京城外者許依墳守制行該城兵馬司勘明劄付應天府給引 會典

一太醫院首領以下官丁憂不分吏員醫士出身
俱給引守制不關勘合
一醫士丁憂禮部手本送到候審畢劄發太醫院
守制滿日送到劄發本院應役
一丁憂京官領過考字號勘合年終類報吏部
一官吏監生告丁憂者堂審後送應天府給引有
報喪公文免勘無者付驗封司行各布政司并
直隸府州類勘毋月終付
一當該辦事官吏歷事監生丁憂告有遍狀者候

各衙門起送到部別無違礙方准給引

一各處回銷到部親詣司審簿內本官吏監生名

下以備查考

一倉場官丁憂洪武二十六年吏部欽奉

太祖高皇帝聖旨這倉官每父母喪重只照今例

便着盤糧交與見任官了回去守制今後都一般

欽此

一嘉靖七年吏部題　准今後倉場官攢被留守

支者服滿到部參問無礙仍令回籍以給引之

日爲始依例補守二十七個月在任月日並不
准理
一倉場鹽場官攢聞喪原籍公文可據上司隨即
委官查盤明白就交與見任官攢接管出給印
信明文回籍守制不許拘留守支違者拘留官
吏參問嘉靖七年八月内該吏部查得保安州
宣政倉副使夏通聞母喪被管糧官拘留除管
糧官另行參究夏通咨送法司問罪完日仍令
給引回籍就以給引之日爲始補守二十七個

月以後有被留守吏俱照此例題奉

聖旨是欽此﹝并例﹞

一南京戶部見行事例內開各倉事故員役如一人獨自經收及二人同收而俱有事故者准令先放如同收者其一事故其一無事故者仍令在倉收支事故者必須告明取具見在守支者別無干礙結繇准令回籍守制

一各倉攢未經本衙門准審放者先具通狀告明案候方准給引查無案候者送問

一倉官攢典丁憂通狀到部准行手本赴戶部該司停止收糧待有原籍報喪公文行手本查勘錢糧交盤咨送到部方准給引

一官攢丁憂通狀案候三個月以上原籍報喪未到者付驗封司類勘有告領照會單勘者聽回銷及戶部咨送在服內到部者准放給引以聞喪日爲始在服外者照被留守支例送問補守以給引日爲始

一倉場官攢丁憂如報喪公文先到未經具告通

狀到部者案候如已告通狀無報喪公文者照
例案季類行驗封司轉查一面先行戶部該司
查勘錢糧或有回稱役內經收糧米數多而無
同收人役不便交代被留在倉守支待糧放盡
者或有預告交代同收員役守支及比例超放
者俱繇該衙門公文起送前來查守支在七年
之上例准省祭一十四年已滿仍令給引回籍
就以給引之日為始補制二十七個月方准原
籍起送赴部起復付選近議各倉冠帶攢典被

留在倉若守支未及七年而省祭未滿者不論
服內服外起送到部亦以給引日爲始准令回
籍將補制之期算入省祭之内共扣足一十四
年爲滿方准赴部起復付選
一未考冠帶撥典丁憂者通狀告稱未經收糧或
雖收而隨即放盡者雖無報丧照各當該吏典
例准行查勘明白審放給引仍赴驗封司類勘
一各布政司并直隸府州縣申到預申公文隨即
登記附簿以憑查考

一在京館局司所倉庫等官丁憂候該衙門公文到即與審放不必選司驗封

一文驗二司撥送各衙門辦事官吏如有貼工回籍遇丁憂者除告有假帖聽本府州縣報發外其雖經貼工而無假帖者查丁憂在辦內姑照告假事例案候免提若辦滿不赴回銷躭延在家丁憂者照例行提送問完日審放近議撥歷撥辦告假貼辦及公差回籍在家丁憂者許具印信公文粘連官吏里鄰結狀具申到部登記

審放簿内免其赴部如直隸附近地方仍赴部
審放查得萬曆九年有吏周應騰給假回籍丁
憂及起復赴部仍送問行查今議不拘假辦并
差限内外俱免行提候起復日查在限内免究
在限外仍送問如私逃回籍丁憂及丁憂私逃
回籍者俱送問行查
一官吏監生告丁憂有報喪公文者審放免勘無
報喪公文姑審放俱候三個月按季付封司類
勘如類勘未出續有公文到部者查在一月之

内知會免勘一月之外不准免勘類勘過丁憂
官吏監生續有原籍報丧公文到部明註審放
簿内候起復文册查同者文到半年以上官吏
罰班一月一年以上班二月罰止三月監生一
體歷撥俱准付如文册有礙及原無申報者俱
候囘銷續該本司看得類勘文移封司至季終
方發且地方有遠近不同文到半年罰班似太
重今改一年以上罰班一月如順帶囘銷不論
年限俱罰班三個月

一官吏人等丁憂匿喪希圖冠帶加納加行免辦
滿俸者姑先行查候該省府回文至日定奪查
有前弊即便照例參究如律若果無礙方准給
引之日爲始回籍守制二十七個月其以前聞
喪月日俱不准理明註簿放潪内候起復至日
壓罰一年方付選起送聽選
一告南吏聞喪不即赴部給引托病在家遷延告
縣申擾者駁該司府州查問候人文回銷到部
查遠近定奪如執本縣患帖來京者查南票八

個月之上送問准給引免行原籍再勘若未經送問者勘回方准給引一年以上者送問駁查候銷方准給引

一天順二年令官吏以舊喪詐作新喪者發順天府昌平遵化薊州等處爲民順天府者發口外爲民若父母見在詐稱死亾者發口外獨石等處充軍其聞父母喪匿不舉哀不離職役者原籍三千里之上限一年不及者限半年過限者發口外隆慶永寧等處爲民會典

一成化十五年令許匿喪官員所在官司容情起送或因他事發覺正犯悉照見行事例發落經該官吏以枉法從重論

一爲事問革考察退任詐稱丁憂起復者發口外爲民扶同起送官吏以枉法論會典

一凡官吏丁憂除公罪不坐外其犯贓罪及係官錢糧依律勾問會典

一丁憂回籍不繇本部審放者送問行查應免送問者止行查候銷付撥已送問者暫撥

一丁憂告有通狀或有執喪公文在卷一年以上方赴部審放者送問

一聞喪例限原籍三千里限一年不及三千里限半年過違一日問發口外爲民近例止革去職役如限一年者十月報喪或公文一年之外到部限半年者五月報喪或公文半年之外到部俱行查其地里開載在三千里之內而實在三千里之外者臨時酌量施行　非例

一官吏監生丁憂程限各照板榜開載地里遠近

扣算月日如有違限者照例施行

附考

一嘉靖四十四年該吏部題　准給假治喪官員在京者照例具　奏在外呈詳撫按代　奏定限二年餘原籍起送赴部單附選司收選如違三年者參究北例

起復

一起復寫吏監生務從本布政司給批文直隸府州者從本府州違者參問

一凡官吏丁憂月日多少者問罪例限外違限一

個月者問罪如患病既痊後水程外違限二個月者及患病二年之上雖有文憑者亦問罪文移不開父母病故并聞喪服滿月日及那移洗改月日者稱病不開得患與痊痾日期及無所在官司印信明文者俱問罪會典　若有粘連親供月日與審放簿相同者免送問官吏班一月與監生俱取同鄉印結照付如無親供查報喪公文與審放簿同者亦免送問罰班三個月

一凡起復官吏監生到部扣算聞喪服滿年月日

比對相同其在京丁憂者查有類勘保結在卷

辦事官監生付文選司吏付驗封司查無類勘

保結者仍付該司轉撥在外丁憂吏典付考功

司若有洗改咨批緊關字樣者送問如情可深

疑仍駁查會典

一起復公文不繇司府勘明徑起本州縣公文者

駁查如情可深疑仍送問

一來文并引印信模糊不明者行查

一服滿日期不除閏月者送問

一凡官吏監生丁憂起復給批違限一年之上送問行查或限内限外爲事無招雖有招開還職役不明或長孫承重不開父故年月及有伯兄或丁養父母憂不開自幼過房或咨申不粘原籍官吏等執結者行查會典

一起復官吏監生俱照例限扣違二箇月之上者送問嘉靖二十六年該吏部議　准起復官員憂制甫闋或有情事未申合無除原定例限外違限一年之上送問四年之上雖有事故亦不

准理仍行原籍查回定奪本部議起復監生辦
事官吏人情亦同相應照例施行監生吏典以
服滿日扣始補辦官以取選月扣始
一官吏領文一年之上到部及咨批不粘該府縣
官吏里老軍旗保結雖粘而無縫印或印信模
糊或洗改字樣那移日月者並行查非例
一省祭官吏接丧不告改換文引班一月有預申
者免若給假丁憂省祭官吏不告改換文引者
班二月有預申者免一月如無原給假票仍行

查北例

嘉靖二十六年該吏部題　准辦事未滿丁憂官起復之日不必起送補辦各令收執原引直待取選勘合到日本處官司查勘明白起送赴部免其行查就令補辦付送收選本部爲照南京辦事未滿丁憂官給引回家待至取選逕赴北京兩京隔別事難稽查先年議辦事官丁憂無報喪公文者不准審放今議有報喪公文免勘審放無報喪者候至三個月以上如審放仍

付驗封司類勘通候服滿取選至日各司府起送赴本部補辦換引轉咨聽選類勘者查有無回銷明白方付其本司送應天府給引手本明開報滿取選起送赴南京吏部補辦如有違限以取選年月扣起照例送問來咨不明開何年月奉到取選勘合者暫撥仍行查

一辦事吏丁憂起復違限一二年以上至十年以裏者收班行查十年以外者不收引行查應送問者照違限例送問

一服制以聞喪日爲始不計閏二十七個月爲滿不除閏者參問若少守一月送問多守一月免究北例

一官吏監生起復到部追收原引辨驗塗抹附卷

一起復到部或遭火盜風水失落原給文引曾經具告所在官司執有結勘印信文憑者監生吏典各付暫撥行查無者聽查回日方付

一冠帶擯典丁憂准原籍報喪該衙門文書起送者審放給引未經收糧照辦事未滿例取選

日仍令赴部補辦已守支交代者免起復至日
徑付文選司
一起復舊例凡官吏丁憂未滿接服守制不行預
申及扶同官吏寃問若稱已行申報中途沈滯
者官員監生不許附選吏典不許實撥候行查
至日定奪近例查無預申者送問無礙付暫撥
行查如情有可原免送問者候行查至日定奪
方付
一官吏監生丁憂不繇本部審放服滿起復到部

者送問行查若聞喪時告有遍狀或有報喪在卷一年以上方赴部告審放者送問准放免行

查

一服滿後例限在京一個月南直隸四個月浙江江西湖廣河南山東山西陝西北直隸俱六個月福建兩廣貴州四川俱八個月雲南十個月違者送問

一官吏監生服滿起復除水程外違例限一年之上批限半年之上送問近議批限半年免送問

止罰班酌量地方遠近班止三箇月未及一年
亦酌量地方遠近或仍送問或照例罰班班止
四箇月違例限一年之上如有患病公故來文
聲說明白姑免送問者罰班班止六個月准付
例限二年之上批限一年之上送問行查例限
三年之上批限二年之上雖有事故亦不准理
行查定奪查回仍送問吏典違例限未及一年
免送問者每月罰班十五日班止六個月監生
扣違二個月以上壓一撥一年上下有別故實

跡可原免送問者歷二撥仍取同鄉印結
一凡官吏監生起復違限未及半年免送問者在
二個月内每月罰班十日二個月以上每月罰
班十五日如半年以上原情免送問者臨時酌
處查照罰班止六個月違紅限或無親供或無
官吏覆結及順帶回銷原引申繳公文不開字
號起復在餘京内俱罰班監生二個月以上歷
半月方付撥半年以上免送問者取同鄉印結
歷一月方付撥違批限同

一起復到部類勘已出未經回銷者監生暫撥下
得給引吏准暫撥不得支糧役滿不許冠帶補
辦官付送文選司暫撥不准起選候回銷至日
吏付驗封司收撥用手本送考功司改銷官付
文選司起選
一原引申繳公文不開字號壓撥一個月
一無親供者及無官吏覆結者罰班各十日
一官吏起復有申無批者罰班二個月如起文月
日久者仍從重扣罰

附考

一已未任官公文不開父母姓氏查對預申執照但一處同者免究不同取結或先已開故後報丁憂者行查_{北例}

一萬曆十九年本司郎中陸　照得本司職掌惟官吏起復假滿到部給文註銷者而各吏則多閩廣滇蜀之人也道遠時艱率不能如期而至即逾期一兩月者人文到部執例駁查饒者不必還籍而回文已具貧者老死不能再來而羈程遂稟矣今議但據文結明白別無隱情或有

有疑端再取同鄉一結即與收訖轉付各司聽

行補擬考選脩悉說　堂准行

一萬曆三十六年二月十六日郎中張　議條二

欵呈　堂奉批如議行即載附職掌内永爲定

規

一議罰班乃係職掌然條欵甚多有一人而罰

至六七百日者雖臨時告免似非畫一之法且

律内官吏公罪不過贖米折銀止三兩五錢而

罰班罪名豈宜倍哉今倣運米例除一百八十

日以下照本等日期仍行量免其餘罰班雖多
只以一百八十日爲止總罰班不過半年
一行查送問所以防奸法之不可廢者然行查
有往返之費送問有勒索之費業已屬苦又行
罰班不太重乎今除小錯免行查送問照例罰
班外其有洗改年月及緊關字樣或失落公文
或違批限一年以上又無原籍執照公文等項
必不容不行查者不得一槩罰班其送問亦免
罰班以寓體恤之意

復姓改名

一官吏人等名字有天國君臣聖神堯舜禹湯文武周漢晉唐等國號相犯者悉更之會典

一洪武三年令官吏人等奏告更名復姓若自幼過房乞養或入贅與人因從外姓報入戶籍外姓係軍匠竈戶而本姓係民者不准改復會典

一軍民并吏胥人等敢有更名易諱及兩三名字被人告發家財給賞告人本身處死家口遷發化外會典

俸給

一正統二年令添給南京六品以下官俸本色三分折鈔七分四年令南京五品以上原二八分支者每月添本色一石六品以下三七支者各添五斗

一弘治十年令南京官本色俸米自後每一石折銀七錢

一每年四月折絹弘治十三年南京吏部等衙門會題每米二石折絹一疋每絹一疋折銀七錢

每年終具印信領狀赴　內府承運庫關支
一八月折布正統九年奏　准每米一石折布一
疋每疋折銀三錢
一九月折鹽景泰元年戶部奏　准南京官本色
俸米量照時估於龍江鹽場檢較批驗所存積
鹽折支每鹽五十斤折米一石後一百斤折米
一石二八兼支嘉靖二年改折銅錢四六兼支
嘉靖六年南京戶部奏　准仍舊鹽米二八兼
支近年每米一斗折鹽六斤八兩

一十一月折麥三七兼支每麥一斗折銀四分

一每年折色米每米一石折鈔二十貫以十分爲

率五分支本色鈔五分折支或銀或絹布胡椒

蘇木銀每鈔一貫折銀一釐一毫四絲三忽綿

布每鈔二百貫折布一疋絹每鈔六百貫折絹

一疋蘇木每鈔五十貫折蘇木一斤胡椒每鈔

一百貫折胡椒一斤每上下半年至次年春季

分照依南京戶部該司手本坐泒或銀或布絹

蘇木胡椒等項造册送戶部該司轉赴司禮監

關塡勘合於内庫關支
尚書俸米每月六十一石
折色米四十七石八斗
實支本色米一十三石二斗折銀九兩二錢
四分
折米絹六疋一丈九尺二寸
折米布一十三疋六尺四寸折銀三兩九錢
六分
折鹽米二石六斗四升支鹽一百七十一斤

九兩六錢
折麥米三石九斗六升折銀一兩五錢八分
四釐
侍郎每月俸米三十五石
折色米二十七石
實支本色米八石折銀五兩六錢
折米絹四疋
折米布八疋折銀二兩四錢
折鹽米一石六斗支鹽一百零四斤

折麥米二石四斗折銀九錢六分

郎中每月俸米一十六石

折色米一十一石八斗

實支本色米四石二斗折銀二兩九錢四分

折米絹二疋三尺二寸

折米布四疋六尺四寸折銀一兩二錢六分

折鹽米八斗四升支鹽五十四斤一十一兩

二錢

折麥米一石二斗六升折銀五錢零四釐

員外郎每月俸米一十四石

折色米一十石二斗

實支本色米三石八斗折銀二兩三錢四分

折米絹一疋二丈八尺八寸

折米布三疋二丈五尺六寸折銀一兩一錢

四分

折鹽米七斗六升支鹽四十九斤二兩六錢

折麥米一石一斗四升折銀四錢五分六釐

主事每月俸米一十石

折色米七石

實支本色米三石折銀二兩一錢

折米絹一疋一丈六尺

折米布三疋折銀九錢

折鹽米六斗支鹽三十九斤

折麥米九斗折銀三錢六分

司務每月俸米五石

折色米三石

實支本色米二石折銀一兩四錢

折米絹一疋

折米布二疋折銀六錢

折鹽米四斗支鹽二十六斤

折麥米六斗折銀二錢四分

一南京太醫院官吏行人司歷事監生俸米并翰林院官吏每年折色俱于本部帶支

一永樂十九年令南京各衙門吏有家小者月支米六斗無家小者月支米四斗五升正統元年令有家小者增米二斗無家小者增米一斗五

升

一正統六年令南京各衙門歷事監生有家小者月支米八斗無家小者月支米六斗

一景泰三年南京戶部奏　准南京各衙門見收官吏人等俸糧比照在京例開立年分造冊送科候放支具手本委官赴科註銷正糧支盡仍令南京戶部委官查盤近日此項錢糧止赴科註銷若正糧支盡向不查盤

一本部官吏人等俸給每月初明白立案及帶支

衙門將官吏姓名實支米數案呈本部放支

一每年南京戶部陝西司撥送各縣解到本部俸糧赴堂投文送司秤收差官同糧長解送應天府上元縣寄庫取領狀回申備照本司填給遍關七本送貴州司比號一本領回本司附卷按季行印信票上元縣取放

一嘉靖六年　詔減吏典辦事六個月就於當該三年內革去俸糧半年以存省國儲

一在京當該二年半之上援例者將前支過糧米

每月扣算五日還官

一京官患病三個月之上吏患病一個月之上俸糧截日住支

一舉人監生會試水程附選雖有實歷不准補支俸糧

一吏典曾犯有過名者每月減支一斗

一官吏監生如有事故俸糧絕日住支扣算還官

一本部舊俸糧倉在册倉旁原設斗級四名每年溧陽舒城二縣僉解應役

一每月俸糧太醫院行人司具印信領狀赴部領

回

一每月放俸數目二十一日差吏赴戶部陝西司

查同領回二十四日差吏赴戶科註銷二十九

日差官赴總督衙門註銷近改二十八日註銷

一每年十二月將本年放支數目造　奏册四本

咨總督衙門類繳萬曆元年該總督侍郎栗

題奉

欽依將前造年終　奏册裁革止用總撒揭帖一本

送部覈實類造今毋遇年終開具揭帖咨送總
督衙門
一毋年折絹折布本折據戶部貴州司手本造冊
差吏赴銀庫領放
一毋年折麥銀十二月內照常造冊送戶部該司
差吏赴銀庫領放該司無來文
一毋年折鹽冬季差吏赴下關領放
一毋年放剩正銀及各司并太醫院行人司解送
還官俸銀及放剩餘銀各登記文簿作正支銷

一監生折布折麥折鹽歴滿給引去者存貯銀庫
一毋年俸米折絹折鹽折布監生吏典不折止折
麥
一嘉靖二十七年該吏部題補科道官内開係改
授者柴薪俸給俱照改官品級關支以後考滿
亦以改官之日爲始節奉
聖旨是

戶口食鹽

一毋年二月内本司批差該吏赴儀眞鹽引所關

支食鹽驗散其鹽鈔每員下三錢類解戶部轉解寶鈔廣惠庫交收近准南戶部議該每年八月內本部總給一批差官齎赴兩淮運司挨次支領回日分散

附考

一永樂二年令南京官吏人等及各處官民戶口食鹽每歲納鈔支給每大一口納鈔十二貫支鹽十二斤每小一口納鈔六貫支鹽六斤成化二年南京戶部奏　准每官吏家量與折半納鈔支鹽官不過十五口吏不過七口又成化十

九年令南京各衙門關支食鹽五府六部等衙門并錦衣衛俱派儀真批驗所其餘衛所并五城兵馬指揮俱派淮安批驗所務要辨驗批領帖文引目無偽方令正數正文運回給散

卷之九終

南京吏部志卷之十

司務廳職掌 堂規附

一凡堂官履任辭部本廳掌其禮儀

一凡四司履任見

堂俱本廳引見

一凡四司考滿或陞任辭

堂同

一本廳到任考滿陞任辭

堂同

一凡太常寺等衙門堂官考滿本廳引見

一凡部院等衙門屬官到任考滿復任俱繇本廳

以達于

堂中見下見官則使官吏引見

一本廳專管紀錄公文出入查對然後發行凡出

公文俱于用印畢令吏送廳登記給發凡入公

文承發吏俱照件數用印掛號至月終送廳發

于四司當該吏登答前件架閣庫吏催完已未

完手本查實回

堂仍將前月未完事件登簿類查

一凡各司歷事監生毋日赴廳晝卯考較勤惰稽
查虛曠季終考試定其名次呈
堂

一凡四司都令當該及　兩堂跟班官吏四司上
下班辦吏及直堂下班官俱於朔望日赴廳畫
卯患病給假禀明

一四司辦潚官于季月二十五日掛號回風赴廳
開具手本住卯其直堂及　兩堂辦官具呈奉

堂批查行送廳查明給手本赴選司給引跟辦
吏貼辦吏貼役吏封司票送本廳收貯待辦滿
之日奉有
堂批該吏呈文送廳查明方給原票赴銷
一凡考官吏本廳封門掌其啓閉

堂規

一堂上辦事官直大門二員直二門一員唱禮二員看公座一員掛號一員直印一員近因官少以分班輪流直者奏用

一宿齋日點齋官到上堂出堂司廳王之至于出入則與四司一同迎送

一考滿部院大九卿三品以上及通政司通政國子監祭酒翰林院掌院俱繇後門進

兩堂迎出三門至後堂相見本官差官至司廳

四司送供到完仍送出三門

一太常寺等衙門堂上三品等官通政司參議大理寺寺丞考滿俱大門外下轎馬繇右廊至敬事堂坐候司廳四司進部本官隨至司廳四司作門揖遞供到

一三品堂官考滿候

大堂升中堂司廳同至中堂門外立本廳先進堂禀知云南京某衙門某官幾年考滿不名打躬出本官自進川堂揖

大堂送出門外本廳陪至司廳待茶繇左廊出大門

一四品五品堂官考滿照前儀式前堂見惟繇右夾門繇右簷微不同

一翰林院六品國子監司業考滿俱繇右廊至敬事堂坐候四司司廳作門揖遜供到完候大堂升中堂司廳引川堂見與三品同惟司廳待茶相別不送

一大小九卿過堂止到一次不審不辭惟太醫院

院判欽天監監正雖係堂官不在卿寺之列審

辭俱與上見官同過部官同日過堂引見寫院

判等在前

一六科給事中考滿過堂司廳引稟本官簷下見

司廳稟云南京某科給事中某人其到任復任繳憑不過堂

惟考滿到部

三次審辭

一上見官到任考滿復任實授過堂司廳引稟簷

下見

一上見官丁憂闋領勘合不拘日投文本官俱五

日到部本廳引見儀式如前

一上見官送問復職者刑部咨送到部之後本官

散服赴大門内土地祠坐候

堂上到本廳赴後堂稟知分付回本官徑出待

文選司准有手本復任畢方冠帶到部其遞供

作門揖一如前新任之儀

上見官

宗人府　經歷

六部　郎中　員外　主事　司務　照磨

檢較

都察院　十三道御史　經歷　都事　司務

照磨

六科給事中

大理寺　寺正　寺副　評事　司務

通政司　經歷

太僕寺　寺丞

太常寺　博士

國子監　監丞

行人司　司副

五府　經歷　都事

太醫院　院判

欽天監　監正　監副

一中見官到任考滿復任早赴本廳候登簿升堂

堂事畢赴司廳四司投供到辦事吏引見行兩

跪禮次日繳憑隨牌進惟赴司廳文選司廳點

一中見官丁憂或公文或逼狀不拘日隨牌投進

送稽勳司本官聽候司審逢五日先赴本廳登

簿候見堂畢候勳司引審事畢至本廳四司投
供相見不辭
一中見官送問復職者俱更服齊文隨牌進候本
廳點名送文選司待准有手本復任畢方許冠
帶具供見堂其本廳四司一如初到之儀

中見官

太常寺　典簿

光祿寺　署正　署丞　典簿

鴻臚寺　署丞　鳴贊　序班　主簿

太僕寺　主簿

國子監　博士　助教　學正　學録

典簿　典籍

翰林院　孔目

詹事府　主簿

應天府　治中　通判　推官

錦衣衛　經歷不係科目者仍下見

上江二縣并溧陽等六縣　知縣

五城兵馬司　指揮　副指揮

應天府學并武學　教授　訓導

一下見官到任考滿復任早赴本廳登簿候升堂

堂事畢仍赴本廳四司投供辦吏引見行兩跪

禮其餘繳憑考滿丁憂復職投文領文一應過

堂次第與中見官儀式同

下見官

太常寺　協律　贊禮　司樂　提點　知觀

奉祀　祀丞

太醫院　吏目

各衛所　經歷　知事　吏目
欽天監　官正　司歷　靈臺　監候　主簿
應天府　經歷　知事　照磨　檢較
五城兵馬司吏目
營繕所　所正　所丞　所副
提舉司　提舉
上江二縣并溧陽等六縣縣丞　主簿　典史
各司局所倉庫關驛遞衙門　大使　副使
河泊所官　吏目　提領　巡檢

驛丞

帖揭式

一中見官進司廳四司拜帖

太常寺典簿　官銜

光祿寺典簿　官銜

鴻臚寺主簿　官銜

太僕寺主簿　官銜

國子監博士以下俱官銜

翰林院孔目　官銜

詹事府主簿　　官銜

錦衣衛經歷　　官銜

應天府治中通判推官俱官銜

應天府八縣并儒學　　脚色手本

五城兵馬司　　脚色手本

一下見官俱脚色手本

一監生季終考勤俱以望日具呈本廳查明歷過

月日果三月另示引見候選司案呈劄付到廳

再示日期聽考考日出四書二判二親送火房

內揀點考畢本廳看過類定名數次日送至火
房內呈稟批出填名次發廳行選司附勤
一監生給假限期五日如果患病及倩有不得已
者多不過半月違限一日贖五日久不到者行
城拘查
一監生自五月十五日起至八月十五日止十一
月十五日起至二月十五日止俱分二班餘還
元旦冬至夏至及到任
慶賀大禮俱赴部新到者運歷十五日方分班凡

有不到者毎一日曠五日晝卯後不候堂揖以不到論

一作缺附選監生具呈三張先赴本廳本司投遞

一張留本廳存案一張與說

堂批查行候本廳

大堂引見引見畢將批呈行本司本司次日說

堂與手本赴選司附選不得徑自呈

堂擅入火房呈禀違者罰十日

一作缺附選舊規舉人二十日前歲貢十八日前

援例十五日前查明如果歷滿合例本廳將原
呈說
堂批行該司作缺附選訖仍着補前那先日期
補滿方許呈
堂給引若臥引者聽其具呈本司批准仍送本
廳驗過乃得辭回違者罰三日
一給引監生具呈三張先赴本廳本司呈遞訖本
廳查明如果前附選那先日期補訖該與給引
本廳將呈與說

堂批行該司與手本赴選司給引辭

堂辭廳辭司違者罰二日

一告曠正歷考勤以後雜歷不考勤查歷過二月以後須有迫切至情方許具呈本廳本司本廳查果例合方許具呈

大堂違者罰五日

一告違曠先該本部署廳事主事周應治呈

堂議定告曠監生如曠外違一月以內免罰一月以外照所違日數量加若違至二個月以上

不赴銷者呈

堂行提名缺另補

卷之十終

南京吏部志卷之十一

歷官表

洪武以迄於今二百餘年乃弘治時始有題名其間泯滅無聞者焉保其必無也問考之故牘多有題名未載者然故牘之存焉者亦無幾矣是故年以繫官官以繫人名氏必書占籍必書出身必書終官必書其闕焉者所不知也作歷官表（舊序）

歷官表上

	尚書	侍郎	郎中	員外郎	主事	司務
洪武元年戊申	滕毅 仲弘直隸丹徒人儒士起居注歷任歷布政司參政	樊璞 山東鄆城人元廉訪副使起任	李幹 安豐下蔡人元監生起任調陝西行省郎中	唐凱 北平人元御史起任	張文政 直隸高郵人偽吳都事歸附任	
	張銘善 應天人薦舉任招諭雲南	汪河 直隸舒城人大都督府都事歷任改侍御史湘府王相			譚淵 興國府人按察司掾吏任改陝西鹽運經歷	
	盛原輔 直隸高郵人偽吳運使歸附爲刑部侍郎歷任改山				趙端 陝西蒲城人秀才任改御	

二年己酉

參知政事	李庭桂　湖廣京山人偽漢經歷歸附起任陞戶部尚書
	丁英　直隸無錫人左司提控任改濟南推官
	李矩　山西蒲州人進士任陞福建鹽運司知
大	林弼　考功　直隸龍溪人元進士歸附任
	劉允祖　考功　北平保定人元中書省都事起任除德濟知縣
	師侃　河南湯陰人

二

姚復初　浙江錢塘人中書省掾任除朝陽知縣

張桂　直隸沙河人元左司員外郎歸附起任除安吉知縣

三

商暠　山東定陶人元平章歸附任侍御史中丞

李仁　河南唐縣人偽漢行軍司馬歸附授給事中擢任

郭進　山西太平人明經舉任改陽山知縣

原本　河南武陟人元進士歸附以明經舉授教官附任陞

周德　江西新淦人儒士任

郎中

戊
浙江仁和人
中書省掾錄
刑部尚書改
任

顧貞
浙江杭州人
儒士任

何德裕 總部
直隸滁州人
吏任改睢州
知州

王興福
名時興以字
行湖廣隨州
應山人偽漢
御史臺紹書
歸附擢知徽
州杭州陞任
改西安知府
歷戶部尚書

李思廸
山東歷城人
元進士任涂
湘府又傅山
西參政翰林
侍讀國子助
教

房慶 考功
直隸臨濠人
江西行省掾
任

郎中

李亨 考功
徐州蕭縣人
元樞密典吏
任

南京吏部志卷之二 洪武 二 二十四

周時中　原姓彭江西龍泉人元平章歸附以郡武知府遥任攺鎮江知府

吳琳　朝陽湖廣黃岡人以名儒徵授國子助教進兵部尚書攺任予告

陳修

宋騏

萬鑑　司勲

二

三

宋麟　直隸滑縣人大學士宋訥子人材任除燕府録事戶部主事歷御史

王誼　考功

四年辛亥

伯州江西屯陽人縣門校理官遷兵部郎中陞任

朱斌 浙江海寧人舉人任降浙建知縣

李仁 試 本部侍郎陞任改青州知府

詹同 先名書字同文後以字行

直隸吳縣人秀才任改南安知府

李奐文 浙江會稽人秀才任陞兵部尚書

祁州睢寧人元教諭舉任改江西省郎中

徐震 考功 浙江烏程人秀才任

林鄉 考功 本司主事陞安南陞任陞

洪武

河南鄧州人進士

郭翀 山西薛闗人搦服任陞廣德知府

趙旅 司勲 浙江山陰人進士

鄭琳 考功 應天人薦舉任除山東行省都事

楊自立

湖廣黃岡籍新安人偽漢翰林承旨兼御史歸附授國子博士以侍讀學士陞任歷承旨翰林學士致仕

李守道
元河南守將歸附協磨同理部事本年免

登州知府

原名皐以字行江西泰和人會魁任除廣東行省員外一字子淵

張學
直隷華亭人舉人任除蒲縣知縣

趙友能
浙江會稽人進士任陞江西僉事

四

趙亘堅
浙江餘姚人

朱德潤
直隷泰興人

陶誼
浙江臨海人

馬栢
山西潞州人

司勳

五年壬子

中書省掾任協詹同理部事改廣東布政使

呂本　直隸壽州人歸附爲中書掾史歷刑部侍郎陞任改太常司卿

薦舉任

太谷司書薦任陞戶部郎中

秀才任除福建行省檢較

顧頎　景番浙江仙居人吏任除石棣知縣

沈彰　一作章福建同安人舉人刑部主事改任

王性中　直隸儀真人中書省提控任

六年

呂熙
湖廣黃岡人
應天訓導歷
戶部尚書改
任本年免

程徐
仲能浙江鄞
縣人元兵部
尚書歸附任
歷刑部尚書

周子諒
江西廬陵人
進士

張昇
仲高浙江仁
和人郡吏授

于謙
山東青州人
元濟運知事
起任除刑部
主事

耿貫

田本
山西潞州人
賢良任改工
部主事

閻宗仁
山西榆次人
秀才任改建
始知縣

癸丑

任

劉元　四川長壽人

山東歷城人都督府提控任調本府長史司錄事

陳良祐　直隸吳縣人吏任

羅寔　江西廬陵人人材任

羅鏞　總部浙江山陰人秀才任

葛覃

北平內丘人秀才任

七年甲寅

董幼安　北平真定人元中書右丞歸附任

蓋原魯　山東臨淸人元中書右丞歸附任

郭傅　文遊浙江會稽人文學起居注改任

張著　直隸華亭人吏任歷莒州知州

童亨　司勳　直隸丹徒人吏任歷長沙知府

八年

趙好德　秉藝河南汝陽人儒士戶部尚書出陝西參政召任

張度　昃儀廣東增城人舉人擢御史知府歷任本部尚

賈廸　總部　河南偃師人人材任改湖廣僉事

王民　總部　浙江海鹽人秀才任歷濟南知府

乙卯	九年丙辰
[illegible]陝西参政	王敏 浙江仁和人 賢良舉郎中 陞任改湖廣 布政使
書	
	王琚 北平固安人 秀才任歷兵 部侍郎
黃昌 廣東番禺人 儒士任歷寧 國同知	蔡瑞 總部 直隸泰興人 吏任；趙端 陝西蒲城人 秀才任改御 史；朱恒 直隸華亭人 吏任改長子

知縣

朱先
應天上元人，吏任改山東布政司經歷

陸德
總部
直隸嘉定人，吏任陞成都同知

陳咨
考功
浙江烏程人，鄉貢進士，任陞北平按察僉事

畢讓 北平任丘人 賢良任陞贑州知府

談士奇 湖廣湘陰人 吏任陞湖州知府

葉文翰 福建建寧人 賢良任除安東知縣

鄧林 士齊廣東新

十年丁巳

會人鄉選教諭陞任調稽勳

劉菼祖 總部 北平滄州人 吏任

趙仲通 考功 浙江臨海人 秀才任陞北平知府

雙翼 總部 山西交城人 儒士任改嘉興通判

謝彝 總部 浙江歸安人 吏任

趙洪範 總部 陝西潼關人 人材任陞夔州知府

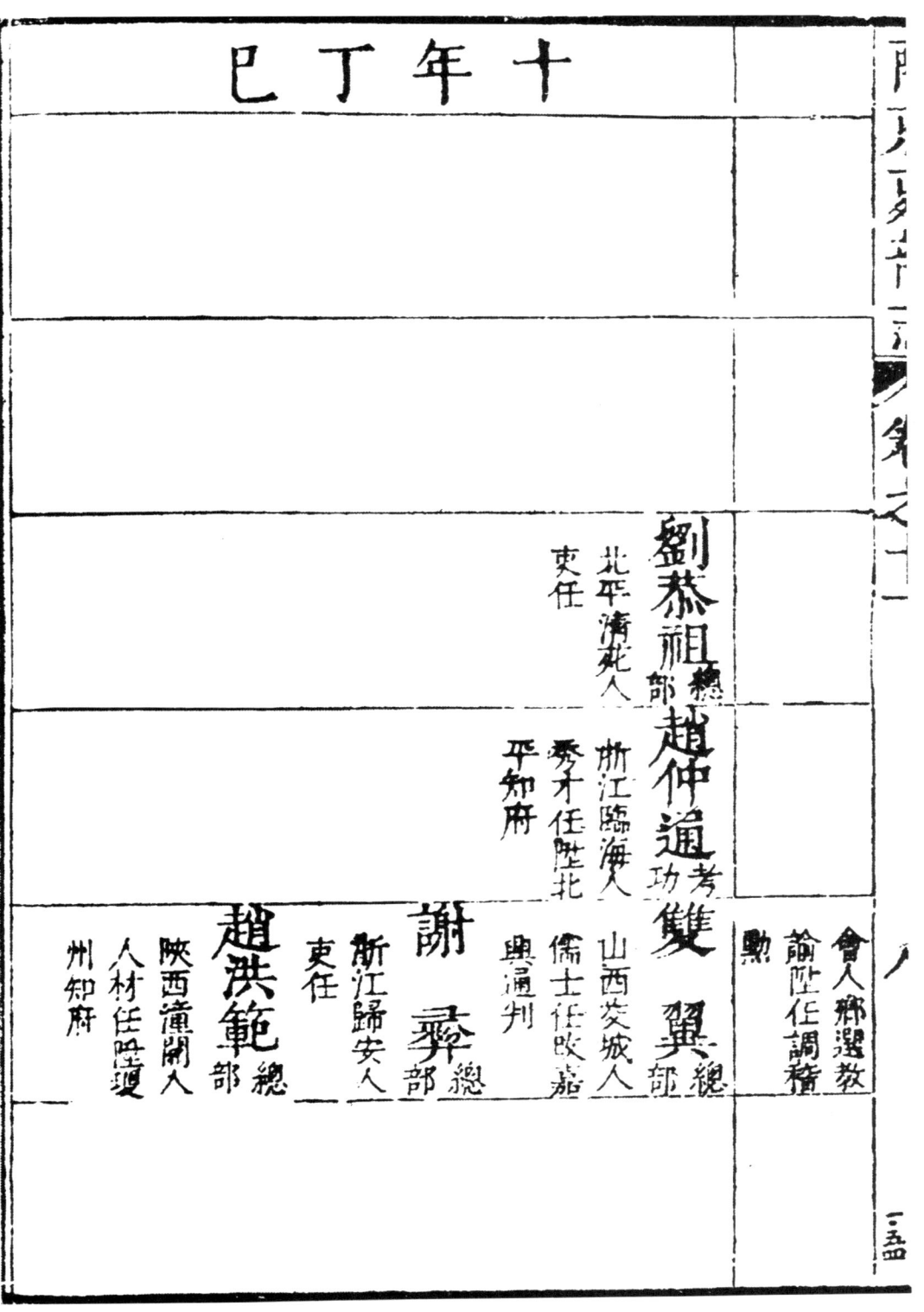

十一年戊午

陳銘 浙江麗水人 兵部郎中陞任除福建布政使

田炯 山西大同人 太學生任

周謙 直隸華亭人 吏任

王璉總部 直隸長州人 人材任

吳誠 直隸華亭人

翟大年 直隸華亭人 吏任

馬穆考功 廣西臨桂人 人材任

李思誠總部 山東濟南人

李士奐文 一作煥蘇州吳 部尚書與銘 頑任改四川 參政

翟大年 考功主事陞 任

人材任除遂 昌知縣

陳中 司勳 福建福清人 人材任除昌 邑知縣

李廷訓 司勳 山東萊陽人 儒士任調江 山知縣

江宗 考功 浙江崇德人 吏任改高要 知縣

十二年己未

陳昱 試 一姓賀，直隸江都人，人材除戶部員外郎，侍郎陞任

耿祿 司勲 河南新野人，儒士任

張欽 考功 浙江慈谿人，舉人任

張籌 總部 直隸無錫人，舉人改禮部主事，以薦爲翰林，累官禮部尚書

任源 總部 山西武鄉人，監生任，陞本部侍郎

張度 侍郎陞任

任源 三年陞任

黃欽 考功 江西吉水人 人材任

孫玉 總部 山西榮河人 吏任

吳隆 司勳 福建福清人 監生任

齊思孝 山西榆次人 監生任

白玉 總部 河南武陟人 監生任

廖承祖 司勳

洪彝 直隸無爲人吏歷浙江按察知事驗運副使大都督府斷事任本年免

陸顒 浙加興人貢選任降南丹吏目

安信 江西南昌人文學任

張淵 考功 四川巴縣人聰明正直任

黃亦本 考功 福建古田人文學任

陳汝能 浙江鄞縣人博學儒士任

鄧子仁 司勳 四川永川人文學任

梁用 湖廣安陸人貢戶部主事陞任陞重慶知府

陝西伏羌人文學任

支瓚 考功 浙江山陰人吏任

顧德榮 司勳 浙江平陽人人材任

十三年庚申

王克巳 山西壽陽人 文學歷戶部主事陞試乞歸

栗恕 山西長子人 生員授翰林承旨陞任

阮晙 浙江仁和人 太常寺卿起任

劉崧

方自銘 考功 福建漳浦人 儒士任

傅益 司封 陝西臨潼人

方湜 總部 浙江寧海人 文學任改太常司丞

徐觀道 考功 江西上饒人 文學任改禮部

蕭明 總部 江西大庾人 博學儒士任 改國子助教

林基 福建閩縣人 儒士任

方仁 司勳 湖廣衡陽人 聰明正直任

劉炯 考功 山西長子人 文學改總部

丘兼善 司封 福建連江人 文學任

趙鼎 總部 山西襄陵人 監生任

王晃 司勳 廣西柳城人 文學任

陸讓 浙江秀水人 儒士禮部侍郎陞任致仕

趣司業

偰斯 應天溧陽人 洪武元年以故官子徵起授尚寶丞陞户部尚書山西左參政陞任改禮部尚書致仕

張敏 總部 陝西涇陽人 羽林叅事任

王昶 考功 應天上元人 薦舉宣使任陞湖廣按察使

何寶 司勳 北平揚州人 賢良方正任

范良 司封 湖廣江夏人 文學任

朱同 司封 大同直隸歙縣人學士升之子明經本府教授起任陞禮部侍郎

胡若海 司封 浙江海寧人 人材任陞本部郎中

十四年辛酉

范敏 試 河南閿縣人秀才任

李信 山西浮山人舉能吏授任陞本部尚書

韓膺 山東平度州人薦舉任

丘兼善 總部 主事陞任

武公幹 司勳 山西臨汾人吏任

金文仲 司勳 浙江建德人儒士任降梧州同知

張讓 考功 浙江義烏人税戶任陞河南左布政使

王晃 考功 主事陞任調司封

陳銘 總部 山西代州人吏任

趙昂 司勳 主事陞任

牟完 司封 元亮浙江黃巖人選貢廷試第一擢任改燕府紀善

時魯 總部 山東商河人吏任

周宗傳 司勳 浙江臨海人監生任

舒壽同 考功 浙江奉化人監生任降序

十五年壬戌

李信 侍郎陞任改山西行省叅政
劉仲質 文質分宜人薦舉歷禮部尚書首任華蓋殿大學士

高允憲 江西永豐人秀才任除國子博士
高遜志 一作孫志士敏直隸蕭縣人秀才修元史授編修命署侍郎事歷翰林侍講學
行簡河南偃師人起居注乞歸起任

嚴威 司封 山東濟陽人人材任
姚欽 考功 河南宜陽人吏任
鄭敏學 司勳 河南濟源人吏任
陳敬 考功

王晃 司封 考功改任
應伯和 司封 浙江縉雲人秀才任
陳森 考功

車義初 班 浙江上虞人監生任
陸顒 總部 浙江錢塘人吏任
李紹聰 司封 山西安邑人秀才任

士陞太常少
卿諡文忠

十六年癸亥

陳敬 試
錄考功郎中陞任

劉逢吉 試左
湖廣江夏人監生

宋宗一 總部
北平東安人秀才任

王佐 考功
北平清苑人賢良任改翰林院待詔

史萬里 司勳
名鵬以字行浙江長興人人材郴州知州陞任

陳益民 總部
山東益都人人材任

蘭景芳 考功
河南祥符人秀才任

丁暹 司封
直隸懷遠人人材任

熊誼 司勳
江西豐城人進士任改嘉興推官

張守初 考功
河南河陰人秀才任

陳仲能 司封
浙江蘭溪人秀才任陞山東左參議

十七年甲

余爌 茂本直隸崑山人明經通政司叅議陞任

柴權總部 山西曲沃人人材任

胡若海試總部 本司主事陞任十八年署部事

范與辰總部 浙江東陽人監生任

張壽齡 廣東保昌人監生任

王珪考功 浙江安吉人賢良任

王秩司封 直隸祭昌人秀才任

子

十八年乙丑

姚順 考功

韭九疇 考功 浙江奉化人 舉人

周原 司勳 陝西同官人 進士改御史

蕭惟一 總部 江西新淦人

葉彥廷 浙江青田人 人材任

王鈍 試總部 河南太康人 元進士縣尹 用薦召任司封改試僉都 建左參議歷戶部尚書以布政使致仕

申德原 總部 河南安陽人 通經秀才任 除觀城縣丞 經歷

陳宗道 考功 浙江平陽人 吏任降南雄 史

汪弘 直隸績溪人 人材任

朱仁 總部 浙江安吉人 文學任

張敬 司封 山東金鄉人 文學任改御史

張哲 陝西中部人 監生任

周伯昂 司勳 湖廣慈利人

張士謙 考功 山西潞州人

湯全 司封

竇禮 山東廣饒人 監生任

文選任

秀才任

南京府[illegible]人
自[illegible]任
改御史

毛廷仁 試部
直隸上海人
人材任

王昱 考功
直隸邢州衛
山東鄒城人
秀才二十五
年陞部選歷
御史

田貞 考功
北平蠡城人
秀才任

十九

劉煥 總部
江西吉水人
秀才任

馬信 總部
應天江浦人
孝廉任

胡子泰
江西新淦人
過繹秀才任

南京吏部志卷 洪武 十五 二・二十五

年丙寅

鄭居貞 司封

趙廸 考功 一姓張河南宜陽人貢任

晏谷俊 部 浙江臨海人秀才任

趙琩 君禮河南宜陽人儒士薦禮部尚書改任

趙崇 考功 河南陳留人歲貢任監察御史

龔安正 山西和順人監生任改鎮南知事

蕭鵬 北平玉田人監生任

歐志永 考功 湖廣桂陽人

易翔 湖廣沅州人

二十年丁卯

監生任

求道德 同封 浙江天台人 監生任

王思膺 總部 四川巫山人 監生任

凌起 同勳 直隸虹縣人 監生任

蘇善 同勳 直隸丹徒人 監生任

監生任

王詩 陝西寧州人 生員任

棣韡 考功 山東蒲臺人 監生任

唐修 總部 湖廣監利人 鄉舉陞刑部侍郎

杜昱 總部 直隸山陽人 監生任改司封

二

趙廸 稽考功郎中 陞任

史彥昌 總部 山西陽曲人 人材任

徐昇 總部 浙江海門人 進士任陞御

童繼善 湖廣臨湘人、監生任

十一年戊辰

史

胥得 總部
河南洧川人
歲貢任

陸敬中 考功
直隸無錫人
稅戶任

袁禮 司封
直隸吳江人
稅戶人材任

二十

侯庸
景中山東陵
水人進士授
吏科給事中

鄭昌 考試功
山西襄垣人
歲貢任

鄭公禮 考功
叔士浙江寧
海人進士授
監察御史擢

二年己巳

命署侍郎事
致仕

呂演 選部
河南延津人
監生任

王昺 司勳
山西保德人
監生任

孟鏞 選部

二十三

詹徽
資善同子直
隸新安人左
僉都御史兼
任

高昌安
北平開州人
儒士

陳敬
前試尚書改

毛中 司勳
直隸武進人
耆老任

徐彥端 考功
浙江臨海人

鄭公禮 考功
本司主事陞
任

鄭先 考功
湖廣黃岡人

易翔 考功
司務陞任

王鄰 考功
山西河津人
監生任

年
庚午

任致仕

年高有德任
唐修 選部
本司主事陞任官至刑部侍郎

年高有德任
李時勉 考功
陝西三原人
人材任

張斌 考功
河南永寧人
人材任

陳觀與 考功
江西安福人
孝廉任

呂節 司勳
山西平陸人
監生任

李文富 考功
四川廣安人
能吏任

胡景新 考功

南京吏部志　卷之十八

直隸涇縣人
明經薦辟任

張添祥 考功

雲南昆明人
任

楊子安 考功

雲南昆明人
歸附任

孫文昭 司勳

直隸山陽人
生員任

張約 考功

山東魚臺人
人材任

徐旭

孟照江西[illegible]
平人[illegible]

華岳

四川忠州人
監生任

二

十四年辛未

史給事中陞任

曾彥昭 司勳 江西廬陵人 秀才任

業宗 考功 浙江永嘉人 進士任歷黄州知府

馬彥誠 考功 陝西涇州人 生員任

張適 考功 直隸華亭人 監生任

鍾仲 司勳
湖廣桂東人 生員除戶部 主事改任

黃士成 司封
廣西柳城人 生員任

傅祿 司封
陝西郃縣人 生員任

李翰 司勳
河南汝州人 生員任

二十

齊從禮 考功
江西弋陽人
生員任

王玉 選部
浙江仁和人
監生任

車輗 司封
山西潞州人
秀才任戶部
主事改任

吳宗文 選部
直隸吳江人
生員任

于禮 選部 浙江仁和人 行人陞任

趙建 選部 山東臨朐人 行人任

林伯悅 選部 浙江平陽人 行人任

翟善 驗封 敬夫直隸泰興人歲貢任

林京 司封

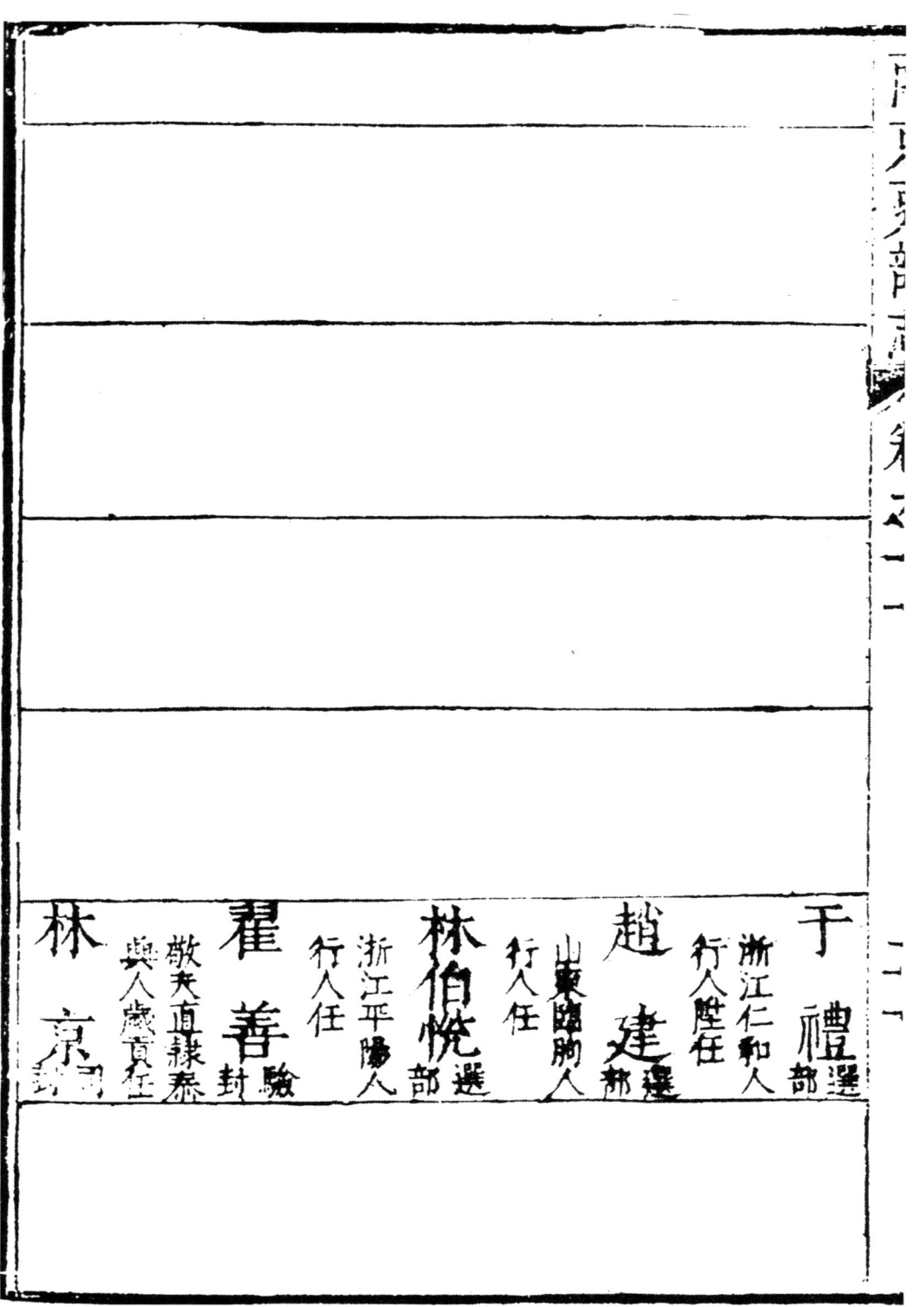

二十五年壬申

福建福清人
進士

丁仁　考功
山東東平人
進士

張暯良　司封
浙江上虞人
秀才任

楊宗夔　考功
浙江餘姚人
人材任

童煜　司勳
浙江淳安人
秀才任

王玄齡　選部
浙江上虞人
人材任

朱益友　考功
浙江會稽人
秀才任

陶德成　考功
直隸臨淮人
監生任

王壽　考功
司務陞任

陳善　考功
江西贛縣人
監生任

林子英 選部
浙江樂清人秀才任

張巖 考功
山西絳州人鄉舉

劉溥 考功
江西德安人生員以才行舉任

楊德 選部
湖廣安陸人進士吏科給事中任歷吏部右侍郎

丘福安 司勳
廣東河源人監生任

何遜 考功
北平玉田人

生員任

李暠 考功 湖廣景縣人 監生任

彭飛 考功 江西南豐人 監生任

劉善 考功 江西臨川人 舉人任

傅霖 考功 湖廣華容人 監生任

陳昂 考功 福建連江人 進士任

湯銘 江西鄱陽人 監生兵部司馬部主事陞

鄭昌 考功員外陞 任致仕

二十

六年癸酉

傅友文 名盎以字行 陝西臨潼人 直授戶部主事 陞戶部侍郎改任

范子敏 選部 浙江金華人 由兵部司馬部改任

徐旭 考功 員外郎陞任 陞國子監祭酒

徐弼 選部 司封改任

翟善 左 司封員外陞

俞彥俊 考功

喻世英 選部 江西新喻人 進士

徐泰系 選部

翟善 司封 驗封主事陞任

錢仲良 司封

劉偲 選部 陝西靈臺人 監生任

陳原卜 選部

陳宗問 名略以字行 浙江鄞縣人 進士任歷行 任吏部郎中

陳弼 選部

二

十七年甲戌	二十八年
	瞿善 本部侍郎陞任
任	
	陳紹 司封 監生任
	鄭綱 署司封
呂棠 司封 曹棨 考功	

乙亥

二十九年丙子

杜澤 子潤，直隸沂水人，儒士，較書曆事府丞陞任

陳桂 稽勳

葉璃 文選 監生任

史孜 文選

龔佑 試驗封

三十年丁丑

湯行 一作仲衡號厚人材

金純 文選 德修，直隸泗州人，監生任

黃理 文選 監生任

潘惟學 文選

龔佑 驗封 陞江西參政，歷禮工刑尚書，太子賓客

本司主事陞

張才 考功

呂友諒 驗封 陞山陽伯任

曾謙 驗封

張福 考功 監生任

文彬 文選 廣西柳城人 進士任

陳福 考功 監生任

盧義 考功

王文 驗封

茹瑺

王謙 左

湖廣衡山人 監生

貢累官通政

三十一年戊

太子少保兵部尚書改任改兵部尚書封忠誠伯

張紘　昭李陝西富平人明經雲南左布政使陞任靖難後自經

蹇義右　宜之四川巴縣人進士中書舍人陞任

安信稽勳

熊欽

田珍

李嵩

楊景衡

史文稽勳

杜驥

周丹考功　浙江永嘉人進士新化縣丞陞任

陳植文選　廬陵人元聚人薦起授任歷兵部侍郎靖難死節

李覞

陳理

己卯

練子寧 左
名安以字行江西新淦人榜眼修撰陞任歷御史大夫死節

陳洽 文選
叔遂直隸武進人善書授兵科給事中陞任

施安 文選
稽勳改任

呂淵 文選

劉真 考功
天錫浙江山陰人鄉薦司經局較書任陞淮府長史

名南以字行浙江瑞安人鄉舉兵部主事陞任陞應建參政

李廣
湖廣漢川人貢任陞知府

	庚辰	辛巳
毛太 左 字恭亨死節	茅大芳 直隸泰興人儒士長史擢右副都御史改任死節	蹇義 左 本部右轉
	魯謙 驗封 本司主事陞任	王銘 文選
陳艮 從時福建長樂人明經授任諭交阯尋復官	陳景光 驗封	陶佑 考功

壬午

蹇義 右侍郎陞任兼詹事府改吏部尚書加少師贈太師諡忠定

師逵 九逵山東東阿人貢監監察御史兵部右侍郎改任改行在吏部

商惠 稽勳 浙江金華人進士湖廣參事改任改吏部驗封陞廣東左參政

劉易元 驗封

陳洽 右 文選郎中陞任改大理寺卿

劉思忠 考功 陞浙江右參政

永樂元年癸未

許斯温 右 斯一作思字叔雅直隸吳縣人太學生授御史按察使刑部侍郎改任			
張啓 文選	尹必用 文選	劉易元 驗封 本司員外郎陞任	
余顥 考功	夏廸 延簡天台人鄉薦大理寺寺副陞任		
林弘本 文選 稽勳改任	錢理 驗封 一作瑾	陳時 考功	李厚 執中直隸祁門人監生刑部主事諳陞任

二年甲申

許斯溫　左　本部右轉侍　兼左春坊左　贊善陞行在　吏部尚書

邵　貞　驗封　一作直　浙江　杭州人　授監察御史陞任

陳　宣　驗封

李　懋　驗封

葉　砥　考功　履道　浙江上虞人　進士　廣西僉事　改任　召入文淵閣　侍講東宮

方　亨　考功

師希昇　考功

三

夏　廸　文選　丞司員外郎　陞任　權四川…

陳性善　文選

侯　俞　驗封

乙酉年

河南左參政歷南京左副都御史

陳宣 驗封 員外郎陞任河南陝西都轉運鹽運使

師希昇 稽勳 考功主事陞任

陶佑 考功 本司主事陞任

李貴 考功

丙戌年

文彬 文選 本司員外郎陞任

陳誠 驗封 丁酉江西吉水人進士授行人奉使暹邏陞翰林檢討致任

五年丁亥	六年戊子
陳洽 左 大理卿改任歷兵部尚書兼掌交阯布政司事追贈少保諡節愍	邵璡 驗封
林鍾 考功 直隸崑山人陞山東右參政	韓清 驗封
錢用良 文選 本司主事陞稽勳改任	譚端 文選
錢理 考功 驗封主事陞任	黃定 稽勳
楊文達 文選 陞常德府判	
顧琛 驗封	
鄭復昇 考功 陞本司員外	

七年己丑

黄勉 文選 陞浙江左參政

張宗周

鄭復昇 考功 本司主事陞任

楊守理 驗封

周銓 文選 江西清平人 由驛考選給事

曹宗達 文選

余純 驗封 考功 改

八

韓清 驗封 本司員外陞任

顧琛 驗封 本司主事陞任

陳叔剛 驗封 浙江餘姚人 賢良授任陞 本部驗封郎中

年庚寅

諸葛平 考功 廣西陽朔人[illegible]城縣[illegible]會知縣陞任

李崇彰 驗封

楊端儀 考功 福建晉江人 進士

九年辛卯

李岳潤 驗封 江西永豐人 進士

宋子環 驗封 文堂 江西吉水人 進士 翰林院庶吉士 與修永樂大典 擢任

余純 考功

張賢 陝西[illegible]人 舉人任

十年壬辰

王　贊　文選

鄒　濟　考功　汝舟餘杭人通經儒士廣東叅政改任陞左春坊左庶子歷官尚書贈太子少保謚文敏

黃　定　文選　稽勳改任

樂汝剛　驗封

驗封改任

十一年癸巳

張賢　本部司務陞任

趙昇　文選

徐榮　考功

十二年甲午

周銓　文選　本司主事陞任十九年署部事

韓彥起　驗封　陞廣西按察司僉事

張亨　驗封

盧玉潤　文選

南京吏部志　卷之十一　二二

十三年乙未	十四年
諸玉 驗封	宋子璣 考功 驗封主事陞任歷梁府紀府長史
師希昇 文選 考功主事陞稽勳改任	朱約 考功 約之直隸華亭人進士
陳誠 驗封主事陞任歷備北邊陞廣東參議出使西域改參政	
黃安 考功 福建閩縣人進士改文選	

丙申

十五年丁酉

顧璨 驗封 本司員外郎陞任

盧玉潤 文選 本司主事陞任

鍾鏞 文選 廣東海陽人進士

盧玉潤 文選 本司員外郎陞任陞左參政

毛承盌 文選

十六年戊戌	十七年
巖昇 考功 昇一作升仲升直隸寧國人進士順慶同知陞任二十年署部事陞江西僉事歷太常寺少卿右僉都御史	
陸友諒 文選 趙公康 驗封 陸淵 驗封	江澄 文選

乙亥	十八年庚子	十九
		師逵 復任
	欒汝剛 驗封 本司主事陞任	
		趙公康 驗封 本司主事陞任
	黃安 文選 考功陞任 陳晟 考功	李昇 考功 伯昇直隸上海人進士

年辛丑	二十年壬寅	
	李昇稽勳 考功主事陞任	趙公康驗封韓禋稽勳蔡文淵稽勳鄭誠
	蕭榮驗封	

南京吏部志卷之十二　三十二

二十一年癸卯

本司員外郎陞任

陳繼宗 稽勳

應履平 稽勳 錫祥浙江奉化人進士德化知縣陞任改北稽勳陞常德知府超陞雲南右布政

鄭誠 司務陞任

徐述 信古建德人歷漢陽知府福建運使

管時中 稽勳

楊禮 尚文福建建安人改行在吏部稽勳主事

于誥

文

吕[illegible]人

聞質　仲彬湖廬人舉人任陞湖廣參政

劉昱　山東武城人禮科給事中改任歷河南左參政征交阯死於王事

王一寍　稽勳　名唐以字行浙江仙居人進士工部主事陞任改修撰歷禮部左侍郎兼學士直內閣進太子少師贈太子太保禮部

胡誠 湖廣荊州人 舉人
尚書謚文通

二十二年甲辰

鄭誠 文選員外郎陞任 官至行在吏部右侍郎

袁祿 湖廣衡山人 進士

洪熙元年乙巳

鄭俊 驗封

宣德元年丙午

佘可才 考功 直隸銅陵人舉人吏部驗封主事陞任十一年署部事陞左布政

蕭寬 文選 稚容江西吉水人進士選庶吉士與修永樂大典授兵部主事陞任歷湖廣布政使

徐實 文選

蔣昂 稽勳

年						
二年丁未				蕭榮 驗封 本司主事陞任 歐陽哲 考功 廬抒江西泰和人進士任陞河南提學僉事 魏驥 考功 仲房蕭山人舉人太常博士陞任陞南太常少卿行在吏部左侍郎		
三年			楊禮 考功 行在吏部稽勳主事陞任四年署部事			

戊申	四年己酉	五年庚戌
	俞謙驗封	
	陳瑛驗封 瑛一作璞	

六年辛亥	七年壬子

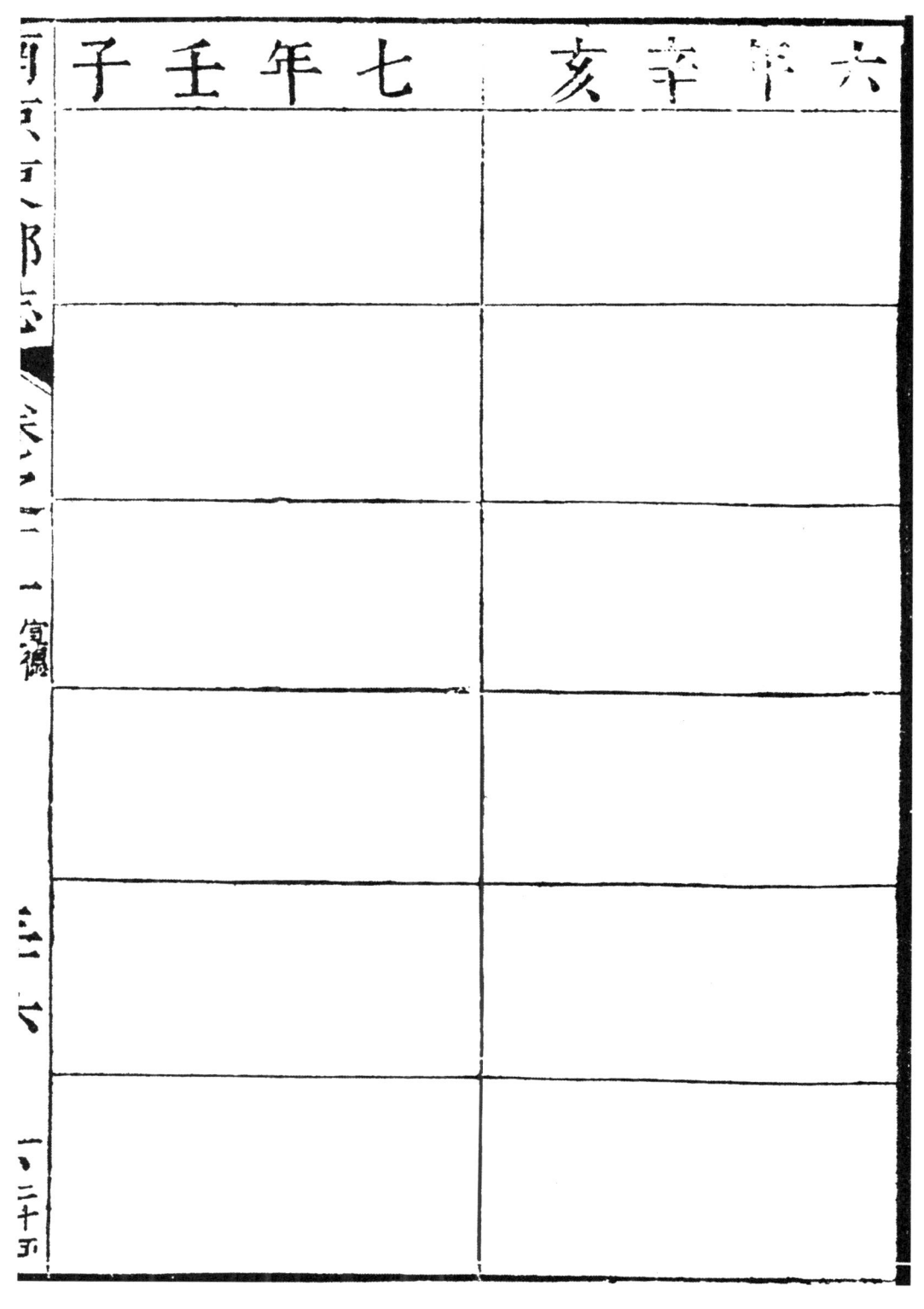

八年癸丑

陳瑛　驗封　本司主事陞任

何源　考功　一名德源字初澄直隸吳江人鄉貢任

九年甲寅

何源　文選　考功員外郎陞任歷陞江西布政

俞隆　文選

蕭暄　文選　江西泰和人進士任陞刑部郎中歷布政使拜禮部尚書

鄒亮　試　克明直隸長洲人[illegible][illegible]況鍾薦擢[illegible][illegible]御史

十年乙卯	正統元年
陸友諒稽勳 文選主事陞任	
吳崖驗封 浙江蕭山人歲貢安樂知州歷任考功改吏部驗封陞鎮江知府	王彥英考功 文選主事陞任
王宣驗封 浙江錢塘人進士 王彥英文選 一作王英福建晉江人進士行人陞任	

丙辰	二年丁巳	三年戊午
沈譓 考功 直隸常熟人解元進士		趙雍 稽勳
		黃順 考功

	五年庚申	四年己未
		黄宗載 戴一作載原名垕字原夫江西豐城人進士吏部左侍郎陞任八年致仕進贈資政大夫
	是年裁革員外郎	
	俞僴 浙江諸暨人進士 驗封	

正統	尚書	侍郎	郎中	主事	司務
六年辛酉		趙新 浙江富陽人鄉舉吏部右侍郎改任仍復吏部右贊尚書		蕭餘慶 考功	
七年壬戌					

八年癸亥	九年甲子
魏驥 左 殷時 考功 行在吏部左侍郎改任陞本部尚書 直隸丹徒人 進士	
	俞宗泰 驗封

十年乙丑	十一年丙寅
	趙雍 稽勳 十二月署部事
李郁 考功 江西豐城人 進士	

十二年丁卯	十三年戊辰
張添賜 文選 俞宗泰 驗封 本司主事陞任	謝　輔 考功 江西樂安人進士歷浙江右布政使
余　安 驗封 陳　律 考功 江西永豐人進士	
陳　勉 進之直隸無錫人歲貢大理司務改任陞工部員外郎致仕	

十四年己巳

魏驥 左侍郎陞任 致仕贈太子少保謚文靖

王彥英 驗封 考功員外陞任陞山西參議

戴瑞 驗封 延美江西浮梁人進士歷吉士授任陞吏部驗封員外郎郎中

王用

周用 稽勳

景泰元年庚午

陸愷 驗封 元之直隸武進人 進士

二年

曹義 應天句容人 進士編修左侍郎陞任

林壁 考功 浙江黃巖人 進士

張鑑 考功 直隸武進人 陞南京戶部郎中

辛未	三年壬申
	孟釗 驗封 河南泌陽人進士陞延平知府
吳文 稽勲 江西崇仁縣人進士 孫紀 監生擢任	夏寅 文選 正夫直隸華亭人進士

四年癸酉

五年甲戌

吳誠 浙江錢塘人進士任改工部虞衡司主事

年	人名
六年乙亥	
七年丙子	范琮 文選
	周旋 考功中禮江西鄱陽人進士
	項麟 文祥浙江仁和人鄉舉授任歷刑部郎中致仕

天順元年丁丑	二年戊寅
鄭泰 景陽直隸舒城人進士南刑部右侍郎改任	蕭璁 勲 左 一作聰孟奎江西泰和人鄉舉禮部右侍郎改任謫湖廣參政
夏寅 稽勲 文選主事陞任歷江西提學副使山東布政	
	何禮 浙江淳安人進士

三年己卯

潘諒 考功 禮部郎中改任

徐紳 文選 河南杞縣人進士

金禮 驗封 敬之浙江秀水人進士

四年庚辰

石瑁 左 信之山西應州人進士福建右布政使陞任陞禮部尚書

章綸 右 大經浙江樂

周旋 文選 考功主事陞任歷按察使

孫而安 驗封 江西豐城人南都察院經歷陞任

五年 辛巳 六年

何禮 考功 本司主事陞任官至兵部尚書
清人進士南禮部右侍郎改任
初名崙

高橙 福建莆田人進士任改戶部主事

周徹 福建莆田人進士任改戶部主事

壬午

七年癸未

金禮 考功 驗封主事陞任吏南京刑部歷泰議

潘琴 稽勳 舜紋浙江景寧人進士授任陞兵部職方司郎中福建興化知府

八年甲申

涂觀 驗封 恒夫江西豐城人進士

姜約 稽勳 人

成化元年乙酉

陞南雄知府

李琮　稽勳　浙江景寧籍錦衣衛人進士

江豫　文選　孟振直隸當塗人進士

二年丙

余觀　文選　驗封主事陞任

車寍　驗封　福建閩縣人

戴春　考功　景元直隸上海人進士

戊	三年丁亥	四年戊子
進士	江豫 文選 本司主事陞任陞知府	黃霖 江西樂安人進士陞福建布政司參議　涂觀 考功 文選改任陞知府予告歸省
	張禹 文選 堯臣直隸江都人進士	

南京吏部志卷之二下 成化 一百八十

五年己丑	六年庚寅	七
		范理 右道 浙江天台人進士南稽勳主事陞任
張翮 稽勳 文選主事陞 任歷右參政		李琮 驗封
徐庸 驗封		周孟中 文選 時可 江西廬陵人進士任

年辛卯	八年
京工部侍郎改任	范理 左 本部右陞
戴春 考功 本司主事陞任陞順慶知府	劉憲 考功 本司主事陞任陞布政司
陞提學僉事布政使副都御史 陸容 驗封 初姓徐字文亮直隸崑山人進士歷浙江參政 劉憲 考功 文綱江西泰和人進士任	黃熙 驗封

十年	九年癸巳	壬辰
	崔恭 完讓直隸廣宗人進士吏部尚書起任兼物叅贊機務仍理部事致仕贈太子少保謚莊敏	
	鄭佳 稽勳 陞廣東右叅議	叅議
	黃用 時用直隸[illegible]真人鄉舉授任作柴閣庠經畫詳整歷兵部郎中	

甲午十一年乙未十三

章綸 左
本部右陞任
改南京禮部

年丙申

左侍郎于　告
贈尚書謚恭毅

十三年丁酉

錢溥　左
原博直隸華亭人進士檢討學士陞任以本部尚書致仕贈太子少保謚文通

黄熙　驗封
本司主事陞任

朱本　驗封
江西樂平人進士

十

朱本　文選
本部驗封陞任

吳瑞　考功
德徵直隸崑山人進士任

四年戊戌

陞工部郎中

諸讓　文選

養和浙江餘姚人進士刑部員外郎陞任陞廣西參議山東參政終養

管達　驗封

升達江西安福人進士

十五年己亥

尹直

正言江西泰和人進士禮部右侍郎改任改南禮部左侍郎歷内閣太子少保兵部尚書謚

王謙

監生

	十六年庚子	十七年辛丑
大學士贈少保謚文和		
	程廷珙 稽勳 獻之江西浮梁人進士	

十八年壬寅	十九年癸卯
王　與　右　廷貴直隸武進人探花編修南京國子監祭酒陞任遷南京戶部左侍郎	
程廷珙　文選　稽勳主事陞任陞叅議歷廣西布政使	
周　鳳　考功　文明湖廣龍陽人進士兵部主事改任	孫　珩　文選　邦玉直隸徐州人進士

年甲辰	二十一年乙巳
俊 福建莆田人進士南兵部尚書改任改南京兵部贈太子少保謚康懿	
	周鳳 驗封 考功主事陞任陞太平知府
夏宗文 驗封 延章原吉孫湖廣湘陰人進士	

二十二年丙午

二

黎淳 右 太樸湖廣華容人狀元修撰吏部右侍郎改任

杜整 文選 思濟浙江平陽人進士吏部稽勳主事陞任陞山東參議歷布政使

湯珍 文選 宗儒順天大興籍浙江秀水人進士

王緝

儲巏 考功

十三年丁未

管達 考功郎中直隸泰州人會元傳臚授任驗封主事陞任署部事陞惠州知府

章顒 稽勳主事江西安仁人進士任

姜英 直隸當塗人任陞廣東左參議

盧勗 汝成廣東東莞人進士陞

廣西太平知府

弘治元年戊申	二年己酉
黎淳 左 本部右改任陞南京禮部尚書贈太子少保謚文僖	
	吳湜 驗封 直隸歙縣人進士工部主事陞任

三年庚戌

王僎 南京戶部尚書改任致仕進階一級贈太子太保謚文肅

王克復 師仁福建福清人進士右副都御史陞任五年致仕

儲巏 文選 考功主事陞任改吏部考功郎中

程溫 驗封 德和湖廣郴陽人進士

黃廣 直隸泰州人

夏崇文 驗封 本司主事陞任陞南通政參議歷南太僕寺卿進右通政

劉勲 稽勲 德光江西泰和人進士陞本司郎中

孫珩 稽勲 文選主事陞任陞廣東參議

蔣浤 考功 惟深應天上元人進士文選改任

四年辛亥	五年壬子
童軒 十一月江西鄱陽人進士右副都御史陞任陞南京禮部尚書贈太子少保	
劉勲 本司主事陞任	龔弘 文選 元之直隸嘉定人進士刑部員外郎改任歷總河都御史工部尚書
李承祖 文選 繼宗山東濟寧人進士	

七年甲寅	六年癸丑
梁璟 延美山西壺縣人進士右副都御史陞任 右	
儲巏 文選改任 考功 程溫 文選改任陞太僕少卿 考功	程溫 驗封主事陞任 文選
黎經 九江廣西陽朔人進士 稽勳	

八年乙卯

張悅 時敏，直隸華亭人，進士。南右都御史陞任，改南兵部尚書，加太子少保，贈太子太傅，謚莊簡。

蔣浤 文選 考功主事陞任，陞江西参議。

莊昶 驗封 孟暘，應天江浦人，進士。檢討，上疏謫，起行人司副，陞任，免歸。天啓二年特賜謚文節。

陸相 驗封 良弼，浙江餘姚人，進士。

陳鎬 考功 宗之，浙江會稽人，進士。禮部主事改任。

李顯 考功 榮宗，湖廣桃源人，進士。戶部主事改任。

九年丙辰

倪岳 舜咨上元人進士編修禮部尚書陞任加太子少保改南兵部歷吏部尚書贈少保謚文毅

十年丁巳

梁璟 左 本部右陞任陞南京戶部尚書

李顒 驗封 考功主事陞任改稽勳陞江西南康知府

陳鎬 稽勳

湯理 時中浙江慈谿人舉人廣西知府

十一年戊午二十年

考功主事陞任陞山東提學副使歷都察院副都御史

楊守阯 右 維立浙江鄞縣人榜眼翰林院侍讀學士陞任

汝泰 考功 其通直隸吳江人進士吏部文選改任

陳元 文選 虞佐浙江會稽人進士

己未

十三年庚申

秦民悅
從化直隸舒城人進士吏部右侍郎陞任改南兵部尚書贈太子少傅謚莊簡

林瀚
亨大福建閩縣人進士編修吏部左侍郎陞任改南

文選
蔡清
介夫福建晉江人進士吏部吉南改任陞提學歷國子監祭酒贈禮部侍郎謚文莊

驗封
黎經
稽勳主事陞任陞四川參議

京兵部尚書
贈太子太保
謚文安

十四年辛酉

陳元 文選 本司主事陞任陞知府
陸相 文選 驗封主事陞稽勳改任陞長沙知府
汝泰 考功 本司主事陞稽勳改任陞永州知府
劉廷策 驗封 臥楊江西安福人進士
李滔 文選 弘本浙江黃巖人舉人

十五年

壬戌	十六年癸亥	十
	楊守阯 左 本部右侍郎任致仕進本部尚書贈太子少保	
	林沂 驗封 福建莆田人進士歷四川左參政	華珏 稽勳 汝和直隸無錫人會魁戶
劉寅 考功 覲陽江西吉水人進士歷河南右參政	沈應經 驗封 德徵浙江餘姚人進士 姚汀 稽勳 惟盈浙江慈谿人進士	顧璘 驗封 華玉應天上元籍蘇州吳
		曹山 四川[illegible]人舉人

七年甲子

縣人進士廣平知縣陞任

余洙 稽勳

宗魯直隸溧陽人進士南京刑部雲南司主事改任

部主事員外郎陞任

鄒韶 稽勳

性之直隸常熟人進士南京刑部員外郎陞任

十八年乙丑

黃珣 右

廷璽浙江餘姚人𣓀服國子監祭酒陞任

田嵩 驗封

景瞻福建晉江人進士任陞知府

正德元年丙寅

李傑 世賢直隸常熟人進士禮部左侍郎陞任改禮部尚書陞太子太保謚文安

黄珣 左 本部右轉

二

王華 德輝浙江餘姚人狀元修撰禮部左侍郎陞任致仕

楊廷和 介夫四川新都人進士詹事兼翰林院學士陞任陞

姚汀 文選 稽勳主事陞任陞知府

季斆 文選 彦文浙江遂安人進士任

年丁卯

以子守仁加新建伯南京兵部尚書

南京戶部尚書歷少師吏部尚書華蓋殿大學士贈太師謚文忠

李旻 右
于陽浙江錢塘人狀元修撰太常寺卿陞任歷本部左侍郎

王韋 考功
欽佩應天江浦人進士選庶吉士授任歷河南提學副使南太僕卿

三

劉忠
司直河南陳留人進士編修前禮部尚書任改吏

王瓚
德藩山西晉州人進士吏部侍郎改任歷戶兵尚書

年戊辰

黃珣
部尚書少傅兼太子太傅謹身殿大學士贈太保謚文肅

加少師太子太師改吏部尚書贈少保謚恭襄

歐陽恂 稽勳
誠之江西安福人進士

四年

本部左侍郎陞任致仕贈太子少保謚文僖

李旻 左
本部右轉

朱恩

丁奉 文選
獻之直隸常熟人進士

崔銑 驗封
子鍾一字仲

己巳

汝承直隸華亭人進士南京右副都御史陞任陞南京禮部尚書

凫河南安陽人進士編修謫起任歷南京禮部右侍郎贈尚書謚文敏

五年

梁儲 叔厚廣東順德人進士編修吏部尚書加太子少保兼翰林學士改任改吏部尚書加少師兼太子太傅華蓋殿大學

羅玘 景明江西南城人進士編修太常卿陞任贈禮部尚書謚文肅初名紀

呂夔 文選 祖邦江西永豐人進士任陞知府

顧璘 稽勳 驗封王事陞任陞開封知府歷南京刑部尚書

王緯 舉人

午

□膺太師諡文康

孫交　右　志同，湖廣安陸人，進士，吏部右侍郎改任

顧珀　考功　載祥，福建晉江人，進士，改兵部，歷南戶部侍郎，贈右都御史

李敩　驗封　文選主事陞任，陞知府，歷官叅攻

歐陽詒　文選　賜之，江西泰和人，進士，工部主事陞任，陞金華、漢陽

詹奎　稽勳　應文，四川巴縣人，進士，任陞南京戶部雲南司郎中

商汝頤　浙江淳安人，舉人，陞南□兵部員外郎，歷叅議

孫交　本部右侍郎陞任，歷戶部尚書、太子太保，贈少保，諡

六年辛未	張潔 榮僖 仲混，廣西平南人，進士，編修，南戶部尚書，改任，改南兵部，加太子少傅	
	歐陽恂 稽勳 知府，歷山東運使 本司主事，陞任，陞肇慶知府 黃衷 考功 子和，廣東南海人，進士，陞湖州知府，歷兵部右侍郎	
七年		
	徐天澤 驗封 惠民，昌平籍，餘姚人，進士，陞知府，致仕	
	尤樾 驗封 宗陽，直隸長洲人，進士	

八年癸酉	壬申
左 儲巏 南京户部侍郎陞任贈尚書謚文懿 石珤 邦彦直隸槀城人進士國子監祭酒陞任選禮部右侍郎歷少保吏部尚書武	
考功 林塾 本司主事陞任浙江右參議	考功 朱衮 子文直隸長洲人進士陞雲南左參議
稽勳 鍾芳 仲實初姓黄廣東崖州人進士編修調陞任 考功 李杲 孟寅直隸宜興人進士	功 林塾 從學福建莆田人進士

英殿大學士贈太保諡文隱改諡文介

九年甲戌

丁奉　驗封
文選主事陞任

邵銳　文選
思抑仁和人會元陞提學僉事歷太僕寺卿贈右副都諡康僖

十

孫需
孚吉江西德興人進士南刑部尚書陞任致仕贈太子太保諡清

羅欽順
允升江西泰和人榜眼編修南大理卿陞任選吏部左侍郎

魏棨　驗封
高儀江西新建人進士行人司副陞任福建右參議

章拯
以道浙江蘭谿人進士授州通判陞任歷副都御史南京工部尚

李廷俊
河南鄭州人舉人

年乙亥

備

鍾芳 稽勳 本司主事陞任

書謚恭惠

萬雲鵬 文選 圖南直隸臨城人進士

黄祺 考功 允吉江西建昌人進士歷雲南布政使

章書 稽勳 弘載江西餘

十一年丙子

尤樾 文選 驗封主事陞任陞太僕少卿

楊璨 驗封 仲玉直隸華亭人進士由知縣陞任

十二年丁丑

千人進士

稽勲

楊叔通

靜修，浙江鄞縣人，進士，南兵部主事，禮刑二部郎中，改任陞湖廣提學副使

考功

鍾芳

稽勲郎中，改任陞浙江提學副使，歷戶部左侍郎

十三年戊寅

胡績宗　孝忠陜西秦安人進士檢討戶部員外陞任陞安慶知府歷右副都御史　封驗

朱　原…安人南京戶部…外郎

十四年己

劉春　仁仲四川巴縣人扮服編修禮部尚書改任復改禮部兼學士管內閣誥敕贈

朱希周　懋忠直隸崑山人狀元修撰侍讀學士陞任改禮部右侍郎

卯	太子太保謚文僖
十五年庚辰	方鵬 文選 時舉直隸崑山人進士兵部職方改任歷浙江參議山西提學副使予告起春坊庶子兼修撰歷南京太常卿
	謝顯 文選 宗文江西安福人進士
	萬雲鵬 驗封 文選主事陞

任陞湖州知府轉參政

十六年辛巳

廖紀 廷陳直隸東光人進士吏部左侍郎陞任改南兵部歷吏部進太子太保致仕贈少傅謚僖靖

章書 稽勳 本司主事陞任陞順慶知府歷布政使

楊璨 考功 驗封主事陞任改兵部武選

陳琛 考功 思獻福建晉江人進士任歷本部郎中

秦儀 象之廣西臨桂人舉人

卷之十一終

年表上卷考正

訂補國初闕佚

朱德潤直隸泰興人洪武五年任侍郎 張昇浙江仁和人 劉元四川長壽人俱洪武六年任員外郎 郭傅浙江會稽人洪武七年任郎中 鄧林廣東新會人洪武九年任主事 范敏河南閿縣人洪武十四年任尚書 韓膺山東膠水人洪武十四年任侍郎 趙瑁河南宜陽人洪武十九年任尚書 鄭昌山西襄垣人 傅友文陝西臨潼人俱洪武二十六年任侍郎昌又先任員外郎 陳宗問浙江鄞縣人洪武三十六年任主事 劉眞浙江山陰人 陳艮福建長樂人俱建文元年任主事 茅大芳直隸泰興人建文元年任侍郎 李厚直隸祁門人永樂元年任主事 張賢陝西鄠縣人永樂十一年

任郎中綠本部司務陞　趙新浙江富陽人正統六年任侍郎　鄭泰直隷舒城人天順元年任侍郎見實錄又其邑志載有天順三年　諭祭南京吏部左侍郎鄭泰文　高橙周徽俱福建莆田人俱天順五年任主事　黄霖江西樂安人成化二年任郎中　黄用直隷儀真人成化九年任司務見邑志有傳　項麟浙江仁和人景泰七年任司務見杭志有傳

已上姓氏官職俱得之實錄並舊表所未載也參攷之則以鄭曉典銓表雷禮國初吏部表王世貞南京吏部表李維楨進士列卿表皆錯見互出間有見他傳記者履歷分明如畫又從其本貫郡邑志求之吏親切總之一一任吏部不謬也而部中

題名碑闕若罔聞文獻之慨可勝道哉今並増入

於表要非率爾妄入矣

無攷不得槩入

李尚思國初侍郎　張徹劉煥歐陽謙國初郎中　奈

亨蕭福國初員外郎　盧文政甄庸李貴昌劉賔倶

國初主事　蔣銘景泰郎中　鄭珪成化郎中

已上亦得之實錄然實錄於紀年之下毎云以某

官某進士某擢南京吏部某官或云以南京吏部

某官某爲某衙門某官耳下無履歴按其人而求

之貢舉考及鄭雷諸表郡邑諸志無所見則爲無據不敢輕入姑存其姓名於此以俟後攷

詳訂舊表訛入

樂鳳韶舊表誤入爲洪武侍郎且列一傳及閣傳文了不言任吏部也部碑原不載鄭雷諸表亦不列閣貫録鳳韶本傳遷轉甚詳益知非是今去之

洪　傎舊表誤入爲永樂五年侍郎云淳安人查淳安志乃名瑛永樂十九年舉進士授刑部主事歷吏部右侍郎卒於官非任本部也諸表亦無載今去之

夏原吉舊表誤入爲永樂侍郎有傳傳文無一字及吏部也部碑及諸表並不載今去之

王　讓舊表誤入爲宣德元年侍郎部碑及諸表原無over查藏本傳之文云是年與黄宗載

同任非吏侍甚明宦蹟不及南也誤在以非爲南耳今去之

李　賢舊表誤入爲正統元年主事有傳傳內且云授南吏部主事改吏部驗封似有履歷及閱實錄則云宣德八年賢以觀政進士奉命往山西河津理蝗歸即授官吏部驗封司主事賢在司有文武誥勅之奏即是年也則非授南部明矣初猶疑信間及遍取憲章吾學獻徵列朝諸編閱其本傳猶然云云又取其本貫鄧州志考之益明今非銓志賢傳亦曉然部稗兩記襲訛舊志傳文遂遺却出差一節而添入南部一轉豈因碑强合乎確然大謬今去之

黎攷別見闕佚

李奐文洪武尚書是浙江會稽人邑志錄吏部侍郎歷兵部尚書改吏部與陳銘同年任舊表通云侍郎歷非也雷表王表於吏部兵部兩失其名

劉仲質洪武尚書是江西袁州人其府志有傳稱曾任吏部也原以禮部尚書調任後改華蓋殿大學士而王表直云繇禮尚改大學士[illegible]失吏部一轉

已上二人舊表革皆載攷實錄亦見而獨不列於部碑不見於諸表故記於此使考者不得因彼之闕而疑此之贅

叅攷別見訛謬

王敏王克已敏浙江仁和人舉賢良克已山西壽陽人舉文學皆洪武中尚書先後履歷分明兩人年數懸絕近有作闕部大臣表刻行於王敏下註云一名克已合為一人大可異

吳琳琳以洪武四年任兵部尚書而六年改本部閣部表則兩部皆失琳名

已上三人舊表明確彼獨失攷耶而北銓志又云琳再任尚書吏爲無據琳致仕家居力農　上何知而嘉之不聞召起也覽者不得因彼之謬而疑此之非

署任試任入表

劉菘以禮部侍郎署吏部尚書尋爲真　翟善以驗封署郎中事主事署部陞侍郎仍掌部事

尚書周時中以郎武知府遙任尚書尚與署同　高遜志以翰林院編修署吏部侍郎

侯庸以給事中署吏部左侍郎

已上皆云署尚書署侍郎是實任以尚書侍郎職

矣非止云署部事者所同也例應入

陳昱以戶部侍郎試尚書嘗定致仕秩昱舊表不註試實錄則云試也　范敏以秀才試尚書見實錄部碑舊表且不載其名

陳敬舊表只見尚書內查實錄洪武十六年以考功郎中試尚書在任六年於二十二年復改爲侍郎今照年次各見而尚書試職久亦應入

余熂以通政司參議試尚書舊表註試非謬鄭曉今言亦云試也實錄不言試今熂傳亦直云拜尚書恐非然

劉逢吉以監生試左侍郎嘗定諸司來朝等法能其職

已上亦實　命以尚書侍郎治事矣例應入

虛署不得槩入

任昂雷表國初尚書查本傳昂原以禮部尚書署部事　凌漢雷表國初侍郎查本傳漢

原以刑部侍郎署部事梁煥張廸見實錄俱給事中俱洪武二十七年署部事錢習禮舊表永樂侍郎查本傳原以禮部右侍郎署部事

已上皆以別衙門官職來署部事虛任而非實衙也王表於尚書列昂於侍郎不列漢習禮舊表則皆不載於尚書侍郎内矣極得今仍之舊表誤入張廸於侍郎在洪武二十七年今去

加贈不混實任

師逵舊表永樂尚書查實錄本傳洪武末逵任本部侍郎永樂初改行在吏侍至十九年復任本部侍郎後以戶部尚書署吏部卒後贈行在吏部尚書且非本部也

許斯温　舊表永樂尚書查本傳止以本部侍郎署部亦終侍郎洪熙初始贈行在吏部尚書

錢　溥　成化年以本郎左侍郎致仕　命加本部尚書雷表入尚書舊表仍列侍郎

楊守阯　弘治時以本部右侍郎轉左致仕　命加本部尚書雷表入尚書舊表仍列侍郎

已上皆　恩典虛銜何得漫入於實任之列今各據其本職入表闕文不必泥舊

舊表正德侍郎中有朱旻查實錄無之遍攷鄭雷王諸表亦不列其人此必因左右方有李旻朱恩而謄寫者率爾遂多一人故其下亦無邑里官資

定當以此二字爲闕文

攷正名字邑里

商　高　洪武尚書部碑舊表作高姓平度人成訐之今依實録及山東志攺商定陶人

王興福　洪武尚書應山人實錄與舊表同雷表獨作時興者邑志時興字興福以字行也

僎　斯　洪武尚書題名作揭姓舊表獨從僎與雷王表合實錄有賜僎斯誥亦僎也

汪　河　洪武侍郎舊表懷寧人今據南畿志攺舒城

程　徐　洪武侍郎表作徐註云一作徐似徐眞而徐疑也竊謂人在顯晦之間姓名易訛程則故元尚書宦跡極顯著元史入　國朝又以侍郎歷尚書實録及傳記皆徐也徐字定訛

詹　同　舊名書字同文後以徵召講論稱旨遇合廼易名同當爲上下志同意非以字行也

李奐文　洪武尚書一作煥雷表王表皆見會稽志斷以奐

侯庸　洪武侍郎舊表云膠水人貢舉考作平度人李表云平度故名膠水也

林弼　洪武郎中閩之龍溪人名弼字唐臣以字行實錄本傳著之甚明及閱龍溪邑志亦相符也舊表誤爲兩人最可異然傳記皆以弼稱而唐臣之名不著故今表仍從弼

楊自立　洪武主事名卓以字行一字子淵閱國初登科錄蓋舉進士已名自立矣

原本　洪武員外河南武陟人見邑志甚確北銓表作元本舊表下註云一作郎原本則其意云郎元本而寫之訛也嘗見一小史云國初故牘稱吳原年洪武原年以爲惡勝國之號而斥之則元本之爲原亦諱義也乃有疑爲截然兩人者益非矣

王性中　洪武五年主事見實錄吏部奏欲改調戶部者即其人也舊表遺中字今補

許斯溫　永樂侍郎吳郡人舊作思雷表亦思又閱許墓銘王汝王撰也是斯汝王與許同時當不謬王弇州撰許小傳與吳郡志小傳無不作斯者斯之爲確無疑也今改正

王一寧　永樂主事本名暦以字一寧行王表見於禮部侍郎內亦一寧今仍舊表其謚之行亦不一舊表與傳記皆謚文通萬姓譜則云謚文定李表云一名以寧

王宗載　正統尚書一作戴雷王表及別見傳記亦皆戴此必有取義非訛字而豐城志則爲載閱李表貢舉考亦皆載今仍舊表姑識之以見兩存

陸　愷　景泰主事武進人舊表作金姓攷其邑志家乘則陸愷爲南吏部主事而有弟曰愉曰怡皆舉科甲愷子簡及第探花家世甚顯豈不言從他姓也今改正

蕭　璁　天順侍郎泰和人舊表作聽貢舉考及雷表王表俱作璁閱泰和志亦同今改正

石　琱天順仍郎貢舉考作月然雷王表及應州志皆琱今從舊

鄧　韶弘治郎中常熟人舊表訛爲韶閱其邑志家乘改正

廖　紀正德尚書他見作玘雷王表則先任南太宰爲玘後任非太宰爲紀豈更名耶然廖傳不及之貢舉考及李表則皆紀也且廖素著於傳記無不紀者今仍舊

讀本部萬考功恭題名記言搜考本司洪永間職官名凡故典及殘碑腐牘無不遍閱乃於舊碑外續得遺缺名氏若干人攷正錯誤名氏若干人乃知文獻蹛跡推敲誠艱一司若爾一部可推所以妄意釐正極力檢求知未易悉也

若劉崧初名楚黄宗載初名垕章綸初名崙羅玘初名紀入仕已改故初名不入表

表内徐容改陸黄芳改鍾是入仕後所復姓也若章綸殁後子孫方復吳姓則不得入表

正定部中轉歷

趙迪　舊表洪武十二年侍郎也部碑同實録則十九年爲郎中二十年爲侍郎今表兩見

栗恕　舊表洪武侍郎查實録本傳實爲尚書而未嘗歷侍郎也部碑且失載今入尚書

正定官資階級

茹瑺　其傳云太子少保兼兵部尚書考之實録未經加宫保當是訛

王一寧　官終太子少師禮部左侍郎兼翰林院學士王表云贈太子太師李表作太子太保

崔恭　成化尚書實録與本傳皆以本部尚書奉勑恭贊機務仍理部事舊表誤云改兵部

倪　岳弘治尚書王表以禮部改南吏部加太子少保贈太保甚確閱其傳文亦合别表作吏部加太子少保贈太保非是舊表又誤爲禮侍陞任今改正

秦民悅弘治尚書查實錄本傳以吏部右侍郎陞本部尚書改南兵部尚書參贊機務甚明舊表誤爲戶部尚書改任轉官又誤爲改兵部今正之

夏崇文弘治郎中實錄云陞南太僕卿通志云終通政使舊表誤爲陞通參太僕卿今改正

劉　春正德尚書原成化丁未榜眼部肆誤爲探花今改正

孫　需正德尚書實錄以南刑部尚書改任本部舊志誤爲吏部侍郎陞任今改正

孫　交正德尚書其初先任本部侍郎實錄云吏部右侍郎調南吏部右侍郎其傳亦云然舊表誤爲戶部右侍改任今正之

參攷部碑異同

廖紀題名記極言國初官名失實而舉尚書數人曰北題名洪武元年二年滕毅也三年趙瑁商暠也四年李信詹同也五年六年皆詹同南題名乃元年二年缺三年爲高暠張銘善四年爲郎本中陳修滕毅五年爲王興福朱斌周時中趙孚堅李仁六年爲呂本吳琳

鄭曉曰南京吏部題名記首高暠洪武三年任次張銘善次郎本中次陳修又次滕毅毅四年任考

之則毅於洪武元年始設吏部時與楊士義等六
人爲六部尚書入見　奉天殿受
高皇帝面諭毅後則趙瑁瑁後則高暠李信詹同同
洪武四年爲尚書兼翰林學士承旨七年出吏部
爲翰林學士承旨呂熙代之題名乃云洪武七年
任非也張郎陳三人並在十三年革中書省後亦
非相繼若洪彜翟善偰斯劉崧以次任題名乃書
偰爲揭有彜無崧　鄭所考正與非題名合但未及高商之訛
雷表亦互異元年滕毅也二年商暠也三年張[illegible]

善王興福郎本中也四年陳修李仁詹同李守道也五年朱斌周時中趙孚堅呂本也六年吳琳也七年王克己盛原輔也八年呂熈趙好德也九年王敏也十一至十八年陳銘張度陳昱俠斯劉崧洪彝范敏阮畯李信陳敬任昻余熂趙琄相次也後數年缺二十五年至三十年則詹徽翟善杜澤茹瑺相次也

王表於洪武中尚書悉同雷表

舊表乃出工、於兩部碑之間夏不合於北題名絕不彷於鄭曾表不知何所證據也竊謂此須考其人實有之否耳年次不必深求欲於二百載下尋討委難正定第須據實錄本年之下有其人在任事蹟即爲真確今表中數人取此印正餘不敢鑿悉依舊表

卷之十一附終

南京吏部志卷之十二

歷官表下

	尚書	侍郎	郎中	主事	司務
嘉靖元年壬午	羅欽順 吏部左侍郎陞任終養起禮吏二部辭贈太子太保謚文莊		林達 考功 志道福建莆田人進士歷都御史	李浙 驗封 邦秀江西南昌人進士仕歷禮部儀制 錢際時 稽勳 濟仲順天通州人進士	

二年癸未

楊旦 晉叔福建建安人進士南京戶部尚書調任改吏部尚書

汪偉 器之江西弋陽人進士檢討南京禮部侍郎改任轉吏部左侍郎

姜清 文選 原甫江西弋陽人進士

謝顯 考功 文選主事陞任陞福建右參議

鄭善夫 驗封 繼之福建閩縣人進士建言廷杖薦起南刑部郎中改任

高第 文選 公次四川綿州人進士刑部湖廣司主事改任

王臬 考功 汝陳直隸金壇人進士戶部主事改任

三年甲申

顏頤壽 天和湖廣巴陵人進士南京戶部禮部尚書改任吏左都御史刑部尚書致太子少保

陳鳳梧 文鳴江西泰和人進士南京右副都御史陞任陞右都御史贈工部尚書

張漢 文選 濯之湖廣安陸人進士歷兵部侍郎

倪廷訓 文選 孟學浙江樂清人進士

高第 驗封 文選主事陞仕陞寧波知府

王臬 稽勳 考功主事陞任陞東昌知府山東按察司副使

酉乙年四

夵希周　禮部左侍郎陞任，乞歸，贈太子太保，謚恭靖

李廷相　夢弼，山東濮州人，探花，由侍講學士陞任，養病

謝善　文選　繼之，江西吉水人，進士

李清　文選　介卿，湖廣能陽人，進士

楊聚　考功　再自武選陞，中復[illegible]

盛應陽　驗封　斯顯，[illegible]吳江人，進士，官至鄉府

趙錦　[illegible]　文卿，順天良鄉人，進士，南戶部郎中，改除，後歷太子少保兵部尚書

五年

胡世寧 左 永州浙江仁和人進士右

王世芳 驗封 濟美直隸太倉州人進士

陳琛 考功 賓少卿歷應天府丞本司主事陞任陞貴州提學僉事

顧夢圭 稽勳 武祥直隸崑山人進士刑部浙江司主事改任

豐坊 考功 存禮浙江鄞縣人進士禮部儀制主事改任禮通州同知

[illegible]		[illegible]		三	[illegible]
丙戌		僉都御史陞任陞刑部尚書加太子少保兵部尚書贈少保諡端敏	南京兵部武選郎中改任陞鎮州知府廣東提學副使		
六年丁亥	**吳一鵬** 南夫長洲人編修禮部尚書以任加太子少保致仕贈太子太保諡文端		**周文興** 稽勳 用寅浙江江山人進士陞光祿少卿	**蔡宗兗** 考功 希淵浙江山陰人進士監丞陞任陞四川提學僉事	

年戊子

湛若水 元明，廣東增城人，進士，編修，南京國子監祭酒，陞任，遷禮部右侍郎，陞南禮部尚書

文選 李源 士達，福建晉江人，進士，戶部主事，終養，起任，陞尚寶少卿

考功 況維垣 翰臣，江西高安人，進士，刑部貴州司主事，歿任

驗封 顧夢圭 稽勳主事陞任，官至參議

稽勳 潘潁 叔愚，浙江臨海人，進士

考功 呂柟 仲木，陝西高陵人，狀元，修撰，謫，陞任，陞

嘉靖

八年己丑

劉龍 舜卿山西襄垣人探花編修南京禮部尚書改任改南京兵部尚書贈太子太保謚文安

胡廷祿 稽勳 元學雲南左衛人進士南京戶部四川司郎中改任陞浙江叅議

張國紀 直隸定遠人舉人陞兵部武選員外郎長蘆運同

南尚寶卿轉北祭酒南禮部右侍郎贈禮部尚書謚文簡

九年庚寅

張邦奇 常甫浙江鄞縣人進士檢討南京國子監祭酒陞任選吏部右侍郎

王邦瑞 文選 惟賢河南宜陽人進士庶吉士刑部員外郎陞任陞陝西提學僉事歷兵部尚書贈太子少保謚襄毅

朱紈 考功 子純直隸長洲人進士兵部武選郎中改任陞江西參議歷右副都御史提督

賀志 子仁[illegible]湖[illegible]人[illegible]歷山西僉

南京吏部志 嘉靖 二十四年八

南京吏部志 卷十三 王

江浙閩三省軍務免歸公請予謚

李廷相 復任遷兵部右侍郎歷太子賓客戶部尚書兼學士贈太子太保謚文敏

李清 文選 本司主事陞任歷貴州左布政使

況維垣 文選 考功主事陞稽勳改任改考功

陳克昌 考功 德貽浙江仁和人進士

顧陽和 考功 志仁福建莆田人進士

十年辛卯

十一

潘旦 字周直隸婺源人進士南

石簡 字廉伯浙江寧海人進士監

文選 梁懷仁 字宅之福建晉江人進士

馮[illegible] 字[illegible]夏人進士吏部員外郎陞任

驗封 劉應授 以中江西泰和人進士九廟功成由工部陞任歷福建副使

年　壬辰

[illegible]大理寺卿陞任選刑部侍郎歷兵部左侍郎兼僉都總督兩廣

趙文華 驗封　元實浙江慈谿人進士歷少保兼太子太保工部尚書

知府歷右副都御史

楊言 文選　惟仁浙江鄞縣人進士刑部廣東司郎中改任

顧陽和 稽勳　考功主事陞任陞四川提學僉事

惲釜 稽勳　號之直隸武

十二年癸

嚴嵩
維中江西分宜人進士南禮部尚書改任召入禮部尚書兼翰林學士入閣歷少師兼太子

進人進士南京戶部廣東司郎中改任

況維垣 考功
文選改任

吳世澤 驗封
宗仁福建連江人進士陞參議

沈大楠 文選
本司主事陞

二 嘉靖

沈大楠 文選
廷村直隸崑山人進士

曹懋賢 文選
民獻江西鉛

二

二十八

十三年甲

巳

太師吏部尚書華蓋殿大學士後削籍

任陞延平知府

倪緝 考功
維熙福建閩縣人進士陞浙江叅議

山人進士庶吉士改任改兵部職方

蔡雲程 稽勳
亨之浙江臨海人進士南武庫郎中改任陞提學副使歷刑部尚書贈太子少

何昜
湖廣枝江人舉人陞南京戶部員外郎

十四年乙未

林文俊
汝英福建莆田人進士南京禮部右侍郎改任贈南京禮部尚書謚文修

張寅 文選
仲明直隸太倉衛籍湖廣江陵人進士御史謫陞任陞春坊司直兼翰林院檢討

吳子孝 文選
純叔直隸長洲人進士庶吉士謫陞任歷湖廣叅議

陳克昌 驗封
考功主事陞任

顧中孚 驗封
伯貞直隸華亭人進士

十五年丙申

湛若水 南禮部尚書改任改南京兵部尚書贈太子少保諡文簡

費寀 千和鉛山人進士編修南禮部右侍郎陞任歷少保兼太子太保禮部尚書諡文通

楊一謨 文選 世文福建閩縣人進士

周延 考功 南喬江西吉水人進士南主客郎中改任陞布政司參議

徐瀠 考功 景禹浙江淳安人進士通判陞任

十六年丁酉	十七年
	徐濙 稽勳考功主事陞任陞知府 鄒守益 考功
朱希阜 稽勳司直隸崑山人舉人	

嘉靖

戊戌

十八年

聞淵

靜中浙江鄞縣人進士南刑部尚書改任改刑部加太子少保歷吏部贈少保謚莊簡

謙之江西安福人會元探花南主客郎中改任司經局洗馬兼侍讀歷國子監祭酒贈禮部侍郎謚文莊

顧中孚　文選　驗封

驗封主事陞任歷貴州叅議

陳世甫　驗封

汝隣直隸定遠人進士

李憲卿　驗封

廉夫直隸崑山人進士

己亥

章衮 考功
汝明，江西臨川人，進士，南京武選郎中改任，陞陝西提學副使。

十九年庚子

楊一謨 稽勳
文選主事陞任，陞廣東參議。

余胤緒 考功
思孝，湖廣應城人，進士，考功郎中起任。

彭希賢 文選
及夫，福建莆田人，進士。

薛應旂 考功
仲常，直隸武進人，會魁，九江學博陞任。

陞南京通政司右叅議歷戶部右侍郎

二十年辛丑

張治 文邦湖廣茶陵州人會元編修學士兼右諭德陞任改吏部右侍郎

李樂 文選 和仲湖廣盧溪人進士南京戶部浙江司郎中改任陞河南左叅議

白悅 驗封 貞夫直隸武進人進士後

府尹歷改任

二十一年壬寅

許成名 思仁山東聊城人進士編修太常卿陞任歷禮部左侍郎

趙承謙 文選 德光直隸常熟人進士贛州推官陞任

二十

張邦奇 禮部尚書改任改南兵部贈太子太保謚文定

李憲卿 驗封 本司主事陞任陞江西參議歷都御史

二年癸卯	二十三
宋景 以賢江西奉新人進士前工部尚書改任改南兵部歷左都御史贈太子少保謚莊靖	
	薛應旂 考功 本司主事陞北稽勳改任謫建昌通判歷浙江提
	殷邁 驗封 時訓南京留守右衛人進士戶部山東司主事改任

甲辰年

學副使

皇甫汸 稽勲
子循直隸常熟人進士南京工部營繕員外郎陞任陞雲南按察司僉事

廖天明 考功
敬之江西泰和人進士刑科給事中陞任

二十四

唐龍
虞佐浙江蘭谿人進士南京刑部尚書改任改兵部尚書贈少保

劉天授 文選
可全江西萬安人進士郎中論陞任陞承天知府歷布政使

萬恭 文選
肅卿江西南昌人進士

史褒善 考功

劉顯道
子行直隸南皮人舉人

年

乙巳

謚文襄

張潤

汝霖山西臨汾人進士工部尚書調任改戶部贈太子少保謚恭肅

趙承謙 階勳

文選主事陞任陞閔東參議

廖天明 考功

本司主事陞任陞邵武知府歷雲南副使

文直直隸開州人進士御史謫陞任

史褒善 驗封

楊繼盛 驗封

二

十五年丙午

考功主事陞任

仲芳直隸容城人進士任陞兵部車駕員外郎劾仇鸞謫陞武選員外郎劾嚴嵩被禍追贈太常少卿謚忠愍

二十六年

萬恭 驗封 文選主事陞任

鄭曉 考功 窒甫海鹽人

丁未

進士文選郎中謫陞任遷尚寶丞

殷邁 文選

驗封主事陞任副使歷南禮部侍郎

二十

張治

吏部左侍郎兼學士陞任召爲禮部尚書文淵閣大學士加太子太保贈少保謚文隱改文毅

張堯年 文選

原東浙江慈谿人進士工科都給事中謫陞任陞河南副使歷布政使

何遷 文選

懋益湖廣德安人進士吏部主事謫陞任

七年戊申

余文獻 驗封 伯初，江西德化人，進士

楊豫孫 考功 幼殷，直隸華亭人，進士

史褒善 考功 驗封，改任陞副使，歷操江僉都，南大理卿

何遷 考功 文選主事陞任，陞南京光

塗澤民 文選 志伊，四川瀘州人，進士

二十

王學夔 一卿，江西安福人，進士

八年乙酉	一丨九十
禮部尚書改任改南兵部贈太子少保謚莊簡	屠楷 良植廣西臨桂人進士南工部尚書改任改南兵部尚書贈太子少保[illegible]
祿太僕少卿歷南京刑部侍郎	驗封 萬恭 起復任 稽勳 洪朝選 汝尹福建同安人進士戶

戊戌　二　丁　卄　辛　癸

嘉靖

部郎中改任歷四川提學副使歷刑部侍郎

十五

黃甲　首卿南京興武籍江西上猶人進士　驗封

二十

晏思獻　及之廣西平樂人舉人

三十一年壬子

潘潢 薦叔直隸婺源人進士南工部尚書改任改南兵部贈太子少保諡簡肅

楊守魯 考功 允得彭城衛籍湖廣長沙人進士

十三

周延 南京右都御史陞任改南京兵部尚書都察院左都

茅瓚 邦獻浙江錢塘人狀元國子祭酒陞任歷太子賓客

杜拯 文選 子道江西豐城人進士刑部浙江司郎中調陞任陞

盛唐 文選 原陶浙江嘉善人進士御史調陞任陞南京禮部儀

二年癸丑

御史加太子
少保贈太子
太保謚簡肅

吏部右侍郎
翰林院學士

廣東叅議歷
副都御史起
應天府尹大
理寺卿

金立敬 驗封
中夫浙江臨
海人進士南
車駕主事陞
任陞福建叅
議提學副使
歷工部左侍
郎

涂澤民 稽勳
文選主事陞
任歷副都御

制郎中。

趙貞吉 文選
孟靜四川內
江人進士編
修中允兼司
業諭陞任

三十二年

使贈兵部侍郎

洪朝選 考功
稽勳改任陞四川提學副使歷任刑部左侍郎

李璣
邦在江西豐城人進士編修國子監祭酒陞任陞南京禮部尚書

趙貞吉 文選
本司主事陞任陞南光祿少卿歷禮部尚書文淵閣大學士加太子太保贈少保謚文肅

楊豫孫 文選
考功主事陞任陞禮部祠祭員外郎陞中湖廣提學副使河南參政太僕太常少卿僉都御

甲寅	三十四年
	王崇慶 德徵直隸開州人進士南禮部尚書改任致仕贈太子少保
萬恭 考功 驗封改任陞南京光祿少卿歷兵部右侍郎起河道都御史	
	丘有嵓 文選 子體福建晉江人進士 楊經 驗封 子正雲南左衛籍直隸盧龍人進士

南京吏部志 卷二十 嘉靖 十七

乙卯

楊行中 維恒順天通州人進士南京工部尚書改任致仕

秦紡 考功 鳴和浙江慈谿人進士

三十五年丙辰

鄭曉 吏部右侍郎陞任遷都察院右都御史兼兵部右侍郎歷刑部尚書贈太子少保謚端簡

尹臺 崇基江西永新人進士編修少詹事兼翰林院學士陞任陞南京禮部尚書

楊守魯 文選 考功主事陞任陞江西參議布政使

楊經 稽勳 驗封主事陞任陞成都知府

楊載鳴 考 虛卿[illegible]和人進[illegible]部文選[illegible]簡陞任[illegible]

三十六年丁巳

王用賓 允典陝西咸寧人進士編修太子少保禮部尚書兼學士改任加太子太保致仕謚文簡

阮文中 考功 用和江西南昌人進士南京兵部員外郎陞任陞湖廣副使太僕少卿右副都御史贈兵部右侍郎

高[illegible] 淳府直[illegible]亭人進[illegible]官禮部主[illegible]陞任寺告

楊載鳴 考功 驗封主事陞任陞四川僉事廣東提學副使歷通政司通政

三十七年戊午	三十八年
	秦鈁　考功主事陞任陞湖廣副使
	驗封程大賓　汝見山歙縣人進士
	考功陸墍　希成浙江平湖人舉人
	集

己未	三十九年庚申	四十年
	丘有嵩 文選 本司主事陞任改考功	
	謝　封 文選 天錫直隸無爲州人進士江西貴溪知縣陞任	桂枝揚 驗封 江西德安人進士

四十一年壬戌	辛酉
文選 蔡國珍 汝聘，江西奉新人，進士。南京刑部郎中改任。調考功。 考功 丘有崇 文選改任。陞南京光祿少卿，歷光祿少卿、應天府丞。	
驗封 周之屏 伯卿，湖廣湘潭人，進士。溧水知縣陞任。 考功 朱潤身 元意，應天江寧籍，揚州泰興人，進士。	

四十二年癸亥

程大賓 稽勳

考功主事陞任陞浙江叅議雲南提學副使歷貴州按察使

南軒 考功

叔後陝西渭南人進士庶吉士吏部文選郎中任陞四川副使

袁大誠 文選

叔正浙江鄞縣人進士歷御史推官陞任

四十三年甲子	四十
潘晟 思明，浙江新昌人，榜眼，南國子監祭酒陞任	瞿景淳 師道，直隸常熟人，榜眼，左諭德、侍講學士，太常卿陞
驗封 朱潤身 考功主事陞任，陞雲南僉事，歷兵部郎中	文選 袁大誠 本司主事陞任，陞福建僉事
考功 蔡悉 士善，直隸合肥人，進士，常德推官陞任	考功 許孚遠 孟中，浙江德清人，進士，工部主事改任，遷吏部稽勳
	張遂 更名緒，字無意，湖廣漢陽人，經魁，國子學正陞任，陞

四年乙丑

任選禮部左侍郎兼學士
贈禮部尚書
謚文懿

沈桐 驗封 時秀浙江歸安人進士南京禮部儀制郎中改任改考功

周之屏 稽勳 驗封主事陞任吉安知府河南提學副使歷江西左布政

蔡國珍 考功 文選改任陞福建提學副

嘉靖

南[illegible]外郎

四十五年丙寅

使歷本部尚書

曹一鳳 考功 伯儀山東安丘人進士南京禮部郎中改任陞河南副使

陳懋觀 文選 孔賓福建長樂人進士兵科給事中謫陞南京兵部車駕主事陞任陞廬州知府

鄒國儒 驗封 醇甫浙江嘉興人進士刑部主事改任

袁尊尼 考功 魯望直隸長洲人進士南

京禮部儀制司主事改任

隆慶元年丁卯

毛愷 達和浙江江山人進士南京禮部尚書改任遷刑部尚書	裴宇 子太山西澤州人進士南京禮部右侍郎改任歷南京工部尚書	孫鑨 文選 文中錦衣籍餘姚人進士由武選郎中養病改任陞南尚寶卿	項篤壽 文選 子長浙江秀水人進士南京禮部儀制主事改任	
劉采 與質湖廣麻城人進士工部尚書改任轉南京兵部尚書贈太子少保謚端簡	鄭世威 中孚福建樂安人進士右副都御史改任遷刑部右侍郎	鄒國儒 驗封 本司主事陞任	蔡悉 驗封 考功養病補武選疏改任予告	

二年戊辰

吳嶽　汝喬山東汶上人進士南禮部尚書改任轉南兵部尚書贈太子少保謚介肅

林燫　翰孫字貞恒福建閩縣人進士吏部右侍郎兼學士改任歷南京禮部尚書贈太子少保謚文恪

顧闕　子良湖廣蘄州人進士南京禮部主客郎中起任陞陝西布政司參議　稽勲

李棠　考功

唐之燦　道宣廣東南海人舉人南京國子監學正陞任

三年己巳

隆慶

叔思湖廣長沙人進士禮部主客主事起歷任陞南京通政參議歷右副都御史

汪宗伊 文選

子衡湖廣崇陽人進士兵部武選郎中起任陞尚寶少卿改南京太常少卿歷南京吏部尚書

二十二

聶廷璧 文選

粗雍江西金谿人進士江陰知縣陞任歷禮部員外郎河南僉事歷副使

二百四十五

四年庚午

王本固 子民直隸邢臺人進士吏部左侍郎陞任丁告

袁尊尼 考功 本司主事陞任陞山東提學副使

傅良諫 驗封 以信江西臨川人進士會稽知縣陞任

張明正 文選 公南直隸華亭人進士南主客郎中改任陞尚寶南副使歷南京太常寺卿

池浴德 考功 仕晉福建同安人進士改吏部稽勳陞文選郎中陞太常寺少卿

五年辛未	傅良諫 稽勳 驗封主事陞任歷廣東副使
	蔡悉 考功 驗封養病起任陞南禮部郎中歷光祿寺丞告病起南尚寶卿
	項篤壽 文選 原本部文選養病起任
六年	李得陽 稽勳 伯英直隸廣德州人進士南京戶部江
	施策 考功 楙陽直隸無錫人進士禮部祠祭司主

壬申

西司郎中改任陞江西九江知府歷巡撫湖廣右僉都御史

項篤壽　考功
文選主事陞任丁艱除兵部職方陞廣東叅議

鄭宣化　驗封
行義南京龍江左衛人進士南兵部郎

事改任終養除禮部陞員外郎中尚寶少卿歷太僕寺卿

劉伯生　文選
性甫湖廣孝感籍江西臨川人進士廣平知縣陞任

萬曆元年癸酉

駕司郎中改任

李棠 由南京兵部右侍郎改任乞歸

殷登瀛 驗封 子登直隸宜城人進士南京禮部儀制郎中改任歷金華知府致任

鄭宣化 考功 驗封改任丁艱除兵部武選司陞邵武知府

南京戶部尚書　卷之二　二　三

二年甲戌

劉光濟　憲謙直隸江陰人進士南工部尚書改任南京兵部尚書

翁大立　儒參浙江餘姚人進士歷部左侍郎管部刑部右侍郎事改任歷南京禮兵工尚書
一字道生

張振之　文選　仲起直隸太倉人進士御史南京兵部車駕司員外陞任陞江西吉安府知府歷浙江副使

徐大任　文選　重夫直隸宣城人進士南京工部營繕司主事改任

李學禮　稽勳　子立直隸潁州人進士南京戶部湖廣司員外陞任陞陝西參議歷四川副使

江以東 考功

貞伯直隸全椒人進士南虞衡郎中改任陞江西提學副使

張問明 稽勳

子明山西衡氏人進士南工部郎中改任陞開封知府

許孚遠 文選

木部考功主事調吏部歷

三年乙亥

陞在告服闋補兵部陞建昌知府歷兵部左侍郎贈南京工部尚書諡清簡

徐大任 稽勳

文選主事陞任陞河南參議歷南工部右侍郎

雒遵 文選

道行陝西涇陽人進士吏

沈應文 文選

徵甯浙江餘姚人進士山東青州府推官陞任

朱尚賓

用予江西饒州府德興人舉人南京翰林院孔目陞任

四年丙子

潘晟 府禮部尚書陞任改禮部尚書太子太保武英殿大學士

考功 陸志孝 仁和浙江平湖人進士刑部主事告改任

科都給事中改任陞尚寶司丞歷巡撫四川右僉都御史

驗封 傅良諫 稽勳郎中改任陞崇慶知府歷山東參政

文選 陸志孝 考功司主事陞任歷延平知府

五年丁丑

顧大典 稽勳
道行直隸吳江人進士南京兵部武選司主事陞山東副使歷福建提學副使

俞嘉言 考功
彰甫浙江餘姚人進士江西進賢知縣陞任

荆光裕 考功
孝啓直隸丹陽人進士南京刑部陝西司郎中調任陞雲南提學

六年戊寅

趙錦 元樸浙江餘姚人進士南禮部尚書改任遷左都御史晉太子少保兵部尚書諡端肅

副使

沈應文 文選 本司主事員外陞江西副使

王鼎爵 驗封 家馭[illegible][illegible]太倉人進士禮部主客司郎中改任陞河南提學副使

周光鎬 文選 國雍號東潮陽人進士南京戶部雲南司主事改任

萬曆

七年己卯

汪宗伊　繇戶部尚書改任。早告

王雲鷺　考功　河南夏邑人。南禮部郎中調任。未赴，憂歸。歷饒州知府

八年庚辰

何寬　汝爾，浙江臨海人。進士。南刑部尚書改任

李己　考功　子復，河南磁州人。進士。工南刑部郎中改任。陞南尚寶卿、應天府丞，歷保定僉都御史

九年辛巳	十年
	趙賢 良弼河南汝陽人進士吏部左侍郎陞任
周光鎬 驗封 文選主事陞任陞順慶知府歷區夏延撫大理寺卿 俞嘉言 驗封 考功主事陞任丁憂補兵部郎中陞蘇州知府	劉懋中 考功 文選主事陞任 李化龍 驗封
劉懋中 文選 可參直隸魏縣人進士河南唐縣知縣陞任	俞霑 文選 特澤直隸宜興人進士浙江台州府推官陞任

壬午	十一年癸未
	畢鏘 廷鳴直隸石埭人進士南京工部尚書改任歷戶部尚書加太子少保
于田直隸長垣人進士南營繕郎中改任陞河南提學僉事歷少傅兼太子太保兵部尚書贈太師	考功 屠謙 子益浙江平湖人進士吏部文選主事謫陞南京兵部員外郎陞任陞山東提學副使
考功 李學詩 可言四川成都人進士湖廣應城知縣行取陞任	考功 魏允貞 懋忠直隸南樂人進士御史謫陞任
	江學詩 子言直隸蒙強籍江西彭澤人舉人歷翰林院孔目陞吏部司務走任

十二年甲申

文選	稽勳	考功
李學詩 考功主事陞任陞濟南府知府	魏允貞 考功主事陞任陞光祿寺丞歷通政巡撫山西右副都御史公請予謚	陳文衡 惟平江西鄱陽人進士御史謫陞南京工部改任

王弘誨 紹傳廣東定安人進士南京國子監祭酒陞任改禮部歷南京禮部尚書

程淡 斯成四川瀘昌籍崇寧人舉人南京國子監學錄陞任

十三年乙酉	丘舜　懋實山東諸城人進士刑部左侍郎陞任贈太子少保謚簡肅	海瑞　國開廣東瓊山人舉人南僉都御史陞任陞南京都察院右都御史贈太子少保謚忠介	郭惟賢 稽勳　哲卿福建晉江人進士御史謫陞南京戶部主事陞任	
十四年	李世達　子成陝西涇陽人進士吏部左侍郎陞任改南兵部歷太子少保御史贈	姜寶　廷善直隸丹陽人進士刑部右侍郎改任陞南京刑部尚書	郭惟賢 考功　稽勳郎中調任陞尚寶司丞歷都察院左副都御史公請予謚	孫繼先 考功　龍甫山西孟縣人進士御史謫陞南刑部主事改任在告

丙戌

太子太保諡敏肅

何源 仲深江西廣昌人進士大理寺卿陞任歷刑部左侍郎贈右都御史

劉世亨 驗封 以進江西臨川人進士吏部考功郎中謫陞南京刑部郎中改任

陳文衡 稽勳 考功主事陞任陞廣東副使歷廣西右布政使

朱廷益 文選 汝虞浙江嘉興人進士南儀制主事改任

徐秉正 考功 朝直江西南昌人進士南工部虞衡主事改任

二萬曆

三一

一

三廿

十五年丁亥

袁洪愈 抑之，直隸長洲人，進士。南禮部尚書，改任，乞歸，加太子少保，贈太子太保，謚安節。

朱廷益 考功 文選主事，陞任，陞江西提學僉事，歷南通政司參議。

錢士完 文選 惟凝，浙江歸安人，進士。南京兵部車駕司主事，改任。

詹景鳳 東圖，直隸休寧人，舉人。南京翰林院孔目，陞任。

徐秉正 驗封 考功主事，陞任，陞福建參議，歷陝西參政。

周應治 考功 君衡，浙江鄞縣人，進士。江西分宜知縣，陞任。

馮景隆 稽勳 叔熙，浙江山陰人，進士。給

事中謫陞南車駕郎中改任陞江西副使改提學歷參政

十六年戊子

楊成 汝大直隸長洲縣籍無錫縣人進士南禮部尚書改任改南兵部致仕贈太子太保謚莊簡

趙志皐 汝邁浙江蘭谿人探花詹事府掌任陞禮部尚書歷少傅太子太傅建極殿大學士謚文懿

譚希思 文選 子誠湖廣茶陵人進士南職方主事陞任陞尚寶司丞歷四川僉都御史

十七年己丑	十八年
陸光祖 嘉興浙江平湖人進士南刑部尚書改任改吏部尚書贈太子太保謚莊簡	孫鑨 吏部左侍郎陞任改吏部尚書贈太子太保謚清簡
	羅萬化 一甫浙江會稽縣人狀元南禮部右侍郎起任改吏部左陞禮部尚書贈太子
湯聘尹 考功 國衡直隸長洲人進士給事中參議謫陞南京刑部郎中調任陞廣西副使	錢士完 驗封 文選主事陞任
	羅朝國 文選 維禎江西新建人縣直隸青浦知縣陞任改吏部歷陞操江都御史刑部尚書

庚寅　十九

少保謚文懿

蔡時鼎 驗封
台南福建漳浦人進士御史謫陞南刑部主事改任陞南祠祭司郎中

俞雷 考功
文選主事陞任陞大名兵備副使歷福

劉日升 文選
壽南江西廬陵人進士南兵部車駕主

年　辛卯

建按察使

周應治　文選

考功主事陞任陝山東提學僉事廣東參議湖廣副使

陸長庚　稽勳

元白浙江平湖人進士北刑部湖廣司郎中改任陞湖廣參議歷南通政司通政使

事改任

二十年壬辰

溫純 景文陝西三原人進士戶部侍郎起任改工部歷都察院左都御史加太子太保公請予諡

張一桂 稚圭河南祥符人進士太常卿陞任改禮部右歷左侍郎

錢士完 考功 驗封郎中調任陞光祿寺丞南太僕寺卿

潘士藻 驗封 去華直隸婺源人進士歷御史謫陞任改尚寶司丞陞本司少卿

劉元震 元東直隸任丘人進士南禮部右侍郎改任改禮部右歷吏部左掌詹事府事

王永盈 稽勳 汝直浙江烏程人進士南車駕員外調任歷廣東參政

葉茂才 文選 華南直隸無錫人進士南營繕主事改任

劉日升 驗封 文選主事陞任陞尚寶司丞南太僕寺卿應天府尹

安希范 驗封 小范直隸無錫人進士北

精膳主事改任

葉茂才 文選 本司主事陞任養病補禮部郎中歷陞太僕少卿今太常卿

林汝詔 考功 君綸福建漳浦人進士永州府推官陞任

二十一年

陳有年 登之浙江餘姚人進士南院右都御史陞任改吏部尚書贈太子太保謚恭介

鄧以讚 汝德江西新建人會元探花編修司業祭酒南禮部侍郎陞任改禮部侍郎掌翰林院吏部

崔斗瞻 稽勳 文起河南輝縣人進士南虞衡主事陞任歷四川參政

蔣時馨 考功

黃師文 文選 繼周四川富順人進士南刑部湖廣司主事改任

劉師尹 仲覺江西安福人舉人南國子監學錄陞任

癸巳

右侍郎兼侍讀學士尋告謚文潔贈尚書

德夫福建漳平人進士南右寺正陞任陞尚寶司丞吏部郎中

陳道亨 考功 孟起江西新建人進士南武庫郎中調任

林震 懋勲 寅侯廣東增山人進士南戶部貴州司郎中調任陞

二十	
蔡國珍 本部郎中提學副使參政按察使布政使都御史陞任韓	
劉楚先 子良湖廣江陵人進士南禮部侍郎改任陞禮部左教習庶吉士	
	廣西參議四川副使
	陳所蘊 選 子有直隸上海人進士南刑部郎中調任陞湖廣參議山西按察使南太僕少卿
饒一伸 驗封 抑之江西進賢人進士南工部主事改任	

二年甲午

吏部尚書

起吏部左仍教習歷禮部尚書

曾朝節　直隸湖廣臨武人探花南禮部侍郎改任轉禮部右歷禮部尚書

二十

吳華　考功　子實福建漳浦人進士南儀制郎中調任陞尚寶司丞歷南光祿卿南通政使

李㦃　文選　景顏湖廣嘉魚人進士衢州府推官陞任補禮部主事改光祿寺寺丞歷南太

三年乙未

黃師文 稽勳
文選主事陞
任陞廣東參
議陝西副使

周汝登 驗封
繼元浙江嵊
縣人進士南
武庫司郎中
調任陞廣東
僉事歷南尚
寶司卿今任
光祿寺卿

僕少卿

二十四年丙申

蔡獻臣 文選
體國福建同安人進士南車駕郎中調任丁艱補儀制郎中陞常鎮參政加按察使今任光祿少卿

二十

楊起元
貞復廣東歸善人進士南禮部右侍郎陞任改吏部

陳其志 驗封
士衡福建莆田人進士南車駕郎中調任改禮部郎

謝一梗
伯廸江西安福人舉人翰林孔目陞任

五年丁酉		右侍郎兼侍讀學士	中 蔡杲 考功 弘中福建漳浦人進士南車駕員外陞任陞光祿寺丞歷尚寶司少卿		
二十	曾同亨 于野江西吉水人進士工部尚書加太子少保起任辭不赴	李廷機 爾張福建晉江人榜眼少詹事陞任改禮部右侍郎陞禮部尚書	林汝詔 文選 考功主事陞任陞浙江叅議	陸彥楨 考功 以盈直隸華亭人進士南行人司副陞任	

六年戊戌		兼東閣大學士加太子太保尋告
	陳道亨 驗封	考功養病起任陞湖廣叅政歷山東右布政使任總督河道工部左侍郎兼右僉都御史今南兵部尚書
	許汝魁 文選	養眞江西湖口人進士直隸上海知縣陞任
二十七年	趙煥	初名官字文光山東掖縣人進士刑部尚書在告起南右都御史陞任歷工刑
	吳中明 文選	知常直隸歙縣人進士南禮部儀制郎中調任陞廣東副使調河南提學歷延

己亥	二十八年庚子
吏三部尚書	
撫廣西右僉都御史	許汝魁 稽勳 文選主事陞任陞湖廣副使轉大名兵備河南左布政歷光祿卿南通政使
	陳于王 文選 伯褒浙江嘉善人進士南虞衡主事改任陞禮部郎中歷湖廣副使四川按察使 張鶴鳴 考功 元平河南潁川衛籍直隸潁州人進士

二十九年辛丑

南武庫主事改任

張迎 文選 禮州福建惠安人進士前武庫郎中調任養病起本部考功司予告起尚寶丞

徐必達 驗封 德夫浙江嘉興人進士溧水知縣歷任

張鶴鳴 考功 本司主事歷任改禮部郎中今任太子太保兵部尚書

畢懋良 文選 師皐直隸歙縣人進士江西萬載知縣歷任

萬曆三十乙巳

三十年壬寅

曾同亨 再以吏部起任予告加太子太保公請予謚

閔廷甲 文選 元甫湖廣蘄水人進士北文選主事調南屯田主事陞任

蕭瑞麟 子仁江西吉水人舉人南翰林孔目陞任湖北都察院陞刑部員外郎

三十一年癸卯

葉向高 進卿福建福清人進士改禮部侍郎改任陞禮部尚書兼東閣大學士加太子太保進文淵閣今任中極殿大學士少師兼太子太師吏部尚書

畢懋良 文選主事陞任改禮部郎中陞浙江提學副使歷轉今任應天府尹

徐必達 驗封主事陞任陞光祿寺丞歷應天府尹轉任提督操江都察院右僉都御史今任南兵部侍郎

驗封 李光祖 繩伯江西南昌人進士南祠祭主事改任

考功 董可威 □甫山東益都人進士衛輝府推官陞任

驗封 胡汝政 子德四川井研人進士湖廣攸縣知縣陞任改禮部

文選 韓倩甫 與之□□□州人□□□國子學正□任陞南戶部員外郎中□州知府

三十二年甲辰

王事調北考功歷文選員外

徐大用　文選　行甫南直隸丹徒人進士南虞衡主事改任

陳邦瞻　稽勳　德遠江西高安人進士南職方郎中調任陞浙江參政湖廣右布政今任兵部左侍郎

趙邦柱　文選　安甫湖廣咸寧人進士南禮部郎中改任陞南光祿

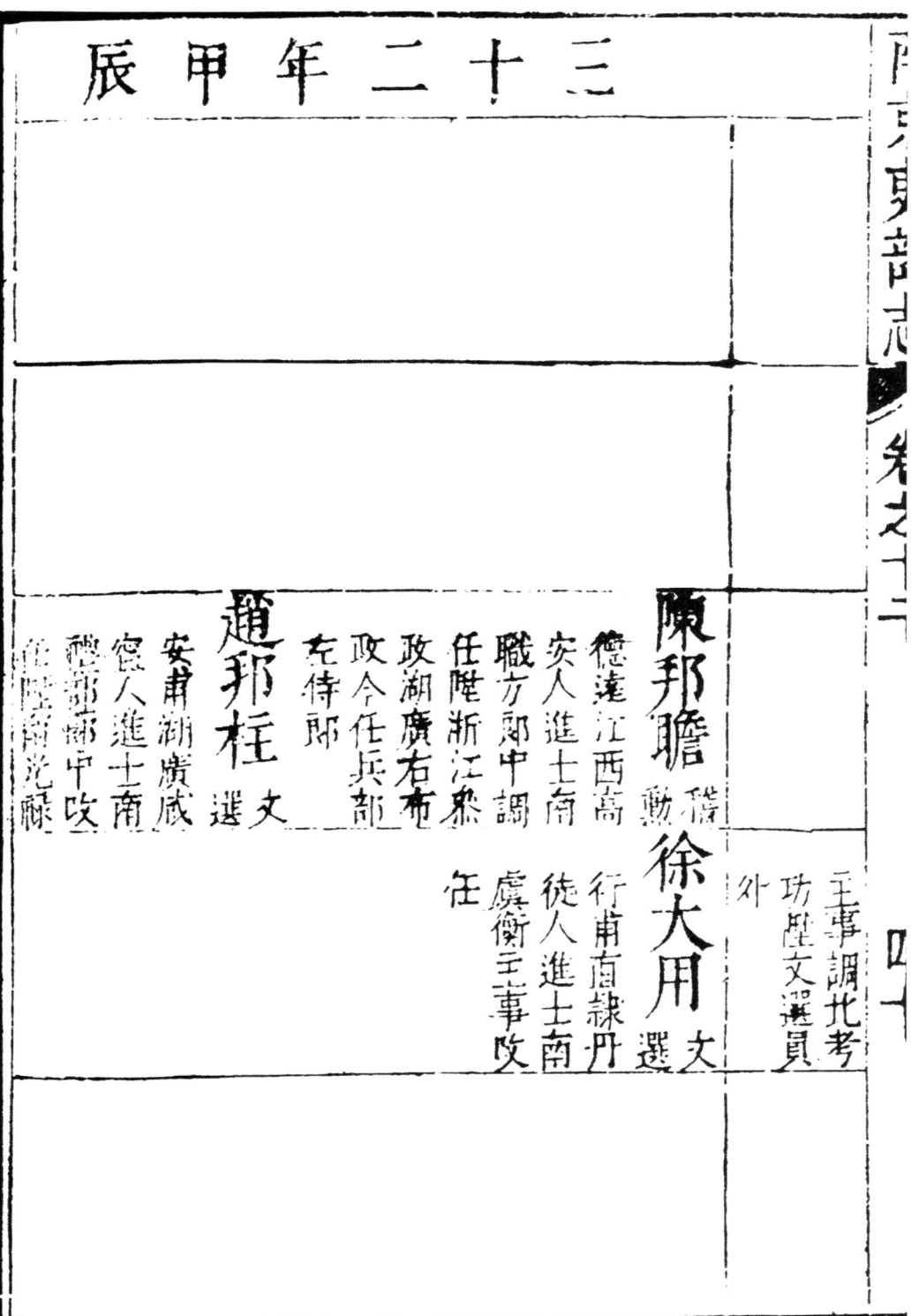

三十三年乙巳

裴應章 福建清流人南工部尚書起任予告謚恭靖

寺少卿通政司右叅議

胡嘉棟 文選 吉甫河南西華人進士武昌府推官陞任選授兵科給事中陞福建僉事

三

董可威 文選 考功主事陞任調考功

堵維垣 驗封 師甫直隸無錫人進士南

十四年丙午

儀制主事改任陞文選郎中

饒伸　考功　驗封主事陞任轉任大理寺寺丞今任太僕卿

成伯龍　考功　爲蒼直隸長垣人進士曹縣知縣陞任歷南戶部主事陞郎中山西僉事

三十

趙士登　應肅直隸涇縣人進士左僉都御史陞任

張泮　稽勳　有源山西忻州人南戶部主事陞任尚寶司少卿

洪佐聖　考功　仲隣直隸歙縣人進士南儀制主事改任

年丁未	三十六年
通政司叅議 閔廷甲 驗封 文選郎中補任陞南尚寶司卿歷通政司左叅議左通政	董可威 考功 文選郎中調任陞光祿寺寺丞歷巡撫右僉都御史
杜士全 道執直隸上海人進士海鹽知縣行取任吏刑科給事中今任南太常寺卿	史啓元 文選 蓋卿直隸江都人進士南戶部福建司主事改任尋告今任南禮部主事

萬曆

三十七年　戊申

洪佐聖　文選
考功主事陞任陞江西副使調提學陞江西叅政按察使

彭宗孟　文選
孟公浙江海鹽人進士繇山東滕縣知縣行取擬授考選河南道御史

董應舉　考功
崇相福建閩縣人南戶部主事改任陞吏部文選員外考功郎中陞大理寺丞

楊蔚春
元復貴州普安籍應天上元人舉人南翰林孔目陞任陞南戶部員外郎

三十八年庚戌　四·巳

史繼偕　世程福建晉江人榜眼爵國子祭酒陞任改禮部右侍郎兼侍讀學士協理詹事府事今任文淵閣大學士太子太保禮部尚書

堵維垣　文選　驗封主事陞任陞浙江參政歷廣東右布政

章嘉禎　驗封　元禮浙江德清人進士由刑部主事陞任陞尚寶司丞歷右通政

謝應祥　考功　叔兆江西安福人進士由善知縣陞任調吏部考功員外驗封郎

萬曆　四十三　一〇一

中

談自省 考功

季曾直隷丹徒人進士冠縣知縣陞任

侯先春

元甫直隷無錫人進士都給事中謫陞戶部主事改任

三十九年辛亥

談自省 驗封
考功主事陞任湖廣參政今任浙江布政

於倫 稽勳
惇之湖廣黃岡人進士南戶部廣東司郎中調任

程國祥 考功
仲若應天上元籍歙縣人進士光山知縣陞任

陳龍光 文選
伯為雲南石屏州人進士南車駕主事改任

史樹德 考功
仲培直隸金壇人進士南職方主事改任

四十年壬子

鄭繼之 伯孝湖廣襄陽儀衛司人進士歷太僕太常少卿右通政太僕大理卿戶部尚書改任加太子少保轉吏部尚書	
史樹德 文選 考功主事陞任歷陝西副使	陳龍光 考功 文選主事陞任陞湖廣副使今任四川參政
胡承詔 驗封 君卿湖廣景陵人進士南儀制司主事改任	蘇進 考功 聘叔河南祥符人進士韓城知縣陞任
李萬化 文選 君一直隸繁昌人進士行人司行人陞任	

十一年癸丑	四十
	蔡孟育 遵力福建龍溪縣同安人
胡承詔 稽勳 驗封主事陞任陞四川提學副使今任河南參政	黃一騰 文選 仲昇直隸寧國人進士禮
展德隆 文選 元氏直隸金壇人進士安丘知縣陞任今任禮部員外郎 張斗樞 考功 惟玄湖廣遠安人進士丞城知縣陞任	
錢□□ 驗封 國華浙江仁和人嘉人丙翰林孔目陞任勳任兵部員外今任□□南兵備副使	

年				
二年甲寅		進士檢討左贊善中允左諭德國子監祭酒陞任贈本部尚書	部主事考選御史調陞南京戶部郎中調任	
四十三年乙	衛承芳 叔度四川達州人進士巡撫江西副都御史南兵部侍郎戶部尚書改任		李萬化 稽勳 文選主事陞任陞四川參政	許元勛 驗封 陞五浙江嘉善人進士福建龍溪知縣陞任 朱身修 文選 玉全江西進賢人進士南

卯

禮部儀制司主事調任

四十四年丙

沈應文
本部主事郎中歷大理寺卿工部侍郎刑部尚書起任

於倫 文選
稽勳郎中養病起任

蘇進 文選
考功主事陞任浙江副使今任湖廣參政

四十五年　辰

考功 於倫 文選郎中調任陞光祿寺丞今任太僕少卿

考功 朱身修 文選主事陞任今任福建參政

考功 姜翥孔 浙江遂安人進士無錫知縣行取擬授改南吏科給事中

考功 孫織錦 伯闇河南許州人進士固安知縣陞任今任禮部郎中

喻孔學 四可江西新建人舉人南國子監學錄陞任

考功 董遲 中 長沙湖廣江

丁巳

夏人進士福建建陽知縣陞任今任禮部祠祭司主事

四十六年戊午

計元勛 驗封
本司主事陞任

文翔鳳 考功
天瑞陝西三水人進士南禮部儀制主事改任

陸獻明
君謨直隸太倉人進士知縣行取擬授考選浙江道御史

四十七年己亥

文翔鳳 稽勳
考功主事陞任今任山西提學參議南光祿少卿

沈維甌 文選
應尹福建長泰人進士鳳陽府推官陞任

胡東漸 文選
向若山東章丘人進士北吏部調南工部改任陞南太僕寺少卿

濮中玉 驗封
瑗仲直隸舒城人進士泰和知縣行取考選改任

十八年泰昌元年庚申

沈維既 稽勳 文選主事陞任

陳陞 考功 本司主事陞任今陞山西兵備副使

陳陞 考功 子素河南夏邑人進士南禮部祠祭主事調任

譚性教 驗封 生伯山東萊蕪人進士襄城知縣陞任

陳廷[illegible] 元直[illegible]真籍[illegible]人舉人南[illegible]孔目陞[illegible]任北吏部司務兵部武庫郎中

天啓元年辛酉

孫瑋 紳玉陝西渭南人進士行人給事中歷光祿太常卿右副都巡撫保定提督邊關海防陞兵戶二部侍郎兼右都御史晉兵部尚書管都察院左都御史事予告起任改刑部尚書今以吏部尚書[illegible]院

[illegible]起元 太初應天江寧人探花編修司業左諭德左庶子掌司經局國子監祭酒詹事府少詹事兼侍讀學士陞任今陞協理詹事府吏部右侍郎兼翰林院侍讀學士

濮中玉 驗封 本司主事陞任今陞尚寶司丞

計元勛 文選 驗封郎中調任

王三德 考功 本凝河南永城人進士南大理寺評事陞任

王命新 文選 又新山東汶上人進士南戶部主事調任

夏嘉遇 驗封 正甫直隸華亭人進士推官行取考選補禮部祠祭

錢承撰 叔雅四川富順人舉人南國子監學錄陞任

二年壬戌

陳薦 湖廣祁陽人進士由戶部尚書改任未赴予告

何熊祥 廣東新會人進士歷刑部侍郎都察院右僉都御史南工部尚書改任

孟時芳 山西蒲州人進士由編修司業掌翰林院事右春坊右庶子國子監祭酒詹事府少詹事禮部右侍郎教習庶吉士陞任今陞禮部左侍郎兼侍讀學士

王命新 文選 本司主事陞任

涂一榛 考功 福建鎮海衛人進士知縣兵部吏部主事湖廣僉事謫補南戶部主事陞任今陞光祿寺丞

涂紹煃 文選 [illegible]江西新建人進士由工部主事調任

司主事[illegible]任

三年癸亥

黃儒炳 上明廣東順德人進士編修左春坊左諭德兼侍講南國子監祭酒陞任

吳亮 驗封 采于直隸武進人進士湖廣道御史起南禮部儀制主事陞任

王三德 考功 本司主事陞任

李一鰲 考功 斗州陜西南鄭人進士兵科選主事調任

四年甲子

蔣英 驗封 浙江嘉善人進士南禮部主事陞任

姜一洪 驗封 季提浙江餘姚人進士南禮部儀制主事改任

杜士基 彥恭直隸上海人舉人國子監學錄陞任

袁中道 文選 小脩湖廣公安人進士南禮部郎中調任

王象春 考功 文水山東新城人進士南兵部職方郎中調任

五年乙丑

王在晉 明初太倉州籍潛縣人進士歷總理戶兵工三部兵部左侍郎經畧遼東等處兵部尚書兼右副都御史賜蟒玉尚方劍改南京兵部尚書予告起任以甘鎮叙功加太子少保考滿加太子太保改刑部尚

汪煇 德仲河南嵩縣籍直隸休寧人進士禮部右侍郎兼翰林院侍讀學士協理詹事府事改任

李一鰲 考功 本司主事陞任

許元勛 考功 文選郎中調任

魏浣初 文選 考功主事陞任

魏浣初 考功 仲雪直隸常熟人進士南禮部儀制主事調任

王杼 考功 存素河南商丘人進士山東壽光知縣陞任

馮起綸 文選 仲亨浙江慈谿人進士江西豐城知縣陞任

書今改兵部尚書

譚性敎楷勳驗封主事陞任

吳嘉賓考功去疾四川巴縣人進士江西南昌府推官陞任

六年丙寅

錢龍錫

申紹芳考功維烈直隸長州籍吳縣人進士南禮部儀制郎中調任

吳麟瑞考功思王浙江海鹽人進士南禮部儀制主事調任

七年丁卯

姜一洪 稽勳 驗封主事陞任

羅華袞 驗封 系中河南羅山人進士直隸武進知縣陞任

馮起綸 驗封 文選主事陞任

陳夢玧 考功 充承山永登州衛籍直隸宣城人湖廣潛江知縣陞任

年表下卷考正

參考爵謚異同

張　潤　嘉靖尚書贈太子少保謚恭肅別見有作恭簡者非實

李廷相　嘉靖侍郎實錄本傳贈太子少保各表俱太子太保

劉　采　隆慶尚書各表俱云謚端肅然世蔭錄自作端簡當是的

趙　錦　萬曆尚書王表係本部尚書轉仕乍者繆史又改兵部尚書兼右都御史掌院事選艱歸卒趙公傳中亦同別見則云以太子少保兵部尚書掌都察院事起刑部未任卒

考補舊表遺闕

鄭善夫　嘉靖二年郎中見名臣應謚錄及萬姓譜又獻徵有傳亦明確舊表失之

陳　琛　嘉靖四年郎中以本部主事陞任見實錄又晉江志明甚舊表見主事而郎中缺之

茅　瓚　嘉靖三十二年侍郎見實錄又見雷表王表而舊表失之

鄭　曉　嘉靖三十五年以吏侍陞本部尚書未任改右都舊表止列初任郎中而尚書缺

鄭世威　隆慶元年侍郎見實錄又見雷表王表而舊表失之

汪宗伊　萬曆七年以戶部尚書轉本部未任乞歸先為本部文選舊表見郎中而尚書缺

王雲鷺　萬曆七年以南禮部郎中調本部考功未任丁艱歸

陸彥楨　萬曆二十六年以南行人司副陞本部考功主事

袁應章　萬曆三十三年以原任南工尚起任本部尚書尋告

杜士全　萬曆三十五年以知縣行取擬授本部主事改刑科

彭宗孟　萬曆三十六年以知縣行取擬授本部文選主事改河南道御史

侯先春　萬曆三十八年以給事中謫陞戶部主事改任本部乞歸

姜習孔　萬曆四十四年以知縣行取擬授本部主事改南吏科

陸獻明　天啓元年以知縣行取擬授本部主事改浙江道御史

顧起元　天啓元年以少詹兼侍讀學士陞本部侍郎未任陞協理詹事吏部右侍郎

陳　薦　天啓二年以南戶部尚書轉本部未任予告

已上諸公陞任者各有根據明確謹按舊表之例如弘治八年郎中莊泉嘉靖六年郎中李源萬曆十五年尚書袁洪愈皆未至而入表蓋凡推陞者

命下即爲實授實授即爲本部職官矣不具列終覺
闕典伏讀
穆廟時遺詔曰兩京官推陞既有
成命即係見任不分已未到任一體准給
誥勑向在欽遵推此益知未任不入表者非矣今
並列入焉

卷之十二附終

南京吏部志卷之十三

奏疏上卷目

乞顯斥罪閹疏萬曆十　年

酌處署掌印務疏萬曆三十一年

酌處起送罩恩官疏萬曆三十二年

催考察疏萬曆三十三年

又催考察疏萬曆三十三年

又催考察併陳察例疏萬曆三十三年

乞補留銓卿貳疏萬曆三十七年

乞點留銓冢卿疏萬曆三十八年

乞點大僚併重章程疏萬曆三十九年六月

乞銓補以防變保安疏萬曆三十九年六月

乞亟補冢卿列卿疏萬曆三十九年

請通署印舊例疏萬曆四十一年

補遺

代題叙廕疏萬曆十七年

南京吏部志卷之三終

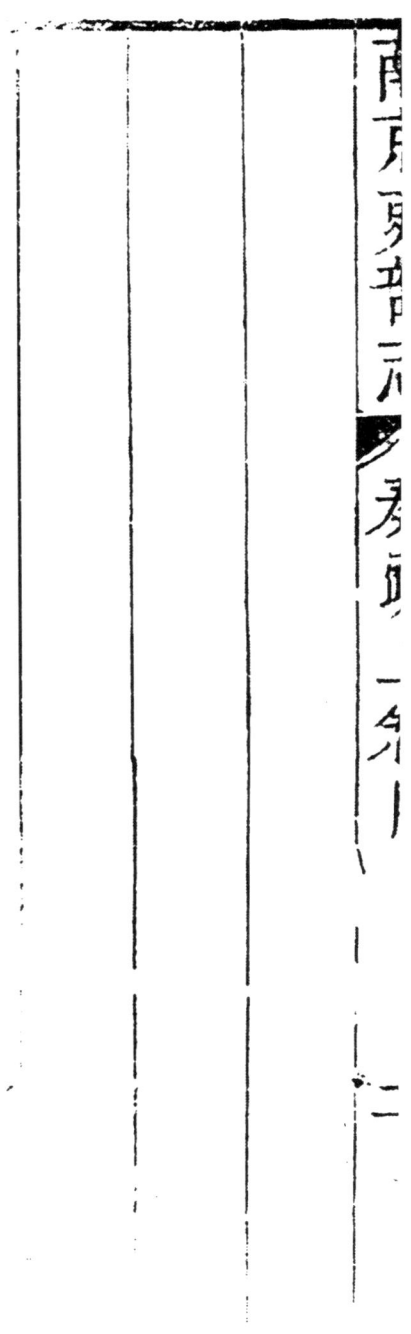

南京吏部志卷之十三

奏疏

舊志無奏疏一款夫題跋記序之言備載藝文
豈嘉謨嘉猷入告我
后者反可遺乎但名臣奏議不可勝紀今之所録取
其關切銓曹者耳志奏疏
裁擇官吏疏既特蹇公蒞北部矣然在舊部臣也録冠於首
宣德三年三月少師吏部尚書蹇義等奏日比
者伏蒙

聖諭戒飭臣等有日官不必備貴在得人諸司官員舊有定額今事不加多而額外添註紛紛倖位苟祿偷安皆是臣等之過然近年以來内外各衙門官因營造催辦夫匠收運糧儲整理農務採取木植在内添設郎中主事在外布政司按察司府州縣添設參政參議副使同知通判縣丞等官本部欲行考察而彼以職事出入無常今擬在外除馬政農務外其餘俱依舊制裁減在京從堂上官量事繁簡斟酌去留不許冗濫其

在
內府各監庫郎中員外郎主事亦非額設俱宜裁
革
聖諭又曰吏員出身雖有定格往時選法嚴慎授官
者少比年吏典考滿歲以千計不分淑慝一槩
收用貪鄙塞路廉能罕聞誠亦臣等之過然近
年以來見役并辦事吏典已嘗考驗罷黜爲民
而來者益多若不精擇實爲淑慝混淆況今內
外官少有缺員其冠帶月支半俸待次者日月

既久廩祿虛糜今欲擇其年五十以下堪用者存留五十以上人物鄙猥不諳文移者俱罷爲民有赦前在逃能自首者仍令爲民隱而不首事覺者發隆慶州爲民又內外官先因不能守已奉公故違法律坐罪罰役逃避遇赦當還職者

仁宗皇帝時臣等具

奏若此之徒行止有虧難以任用奉

旨改授他職令往交阯其後有到者臣等

奏擬調用
皇上特加寬宥
命歷事南京一年銓用之然其中有挨取年久至
今未到部聽候未發落者亦先送南京歷事已
滿授職者臣等以爲是皆處心不臧不知廉耻
雖授之職無益於用俱宜罷黜以勵將來
上皆從之

應　詔陳言疏此下四疏以關留都務故録之其文節畧者照實録也

成化二十一年南京吏部尚書陳俊合諸大臣

應

詔言二十事一技藝邪術逋逃之徒授額外文職者

宜悉放回工醫留者月俸一石勿與隷役武職

非軍功而陞在錦衣衛者宜調各衛帶俸原無

俸者亦止與月俸一石悉令差操京官自雜流

進者考滿當陞不得授六部通政司等堂上官

之職　一南京諸司屬官除三年九年考滿者

赴京外其考六年者宜就南京吏部課第類奏

一宜令南京滲開擺園桐園軍丁開滲剥擺

及催倩作油遥送工部備用毋令各府差官擬

夫及内官監視　一南京兵仗局有特差内官

四人督造朝儀所用兵仗五萬七千餘事三年

未就不勝煩費今宜停止以待豐年　一南京

御用等監歲用竹木板枋數多川途勞費亦宜

停止一二歲以後減半運之　一南京寺院增

加數倍宜嚴禁私建及請寺額　一生員納米

入監者多有白丁錢虜臨期妄報宜分送南北
二監令自備薪水肄業勿放依親學官悉心訓
廸務期成效　一今南京龍江關差太監奉御
六人大勝關内官内使七人
皇城各門或十餘人都城各門或五七人
内府九庫庫或十三四人宜悉依正統間額數餘
並革之　一南京欽天監天文生陰陽人太醫
院醫士醫生近多冒濫宜視舊額量減二分盡
革其冒濫者以還原籍差役　一内府鍼工巾

三十八

帽二局歲遣内使二人押布絹物至南京染色還京製成衣被巾帽以給内官給南京内官者復齎以來騷擾甚多宜令兩京各自染作以給南北内官爲便　一南京冰窖挑冰掃窨軍餘民夫過多止克典守者私役悉宜革退止留百夫掃窨而令操軍挑冰免致科擾　一南京龍山廠所儲楠木已盡仍占軍餘百人守視宜以廠地還民仍舊納稅令軍餘悉還原衛　一兩京武學讀書指揮以下幼官各有本職俸禄不

宜重給廩米　一南京法司有應議官子孫犯
罪者宜依在京法司例除
皇親外餘即提問奏請處分　一南京江上蘆場
自安慶下至儀真等處俱是近境居民及巡司
弓兵（分佃）採取各供稅役今豪猾之徒妄稱無主
之洲投獻勢要攘奪民利宜令戶工二部委公
正屬官往勘成化十一年以前原收租者仍舊
外凡近年投獻者悉還本主復蹈前非者逮問
謫戍　一南京御馬監歲運苜蓿種子至京皆

南京養馬軍衛有司辦納今北方已種六七十
年宜免運納以省科擾
上皆允行

修省事宜疏

弘治三年四月吏部議覆南京吏部尚書王與等所奏修省事宜　一謂南京户兵刑工四部政務頗繁今兵部止有尚書一員户刑工三部止侍郎一員請於兵部增侍郎三部增尚書員　一近例被災去處四品以下官三年六年考滿悉令納米免其給繇赴部恐賢否無辨宜仍照舊赴部考覈　一南京吏禮二部各添冩本監生二名兵部再添一名并户工二部冩本

監生俱從吏部行取其在京各衙門寫本清軍
監生亦從吏部轉行國子監取撥　一南京各
衙門辦事各該吏典數多在外兩考役滿者因
畏避巡按御史考試到部數少不勾撥用請添
撥福建之邵武湖廣之德安二郡以益之仍令
御史考送　一吏典赴部告侍親者多有姦弊
乞將充吏農民審係単丁不許收參其充吏之
後兄弟亡故親老告侍親者仍照舊例施行
一官吏丁憂有接喪者俱令預申該部起復之

日查無預申者送問議上

命南京戸工二部各添尚書一員吏禮兵三部各添

侍郎一員寫本監生准照數添兩京取撥監生

仍舊吏典不必給繇御史等官考送至該部嚴

加考選不許姑息其餘准議

南京吏部志　卷之十三　十八

省災疏

弘治十二年南京吏部尚書倪岳等以清寧宮災言二十八事吏部覆其五事一曰署掌印信請今後南京吏戶禮兵工部及通政司堂上缺官令南京吏部就於各衙門堂上官內推舉署印三法司堂上缺官令南京吏部就於三法司堂上官推舉署印仍具職名奏

聞一曰稽核名實請令各巡撫巡按等官今後開具賢否揭帖不必專論出身惟當稽核名實

庶本部得憑以爲黜陟之地　一曰均平
銓選請查照南京科道部屬官今後有年勞既
深才行出衆者遇有兩京少卿寺丞及在外參
政副使等缺與在京官員一體
奏請陞用　一曰照例附選謂兩京各衙門歷事
監生近例俱加歷五月在京者雖加五月仍三
月上選南京則直至十五月方附選人情不堪
請今後南京監生歷事十月上選仍歷五月爲
滿庶彼此適均　一曰疏通壅滞近奉

詔例凡官員有因言事及公錯并公事詿誤降調

爲民充軍者除近日有

旨斟酌陞用外其餘調者陞一級降者對原品調任

爲民者冠帶閒住充軍者發回爲民本部遵奉

已再行法司查報待至日陸續奏

請定奪從之　他條非銓務不錄

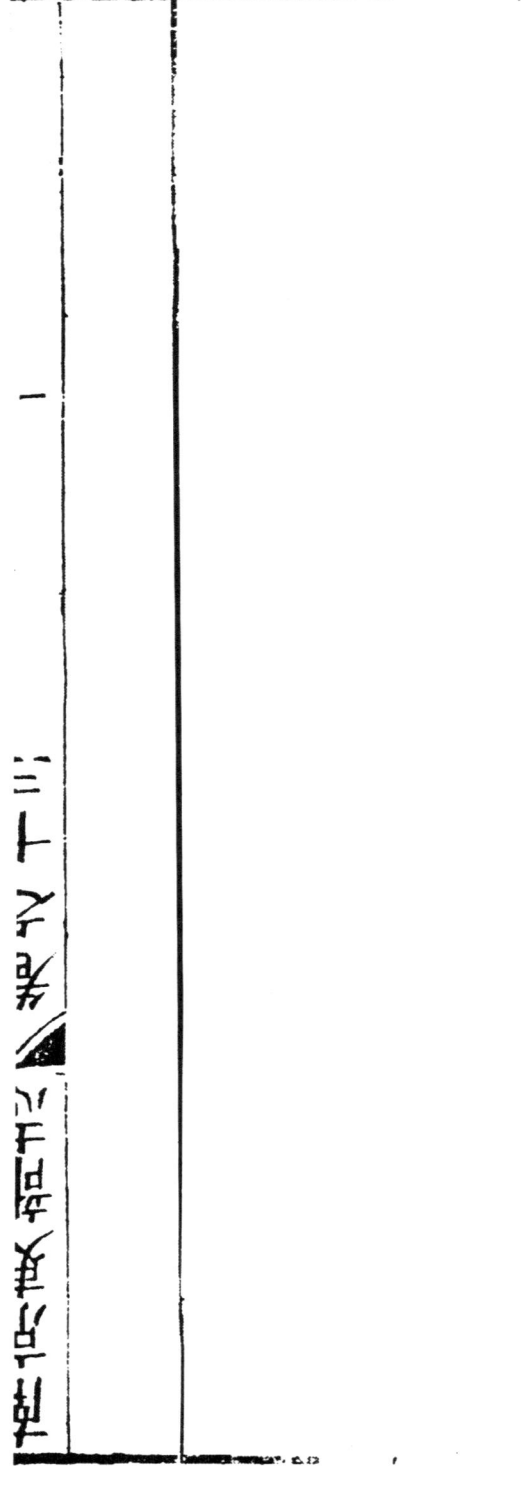

星變陳言疏

弘治十三年七月南京吏部等衙門尚書秦民

悅等以星變上言一

孝陵乃

太祖高皇帝永安之地林木近厄風雷遂成摧落今

宜加培補植　一南京新江口軍馬操練疎畧

不習戰船萬一江上有警以生踈懈惰之軍往

禦慣熟强梁之盜殊可寒心且内外守備須勤

閲視而坐營官員尤宜推選乞下兵部議處

一近年以來京通等倉總督監督内臣多至十一二員各衛管糧經歷則有五六十員各倉官攢則以數百員計冗官浩費漕政廢弛每年漕運官軍用銀計四十萬餘兩致使借貸預賣上糧怨聲動天有傷和氣乞下所司裁減冗員杜絕侵餙　一内而部院等衙門定爲五年一考察之例外而司府州縣等衙門乞不拘三年之例在内從吏部都察院在外從巡撫都御史無巡撫處

節命在廷大臣會同巡按監察御史考察　一沂門
移文南京成造醮器十二萬件取
內府香料八十萬觔供費轉輸苛不可言伏望
躬行節儉罷黜異端以回天意　一南直隸驛遞閘
壩等官屬南京吏部給繇者違犯公罪乞免具
奏隨即送問　一福建浙江湖廣并直隸等處州
縣該解絹疋不及五十疋已上者許上所司看
驗類解以節民力　一南京
內府甲字庫所收宜興縣遞年折稅蔴布今計十

三萬餘疋漸至損壞乞暫將弘治十三年以後蘇布每疋徵銀一錢二分類解

一南京各內府准作綿苧布疋給散軍士應用

一南京各府衛管事官員役占軍士多取月錢導引騶從往往過制乞聽言官劾奏懲革之

一南京諸司官員折俸例於八月支絹十月支布十一月支小麥俱在秋冬踈密不稱又况支給留難卑職缺乏乞照在京事例移絹於四月移布於八月其有闕支過三月者罪之

一有司黄册凡

有軍戸冝備開充軍來歴衛所年分而軍冊亦
開重造歳月庶便查究及照南京兵部武選司
所貯洪武永樂以來軍籍年久浥爛乞
命修庋如法　一南京凡有興作錢糧取之工
部人力取之中府而監管官員則聽於内官監
等衙門事無統紀弊端百出今後興作必須食
糧住坐與輪班等匠相兼爲之如係大役内官
監委官會同科道官相計以法從事　一舊制
物料悉繇工部轉行司府州縣解納今

內批徑行南京守備委內官監等衙門轉行取辦倍取横征有所不免乞

敕該部議處使事體歸一　一蕪湖至南京三百餘里而客貨兩經抽分宜罷蕪湖抽分及裁减龍江尾脣壩內官冗員自滸墅至淮安五百餘里而船户三經納料亦宜罷其一臨清金沙洲等關批鈔宜以船料不以貨徵則國課不虧而民力蘇矣

命所司詳看以聞

陳三事疏

嘉靖九年三月南京吏部文選司署郎中王邦瑞疏上三事　一定制度言大明會典今之制度也其間先存後減昔畧今詳開載容有未盡繁冗難以遍觀請下各司查議何者當增何者當罷法務適中事體畫一　刪去繁文節中要語開立欵件如問刑條例然編完進呈下廷臣會議停當頒布諸司以爲定守　一修鄉教周官司徒以鄉三物教萬民今舉人監生

家居者宜聽有司提調督學鈐束有司廉其賢不肖具考語上之督學督學復廉其實而懲勸之甚者得以薦黜奏

聞歳終類考語報吏部以注銓除大比監生歷滿者就督學試其在歷者各司亦類送督學毋得自試以滋僥倖　一清弊源嚮吏以官此甚不可刀筆之徒所見者利懸法禁之且犯者接踵令得納銀冠帶例枉法之贓爲發身之地是誨之也制吏有内外三考盖令吏歷勤勞練事體習

法令也今內三考有連次納銀者有年二十而冠帶者有僅通氏名而不解律例者如此安望他日之盡職乎項給繇吏少納例者多以故諸司在在缺吏竊以爲軍職散官義官僧道等項可納者多即此一途所濟者少而所損者大乞爲停止

命下其章於所司

處置本部公費疏

南京吏部尚書汪宗伊謹

題爲遵奉

明旨釐正公用銀兩事文選淸吏司案呈奉本部送

准南京户部咨遵户部咨爲遵奉

明旨檢舉庫金大弊自劾乞休以消星異事該本部

等部題覆南京科道勘回南京户部主事王廷

卿所奏緣繇奉

聖旨這事情既查勘明白方揚方沆王廷卿都降一

級謫外任用是卿所奏雖出私許然倉庫錢糧
不奉
欽依擅兒私用是何理法以前且不查究今後兩京
各衙門都着一一清查有相沿積弊舉首釐正
具奏請奪如怙終不行釐正及首舉不盡的着
兩京科道官訪實劾奏欽此欽遵通行備咨到
部送司查得本部四司公費除紙劄取給南京
刑部修理倒屬南京工部不開外其每歲各項
題奏寫本工食包袱夾板貲本盤費部司日行硃

墨筆硯案衣坐褥茶果煤炭書手上食冬夏二一
至齋宿三大節習儀賃房慶
賀送　表
孝陵等處陪祀各用油燭茶果遇寒仍加煤炭朔望
土地祠香燭紙四季考官考勤考揀都吏燭炭
茶果尚書侍郎到任離任公宴下程贐禮轎幰
傘扇各司官屬到任離任公宴餞席六年大察
造冊工食紙張三年刷卷整理卷宗鄉試考選
監生中式花紅宴待進

表給繇跟從人役盤費本部别無倉庫錢糧一皆
取給辦事官吏至於紙劄修理雖例屬刑工二
部而紙劄原派數少僅足半歲支用修理小可
摧剥勢難零碎移文隨時幫補亦未免并及官
吏此本部相沿舊習也查得以前年分雖公費
欵目大畧止此而用度不無浮靡近歲以來仰
承
德意事從節約什巳減其四五矣就中固亦尚有可
裁而其必不可無者非仍舊取之官吏則必于

戶工二部借支庫藏錢糧呈乞酌處具
題等因到部臣等爲照前項公費相仍已久蓋亦
龐存體貌未爲浪費不經今就中參酌如尚書
到任去任下程贐儀一切除革公宴止具单卓
酒飯不得仍用看席進
表給餘跟從人役務減省其餘俱係衙門公事似
應仍舊至於合用支費非取之官吏則必借支
各部別無可處誠有如該司之所難者又就二
者較而論之以衙門公費動支官庫錢糧於事

體固爲正當但事屬瑣細支取不時而各有分
職勢難責備況户工二部錢糧非以備上供之
用則以爲濟邉之需近年俱稱缺乏難繼而各
衙門因此又欲紛紛取給亦未免於以輕而失
重其官吏貼備一節查得南京分省不多每歲
到部人數甚少自分撥各衙門外其需者什不
過一二中間書冩麄拙病弱不能供事者往往
自願貼備堂司各以一人掌之收銀在官以聽
臨時支用今惟一洗宿弊而即以前項不容已

之公務酌量輕重分派各役間有飬拙病弱之
輩亦使之自相通融不至偏累則在各役衆輕
易舉而爲費不多在官府不煩別處而公務並
舉姑取事治而止不復收銀在官則亦無復濫
獘之可言矣惟六年大計爲費頗重勢難責之
此輩而事貴嚴密一應公費俱宜預處查得南
京都察院解京贓罰銀兩例留二分該院公用
每年似有寬餘況大察亦係本部與該院共舉
之事每遇大察年分聽本部移文於前項銀内

支銀叁拾兩以供前費則其餘亦皆輕省之事

舊例似亦無得難復盡行革除每年聽於南京

户工二部各支取銀壹百貳拾兩分派本部及

司務廳四司支用伏乞

聖明裁定

勑下永爲遵守施行

萬曆七年二月十五日題

乞顯斥罪閹疏

南京吏部尚書臣陸　等謹

奏爲罪閹復進中外危疑懇乞

聖明早賜顯斥以安人心以光治道事臣聞之去邪

勿疑屏惡貴遠此聖經之明戒皙皇之盛軌也

竊見被斥太監張鯨盜

内府之帑藏竊

朝廷之威福罪狀昭彰見於法司之[illegible]名[illegible]人心公憤

形諸科道諸臣之奏

皇上不即加誅姑從寛貸正欲其畏法遠罪全首領
於牖下耳近接邸報見張鯨一本自稱病勢難
痊實則妄希進用隨見吏科等科都給事中陳
與郊等廣西等道御史賈希夷等連疏執奏張
鯨不宜復進尚未奉
明旨顯斥臣等不勝憂惶夫南北大小九卿及科道
官交章論鯨如出一口此非有私憾於鯨實爲
天下人心爲
宗社計也

皇上屏之私宅亦爲天下人心爲
宗社計也薄海内外旣已頌
聖明之洞察慶
廷掖之肅清矣今未半年旋聞復入豈鯨才能出
衆左右盡無鯨若耶夫自古嬖臣能結人主之
寵必其柔媚敏給有以巧投人主之意人主不
覺悟而親信之卒爲天下之患者不可勝數也
徵諸近事成化中舉朝疏論太監汪直旣已議
罷矣因去之不决而直復用直一用而禍延四

海正德中舉朝疏論太監劉瑾既已議黜南京矣因去之不決而瑾復用瑾一用而毒流縉紳

夫汪直劉瑾始以狡佞逢迎曲當

二宗之意終以貪殘險暴致貽

社稷之憂此前事之明鑒也今鯨之姦貪不下直瑾而搖動煽惑潛畜禍心又直瑾之所未有者即

其稱疾乞閒亦託詞以覘

上意耳豈其志慮果能畏法引退爲保全首領計哉且鯨復入必將愈肆恣睢愈無忌憚其勢益張

其姦益熾臣恐天下人心自茲懷疑
宗社隱憂自茲伊始
陛下何惜一閹豎而重拂百官萬姓之心至貽
宗社之隱憂乎臣等苟緘默不言則上負
主恩下虧臣節何能一日自安是以敢復冒昧上
請伏望
皇上大奮
乾斷將張鯨速
賜遠斥或發回原籍或閒住南京則安之全之未

必非鯀之福天下萬世皆仰

陛下至聖至明人心悅而治道昌矣臣等無任激切

懇祈之至

萬曆十七年九月　　日奉

聖旨已有旨了如何瑣瀆吏部知道

酌處署掌印務疏

太子少保南京吏部尚書臣曾　等謹

題爲堂官相繼考滿印務署掌乏人呈乞及時酌處以重政體事考功清吏司案呈照得

國家考課之法凡内外大小文職官員三六九年任滿俱及時起文赴部給繇違限者參究惟南京

嘉靖四十五年該御史艾可久建議吏部覆奉

欽依今後各堂上官雖遇考滿之期必須本衙門先有堂官在任方許給文赴京如無堂官各先具

錄移咨本部知會俟有官接替然後起行葢所
以重根本而專責成也近年以來各衙門員缺
屢經會推未蒙
點用以致各堂上官大半正佐竝缺旣不得不借
署他曹卽間有一人在任者旣掌本衙門印務
又兼署他曹印務一遇考滿及期代署有人卽
便離任而暫留之例勢亦不能行矣至於今日
遷轉壅滯積俸考滿益衆卽以目前論之五月
閒兵部右侍郎臧惟一以六年考滿行矣此後

九十等月本部右侍郎葉向高三年考滿丁艱
右侍郎范崙九年考滿又當相繼赴部見在堂
上官不過三人且復有
請告者矣員缺愈多將來各該印務必致缺人管
理呈乞早爲酌議題
請庶臨期免致缺人廢事等因案呈到部臣等看
得留都九卿衙門事體關繫頗重先年雖間有
兼攝然不過以陞遷未至公差未回可以刻期
交代近因缺多未補以致一人常兼攝數篆有

攝而至於數年者既非事體加以遷轉壅滯在
任各官積俸考滿相繼離任將來兼攝勢必至
於乏人誠有如該司所慮者既經具呈前來相
應酌議上
請合無今後但遇六部都察院通政司大理寺各
堂官考滿數多容臣等將各衙門見在各官通
融推舉署掌各該印務如人少推舉不敷查照
先年事例備行應考滿官暫留在任本部一面
具繇移咨吏部知會候有官接管之日然後本

官起行其太常寺等衙門各堂上官遇缺官數
多乏人署掌印務臨期照例申報本部一體酌
留再照近年南京各堂上官凡齎捧給繇赴京
往往經久不行復任有延至一二年者合無今
後除考滿回籍委因患病不能赴部者另議外
其已經到京考覈復職并齎捧事竣者俱照先
年例以辭
朝之日爲始如期前來供職縱有不得已之情亦
須復任之後另行陳

請毋得在家上疏以致遷延使攝篆者日久不得

交代伏乞

敕下吏部如果臣等所言不謬再加酌議覆

請移咨臣等欽遵施行仍望

聖明軫念根本重地卿佐等官不宜久缺將前後推

舉諸臣　速賜點用庶各衙門無廢事之虞而

諸臣應以奏績行者亦不至於延緩其便

國家而裨政體尤不細矣

萬曆三十一年六月　　日

酌處起送　覃恩官疏　郎中徐必達具草稿

南京吏部尚書曾　謹

題爲

覃恩實授各官同時任滿人數過多呈乞酌議起送

以重考課事考功清吏司案呈照得南京各衙

門官員考滿除京堂外其餘各官止三年九年

者本部考覈給文起送赴部其六年者免其赴

京從本部考覈具繇類

奏復職自來遵行無異至於各官歷俸至五六年

之上者前此並得循資外轉其實授考滿者甚
少而以
覃恩實授考滿者尤少乃今查得萬曆二十九年各
官奉
建儲恩詔實授者在南京通計六十一人至本年十
一月内歷過實授俸三年者除陞轉及事故外
共三十餘人若不量爲分别一槩給文起送則
南京府部寺等衙門各該掌印司屬總計僅僅
五十員中間尚有奉差未回及有缺未補補而

未任者勢必至於空國以行在各官往來勞費
一切私情所不必論至於根本重地缺人廢事
設官之意謂何相應及時酌議合無備查實授
任滿各官以前曾經赴京給繇一次者今照六
年任滿例免其赴京聽本部考覈具繇類
奏復職及查得職掌內又一欵考滿官候審引開
如陞兩京別官品級不同及陞遷外任官俱不
引
奏此雖指陞遷已奉

俞旨者而言然今各官中合署職實授歷俸共五六
七年有推陞至三四次者六七次者十餘次者
今俱見在候
旨倘已領文赴京仰荷
聖慈憐允在途聞報不無進退維谷似應亦照例聽
本部考覈具繇類
奏除此二項之外仍起送赴部於事體人情實爲
兩便等因案呈到部看得南京各該司屬官三
年九年任滿俱繇本部給文起送赴京六年者

本部徑自考覈具疏類

奏復職載在職掌甚明遵行已久其六年奉
旨實授後考滿者甚少而
覃恩實授考滿者尤少止因近年有缺補者歷者多
未奉
俞旨仕途壅滯以致實授任滿者人數過多今一月
之内遂至三十餘人皆前此所未有若此三十
餘人槩行起送赴考使一時在京各衙門有缺
人廢事之患誠有如該司所慮者既經具呈前

來相應及時上

請伏乞

勑下吏部再加參酌如果臣等所奏不謬將二十九

年十月內

覃恩實授任滿各官查其已經考滿赴京一次及雖

未考滿赴京屢經推陞外任見在候

旨者俱照六年考滿免其赴京事例聽臣等考覈明

白一面行令供職具繇類

奏其餘俱起送赴京聽考以後不係

恩實授者不得援以爲例覆奉

欽依

勑下臣等欽遵施行庶上足以彰

國家浩蕩之德意下足以省諸臣例外之覬覦止

所以推廣

明詔考課之典益重矣

萬曆三十二年五月初八日具題奉

聖旨吏部知道

南京吏部志卷之十三　　二十九

催考察疏

南京吏部右侍郎署部事臣葉向高謹

題爲計疏未奉

綸音臣工不便供職懇乞

聖明速賜檢發以重

國典事臣部於今年正月二十八日准吏部咨文

遵奉

欽依舉行察典該尚書臣會同axe會同各該衙門矢

公矢慎列名上

請尊差辦事官傅尚義齎進臣同亨隨於事竣之
日以補考離任獨臣在部署理部務日與諸臣
伏候
明旨而經今月餘未蒙
批發臣惟
令甲六年計内吏其議論在天下萬世之公故一
毫之私意必不得容其關係在紀綱吏治之大
故一代之舊章必不可越自
祖宗以來二百餘年並未有停留寢閣如今日者

留都去
轂下遠求其故而不得輕相揣度輒有憂疑百司
庶府不敢營其職業而坐待
君上之去留世道人心將日趨於傾危而妄窺
朝廷之舉動悠悠泛泛如浮不繫之舟擾擾紛紛
似泧欲風之浪
豐鎬重地景象若此甚非所以肅官常而重根本
也
陛下試度如此等事可終停寢否此等事停寢可成

世界否則必有惕然

聖心而不俟終日者矣臣躬在待罪豈敢言他顧事

繫

朝章豈容終默伏乞

聖明早下原疏以慰輿情以勵庶職其有光於

聖政良不小矣

萬曆三十三年

再催考察疏

題爲討疏候

[illegible]日久人情疑駭愈深再懇

聖明早賜

批發事臣切惟治道多端然其要不過曰同民心

以出治

國家設考察之典正以同舉錯於民心而昭大公

於天下每六年一舉中外臣民翹首拭目以觀

大典庶職之所以勸懲

朝綱之所以理亂皆繇於此其所關係甚爲不細

今南京考察且三月矣臣等催

請亦兩月矣一槩留中莫知其故將以留曹閒冗
無關重輕則
祖宗根本之區固
聖心所軫念也將以進退去留未符
宸斷則天日鬼神之臨亦
聖心所洞鑒也展轉揣度意見滋多遂使
皇上有果斷之
神明迹顧涉於猶豫
皇上有率繇之

美意事反遠乎典章衆口囂囂莫知紀極
聖明在上豈宜有此臣竊惜之天下者
皇上之天下也進賢退不肖以共維天下非爲臣工
計
皇上自爲計也今賢者趦趄不肖者覬覦欲去不去
欲留不留人人自疑官官皆曠此其利害得失
在臣下乎在
國家乎而何以遲回不決之若是也臣竊惑之宋
儒真德秀有言公論湮鬱不可以爲國

留京豈鎬之邦夙稱清議如考察之久停恐公論
之彌鬱將來不職之吏何所懲戒而其弊有不
可勝言者矣
朝廷之舉動與兆衆之心思常不相合故睽戾之
患生一代之紀綱與庶官之法守兩不相維將
危亂之禍至臣竊懼之凡臣所言皆得於此中
大小臣工及道路之口以臣等職掌不得不言
必不敢妄摭浮詞輕瀆
天聽伏乞

聖明俯賜采納將前疏早行
批發庶舉錯公而人心服大典竣而群言息矣下
云

又催考察併陳察例疏　　徐必達具[illegible]

題爲計疏候　旨日久人情疑駭愈深伏乞
聖明早賜省發事考功淸吏司案呈查得本年二月
初三日本部會同都察院及各衙門掌印官考
察各官明白分別疏
請至三月間又經本部疏催

俱未奉

旨良錄

萬幾殷繁不及檢發理宜靜俟但六年考察

國家大典凡在臣工顒顒盼望非但留者得安心
於職業即去者亦息念於覬覦昭黜陟之權衡
成平明之治理關繫最大難以稽遲今停留已
久變態漸生賢者無所據以業官寖成弛廢不
肖者有所窺而觀望將致紛紜甚至造揭流言
公然放肆有不止如本部及臺臣吳達可僎疏

之所慮者是宜懇請
聖裁以肅朝典者也至於
聖明念利道人主之將非察中浮躁不及者盡行留用
雖
聖意無私必不以南而同北而人心過計將謂因北
以例南竊恐
祖制不可盡違公論不可盡拂嚴庶官而寬科道輕
重既爲倒施借科道而寵匪人紀綱益致廢壞
在輦轂切近之地尚望斟酌於

宸衷況
祖宗根本之區尤當率循乎
令甲輿情如此
國體攸關是又宜併聞
聖聰以備採擇者也呈乞具
奏等因到部該臣看得計疏未發已經具催無庸
再
瀆乃考之典章叅之物論誠有如司臣之所言者
若日復一日仍舊停留將議論愈多而官守愈

乞補留銓卿貳疏

南京吏部署部事南京戶部尚書臣鄭　謹

題爲留都銓部卿貳並缺部務需人甚殷懇乞

聖明點補及

賜臣休致以安愚分事臣竊惟　留都

國家根本之地也　留都之安危繫於吏治之興

廢惟賡明勵翼而後長治久安之業以建吏治

之興廢繫於紀綱之振弛惟銓部率作而後屢

采厤事之猷以弘我

國家設官分職於南畿統以吏部尚書貳以右侍
郎豈徒爲是備員已乎盖舉南中百司悉於是
乎綱維而此中幾務待以稟成者不可勝紀平
居無事則正已率屬以樹標儀時當大計則旌
別淑慝以明鑑戒是以人無越志官有常度萬
世治安恒必繇之此其職最爲喫緊而不可缺
者是以
國家定鼎金陵二百四十餘年銓職修舉無曠官
無懸缺所以爲根本計者甚周自南京吏部尚

贖其爲利害得失不徒止及於臣工行見世道
人心因之大壞於今日臣竊懼之是在
皇上早涣一日之
德音庶使諸臣早安一日之分義臣等所爲夙夜
禱祈不避煩
瀆者實在於此若夫科道之權留實乖
列聖之憲典非既如此南豈復然况兩京之機局原
自不同而彼此之事情亦難槩論但使一代舊
章尚存於南國庶幾千秋公道未泯於清時此

則

聖心自有權度而不必臣等之多言者惟是職守所

在不容默默故敢冐昧上

聞伏乞

聖明俯鑒狂愚仰勤

覽斷臣等無任悚息待

命之至

萬曆三十三年五月

書曾同亨致仕裴應章請告尚書之缺巳歷四
載右侍郎趙士登偶爾物故巳經奏報臣緣人
乏代庖此中足疾日深全未痊可謁
皇祇祝
萬壽不能隨衆祗於官宅叩頭行禮矧以新歲計之
臣乙丑入仕逾四十六年犬馬之齒及七十六
歲徃蒙
予告終養續又起補田間叨冐
天恩此身安能圖報惟願

皇上早允南吏部卿貳之推

電照臣情真實罷臣見任以老疾休致俾賢者在

位不肖者生還田里臣之分願足矣臣不勝懇

祈惶悚待

命之至

萬曆三十七年十二月初四日

乞點留銓冢卿疏

南京吏部右侍郎臣史　謹

題爲留都冢卿久缺微臣獨力難膺懇乞

聖明速賜

點用以肅官常以光治理事竊惟

留都根本重地冢宰寮寀具瞻臣最駑下無當任

使仰荷

聖明簡擢拔臣爲南京吏部侍郎臣聞

命以來飲冰惴惴遂致積憂成病自甘田野具疏上

請未蒙
聖慈允放敢不感
恩圖報用是勉强赴任第恐受盈其量即智盡能
索無補絲毫而臣之憂滋甚幸九月間戶部尚
書鄭繼之前工部尚書舒應龍俱以清望者碩
會推正卿臣自謂即奉
俞旨可少寬負乘乃俟
命兩月猶未
點用曠官瘝職臣不特爲一身慮實爲庶績慮也

比者南中二三大僚落落如晨星或數年而虚
位乏人或一人而兼攝數篆景象蕭條勛勞
瘁乃若冢宰何官而亦六年懸缺屢推不補領
袖無人表率何藉況今察典又屆期矣進退人
材主持甚難尤不可須臾緩者儻
皇上謂佐理有人正卿之補尚可姑待使山以蚊負
豈臣之能臣之憂益轉爲懼伏乞
皇上檢閱前疏將會推鄭繼之舒應龍二員內速賜
欽點一員督命赴任管事庶用舍攸當綜覈有歸上

三月廿五

可收得賢共理之效下可厲大法小廉之風其

於官常治理非小補矣臣無任籲懇待

命之至

萬曆三十八年十月　　日

乞點大僚并重章程疏

南京吏部右侍郎臣史　謹

奏爲留曹大僚多缺纂務兼攝之人懇乞

聖明速賜

點用併採末議以重章程事臣叨貳南銓受

命入都環視九列無一署咸備之官有合署全虚之

席於時念官常不肅實政化頹散所自始輒有

催

點本部正卿壹疏閱五月餘未蒙

欽點其何以為百辟倡若各署大僚盍寥寥矣無論
屢經會推者未奉
俞旨即已經奉
旨者亦以未得代不克前來在位者又以憂去復以
病請或緣差畢臥痾或因疾危離任六部尚書
無一人侍郎僅三人而又以會推候
旨旦夕且行今秋入賀
萬壽又將以一人行是舉六署而盡空之也凡此大
僚所司悉屬

國家要務而況根本重地關係尤爲匪輕柰何令

其單匱一至於此夫

皇上所爲愼重顧惜不即

點用者亦未睹缺員之害故耳臣愚不暇他有指

證即今臣攝篆戶曹請言戶曹事銀庫失金多

至鉅萬以上近日浙江撫按揭報北新關稅侵

牟亦至數萬之多非病在國即病在民蠹蠹

奸相沿歲月豈非以連年缺官署事者等爲傳

舍受命者目爲代庖責實無人考成無法故至

此聊臣雖不敢以一時事槩疑天下之賢然人
情不甚相遠此孰非
皇上金甌實藏其僭越之也夫攝官之害如彼而在
目前又病於無官可攝矣業已以三部并一官
抑將使剖身領諸篆臨期委署往往推遜以例
爲辭夫成例之當循固也惟是吏户禮兵工五
部及通政司與刑部法司等衙門印信各自署
掌昔在極辨之朝大僚布列兩適相當自無容
越俎而今極匱極乏之孰甚此時尚得以例拘乎

嚮議融通彼此互掌兼有成說臣今爲目前之
計更加斟酌踵而行之儻在事諸臣念及於此
一遇當署慨然荷肩毋致印務久懸簿書廢閣
亦敬事急公之義而諸臣所共得效於
明廷者也夫莫非王事莫非王臣總之爲國支撐
以待主者至而授之何分彼此也伏望
聖明裁察允臣施行更乞
皇上軫念
祖宗豐芑重地紀綱法度錢穀兵刑時當振飭將會

推之臣速賜

點用巳

點用之臣速催任職庶分職率屬合力同心績自

庶於其凝治終保於勿壞矣臣無任激切待

命之至

萬曆三十九年三月二十四日

乞銓補以防變保安疏

南京吏部右侍郎臣史　謹

奏爲攝篆無人政事廢閣懇乞

聖明速賜銓補以防不虞之變保萬全之安事臣去

冬抵任即疏請

點用冢卿旋復請補九列大僚并及通融署印之說其時臣攝戶禮工部刑部侍郎陳薦攝大理寺工部侍郎徐大任攝總督糧儲他各衙門堂上官多者二人少者一人即無人者尚有可代

署之人則旦夕尚足支吾也自司業顧起元憂
歸委太常寺少卿劉日梧代署國學而日梧以
非詞林官固辭强之始受韋掌翰林院事右諭
德孫如游至改委然印務之懸者幾月餘矣自
京察後徐大任以病杜門即辭出督儲印務韋
大理寺丞余啓元至改委然而工部之印則扃
鐍不用至今矣陳薦近陞任總漕聞報即行刑
部印務改委丁賓比余啓元以入賀
萬壽行大理印務亦改委丁賓而丁賓所署兵部印

復懸辭出欲委之臣矣然督儲之印終未有屬也僅有通政司參議王一言而以原籍江西於例當避此外別無相應不得已議委光祿寺卿吴逵可而逵可復以無例固辭即前有通融之說猶以爲未足據而印務復空懸矣

留都糧儲本色折色歷年逋負至百萬以上之多嚮來歲終督儲侍郎有參劾之疏州郡猶視爲故紙自趙欽湯請告之後四年不糸劾攝篆者無如州郡何乃并其攝者無之此可不爲早慮

也夫天下非無事也日者天災地變物怪人妖
連歲旱蝗所在有萑蒲之警
留都豐芑地縮轂南北人心實蠢蠢焉脫不幸如
嚮者劉天緒之變誰爲彈壓又脫不幸如嘉靖
年振武池河之變誰與撑持見今帑藏空虛兵
驕將惰未形察影實可寒心臣日夜慮此食寢
不暇入署治文書歸惟閉門仰屋非爲一身慮
爲
豐芑萬年慮也今屈指大小九卿在者纔八九署

時動引成例交讓再三可稱恬退之美設有緩
急諒當勇往直任不以例爲辭顧臣亦幸願其
無事耳雖然無事可長幸乎八九人中尚寶司
卿閔廷甲且以賀
千秋節行徐大任雖蒙留用而未即視事尚謀以疾
行其他或以資俸敘遷旦夕亦當行此時六部
僅臣一人南五部之與北司不可兼馳各衙門
之於六部不肯權署將何策而可也臣章句豎
儒不諳錢穀刿知軍旅何況其多處非其據百

無一籌雖頂踵無所愛如負

國何興言及此真不知稅駕何所伏願

皇上深惟

聖祖根本重地非他方比時事孔艱非他日比將巳

點用之臣如右都御史顧其志

勑命刻期赴任兵部侍郎衛承芳亟與交代户部尚

書鄭繼之趣使供職仍

速點吏部尚書以統官聯　速點兵部尚書以莞

樞鑰　速點户部侍郎以嚴舉劾而覈倉儲其

各部寺堂上缺官盡行銓補而目前見在大小九列暫許通融署掌用濟一時之懸然後將臣罷斥以爲豎儒侵官與無事張皇者之戒臣實

廿之臣不勝悚仄待

命之至

萬曆三十九年六月　　日

[illegible]

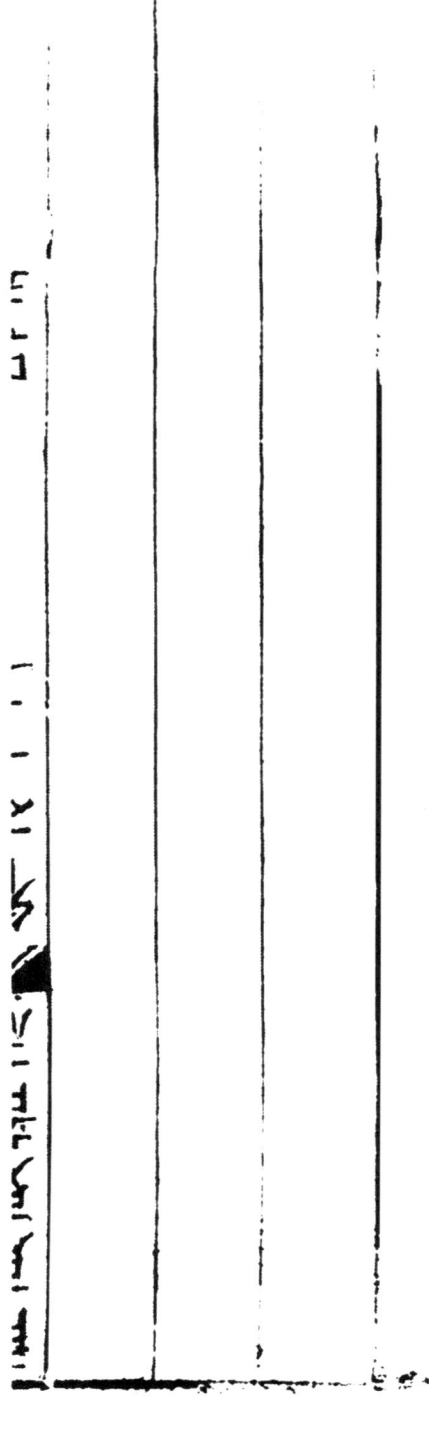

乞亟補冢卿列卿疏

南京吏部右侍郎臣史

奏爲微臣綿力難任攝篆通變已窮謹瀝誠補牘

懇乞

聖明亟賜　點用冢卿併盡補列卿以大振

國體弘濟時艱事臣頃疏病乞歸荷蒙

聖恩以留曹乏人督令安心供職且戒以不得再陳

明旨森嚴不敢固抗謹於四月下旬入署謝

恩强顏治事竊思

皇上所爲兩需

温綸不聽臣歸者以　留都大僚之人也然使臣

獨力果能兼任大僚之務臣亦何敢愛焉而

留都政務非臣獨力所能任也先是萬曆三十

八年臣初至南中環視九卿署多虛席纍多虛

懸遂前後三疏陳

請佇望冡卿以時

點用列卿以次序補中間有缺員者印務暫行通

融署掌蓋不得已而爲權宜之計顧此時總計

各署大僚多者二人少者尚有一人彼此通融
時變而濟之以權不至盡廢公事乃至今日益
寥寥無人矣冢宰百僚具瞻也而吏部尚書晏
經會推户部尚書鄭繼之原任工部尚書舒應
龍未蒙
欽點徼臣代攝今且一年七月有奇百僚表率之地
何可令曠員迺爾况兼攝户禮二曹年月之久
亦復如是時逾久曠逾多振刷則心灰撑持則
力憊是以臣一身計之而權宜有所不能行也

其他各衙門如原八慶
賀而在籍請告未任者則有戶部尚書鄭繼之馬
巳蒙
黜用而未得代未到任者則有兵部尚書黃克纘
總督糧儲侍郎蔡應科工部尚書林經太僕寺
少卿葉茂才尚寶司卿周汝登馬奉
旨催督而在籍未經到任者則有兵部侍郎衛承芳
馬按臣籍數之若以爲森然在列而　留都固
未嘗有諸臣之跡也至於禮部尚書推劉元震

王圖侍郎推黃輝朱之蕃刑部尚書推張鳴岡
衛承芳侍郎推李誌陳惟芝都察院右都御史
推李汝華周盤太常寺卿推范涞皆未蒙
點用而九列且全席幾虚矣今見任委攝者僅有
提督操江右僉都御史丁賓兼兵部刑部都察
院篆通政司陸長庚兼工部篆大理寺右寺丞
余啓元兼總督糧儲篆而時下齋捧
萬壽賀表又將推一員以行不知所遺篆務將復誰
委是以各衙門計之而權宜又有所不能行也

此外則科道之官尤爲喫緊而科臣僅晏文輝
高節二員臺臣僅張邦俊會陳易周達傅宗臯
王萬祚五員俱以一人兼治數事即諸臣力固
優爲或亦不無嘆獨賢也夫
朝廷設官各有分職譬之股肱口鼻不能相爲而
今也本署不足求之他署六部不足求之京卿
始以爲權繼乃爲恒以權爲恒而至于權宜仍
復不足則臣愚之計益窮矣縱靦然在位何能
裨益　留都之萬一徒使政體日頹官方日廢

彼時雖譴臣黜臣以尸祿罪臣臣不敢避而於
馬用之伏惟
皇上念
聖祖根本重地時事孔艱亟將會推吏部尚書鄭繼
之舒應龍二員內
欽點一員督令刻期赴任以統帥百僚綜覈庶職其
餘未赴任者令之速赴未點用者即
賜點用未得代者即擇人交代仍速下考選之
命分補科道各官俾前供職將見群僚布列官方盡

而
國體尊　留都萬年之基業於此永固臣亦獲藉
鴻休及茲太平之日乞身歸里優游泉石教子明
農旋圖再　請臣無任激切待
命之至
萬曆三十九年　月　日

請通署印舊例疏

南京吏部尚書臣鄭　等謹

題爲印信事文選清吏司案呈查得本部職掌

一欵南京六部等衙門堂上缺官弘治十一年

奏

准如吏户禮兵工五部及通政使司有缺就於各衙

門堂上官内推舉一員三法司有缺就於三法

司堂上官内推舉一員各署掌印信又一欵嘉

靖四年題

准今後南京三法司如俱缺官准令暫於南京吏户禮兵工等部堂上官内推舉素有風力官一員署掌印信有官之日仍照前例行俱將推舉過官員職名案候每季終具本題知節年遵行已久是後一欵原以濟前例之所未備然但爲三法司俱缺官慮而未及爲吏户等衙門俱缺官慮也蓋吏戸禮兵工及通政使司額設堂上官十二員當不至一時俱缺而不謂有如近年之甚者近吏户等衙門缺官其見任

官或止一二員勢難兼攝不得不推及三法司而爲所推舉者拘於前例而不敢署如萬曆三十八年兵部缺官該本部推舉操江僉都御史丁賓署印已經具本題

知然未奉

明旨日後難便遵行相應題

請等因案呈到部該臣看得衙門有一定之官守署印乃一時之權宜當師濟之日即偶有代庖猶存極辨之意如弘治十二年之例自可無廢

事迨其後有三法司俱缺官者是以有嘉靖四年之題固已變而通之矣又其後有吏户等衙門俱缺官者是以有三十八年之題又即後例而通焉者也維時僉都御史丁賓署掌兵部二年有半悉心拮据著有勞績固知署印何嘗憚因時制宜要於其當而已與其臨時躊躇欲拘例而竟不可拘尤當先時請

旨俾推舉者與爲所推舉者各遵守而無破例之嫌也伏乞

旨下吏部覆議今後南京大九卿衙門如遇缺官準
令通融於大九卿内推舉一員署掌遇候季終
類　題總之以
朝廷之官任
朝廷之事朔於署印得人不至曠時廢事而已
萬曆四十一年四月二十七日

代題敘廕疏

南京吏部尚書臣陸光祖等謹

題爲懇補廕敘以光

恩典事驗封清吏司案呈該南京通政使司送據告

通狀梁桂茂係南京金吾右衛後所官籍今見

考中南京禮部儒士曾祖梁材原任太子少保

户部尚書贈太子太保謚端肅嘉靖十四年三

月歷過正二品俸三年考滿例應廕子五月蒙

吏部查得茂祖梁山係嫡長男相應承廕題奉

世宗皇帝聖旨梁山照例送國子監讀書欽此嘉靖
十六年應天府起送吏部咨送禮部移文入監
告改南監至十七年監滿撥送南京禮科歷事
滿送南京吏部文選司上選赴應天府給引限
二十年赴部聽選守候間祖山得疾身故未曾
赴選遺有前廕例應叙補茂父梁應輔向入膠
庠近復老疾茂訓書養父今年踰三十貧不能
婚每思乞補　恩廕身霑一命之榮安能遠至
帝都囊乏半文之費言之可痛見者興哀伏祈具

題將茂補廕等情到部送司查得補廕事體應該
本生自行具　奏但據稱貧難無力赴京姑准
行查定奪隨經呈部行准南京禮部咨稱本生
委係萬曆十六年考取儒士在部肄業候考冠
帶又行據應天府行據南京金吾右衛各回稱
本生應廕緣繇備查呈報到部送司隨查得
大明會典内開弘治十年奏　准廕子未仕而故年
遠親盡者不准補廕今查梁材原官既經　題
復又加贈謚例得存其録廕梁山故於嘉靖四

十五年距今未久茁茂係材曾孫非年遠親盡
之比與補廕事例正合及該本司看得廕叙載
在　令甲而名賢亟宜褒録尚書梁材立朝凝
正居鄉峻潔身殁之後家無留貯迄今清德垂
世而其子孫貧無立錐年踰三十不能婚娶是
使廉吏不可爲而善類無所勸也矧照例補廕
乃所應得特以無力赴　闕稽遲至今若欲責
其自行陳乞勢必不能恐藎臣之後終無霑
恩之日既係京城籍又經具狀查結前來合無代爲

題　請定奪廕使名賢有後　令典不孤而於
風勵臣節亦不無少補矣等因案呈到部該臣
等覆看得梁桂茂告乞補廕查與見行事例相
合况梁材有廉頑立懦之節而子孫無居食婚
娶之資是又
聖世所當優録者臣等憫其不能請
闕謹爲查明具疏上　請伏乞
聖明俯念忠賢之後
勑下吏部將梁桂茂照例補廕庶於典常之内實寓

激勸之權矣云云

萬曆十七年　月　日題奉

聖旨吏部知道

吏部查得見行事例凡廕子未仕而竟故者許廕

一人覆題　准將梁桂茂照例送國子監讀書

後授職歷

雲南知府

金陵全書

乙編·史料類

南京吏部志（三）

（明）王逢年 重修

南京出版社
南京出版傳媒集團

圖書在版編目（CIP）數據

南京吏部志 /（明）王逢年重修. -- 南京：南京出版社，2015.2
（金陵全書）
ISBN 978-7-5533-0728-2

Ⅰ. ①南… Ⅱ. ①王… Ⅲ. ①吏部－史料－南京市－明代 Ⅳ. ①D691.42

中國版本圖書館CIP數據核字（2014）第252097號

書　　名　【金陵全書】（乙編・史料類）
　　　　　南京吏部志
編 著 者　（明）王逢年　重修
出版發行　南京出版傳媒集團
　　　　　南 京 出 版 社
　　　　　社址：南京市太平門街53號　　郵編：210016
　　　　　網址：http://www.njcbs.cn　　淘寶網店：http://njpress.taobao.com
　　　　　電子信箱：njcbs1988@163.com
　　　　　聯系電話：025-83283871、83283864（營銷）　025-83112257（編務）

出 版 人　朱同芳
責任編輯　楊傳兵　潘　珂　徐　智
裝幀設計　楊曉崗
責任印製　楊福彬

製　　版　南京新華豐製版有限公司
印　　刷　南京凱德印刷有限公司
開　　本　889毫米×1194毫米　1/16
印　　張　114
版　　次　2015年2月第1版
印　　次　2015年2月第1次印刷
書　　號　ISBN 978-7-5533-0728-2
定　　價　3900.00元（全三冊）

南京吏部志卷之十四

奏疏

陳考察疏 是年考察特逾期

南京吏部等衙門尚書等官臣沈　等謹

奏爲遵舊例嚴考察以勵庶官事考功清吏司案呈萬曆四十五年三月初九日奉本部送准吏部咨該本部題考功清吏司案呈查到舊例兩京五品以下官員每六年一次會官考察自萬曆三十九年考察以後今又及六年考察之期

萬曆四十五年正月初三日太子少保本部尚

書鄭繼之等具題候

旨未下屢經催請未奉

俞旨又於本年二月十九日題爲察期萬難再緩懇

乞

聖明即賜　欽定事内題謹再瀝誠催

請伏乞

皇上即賜　欽定容臣部刻期會同都察院舉行本

月二十八日奉

聖旨京察着於三月初八日行欽此欽遵擬合就行

合咨前去煩爲查照本部題奉

欽依内事理轉行南京都察院并各該衙門一體欽

遵施行等因咨部送司案呈到部臣謹會同南

京都察院署院事南京工部右侍郎羅朝國與

同各該堂上官即將各該衙門堂上五品并所

屬五品以下見任歷遷公差丁憂養病給繇聽

調等項自萬曆三十九年三月初三日以後未

經考察官員從公甄別臣等竊惟六年京察以

澄汰官邪風勵有位否泰消長之關實係於此

臣等荷茲重寄敢不矢公盡慎以期無辱

大典第思從來課吏莫不首重操守次及才具而

悠悠之論謂辭受取與無關大節至所稱才者

直以踞假氣梟當之識見既已駁雜意向又或

偏黨非通論也故今番澄叙要在去汚濁以清

仕路剖藩籬以歸蕩平齷齪敗檢者斥之不疑

而瓌詭踰閑者辨之宜早有意氣不可一世而

浮誇濟以機變未免色厲内荏議論依附名流

而假借蓋復狂逞未免言清行濁以至私交情
勝而涇渭混淆風流不羈而防維決裂其人皆
長才自命于智自雄若肯併心正路誰非
國家有用之才惟其意便身圖遂爲世道人心之
累安得藉口憐才不少示裁抑庶幾小懲而大
戒耶冊照南都夙稱清議所出豈履茲土者人
秉然犀之識一一是非不爽乎水清則砂礫易
明事簡則瑕纇易見以明白可見之事質之直
道而行之民掩護所不及施毀譽所不能奪孰

敢有私聽干其間者夫豈無意見各別耳目未
周而傳私互訐貪廉邪正悉如其符益信清議
之可畏也至夫小過可量涓瞍眛可勿問業經
引退者可無苛求盖去留輕重幾更參酌即雜
流卑秩盡屬推敲皆以曲體我
皇上愛惜人才之心仰佐　平明之治而已臣等愚
陋私衷所盟心天日藉手靖　獻者如此寧復
別有顧慮耶謹將考察云云奏　聞
萬曆四十五年三月　日

乞銓補留曹大僚疏

南京吏部尚書臣沈　　等謹

奏爲留曹大僚多缺篆務需人甚急懇乞

聖明速賜銓補以實匱乏以隆治安事竊惟國家之

理亂安危非細故也而其端則於官僚之盛衰

决之官僚盛則師師濟濟而默以奏熙隆之象

官僚衰則寥寥落落而潛以釀頽敗之形此理

勢必然未有或易焉者我

朝奠鼎金陵設官分職六部各有尚書侍郎都察

院掌院又有操江僉都御史及卿寺各衙門共
計不下三十數員星羅棋布亦惟是各營職業
以共護此
祖宗創基要地非徒爲是備員而已也臣久伏田間
仰荷
聖恩簡擢敢不矢報用是於去冬竭蹷抵任遇慶
賀大典猶見班行中尚有十六七員雖未云大盛
猶不至大衰亡何而今夏操江右僉都御史沈
蒸一病不起也又不兩月而糧儲右侍郎吳中

明大理寺卿李炳相繼物故也南都大小臣工
相對錯愕以爲異事是時户部三法司通政司
業已空署矣即操江之印臣疏
請暫攝雖旋奉
俞旨猶然扃鑰不用至今矣故在南諸臣除差畢在
里者如兵部右侍郎衛一鳳鴻臚寺卿余啓元
光禄寺少卿趙拱極若而人考滿離任者如工
部尚書丁賓通政司通政使吴華光禄寺卿許
汝魁若而人其見在六部尚書獨臣與黄克纘

兩人耳侍郎僅三人而蔣孟育今且有報最之役若他卿寺堂上官或間有一人而太常寺翰林院國子監鴻臚寺亦索然全虚矣或一篆而接署無人或一人而兼攝數篆似此九列蕭條將以爲甚乎不甚乎夫官聯不肅實治化叢脞所自始年來

皇上深居靜攝事無巨細槩從癈寢臣叨備留銓職掌所關當此官僚晨星政務委頓其能無說而處於此況今海内災異頻仍萑蒲四起無處無

之而留都根本所係尤爲喫緊臣即不敢[illegible]
不必然之慮以瀆
宸聰柰何以
聖明全盛之世而忍覩此單弱景象也抑不獨部寺
爲然南京六科十三道及各差事不啻繁矣見
今科臣止一人臺臣止三人雖諸臣精力撐持
有餘然而拮据勞瘁殆未有若斯之甚者考選
各臣候
命日久邇來催

請章滿公車

九關視若罔聞此亦臣之所未解也臣在南言南

因併及此懇乞

皇上軫念

祖宗豐芑地　俯俞銓臣所　請將見缺大僚盡數

允補及前所屢推未下者

速賜點用俾刻期赴任庶紀綱法度錢穀刑名各

歸振飭其所裨於官常治理非渺小矣臣等無

任激切待

命之至

萬曆四十五年九月十七日

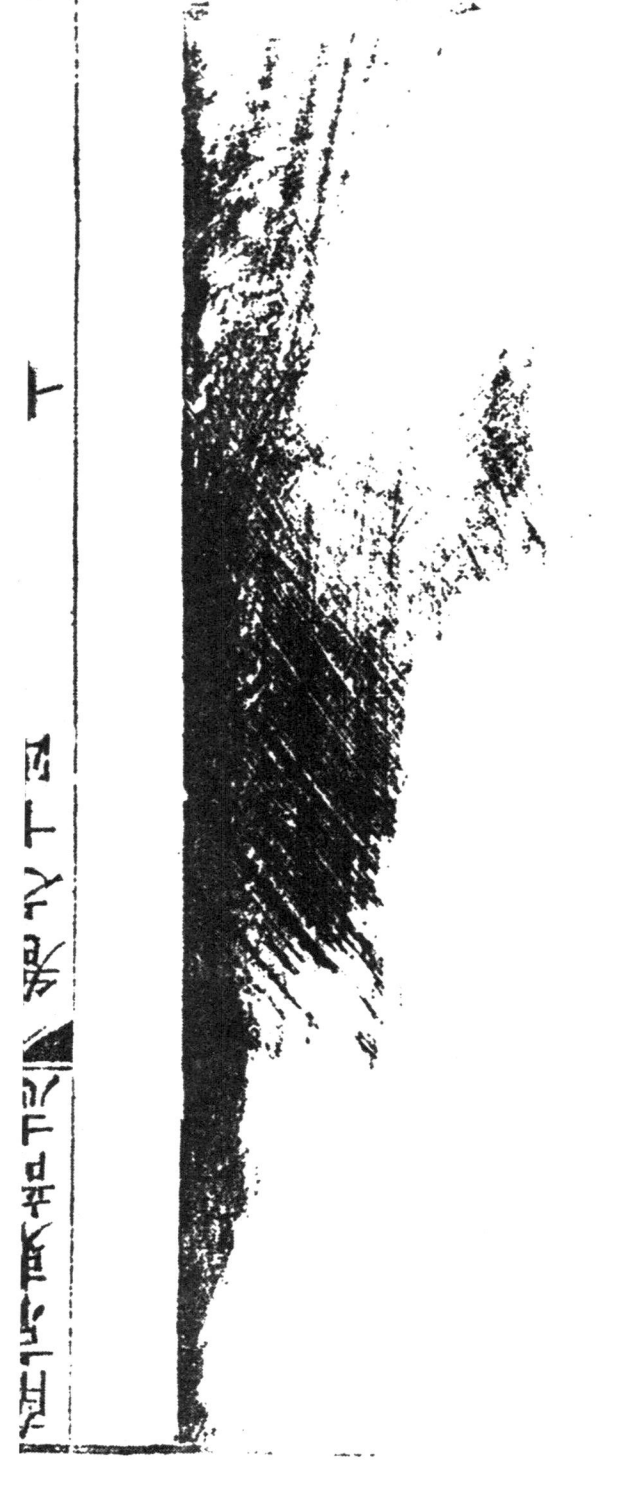

南京吏部志 卷之十四

十

乞亟補重地大僚疏

南京吏部署部事南京兵部尚書臣黄　等謹

奏爲留京重地大僚缺乏懇乞

聖明洞念時艱亟賜

允補以肅官聯以培治安事文選清吏司案呈照得南都大小九卿列銜者雖有二十多員然見在視事者僅十餘人耳頃齎捧報滿者又相繼而去見今位署益虚篆緒纍纍代攝無人相應具

題推補案呈到部臣聞國與天地必有與

立則惟人是需耳從古有天下者欲爲制治保
邦計曷嘗不以衆設官僚爲兢兢我
朝稽古建官部院卿寺各衙門有長有貳豈徒爲
是備員夫亦以分職率屬期於共保無虞而已
留京爲我
太祖高皇帝開天創基稱根本重地其間吏治兵農
禮樂刑政何等重大一官備則一事理一官缺
則一事廢而況大僚身任綱紀衆所禀成又何
等關切而可任其日彫日削有如晨星而莫之

問哉試以今日言之吏部尚書沈應文禮部右侍郎沈漼以報最去掌翰林院少詹事温體仁尚寶司卿蘇茂相以入

賀行其他有差畢而在里者若鴻臚寺卿余啓元光禄寺少卿趙拱極是已有考滿而未還者若吏部右侍郎蔣孟育光禄寺卿許汝魁太常寺少卿桂有根是已有里居而未發者若户部尚書周嘉謨刑部尚書衞一鳳操江右副都御史陳道亨通政司右叅議武之望太僕寺卿郭顯

忠是已有乞休而未出者若大理寺右寺丞董
應舉是已於時大小九卿衙門或一署而全無
一人或一人而兼攝數篆甚至一篆出而帶管
無人不得已而通融借署者缺東補西左支右
吾從來九列蕭條政事廢弛有如今日之甚者
士夫以
國家全盛之世豈遽乏人若此惟
皇上自靜攝以來每事鄭重會有名列啓事矣動經
年未

允亦嘗屢煩催
請矣卒束之高閣以致寥寥落落成何法體臣所
署留銓亦可以無言但覩此景象不勝杞憂所
以不憚越俎而冒懇於
君父之前也抑臣猶有慮焉金陵龍盤虎踞古稱帝
宅誠南北扼塞之會而海內有事必爭之地也
往正德年逆藩宸濠妄生窺伺嘉靖年池河振
武變起倉卒即我
皇上三十五年間妖社劉天緒輩潛謀不軌幾至震

動所幸一時官聯整肅其謀預洩其亂始戢方
今奴酋猖獗勢盖岌岌矣脫使姦雄聞風如前
狡焉思逞誰爲主持彈壓誰爲籌咨防護言及
於此則留都大僚可缺乎不可缺乎寧不深可
寒心哉至於臺省各差事稱最煩今六科十三
道見止四人其拮据勞苦殆未有若此之甚者
考選各候
命不爲不久在朝諸臣顒　請再四想
聖明轉圜有機此皆今日之最喫緊而臣不容默默

已也伏願
皇上深推根本之重睠此多故之秋如前未任諸臣
勅命刻期視事仍將見推禮部尚書朱國祚户部右
侍郎李長庚刑部右侍郎何熊祥通政司通政
使許汝魁忝議晏文輝大理寺卿王永光光禄
寺少卿饒伸國子監司業施鳳來太僕寺少卿
李本固尚寶卿馮從吾亟
賜簡用以後部寺堂上官但有員缺即
允推補無論老成布列師師濟美而分猷共念未

始非防微杜釁之一助也　留都幸甚臣等幸

甚臣無任悚息待

命之至

萬曆四十六年六月初四日

催下考選疏

南京吏部署部事南京刑部右侍郎臣何　等

謹　題爲　留都臺省幾空各差需人甚急仰

懇

聖明亟下考選以濟時艱事文選清吏司案呈照得

南京六科事體與六部相關又有後湖京營等

差此皆缺一不可乃今僅一科臣近且被言求

去而各道御史額設三十員今止三人分任各

差應接不暇致有一差四年尚未得代乏人已

極相應　題催等因案呈到部爲照行取久停

變爲留部留部三年而後一行已非往時一年

一取之例乃留則留矣考則考矣而待次七八

年竟不得

命言路虛曠班行寥落在北固然南中尤甚頃者

皇上以剪桐持斧之舉前後

下科道十餘員亦稱一時盛事然識者猶謂委曲

權宜非考選舊制而恨先後兩咨之未併

下也况間

下者在北而全遺者在南無乃以北爲宜急而南
可再緩耶臣等則以六科九篆叅駁攸司至重
務也十三道諸差風憲所係至要職也而三韓
告急江左震驚又非無事之地與無事之時也
夫以至重之地當思患預防之時而戒儆於禍
至之無日糾察姦弊振揚風紀非科道莫可倚
重以此思急其急可知然則盡
允兩咨科道猶未足補久懸之額欽況於擬差若
而人而尚靳之也今吏部屢催科臣姜習孔等

御史陸師贄等其疏俱在
御前而南京都察院與南科題差各疏亦在
御前點用檢發不過一
舉筆間此亦
皇上近日
點用科道之變體當不於南中獨斬矣不然同各
而不同
下考選既無完局同恶而不同補南國必致空虚
外患方殷内備全疎何以防未然安重地而慰

太祖在天之靈乎臣等叨在留銓雖無用人之責
　有地方之憂用是不嫌煩聒披瀝上
請以附於銓臣補牘之後伏惟
聖明省覽施行臣等不任懇切待
命之至
　萬曆四十七年十二月　　日

南京吏部志卷之十四　十四

清覈吏弊疏

南京吏部署印事南京刑部右侍郎臣何　等

謹　題爲僞文敗露

國法難容懇乞

勑下按冊追究以清吏弊以資遴餉事文選清吏司

案呈接見邸報吏部一本爲僞文有據作弊無

疑等事内稱南京吏部咨送監儒吏典并加納

官一日而至七百九十九人何多至此應行該

部逐名查覈等因閱此不勝駭異隨該本司備

查四十七年一年陸續用天字號紙起送監儒
只有七名用地字號紙起送吏典只八十七名
已經案呈本部移咨吏部請互相稽查去後續
見御史左光斗有清查五年之議夫邇來奸宄
叢生莫可窮詰據其今日之敗露寧無前日之
倖脫見在者既經發覺已往者安可逃誅五年
併查誠剔蠹釐弊之大機括也合無將萬曆四
十三年起至四十七年止總計五年之内用天
字地字各號紙起送過監儒吏典共五百一十

五名備開年月先後名色行頭及其納銀多寡之數各造一冊呈堂移咨吏部據此參稽真僞可按籍而剖據此推究神奸將無路可逃茍得其情即依律定罪以伸法紀或逼其變而追贓充餉以濟急需皆當取自

上裁者也相應一面移咨一面具

題施行等因案呈到部爲照邇來奸僞盛行神出鬼沒至不可究詰然未有同日起送七百九十九人一時發覺可駭之甚如魏成銓等所僞者

也户部起送聽選大約監儒吏員二端監儒援
納未及期者給引回籍聽彼地方届期起文外
其應選咨送者每年多不過十數人吏員考居
二等者亦給引回籍省祭俟年分滿日彼中起
文外其考居一等應選與加納該選者每歲起
文亦尚不及百人凡起送監儒必用天字號紙
起送吏員必用地字號紙如内係援納者不惟
有號紙抑且有庫收起送之後上下半年各造
册送吏部查考每終年又將四季投過一等二

等并援例免考吏典及納銜冠帶監儒等　奏
仍又咨冊送部直遡數十年以前送過冊籍名
號皆可考據不直一日無起送七百九十九人
之事即歷數六七年亦未及此數而不虞諸奸
之大膽包天公然揑造僞印僞文如彼之多也
且聞其人又皆光禄序班等官曾有號紙庫收
否咨文胡爲乎來哉局外之事臣部雖不得而
盡知咨中之人臣部猶可得而詳覈業已備咨
吏部聽其查對號紙文冊及兵部咨到日逐名

查究顧臣等伏思僞文得官實蕃有徒雖敗露於一處而未必盡露於他處方起文者雖有發覺而已冒官者不無漏網此臺臣左光斗所以有清查五年之議也臣部五年間咨送監儒吏員所用號紙所送文冊吏部倘一檢查真僞自見但咨文可假焉知號紙與文冊之不可假新咨可假焉知四五年間文冊在高閣之不可假倘或真僞雜出覈實奚繇臣等謹據故牘重造新冊將五年間咨送過監儒吏典挨順年月各

爲一冊送部聽候清查伏乞

勅下吏部詳按今冊細對舊文凡冊內有名者爲眞

無名者即假有名而納銀相同者爲眞有名而

銀數異者即假查覈得實將已冒官者盡法究

罪未冒官者照例查革或許重納以供邊餉一

切僞印僞文棍徒重擬追贓不惟奸僞一清抑

亦寄與有賴矣乃若給引回籍者臣部年終原

有

奏報及期起文彼中衙門亦有號紙有無奸僞已

未發覺是在吏部嚴覈而預防之非臣等所能

懸度也　云云

萬曆四十八年四月初二日

嚴究吏弊疏

南京吏部署部事南京刑部右侍郎臣何　等

謹　題爲神姦窺伺僞文亂真乞

勅嚴究以清吏弊事文選清吏司案呈奉本部送准

南京户部咨山西清吏司案呈奉堂批近來假

印盛行庫收真僞雜出該司會同銀庫查對等

因隨該本司會同銀庫主事將發到南京吏部

年終造報底冊查得冊内萬曆四十六年三月

有建平縣人任茂春納銀三百三十兩援考中

一等雜職冠帶庫簿未經收銀又四十七年二月又廣德州人梅廷獻納銀三百八十兩援考中未經收銀又本年六月十九日有武進縣人李華春納銀三百兩援考中未經收銀俱係假印庫收等因到部送司卷查援納事例係該考功司職掌一遇南京戶部收完各吏例銀粘有庫收咨送本部判發功司功司以戶部咨文爲據另文云付本司本司以功司付文爲據准給冠帶類報起送故任茂春於四十六年九月初

七日梅廷獻於四十八年二月二十一日采
春於三月十六日各起送去訖功司何從知其
銀不到庫本司又何從知其庫收真僞乎本年
四月內本部題爲僞文敗露
國法難容懇乞
勑下按册追究以清吏弊以贅遴餉事本司將五年
以前本部起送過監儒吏典文册咨送吏部隨
准文選司發册前來通查七年自四十一年起
本司又添造三年自三十八年起至四十七年

止總計十年文冊回覆未嘗不以茂春等爲真
也今戶部清查庫簿原無納銀乃知庫收是僞
庫收既僞真文奚爲查任茂春起送既久恐已
冐官李華春梅廷猷亦已赴京若不提解對質
承行各犯未免互相推諉合候叅
題遞解發回以憑對鞫案呈到部爲照臣部起送
聽選及年終造報凡係加納者必以戶部咨送
爲據而戶部咨送亦必有庫收粘連可驗法非
不密也乃奸僞盛行狙詐百出爲之庫收以信

之并與庫收而僞之有如任茂春等所犯不亦可驗之甚乎檢查茂春之咨原係洗補竄入朝
廷獻華春則前後各咨要其庫收皆贗物也然此特就已起送者而言若夫查援納條記用銀一百五十七兩則有黄贗之僞查援納監生則有岑元通之僞查納農民則有鍾萬良陳兆奇之僞夫起文取信于庫收疑若無弊不虞猶有意外之姦蓋緣戶部從來各處解銀庫收皆上下掛號發銀庫主事貯用發收完填給號可對同

惟事倒庫收向不掛號不問誰何苟以銀至即
與庫收雖若示人以易納之路未免誨人以可
乘之隙以故僞收暗投銀庫主事原不預知而
關防逼真山西司官亦不能辨既以售其詐于
戶部并以亂其真于臣部苟非清查得出茂春
公然漏網廷獻等亦冒官以去元通等皆得挨
次上選目中尚有三尺乎臣等但知臣部轉咨
之爲真不料戶部來咨之未確未始不繇庫收
之不叅查也然不直庫收可僞雖禮部咨送監

生於南近經儀制司亦查出唐之文徐肇芳張先弘咨皆偽印比對真印果然不同訊諸各役皆言有建平人任君恩慣雕偽印又有孫天俊者蹤跡詭秘向參戶部山西司當該叢巳役滿今年始冠帶給引通同作弊黄膺庫收之偽係孫天俊交與山西司書手宋華宇其例銀則黄膺交與吏部書手張振先轉托孫天俊上納不知其匿銀而以偽收應也唐之文咨印之偽供係託親宗其正進京納銀十月初九日得北部

咨文及庫收二張宗其正見以當該徃北亦係建平人唐之文或亦不知其以僞應也其餘岑元通等皆行提未到僞收僞咨雖未知授受奚自但元通肇芳先弘等皆廣德宣城人與慣刻僞印之任君恩同籍茂春與君恩且同姓同縣孫天俊又以蹤跡詭秘之徒著役於專管事例之山西司呼朋引類投間抵隙何弊不可作故日神姦窺伺僞文亂真也最可恨者五月内吏部文選司咨差官送冊清查該司查明六月初

四日差舍人傳存禮順帶公文同去送復原途
途間兩相防閑今訪孫天俊之過非即搭傳存
禮之馬長途十餘日與選司差官起臥飲食相
伴相暱或明賂或暗竊則送司真冊被其改竄
亦未可知不幾乎以覈實之舉反爲售姦之地
乎諸棍詐欺非一事而敗露在一時臣代匱諸
曹皆與有聞此時之查對得出猶未足償前此
之叢脞受欺職掌所繫不得不爲具
題者也除知會戶部銀庫主事以後庫收俱要上

下掛號毋下庫收銀之後算明若干紙印封差
的當人役送與山西司驗實然後說堂出咨毋
月終山西司驗過庫收若干紙咨過吏禮二部
若干起逐件明白登記開具手本送吏禮二部
該司查對無弊方與說堂起送互相覺察外惟
是任茂春起送已經年餘未知已授何官曾否
到任栴廷獻李華春已起文聽選孫天俊任君
恩宗其正或已給引或稱當該俱在北京非發
回面鞫難以定擬伏乞

三品

吏部查任茂春曾否已銓梅廷獻等曾否見在
聽選當該各容訪押發刑部審取口詞暫行羈
監聽南京戶部見有管解例銀舍人家丁到日
責令收管押解回南與宋華宇等鞫對正法庶
姦徒知儆吏弊一清矣臣無任懇切待
命之至
萬曆四十八年六月　日

南京吏部志卷之十四　二十四

救省臺三臣疏

南京吏部尚書孫　等謹

奏爲恭逢無諱之

朝宜擴有容之度懇祈

矜宥言官以光

聖德以永令名事臣等遠在　陪京竊覩我

皇上御極以來遵奉

先帝遺訓追憶

聖母慈恩非禮不動從諫如流早朝偶未明之儆勤

講追好問之風憂邉事
勑經撫以同心軫兵儲發帑藏至巨萬是以中外臣
民共慶
堯舜在上雖當奴酋兇狡兵餉艱難岌岌可憂之會
而猶以爲可恃無恐此
聖德令名之所以光昭寰㝢也忽接邸報見給事中
倪思輝朱欽相以言奉　聖夫人客氏復入事
俱降三級調外任未幾又見御史王心一亦因
前事降三級調外任臣等相顧錯愕不勝疑懼

意者三臣積誠不足以動
天而過激乃至于逢
怒故至此耳何敢遽爲曉舌惟是捧讀先後
嚴旨再三紬繹始有不容默默而已者蓋臣等備員
九列受
累朝作養之恩遇
明聖有爲之千當
天威震疊之時明知不可而不爲一言申解是負
國也尸位欺也胡能即安

明旨曰于外廷政事有何干預乃知
皇上以奉　聖夫人之出入爲内廷之事也又以爲
内廷舉動無預外廷之政事也然君臣一體宫
府相成所從來矣故諸臣分則股肱耳目義則
手足腹心休戚相關毫髮必覺漢臣諸葛亮欲
以宫中大小事必諮于董費諸臣然後施行夫
豈無見而云然而謂之無干預也可乎臣等罔
願我
皇上之察之也

諭若謂自客氏之出幾廢常膳失寢處一時戀念
保護復欲其入亦人情也三臣不能仰體
聖心委曲納牖過爲危言仰干　嚴譴夫復何詞第
三臣言官也言責也矧
九閽嚴密出入難輕　大號既渙反汗豈宜右帝
王以理制法以法御情而凛凛然不敢毫爲屑
越凡以尊朝廷而防微漸耳三臣言雖逆耳心
實忠
君若謂逞臆沽名而罪之以欺以妄則萬萬不敢臣

等固願我

皇上之原之也且彼一時也

聖躬冲幼保姆是需則依戀自是必至此一時也

巍登大寶

君臨萬[illegible]冠禮告成内職咸備出則百靈呵護入則

三宫祗承其于保姆奚需焉

皇上孝思性成孺慕宜莫如

先帝與

皇祖然襄事　升祔之後自不得不抑情節哀

綜攬萬機爲天地神明主蓋帝王大孝在繼述不
在輮人欒欒間也何有于保姆而反若忍不能
割者臣等又願我
皇上之決之也臣等固知三臣之論列非爲一客氏
也蓋欲杜防幾微肅清
宫禁不極言不足以紓憂危之深思而不自覺其
辭之過
皇上之處分亦非爲一客氏也蓋以進諫雖宜比擬
則過不重處不足以嚴有赫之

明命□□　自覺其
□之□深臣等之合詞亦非爲三臣一官也蓋以
聖政方新　聖名方懋不矜宥不足以昭
大聖之無我故不自覺其說之長臣等又願我
皇上之採而納之也非然者　君舉必書恐播之海
寓垂之方來覩其迹而不量其心者以爲以一
保姆而連逐省臺簪筆之三臣其爲我
皇上聖德令名之累也豈渺細乎臣等不願我宗法
堯舜之

上所有此舉動也用是不勝區區狗馬心合祈
皇上少霽
天威靜觀理道復三臣原職以示優容仰客氏出居
前
旨用全情法如此則始而譴也共攝雷霆之威是
怒在激也而非爲人既而宥也共仰
日月之明是重在言也而實毋我則
聖度上同于覆載鴻名遠邁乎古今
堯舜無俟于羨墻而臣等亦得慶躬逢而歌天保

其榮施盍無量矣臣等下情曷任翹企悚切待

命之至

天啓元年十一月二十六日

申職掌肅官常疏

南京吏部尚書孫　謹

題爲申職掌肅官常少振瘝瘝之習以重

陪京事臣惟

國家之於　陪京建設諸司各有職掌非冗員也

其敬共之義南北一而已乃臣蒙

皇上起自田間畀以留銓之任其視事且數閱月見

百司日就隳廢竊有慨於中義難自止敢畧爲

皇上陳之夫各官履任原有憑限近來十九皆不遵

而槩取該地方公文以自解免是不能虔其始也貲俸稍深者又多還里需遷優游歲時是不能厚其終也乃其中間强半皆借差給假之日則南署之銜祇爲優閒養俸之地而已故近日有一部而給假至十數人者有一假而經踰年歲者又有差而復差假而復假者及本部循季報例查之該吏書類以空文回覆曰並無差假官員而臣部亦據空文回吏部曰並無差假官員是臣部不惟不能表率庶僚而反代之欺匿

也或曰其事簡耳乃事無繁簡皆常職也而
久曠或又曰其禄薄耳乃禄無多寡皆常俸也
而可虛糜臣又以窺諸臣之心矣蓋緣以弁髦
視職掌耳夫以職掌視之即小事亦知有關係
而防其末流以弁髦視之即大事亦忽爲具文
而失其初意此所以棲遲偃仰而家居之日多
也故與其私相容隱成此頹弛何如明酌情法
稍爲隄防　請自今爲始各衙門額設官員有
差假者即以離任日期咨會本部其京差仍以

一歲爲限餘借差者限六月踰期則俸住支而資俸册扣除其月日給假者限三月雲貴閩廣限五月踰期則俸住支而資俸册扣除其月日其過限一倍者議降處每季終該衙門據實回覆臣部而臣部亦據實季報吏部且一人不再差一任不再假而憑限久遠者定嚴以　題參用存

祖制厥惰窳頹靡之病少有瘳乎不然怠緩暇豫之風成矣風以爲俗而天下壞矣事有起於微而

禍至於不可捄者此類是也臣於此猶有感焉大僚者庶僚之倡也官高者責重官卑者責輕卿貳之位可久居乎乃今之諸臣有屢遜辭者矣而啓行無日有新受命者矣而赴任何時行李逡巡動經數月當茲

國事艱難之秋即聖哲馳騖猶懼不足寧能復堪此重發悠悠忽忽之如昔哉臣謂難進之節與靖共之義宜畧有以權之也統祈

皇上特渙

明綸嚴爲申飭庶大小臣工各惕職業其於根本

重地所裨非淺尠矣

天啓二年二月二十八日題奉

聖旨近來人情玩弛營私曠職這所奏差官違限住

俸降處俱依擬着實行其卿貳大僚着上緊到任

不得稽延吏部知道

陳考察疏

南京吏部等衙門尚書等官臣何　等謹

奏爲遵舊例嚴考察以勵庶官事考功清吏司案

呈奉本部送准吏部咨該本部題考功清吏司

案呈查得舊例兩京五品以下官員每六年一

次會官考察自萬曆四十五年考察以後今又

及六年之期該吏部具題奉

聖旨京察着于本月二十八日行欽此咨臣等移咨

南京吏部一體查照欽遵施行等因咨部送司

察呈到部臣謹會同戶部尚書管南京都察院右都御史事王永光右僉都御史熊明遇與同各該堂上官即將各該衙門堂上五品并所屬五品以下見任陞遷公差丁憂養病聽調給假行勘等項自萬曆四十五年三月十二日以後未經考察官員從公甄別臣等竊惟京察公典也憑職業而課之合輿論而衡之必當官者絜白其守無脂膏自潤之私而後本原端泉達其才無襟肘相掣之病而後發紓宏猷典經六年

則途次之迁廻既難逃萬耳萬目之視聽而彌
縫之態狀亦莫逭天知人知之照臨雖任分繁
簡徑分濃淡而要以過有可摘即爲巳破之甑
資猶可策徐觀冉改之絃是舉也主之以堂官
之評隲參之以道路之風謠覈其見在之職業
驗其去後之譏評其人原不自惜臣不能代爲
之惜也其人猶有可裁臣則以制爲之裁也總
之臣斤斤爲
朝廷守法又爲

朝廷惜才鑑設而不能爲醜者懕怨妍媸非意立也
衡懸而不能爲貪者易度低昂非私𢬵也　諸
國家公正之典以佐
皇上平明之治如斯而已謹將考察云云奏
聞

天啓三年二月　日

考察預定功郎疏

南京吏部尚書臣何　謹

奏爲微臣得

請回籍感激

天恩恭陳

謝悃併抒芹曝之

獻以畢餘忠事項者臣以親老宜歸再疏陳情隨奉

聖旨卿猷望素著倚任方殷乃以父母高年歸省情

切難以强留准回籍侍養俟候召用該部知道欽

此臣不勝感激伏念臣衡茅賤品叨
聖明拔擢洊歷顯職至長南銓當茲
主憂臣辱之時政捐軀圖報之日而親老身單例應
侍養荷蒙
俞允得遂私衷感戴
生成之恩實出遷擢之外目下解組言歸戲彩娛親
此人間之至樂一時之希覯也
聖恩天高地厚臣當與世世子孫銜戢無極敢不瀝
情恭

謝臣又維自昔大臣去國雖值太平無事之際不廢
憂盛危明之詞矧今夷氛方熾寇在門庭而臣
素切多壘之恥久懷敵愾之心豈以將返初衣
尚不畢陳餘悃敢正言而無諱可乎竊聞天下
雖大如人一身人身元氣充盛雖有寒熱外感
亦當勿藥如元氣虚弱卽起居無恙已有朝不
保夕之患而况衆疾交攻乎今天下虚弱甚矣
以兵則思逃以餉則告匱以羈縻之虜則胒茹
以積玩之衆則易動假令闖門失守奴騎長驅

天下事尚有一之足恃者耶然使文武諸臣戮
力同心弘濟艱難豈遽遂不可爲迺武臣皆惜
死而愛錢文臣惟喜同而惡異臺省濟濟布列
而敷奏所及率多修怨干時之意殊少忠
君愛國之心京堂日日添註而掌印之外盡是無所
事事之人祗爲紛紛營差之舉在昔
皇祖時猶可諉曰不補大僚不用科道也今京堂十
倍科道五倍矣而國事之廢弛國勢之陵夷日
甚一日豈非

皇上不負諸臣而諸臣負
皇上乎夫同舟遇風胡越相救如左右手今可謂遇
風時矣而諸臣曾不若胡越之相救獨不虞載
胥及溺耶臣竊爲科道諸臣不耻也昔人譬韓
范於推車子要在車行夫車之必行匪亶同心
又要協力而諸臣曾不一置力將如車何臣又
爲諸大臣不耻也然臣非敢臆斷也近見御史
徐吉疏内云欲振紀綱必辨邪正欲辨邪正必
決壅蔽欲決壅蔽必懲欺罔欲懲欺罔必通言

路冇咊哉其言之雖不知所指安在亦足明壅蔽欺罔爲近時所有而邪正爲之不明法紀爲之不振矣謂非諸臣之責乎又如御史張文熙疏内言臧獲費財蕩産家長絶不以告于主人即有不平之鳴衆僕以其敗羣而共謀逐之是家長借主人之財以市德羣僕利家長之覺以自利主人家貲不數年而蕩盡此亦个〔今〕日善喻也謂非諸大臣之責乎夫天雨墻圮不治且有盜然使徹垣架棟新從營構曰吾力不贍又恐

屋未完而盜巳入則搖手蹙額苟幸旦夕無慼

其然如隨缺補葺易椽添瓦便可安居斯亦力

所易辦何憚而不爲

祖宗設官分職法度嚴密有當盡之職卽有當守之

法情與法不兩存之勢也却情而伸法則法舉

而職盡天下以治矣徇情而廢法則法弛而職

溺天下以亂矣言事者皆云情面世界試問當

事情不能却法不能伸者其故安在夫繇情面

而釀世界之亂非繇法度奚能返世界之治撫

舉法度循分效職亦惟毋徇情面毋惑浮言一精神奮發而百務犁然就緒非有甚高難行諸臣胡悠悠度日不竭力撑持而苟幸旦夕也臣又見近來諸臣於小小異同小小參商羣起交攻曰翻案曰翻局不知案與局爲何物亦不知案與局爲誰定擬而議之案者訟牒之名也訟無常勝以理直爲勝局者奕棋之名也棋無常勢以得著爲勢諸臣而不防翻案翻局則亦已矣諸臣而慮及此則常勝之理得勢之著將操

何道邦扶危定傾非豪傑不任彼既有以自信
必不隨人跟脚慮其爲吾難屏之惟恐不遠不
過從門户起念耳若從
國家起念只宜惟才是視豈可專問異同且自古
不輕合者必不輕相負求容于我者必求容于
人安見先意爲逢者之足以固門户而持平獨
行者之敗乃公事也王業艱難政宜兼收分别
太過寧無空國臣願諸臣以實心幹事以虚心
鑑物以大心容人但使亂爲可治危爲可安則

戡定之功勒於常而垂信史當之皆無愧色何

翻案翻局之足慮而不然者繇今之道無變今

之俗政恐金甌初損之天下危於累卵所謂楚

則失而齊未爲得欲禁人之翻案翻局其將能

乎諸臣亦可以憬然于斯矣乃其本則在

皇上臣觀

皇上聰明天授恭儉性成使遇四海無虞眞可

垂衣而治而無奈多難未弭致煩

宵旰也然天既以多難開

皇上我
皇上仰承天眷卽欲不奮發爲天下雄有不可得者
宋臣李綱之告其君曰興衰撥亂之主非英哲
不足以當之英則用心剛足以莅大事而不爲
小故之所搖哲則見善明足以任君子而不爲
小人之所間旨哉斯言顧用心剛見善明非自
雄其斷自神其知之謂要在好學在勤政好學
勤政則親宦官宮妾之時少而接賢士大夫之
時多見聞開擴政體練習古今善敗之端既得

于鑑觀而人情物態之變自炳于燭照以涖大
事而不眩以任君子而不疑自易易者斯亦
聖心一勉强間耳伏願
皇上緝熙聖學躬覩萬幾理有未晰
召儒臣而問之政有難决
召大臣而酌之而又
起居必慎嚬笑不苟
內府易朽之物何妨折納以供軍輿近習無已之
求尤須裁抑以明大體

旨毋中出法自近行使百官則而象之咸知
皇上有削除僭逆興衰撥亂之志上有道揆下有法
守自是大臣既法小臣亦廉內治既修外侮自
銷於以鞭撻四夷除兇雪恥可計日竢之而臣
行以田畝之民復睹太平之盛不亦厚幸乎謹
恭謝
天恩敢併抒其芹曝以畢餘忠如此然臣猶有說焉
從來南部職掌莫重于考察而管察倚重莫甚
于功郎故節年考察該司郎中皆先期預定未

有臨時方授者也即事故不常有臨時方定矣未有咨訪已行廻避已出而驟從別部來易者也今次轉陳陛而用涂一榛俱于十二月中旬報至南中無不相顧錯愕是時臣已辭印月餘有言追臣改任已逼察期言亦無及政欲事後查例申明以防流弊及見御史王允成拼范得志疏謂有無更張試查舊規而御史曹谷蘭疏自述與銓部諸臣問答謂在事久而商之不若更易信如斯言是管察功司以臨時新改爲真

以先期在任爲嫌且以吏張爲舊例矣然臣略
查近年故事如二十七年管察者蔡杲也不于
二十五年八月内自兵部員外陞乎三十三年
管察者徐必達也不于三十一年六月内自封
司主事陞乎三十九年管察者董可威也不于
三十六年十一月内自選郎調乎諸臣皆無嫌
于任久而熟何獨于陳陛而疑之耶四十五年
主察之於倫以四十四年九月内調補然調自
本部非從別署而察期尚遠政可料理何嘗有

臨時驟更事出創見如今次者則其不可日爲舊例亦明矣臣非爲既往惜誠恐此端一開以後考察之時該司郎中事事則恐有面熟之嫌不事事則恐有違悞之咎而咨訪一行口語易生其自揣生平不爲功司所容者輒蜚語過北合謀更置曰此癸亥年故事則該司方畏首畏尾寧能廣寄其耳目而展布其手足此亦不可謂非異日管察之累也臣願

勑下吏部以後考察屆期先于八月內將南功司預

爲斟酌可陞則陞可任則任甚勿輕[illegible]今之言
張沿爲舊規臨時驟易駭人觀聽則祭典實關
異議省矣事干衙門職業不得不併及之夫亦
不過申明驟易非例使後來有所依據毋訥臣
實不言爲衙門職業累焉耳愚慮及此良不容
已爲知爲罪總付之不聞矣伏惟
聖明留神省覽裁察施行臣瞻戀
闕庭披陳無地臨登拜疏有懷必吐無任瞻
天仰

聖激切屏營待

命之至

天啓三年九月　　日

諫止中使鎮守山海疏

南京吏部等衙門尚書等官臣王在晉等謹

奏爲虜情叵測邊事堪虞伏祈

聖明慎重差遣以計萬全事臣惟年來遼事靡振苦

於兵少又苦於官多多一官則增百兵之費多

一添設衙門則增千百兵之費故省餉必先省

官多委不如獨任邇緣邊臣蒙蔽兵數虛而以

爲盈也餉數浮而以爲縮也直至事勢窮極而

中局畢露

皇上始許邊臣之無實而立
命中使鎮守稽軍實而矚虜情以便於入
告明諭並無掣肘罔知
聖衷之萬非獲已也夫爲人臣不能得
君之信猜及廷臣之無可託而事屬中璫四夷關之
　諏及廷臣之無可使而權歸近侍食
君之祿者寧無愧于心乎
明旨所三臣等敢不將順惟是關寨情形
　內廷有未盡晰者臣請一一陳之薊山海原係沿

邉一衛非若州縣城垣之廣也關以外獸蹄鳥
跡之并集關以内牛溲馬㪍之成渠斗城一撮
四望周遭官衙甚少民舍亦稀廵撫借居於道
道借居於衛文武向僦居民廬民廬亦旣盡矣
六中使並出何處可容即擬建官衙何地可宅
奴報緊急羽檄交馳何暇議興土木且木植耶
之口外今因造作而窮經費耶之軍資今因要
費而窮匠役耶之郡縣百呼而無一應亦因軍
興逃遁而窮山海路兵止供各衙門之差使軍

疲于使令則操演之法廢文武各官日習各衙
門之參謁力疲于奔命則瘝曠之時多凡衙門
添設必有防兵邏卒兵仗騶輿門旗書記執并
列名于冊執非給餉于官不養戰兵而養廝役
冗費益煩多官之害事如此矧官階相埒則禮
節繁苛地位耦精則嫌疑易起丁役遝雜則蜚
語易騰軍糧之銷筭多門積書必滋需索營伍
之稽查疊至貪弁又借科求威

命出于

朝廷而耳目寄于中貴畏譏彈者將習逢迎以避禍
工煽惑者又將挑激以生情目今中貴多賢必
不受逢迎挑激而知敝先于謀始寧能不慮其
終此猶在無事時言之也倘邊報忽來軍機判
于呼吸成敗決于須臾將官欲人人請命勢弃
不能撫鎮欲事事徑行恐屬未便謀貴審而舉
彰應宜遠而反緩即內臣不掣其肘有不期掣
而自掣者唐以魚朝恩爲觀軍容宣慰使未嘗
掣李光弼之肘也乃河陽之役光弼奏稱賊鋒

尚銳未可輕進而朝恩欲急擊之謀議相左遂
至價功此非往事之明鑒乎
本朝于正統間設鎮守太監旋復罷之天順間復差
太監葉達鎮守後郎取回因地方有事一向停
差載于通紀可考夫有事停差未宜有事而添
設也
祖宗朝
成命雖須不難旋罷當茲草青糧詘城頽器缺之時
如舟臨灩澦全藉操舠扶舵之人務使其專精

把握勿分其事權亂其心志淆其視聽始能汔
濟乃一心以捍禦邊疆又一心以周旋內使一
舍三年有似道傍之築十羊九牧定知苗壯之
難如慮虛冐難稽則言路有憲臣可委或如部
院諸臣之議間差一忠謹內臣到關查閱立時
回報不須露次于戎馬叢集之區茇舍于虎狼
偪近之域亦所以全中使之體而尊
朝廷之命令也臣等忝厠大臣不得不深爲顧念輒
隨諸臣之後效一得之愚伏祈

聖明俯鑒
勑下廷臣集議從長覆
請施行臣等不勝竦息待
命之至

天啓六年四月初一日奉

聖旨已有旨了該部知道

慶賀錦州解圍併效愚忠公疏

太子少保南京吏部尚書王在晋等爲

天威屢振狂虜宵奔敬鳴

慶豫併效愚忠事向聞奴兵渡河臣等焦思蒿目

夕靡寧心懷岌岌若身介其衝者蓋錦州孤懸

絕徼我師之精銳集焉錦城安則寧遠安山海

安首尾情形聯屬一體茲幸斗城壘固全師凱

旋前有寧遠之一擊後復倍其功東有毛鎮之

克揚西復張其烈此皆

順德潛孚百靈呵護邀
祖宗在天之默佑兆
泰圖億萬之靈長是以轉危爲安用戰爲守臣等慶
聞捷報舞抃同情雀躍
嵩呼曷勝慶慰追惟往事從昔三韓陷沒壬戌之夏
始收復關外五城各堡嗣後未聞拓地今又恢
寧遠以東一百三十里之封疆則步步向前兩
河版圖可取次漸復矣昔也謀議定而忽搖委
任專而輒易人各一心事各異意今則號令畫

如山岳守者盡懷效死之心援應迅於流水王
者常虞後至之罰援師麏集餽餉雲從將數年
前遇賊狂奔之肺腸洗滌殆盡合十萬人併力
協攻之意氣振發如新此則

聖斷勵精
廟謨弘遠内而閣部科道外而鎮守督撫道將文武
諸臣之肝胆畢照策力兼收共成撻伐以昭盛
績也然而臣等猶有進焉勝亦兵之常謀居勇之
之上辨賊之所以退則知賊之所以來來者因

南京吏部志　卷之十四　四已

粮也去者食盡也沿海之露積豈一炬之可焚
而關寧之之餉幾曠日之難久今後海運之支
劄須先儘內地海瀕之暫卸務轉運城中而後
我飽賊饑賊必不至至亦不能久留彼踰河跋
涉牛馬不能以負芻我結寨連屯頭畜預宜以
收斂堅壁清野以主困客是爲今時第一義動
以挑之不如靜以鎮之先聲以怖之莫如後實
以疲之惟蓄銳以固其防勿輕嘗以入其彀儲
火藥精器械練兵卒搜奸宄結人心是爲今時

第二義漂暑非酣鬬之時強奴有未盡之技時至秋深則馬肥於草實弓勁于風高海飈不便運艘難於轉輸秋月倍明乘宵慮其掩襲此秋防之當謹也入冬則輜重可以躡氷胡騎逕能飛渡島帥難施牽制之力涷土易隳繕築之工霜雪嚴凝手足瘃瘃彼向陽而就煖我怯冷以迎寒此冬春之可虞也七城之生命待食於一綫之餉道津門之水犀有限而海天之浩森無窮覺華新募之遼人焉能慣海而淮揚所造之

船隻猶恐後時毛帥孤屯必藉師要地而後可
牽黠奴之狼顧西夷多狡必永懷好音而後可
固薊北之藩籬此俱今日之要圖而天與我以
綢繆修備之暇
廟廊之上當悉心講求時乎時乎此其萬不可失者
也又念各邊之調遣殷繁而農部之供輸久匱
奴若再來必非尋常之戰須蚤辦軍需以備臨
期之緊用預筴其所難而先籌其所急庶不爲
臨渴掘井之謀而有當於曲突徙薪之慮此在

心膂重臣必有成算而臣等深心惕慮輒致謬
佐一籌若夫戰勝而懼好謀以成内外協心將
士併力釆芻蕘以資謀議核功實以昭勸懲
明明在上濟濟在
朝自饒爲之臣等撫膺喋喋矣羣情喜豫懸悃盡傾
仰祈
聖明裁擇臣等下情幸甚
天啓七年七月　　日

南京吏部志 卷之十四 三十二

太子少保南京吏部尚書臣　　爲南京人材久抑謹循職掌備陳廢置諸臣仰祈
聖明採擇起廢振滯以平銓政事臣以課滿至
京荷蒙
聖恩不加幽黜容臣復職臣之職職銓者也南銓無官人之責然凡屬南中僚儕臣得而品評之其有非罪而罹擯斥者臣得而昭雪之若但爲一己之職業求全不爲諸臣之抱冤求白此行爲溺職矣又何職之可舉耶臣從來不解門戶二

守門戸者乃傍人標榜之名非士君子居身之所也人臣比肩事

主宜盡撤藩籬不存城府豈得分門立戸樹黨行私世有小人借君子以立坫壇招搖傳會背郎厳吏顯據盗名之徑貪夫小輩陰竊護身之符君子不爲人用而小人脉脉以用君子于是玄黄互鬪墻壁倍堅分門戸者與攻門戸者糾結牽纏渾淆莫辨一網打盡醋嘖幾無噍類矣其究賢者自賢不肖者自不肖賢奸徹底自明邪正

到頭莫掩山鬼善幻而終敗真鋼愈煉而加精
以久鬱之人情徵好還之天道特生
明聖旋轉乾坤起諸臣於擢剝之餘再造功名之路
臣等何幸重逢
盛際乎臣在南中月睹九卿科道散若晨星去如乘
鴈戢冠幝帶而來小帽青衣而往斥逐不知以
何名呵督不知以何事其以
予告而歸者獨畢自嚴董其昌許弘綱林宰四臣耳
四臣雖負脩名未可老于巖穴此外則頻頻罷

斥未可更僕數除詞臣汪煇劉鍾英已經閣臣

題

准陞補外其以閑住而歸者爲沈儆炌朱一桂胡應

台倪斯蕙謝啓光蕭近高胡東漸魏時應錢策

劉憲寵吳炯徐夢麟曾陳易游漢龍陳一元劉

之鳳洪敷敎其以削奪而歸者爲余懋衡周希

聖曹于汴魏說區大倫岳元聲郝名宦倪思輝

彭惟成姜習孔史𢸃涂喬遷談自省彭遵古傅

宗臯楊楝朝陳必謙涂世業何早徐復陽梁克

順其奉
命召還而仍以原官用者爲游鳳翔其被佻訐聽勘
者爲張繼孟其以年老休致者不與焉諸臣皆
于魏崔專柄之日先後遭擯卽有一二借事處
分者亦俱無風生波非有顯過可摘目今棲遲
衡泌肥遯丘園
烈日當空慨寒崖之獨冷疾風吹勁喜貞幹之猶存
近見銓部題疏開列九十餘人於中亦有南部
京卿削逐者奉

旨分別款項細開具
奏臣非不知
廟廊鄭重起廢採訪加詳未能同時槩入啓事然從
來京官優劣六年有考察部院司其權居官有
過端言路糾其失今非察非糾而從
中選處則耳目寄于旁竇是非出于私門明驅異巳
之臣俾
人主之孤立其人非甚不肖去之不以其罪而繩綳
埒于編氓衣冠同于廝隷

綍綸化爲灰塵從古以來未有此事天下有淸議而
後
朝廷之刑法尊上下有體統而後
國家之等威辨臣所執者
朝廷之大體而所存者當時之淸議也然邇來政體
壞於權奸之把握有不止於斯者
國軌南北一體今若以
南部爲投閑之地爵賞獨加于北推遷偏滯于南六
卿之遷轉者有幾京堂之開府者有幾部有六

年將滿之三品科有七年纔轉之少卿銓郎與
科道並重令科道每轉京卿而銓郎屢歷藩臬
首曹無色何以統攝多官禮兵向從優轉近多
郡守之推遷戶工刑盡有長材或置荒涼之地
面閒曹任子久嘆積薪鴻臚寒官亦多劣轉諸
臣屬望于臣之
入告而事柄非臣所可擅也夫
祖宗根本之鄉遠不及
天顔咨詢之地然而苛察無遺斥逐踵至平地忽瀕

波濤青天時聞霹靂終朝難以自保盡人無計
得全臣在任二年有餘倖免非其意則以昔年懸
虜攻陷河西安危呼吸
先帝特簡微臣經畧子身獨往爲公論所共憐而矢
心報
國亦神明所炯鑒是以雖伏不至于驚弓而弱肉幸
免于履虎然自巖關解任以來推銓不用嗣後
迭經七推悉從沮格臣任經畧留援遼軍兵靖
山東之寇敘功不及一字科臣爲臣不平特疏

具

題竟歸疾閣甘鎮敘捷臣與諸臣同而止加半級不
與恩廕獨與諸臣異錦州解圍念臣始事微勞
敘及臣名隨有奴犯寧錦捷音屢奏皆厰臣帷
幄妙筭各官功次見在之外不必槩敘之
旨於是諸臣之談邊事無敢指臣名者臣何負于
國而權奸妬嫉至此盖明開門闢徑以導人之必趨
而臣終循途守轍以示已之不往臣之以拙而
得全且合邊俸課成于三載則非臣初望之所

及矣臣念南銓無事可效然職在知人難於纖
嘿在南言南非為越俎倖值
離照燭幽銓部大臣秉公衡正否極而泰千載一時
仰祈
聖明
勑下吏部將臣所舉姓名一併查訪分別款項
請告閑住者速議起用削奪者先復原官還其
誥命遇缺酌量推用其南中各衙門陞轉併行酌議
當

國事多艱之日拔真材以需後用疏淹滯以暢羣情
則
中興氣象一新而臣亦不虛三千赴
闕面
聖之初心得稍稱其職業矣臣下情可勝悚息待
命之至
崇禎元年二月廿九日具
題奉
聖[illegible]覽卿奏南都諸臣擢抑數多着分别覆款請告

閑住者鄖與起用削奪者先與給還官誥酌量

推用以後南北一體遷轉不得偏受淹鬱卿劾

力封疆屢敘不及守正忤奸朕所嘉尚該部查

議具覆吏部知道

南京吏部志卷之十四

附錄條議公移

考察議 任考功司 徐必達

職蒙昧寡識謬與大典一得之愚要在以至公之心補不明以憐才之心黜不才如合抱不當以寸朽棄東隅可俟之桑榆收則一眚詿誤宜原也觀過可以知仁採聽須揆情理則論迹考衷宜慎也第貪詐險鄙之輩終貽蠧國殃民之憂滋蔓難圖誰執其咎則一家一路之哭宜辨也職奉 主之命仰承奔走惟是愛憎親故纖

毫不斷便是背公營私皇天后土必亟殛之所
有處分條件一曰品二曰守三曰才留都去天
稍遠原無多手要津難求乞憐實跡倘以議論
風采定人品格能無毫釐千里之差故必排擠
窺伺衆恨其險筐篚馨折衆鄙其卑者不得不
處一二其餘未可苛求也最要莫如守而才次
之或謂木彊何裨實用踶跻時詈小廉則似有
差等焉我可以受人千金人亦可以受我千金
此當以氣骪觀難以貪論也然有假氣骪者謂

之奸貪有漫無可否任出任入者謂之癡貪人
非谿夷交際問遺未必却也餽贐羨耗未必絕
也濫則敗德矣謂之常貪說事過錢暮夜受贓
此則人面行禽耳謂之大貪經文緯武全才也
堪遐方者奇才也堪煩劇堪文學者中才也實
心任事不避勞怨雖時有得失而熱心不愧者
實才也好名喜事然無別腸者莽才也循途守
轍無咎無譽者庸才也一籌莫展百事俱廢者
駑才也長駕遠馭不以行其公而專以行其私

者惡才也惡才直以不謹論無問守矣駑才而
勵豨夷之節一段清風自可立懦廉頑苟犯常
貪易逃罷軟大貪即以貪論奚足惜焉庸才莽
才而常貪亦有疑貪者以不及浮躁論期桑榆
也大貪以不謹論不欲出惡聲也實才以上常
貪宜寬矣實者掩覆必拙難匿其瑕意識偏偏
易見其短事集則怨隨功成則忌起故實才必
無奸貪大貪者舉動偶乖豈宜苛責而怨忌長
彖或煽貪聲職謂論跡考衷宜慎者此也疑貪

時有之而事在聞出職謂一眚詿誤宜原者此
也天之生才實難
國家之成才匪易何忍不察本末輕爲一擊乎中
才以上無瘢貪者大貪顧有之奇才多好貪全
才亦不免中才宜論甚與未甚未甚猶可使過
也以浮躁論甚則瓦裂矣舍不謹何施獨奇才
全才不得不留之以備緩急縱著穢跡量從浮
躁然必歷考其事真有大過人者乃可末減耳
不然一爲聲音笑貌所悮幾何不爲貪之囮耶

雖然此皆澄汰之法也抑其末也其本在甄別
綦難矣或謂十人可以成虎三至豈可投杼於
理誠然顧信之不勝信也以終身之品而决於
一人允宜深戒疑之不勝疑也若槩謂經目之
事猶恐未真則今日察典從何下手職謂廢廉
訪即無甄別而廉訪第一喫緊在知可與廉訪
之人彼成虎之十人三至之告者必非賢有德
者也夫是非之心惟賢者能明惟賢者之口能
公委志歸誠孰無世道之慮乎中求濟必多同

德之愚各衙門羣不肖未易雜也一二賢者必易見也顧賢有中和者有偏拮者有刻核者有共事而目擊者有不共事而留心者須以共事與中和者爲主而以其餘一一參之既得實矣有主不搖矣亦有䕃庸衆者不惟見公論何如亦併以爲其知不知也論定必有實跡而賢者原無擠人之念未必始末之詳况厚者常懷寬假之心要多不發之旨其與臺長及該堂合者無論已不然不得不別求事以實之但寮廣耳

目即群小何妨雖事或未真然萬非故入蓋其人久定非求事以定也定其人以用群小非以群小定其人也此際少有不詳或過拘泥一遇徇私庇黨之臺長該堂彼得難我而我且無辭漏網多矣何以解焉故持不斷之意者開群枉之門又當與憐才之念並存也至于各衙門被黜雖有舊數而多寡自當隨人況舊數原非

祖制而近來臺省建白

明旨已允不拘若任子則先世有功德者五府爲黛

任之初又問冷之局軍吏常例能有幾何語言
酒過豈宜輕棄而鴻臚及各衛經歷尤爲最閑
冷者皆當悉從寬政蓋作孽未至哭及一路則
一筆亦宜念及一家耳職自惟不肖莫任驅使
既懼其縱又懼其苛既懼其枉又懼其濫實不
勝戰戰慄慄敬布腹心惟台臺裁擇指示毋辱
大典職曷勝瞻企氷兢之至

推廣借參議　任驗封司　徐必達

爲推廣借參以疏通人缺事照得各吏行頭有

大二石五斗有大二石有小二石有大一石有
小一石有所司有縣典有雜行各叅各行制所
從來矣嗣以大二石大一石缺浮于人縣典裸
行人浮于缺先年該本司呈堂考選借叅浮者
少則以春秋行多則以四季行職掌犁然盖以
暫借服役如攝篆者然原不更其行頭故於選
法無礙而於人缺兩宜最良法也第邇來　恩
免四月於是各衙門之缺有不勝浮者除都吏
必係考中舊無借叅之例不得變亂外查得大

二石見懸四十餘缺大一石見懸七十餘缺內
滿在舊歳冬月而至今尚不撥補者尚五之一
焉每遇取缺則各衙門手板相迫若本司實有
意靳之也及查縣典雜行點卯人數纍纍數十
輩有供到四五年不得撥者夫懸缺太久則事
虞廢弛點卯太久則人若旅守考則借雖足以
優才吏而向隅尚多中則撥雖畧以備補苴而
罅漏尚不少再查各衙門辦事吏近以各省起
送人少往往不敷而本衙門堂司各執事吏最

稱簡逸然所須歲當八十餘名合無諭令各縣典襍行吏除諳曉律例者照舊考選外其餘有願赴本衙門執事者比照北部效勞事例效勞四箇月者許借前缺辦內效勞加二月願效勞者多則以序簿先後爲次缺少之日隨行停止令才能者得以刀筆自效而木訥者亦得以奔走自將效勞足充本衙門之數則正辦可以儘撥各衙門歷一則缺無久曠一則人無久淹一則本衙門既無廢事一則各衙門亦無乏人或

亦兩便之道乎伏乞

尊裁

監生撥歷公移　任文選司　徐必達

爲歷事監生事屢准南京國子監典簿廳手本前事奉本監案令畧稱從來吏部取歷不定數目本監視事三年不假一人不假一日人多多撥人少少撥安得以意多少之未滿固不能寬假已滿又安得强留今舉人雲集只當照舊行之等因到司該本司看得人無定數不能以意多

少之者貴監也歷有定額不能以意增損之者本部也據稱從來吏部取歷不定數目又稱自來南部取歷不聞定數南監送撥亦無定數因稱本部不當容易更張今備查舊案自嘉隆以至萬曆十四年間本部無一次不以定數取本監無一次不照取數送少則有之浮則絕無成案一一具在此二百年來成規也詎貴監亦有底案不知何據云然惟十四年二月原任右侍郎海　陞任吏書乘機作弊遂於本月十三日

劄付稿案但寫討取監生四字不寫名數至本
月二十九日原任右侍郎姜　接管判案遂併
討取監生數字去之而本部從來職掌乃始不
守弊竇一開朦朧借鉠無所不至甚有以寅月
而借至午未月者承弊襲舛一　味模稜獨不思
各衙門正額歷額乃
累朝欽定之數非可借之物也借之則見在之人
當驅之何所借與之人當置之何地若先期到
歷是一事兩人歷既非

祖宗之成法若優游俟期則此生既不在監又不在

歷又豈

祖宗約束諸生之意查會典一欵凡於各衙門辦事

者毋曉必須回監一欵各衙門辦事完結務要

隨即回監肄業此其責成貴監者亦甚至矣恐

不宜以一送撥爲了事也本司六月受事備查

會典及南北職掌並無借缺之說不知貴監何

故欲强本部行之據稱本監視事三年不假一

人不假一日夫假亦南監行之久矣自貴監一

且釐革最爲執法乃獨於本部而欲其盡棄二
百年來之成規阿從近時之弊習不得忽發此
議論乎及查本部職掌內開各衙門歷事及寫
本監生名缺查扣滿期每月下撥初一日取上
撥十五日取劄行南京國子監照缺取人撥補
若非部職掌則貴監業已聞之昭若日星非縣
臆說若但討監期儘數送撥缺之有無一切不
論則本部可無劄取而貴監可以徑送矣又查
隆慶五年有馬祭酒南京陶祭酒萬曆元年有

例原無不限數若況一歲不一若法也粗有曆
監事例無非事體原今互異今查本部本監舊
明若沿襲之舉不知奉何曉事又辭限數乃非部非
祖舊制亂成法豈監不勝慨嘆矣
舊付羨遺美本部舊額有遺停
題錢伏乞干廉例年又議續至于本部本部原行
諸公之員
題曾歷詩亦吏監司明也后如差數羨錄馴馬監
林院酒名以歷以入令中銀粮溝員

北法無二三若人少撥遲人多撥早小小異同
載在條例者必錄奏
准欽遵今貴監原無人多撥多之例本部見有照缺
取補之條不奉
欽改誰敢擅更今貴監以復古爲反古以守法爲變
法不亦異乎又稱南京自吏禮二部而外例得
給假回籍故撥送人數自可以先後多寡更相
衰益夫給假非
祖法也給假之人皆係見在之人該衙門既不作缺

本部咨催以先後多寡更相裒益若給假之人
盡可作缺則諸生歷事一日可竣無乃盡棄
祖宗成法乎又稱萬一壅滯數多激成擾嚷此則有
大司成平日道德齊禮之教在揖讓相先之地
似不必廪廪懷激成擾嚷之虞若必以遠方之
人資斧既竭開納例行監生數倍日月已滿不
能盡留則貴監自有陶祭酒具
題增歷之例獨不可一體行乎大抵天下事非一
人一家之事合人與我方成一是若貴監倘有

過差本部未爲全得願虚心平氣合諸職掌會
典併萬曆十四年以前舊案據理與法觀之渙
然釋其成心曠然共棄近弊偕之成法使
祖宗二百年來成賢育才之良法美意若爲令甲者
失之十年復之一旦令天下後世咸知本部之
藉手貴監以亡屑越此職掌也不亦共成其美
乎爲此合行手本前去即便說堂查照先今事
理至期照數送來以憑撥歷施行
優恤含官案呈　徐必達

南京吏部考功清吏司爲懇埀矜憐情酌議移咨
以甦困苦以廣殊恩事奉本部送據南京錦衣衛
等二十七倉守支副使范洵劉而衆等連名具
呈告稱近奉
聖旨雖因新授倉官謝光謙等畏南寒苦守候年久
具呈改選實蒙北部憐憫施恩題
請比照北倉外倉倉官免其守支併免到部仍咨
南京吏戶二部併倉場衙門一體遵行並無分
別遠近年分洵等困守多年尤在一體超放之

側賤顒望天臺開恩前有倉官李居遷
等具呈總督范　蒙批准行隨經議覆蒙批查
議頗詳但後來糧米止責成攢斗而倉官不許
干與雖便彼起送似非設官分職之意選來何
爲再一會議另詳以便移咨後倉官王銘等又
呈奉批南北倉糧收放宜同一　則倉官起送彼
此當無異同何易于北而難于南也若云虧空
應責經手北倉獨無虧折耶此中講求不透然
屬未妥總巡廳以此會議併詳近又洵等具呈

蒙批總巡廳併議中有一二可行者無以人廢言也奉此仰叩仁天恩同再造爲照倉糧額有加一轉厫向經監收衙内封固挨陳亦繇驗放倉官攢斗止係看守毫無干與米數具存却被攢典捏稱虧折莫非勒詐之詞乞天燭弊以杜簧口況洵等因奉水兌所羈比前倉官倍年困苦及照舊額外倉非倉倉官周歲任滿者即陞巡檢南京倉官寒苦守支四年以上者方陞巡檢五年以上者陞司獄稅課庫官等職於例似

屬不平若使洵等守支盡絶定有一十餘年之
上應該比例加級以償久困之苦懇恩俯憐燾
情咨行戸部併總督衙門酌議施恩題
請或移咨非部應否比照北倉設立附餘厫座以
補虧折着令攢典照數交代倉糧守支完日得
免省祭赴部應否將洵等久任倉官比例一體
超放或令洵等依舊守支完日比例㫋秩仍免
到部將攢典回籍省祭以免食糧糜費以杜勢
詐等情具呈到部奉批准移咨戸部及總督衙

門酌議定奪奉此批行到司案照先奉本部送
准南京戸部咨及准本部文選淸吏司付俱准
吏部咨該本部題稱看得新選南京各衛倉副
使謝光謙等呈稱遵例掣籤蒙選前職查例俱
應守支八年乞要准改本省附近外倉一節爲
照光謙等既蒙
欽選難以議改惟是各官家貧親老均切反哺之情
而官卑祿薄曷勝久羈之苦且倉糧守支若得
免省祭而光謙等既經省祭又復守支似亦非

所以通人情而昭畫一也臣等查得萬曆二十
七年二月內該巡倉御史李光輝條議户部覆
奉
欽依將京通二倉倉官俱照別倉一體周年改選免
其守支又近該本部題
准事例凡倉巡周歲給繇考俱免其到部彼處巡撫
考覈功過四季報部候考功司類付本司即揩
入急選依應得品級陞除遵行已久各官至今
稱便此例已行於內外各倉而獨不行於南京

宜各官之哀鳴而不已也合無將各官比照非
京外倉官周歲任滿免其守支併免到部仍咨
南京倉場衙門一體遵行定爲成規庶
皇仁不遺于卑賤而政令可垂於永久矣相應題
請恭候
命下本部移咨南京吏戶二部一體欽遵施行等因
萬曆三十年十二月初五日　太子太保本部
尚書李　等具題初八日奉
聖旨是欽此欽遵等因咨部送司看得各官以一命

之榮邀升斗之祿去家二三千里守支八九十
年或棄親永世恨飲終天或埋骨他鄉怨深坏
土一官雖肋真同楚國縶囚四大龍鍾何異吳
門行乞凡有仁心誰不隱之况據呈開稱總督
衙門屢次批詞意甚切至候久未蒙裁决以致
復行具告前因及查先准吏部咨該本部題奉
欽依以後南京倉官俱比照北倉外倉官事例周歲
任滿免其守支併免到部併咨南京倉塲衙門
一體遵守案候在卷乃今各官猶然守支如舊

其中必有別故既經洵等具告前因相應咨議

或將吏部題

准事例一槩遵行或止將題

請以後各倉官遵

旨免其守支其未題　請各倉官作何處分併將洵

等今次告詞內所稱各攢典勒詐等情詳察有

無一併議處定爲永遠可行之規以不失吏部

題

請之意㢠兩京內外事同一體而南京倉官不致

獨抱向隅之泣矣爲此擬合案呈本部移咨戶
部及轉行總督糧儲衙門會同酌處施行

卷十四終

南京吏部志卷之十四

五十

南京吏部志卷之十五

尚書傳目

滕毅　詹同

吴琳　趙好德

劉崧　劉仲質

詹徽　翟善

茹瑺　張紞

蹇義　黄宗載

魏驥　崔恭

陳俊　王倎

張悅　倪岳

林瀚　劉忠

梁儲　孫交

張濚　孫需

羅欽順　顏頤壽

朱希周　湛若水

聞淵　張邦奇

唐龍　張治

屠楷　周延
鄭曉　吳嶽
趙錦　汪宗伊
李世達　袁洪愈
陸光祖　孫鑨
温純　陳有年
曾同亨

南京吏部志卷之十五目　二

南京吏部志卷之十五

列傳

孔子曰事其大夫之賢者友其士之仁者居是邦且然况官玆南銓者乎是故於卿貳之賢也有師之道焉於僚寀之賢也有友之道焉皆效法切劘之資也尚論往哲正已正物衡平鑑空後先相望予懼吏之闕文也志列傳舊序

尚書滕公

滕公名毅字仲弘直隸丹徒人

太祖征僞吳公與楊訓文同以儒士入見言事稱
旨留相國徐達幕下拜起居注　命公同訓文集
古暴君若夏桀商紂秦皇隋煬行事以進曰往古
人君所爲善惡皆可爲龜鑑也吳元年陞按察使
上以唐宋咸有成律斷獄惟元不倣古制取一時行
事爲條格吏胥易緣爲奸民無所措手足
命公同省臺李善長劉基陶安周禎等定爲律令使
内外知所遵守公務存寛大民多宜之洪武元年
初設六部首擢公爲吏部尚書一切選除考課之

政皆令公與省臺裁定二年出叅知江西政事卒
於官公尤善吟咏

尚書詹公

詹公名同字同文舊名書徽之新安人至正中舉
茂才異等授郴州州學正遇亂道梗因家黃州僞漢
徵爲學士承旨兼御史
太祖平陳公來歸　上毎與講論經史公占對不窮
益加禮重及還京師除博士易今名已而集功臣
冑子於　內府　命公敎之更其官爲國子博士

公淹貫羣經隨叩而鳴每講易與春秋尤獨造閫
奧聽者豁然爲文操筆立就水湧山立可喜可愕
時與
上同遊每應制有作　上未嘗不稱善也遷考功郎
中改起居注吳元年以翰林待制遷直學士明年
陞侍讀學士洪武四年陞吏部尚書六年爲翰林
學士承旨兼吏部尚書辨人才之賢否審職任之
重輕咸得其宜朝野推服是年公上言請編日曆
上乃命公與侍講學士宋濂爲總裁官選士分輯凡

起兵渡江以來征討平定之績禮樂刑政之詳莫
不具載公又言日曆藏之　天府人不敢窺請如
唐太宗貞觀政要更輯爲書以傳
上從之爲卷五爲類四十名　皇明寶訓後凡　聖
政史官日紀錄之隨類增入未幾以老乞歸
上賜勅特命以翰林學士承旨致仕旋起爲承旨翰
林學士復乞老卒於家公操行耿介始終清白所
著有天衢吟嘯及海涓集
尚書吳公

吳公名琳湖廣黃岡人性資純篤力學問通毛詩
小戴記平陳之歲
太祖徵用荆楚名儒詹同薦公博學能文章　召爲
國子助教與同並教胄子公才藻不及同至商榷
經義亹亹不窮同自遜遠甚
上聽政暇　召公洛時事輒進嘉言天下陰受其賜
遷浙江按察僉事與兩淮運同皆效職有才名入
爲起居注同魏觀求遺書於四方陞太常卿進兵
部尚書適京闈鄉試

上曰琳經學優　命與司業宋濂典試事洪武二年改吏部尚書　賜誥有學術既醇踐履尤正語公既入吏部與詹同迭視事量材授官計功考能號爲知人公老致仕既家居

上遣使伺琳何爲使者潛至舍旁見一農人坐小几起而扳秧布田貌甚端使者問曰此地吳尚書安在農人斂手對曰琳是也使者還白狀

上嘆息益重之

尚書趙公

趙公名好德字秉彝河南汝陽人幼警敏有經濟
志早失怙恃刻苦力學能文章善大書元末汝潁
兵起公謂婦李氏曰元運將終東南有天子氣欲
往從之汝孕得男可名太平遂灑泣以別渡江見
太祖語合以儒士命同知陝州事尋知安慶晉戶部
侍郎歷尚書出參陝西政洪武八年召爲吏部尚
書奏定諸司正佐首領雜職官犯公私罪該笞者
贖罪杖流者紀錄每歲考歲終布政司呈中書省
監察御史按察司呈御史臺送吏部紀錄以便稽

考九年仍調陝西行省參政卒於官公在吏部銓
衡甚稱
上意嘗召與四輔官何顯周等至　內殿坐論治道
各賜衣一襲命畫史圖其像焉

尚書劉公

劉公名崧字子高江西泰和人七歲能賦詩洪武
三年以材學舉爲兵部職方郎中署駕部總部事
奉　命徵糧饋江買馬廣東點視山東驛遞踏視
萊州遭風海船皆稱職陞北平按察副使坐事輸

作京師歸鄉十三年胡丞相誅

太祖以公學通古今舉止詳雅　手勑召爲禮部侍

郎未幾署吏部尚書請老　賜勑致仕刑部尚書

李敬爲國子祭酒起公司業公至

上喜賜鞍馬未旬日得疾猶强坐訓諸生疾革敬問

所欲言公曰天子遣恣教國子將責以成功而遽

死乎無一語及家事年六十一

上爲文祭之公博學有志行家素貧及貴未嘗增產

業所居屋壞半以茅覆之居官十歲不以妻子相

隨淸若如布衣時其爲北平按察副使携一童往
至則遣還每夜孤燈一儀讀書不輟五更衣冠起
坐待旦招徠通逃慰安反側惟務寬厚存大體尤
愼刑遇小人險彼輒先事防制溫顏巽詞而見者
凛然致仕歸益謙下問學之功老而彌篤與人言
未嘗及官政文雅粹詩有唐人風韻所著有北平
八府志及詩文十八卷藏于家職方集行于世

尚書劉公

劉公名仲質字文質江西分宜人敏而好學博通

經典洪武初爲宜春訓導尋被薦入詞垣奏對稱
旨授文林郎歷遷禮部尚書十五年令公與儒臣定
釋奠禮儀頒之天下調吏部是年倣宋殿閣大學
士之制以公爲華蓋殿大學士未幾坐事降御史
公篤厚文多質實如其人云

尚書詹公

詹公名徽字資善尚書同子洪武十三年擢御史
十六年陞左僉都御史時新改御史臺爲都察院
公首膺　簡命性嚴厲不以色假人善持風紀

上嘉之嘗曰徽剛斷嫉惡不容奸僞役吏髮蓬面垢
容愁肌瘦不異羈囚以不得肆其貪故若是十八
年命公兼吏部尚書
上以公在職公勤　詔有司復其家後以藍玉詞連
及於禍

尚書翟公

翟公名善字敬夫揚之泰興人洪武中歲薦入監
授吏部驗封主事歷員外郎二十六年吏部尚書
詹徽侍郎傅友文伏法　命署本部事奉職稱

旨陞侍郎仍掌尚書事承　命同翰林儒臣創定諸
司職掌又奏定役滿吏叙用法二十八年實授尚
書公明於經濟凡所奏議允合　上心
上嘗歎曰朕有此良佐何患天下不治又嘗謂羣臣
曰善雖年少守量宏闊他莫能侔也　命工部爲
善營第於里公曰江鄕地隘宗親且衆誠不忍奪
人以自益
上顧羣臣曰有官居鼎鼐無地起樓臺善與寇準同
風矣家本戍籍

上欲免之公曰戍卒宜增豈可以臣破例 上稱善

二十九年免歸

尚書茹公

茹公名瑺湖廣衡山人洪武中以貢授承勑郎擢通政司參議通政使都察院副都御史試兵部尚書定文武官封贈之典及武官廕子襲職例悉從宋制

太祖以公卓異蠲其田塘園林之賦加太子少保特見信任其所薦引皆至大用 上每以賢人君子

稱之建文時改吏部尚書太常寺卿黄子澄與公
不協誣之罪出領河南布政司事靖難師起　召
爲兵部尚書　詔諸王分守諸城門遣國公李景
隆都督王佐及公會兵龍潭公望風勸進
成祖卽位公仍故秩封忠誠伯食祿一千石子孫世
襲券稱公内外一人中流砥柱云修
高廟實錄爲副總裁　詔其子鑑尚長安郡主後
賜誥還鄉道經長沙以不朝　谷王有違　祖訓被
劾

上重　谷王不得已下錦衣衛繫獄盖將釋之公竟
瘐死　上傷悼

尚書張公

張公名紞字昭季陝西富平人洪武中舉適經爲
京學教授遷　東宮侍書才識通敏　懿文太子
器重之陞通政叅議試左通政雲南平出爲左叅
政陛辭
上賦詩二章賜之歷進左布政凡雲南土地貢賦法
令條格祠祀公廨與儀程度悉爲裁定時流寓名

賢若董倫王景韓宜可輩不問識不識皆厚恤之
故遷謫至者如歸秩滿入　覲治行爲天下第一
特令吏部勿考　賜璽書宴賞及道里費　命仍
治雲南已而召爲吏部尚書滇人如失父母時建
文旁求遺逸悉委選試公鑑識精絶人無遺才修
太祖實錄試翰林編纂官見楊士奇策喜曰明達時
務有用之才不但文詞之工也奏第一靖難師起
與謀抗禦之策
太宗章命召紞與戶部尚書王鈍諭曰卿久事

皇考習知典故今老矣其解職務月給尚書半俸居
京師視時政有戾舊制者直告朕無隱㢈稱厚望
老成之意公出遂自經於吏部後堂公廉直寡與
常以儉樸先百寮於廨圃自種蔬夫人亦紡績不
輟聞肇州吏目諸葛伯恒月俸不舂而食即薦爲
參政其風尚如此

尚書蹇公

蹇公名義字宜之蜀之巴郡人初名瑢洪武乙丑
進士授中書舍人一日奏事稱　旨

上顧問公汝蹇叔後乎因嘉其言貌篤實書義字
賜公易名一考當調　命滿九載曰朕且用義建
文即位知
太祖意超陞公吏部右侍郎公在銓以慎擇郡守爲
首務考察明恕不苛不縱
太宗即位轉左侍郎旋陞尚書時悉改建文政令一
復洪武舊制公從容言損益貴適時宜因舉數事
陳本末　上深然之人有譖其不忘建文者不聽
永樂二年兼詹事　上欲諭　太子率令詹事義

往道意七年　皇太子監國中外庶務惟諸王及
遠夷奏請詣行在餘悉啓聞處分公深達政體雖
職務壝委處之裕如十九年
勑廷臣巡行天下公奉　命巡撫南直隸天諸郡問
兵民利弊及文武將吏賢否陞黜具奏悉行之
仁宗嗣位進少保兼吏部尚書
宣宗朝以公春秋高　諭輟部務令朝夕左左右討
論旨　賜銀章鍚褒諭恩眷有加至
英宗時猶被白金文綺之賜聞公疾遣中使問所欲

言惟以敬守洪武戊寅對既卒贈太師謚忠定官
其子英爲尚寶丞文臣廕尚寶自公始公深沉質
實和厚簡靜處人有量未嘗一語傷物至議典法
不苟爲包容必歸於正歷事五朝凡五十年無一
日顛躓之憂退朝之暇手不釋卷貴而能下盛而
能約　上前所語未嘗退以語人葢天下有陰受
其利者論者謂蹇簡肅之忠實不欺李文正之不
爲傷人害物張忠定之不飾玩好傳簡獻之遇人
以誠范忠宣之不設城府公兼有之

尚書黃公

黃公名宗載原名垕字原夫江西豐城人從熊伯機受春秋舉洪武丁丑進士授行人陞湖廣按察僉事時銅鼓五開多巨奸號難治公毅然往諭諸豪懼不敢犯尋以不糾都指揮吳玉貪暴謫驛丞起爲山東道御史侃侃自持

宣宗居東宮妙選宮僚輔導擢詹事府丞宣德中陞行在吏部左侍郎制詞有清潔平恕公謹厚重之褒正統中進南京吏部尚書正已率物無少回撓

久之引疾致仕公爲人持廉守正不矯不隨學問文章俱有時望

尚書魏公

魏公名驥字仲房浙江蕭山人永樂中舉人以會試乙榜授松江府學訓導善於教人以身先之諸生多所成就陞太常博士宣德初遷吏部考功司員外郎陞南太常寺少卿正統三年陞行在吏部左侍郎以老辭調禮部又辭改南京吏部十三年九載入見乞致仕不允陞本部尚書景泰庚午畊

疏始得歸初公乞休大學士陳循公所取士也謂
公曰先生雖位冢宰未得立朝願少徐公曰君爲
輔臣宜爲天下進賢才不得私一座主甲申
茂陵復位進公階榮祿大夫嘗編修永樂大典聘考
江西鄉試者二同考會試者三公爲人端重祗慎
簡默廉勤頗好別白君子小人在學校嚴師道與
諸生衣冠相對不問寒暑莅官所至崇正祛邪務
大體在吏部時中官王振怙寵公至京贄見惟帕
一方振亦不較呼爲先生有進士未終制來部欲

朦朧爲考功者同官可之公曰選法不可擅又可
欺
上聊居家二十餘年不治生產布袍糲食淸修苦節
遇鄉人與言砥行遇有官與言忠職尤不忘憂國
憂民以年七十有七而歸九十有七而終
憲廟方採御史言遣行人存問　恩賚優渥未至公
先卒遺書戒子完弗擾鄉里營墳墓已有司得請
如例祭葬完以遺言力辭謚文靖所著有南齋集
若干卷松江志水利切要理學正義等傳於世

尚書崔公

崔公名恭字克讓直隸廣宗人正統丙辰進士爲戶部主事出督延綏邊儲有能譽李南陽薦知萊州府庫故歲入漕海布數萬輒浥爛破庫人家公請量留漕海布餘並出爲軍餉不踰年布盡歸守庫者八百家萊大旱蝗爲捕蝗發賑乞免下邑逋租又善辨疑獄咸神明之明年虜犯京師集兵數千遣官部署勤王在萊六年吏民畏懷奏課爲天下最萊人有前楊後崔之謡以楊震嘗守萊也尋

並祀焉景泰三年陞湖廣左布政使盡革諸冗費
及和市苗賊侵武岡公督餉訓民兵剿賊賊皆聽
撫公安監利流民相殺公曰勿急急且大變下令
流民願附籍者聽否且俟秋成遣歸衆遂定調左
江西囊中惟律比圖書衣數襲而已省有廣濟庫
者庫官吏乾沒五十萬公發其奸贓行臺韓雍竟
法連坐布政使失職郡邑肅然制爲役法調輕重
任一歲之勞得九年之逸民安之天順二年陞左
副都御史巡撫蘇松諸郡所至進耆老詢利害爲

興革以拔治賦治水皆有成功會都督徐恭請浚儀真漕河公役夫六萬人程工贍廪民不知勞又浚常鎮河以避江險四年王璽山薦爲吏部左侍郎成化五年代李秉爲尚書與時不合尋歸九年起爲南京吏部尚書特　勅兼參贊機務仍理部事已改南京兵部卒贈太子少保謚莊敏寬平坦易中無芥蔕好善惡惡出於天性臨事剛而能斷其在吏部精選舉嚴考覈置勸懲簿慎惜人材奬拔後進廉靖自居人知嚴憚云

尚書陳公

陳公名俊字時英福之莆田人正統丁卯以閩第一人發解戊辰舉進士爲戶部主事父宦廣卒於任公蹈海奔訃海南富上物一無所取起補故秩歷任員外郎郎中職皆嚴辦陞南太常卿進戶部侍郎公練習錢穀凡四方災傷邊鎮請匃粟爲裁盈縮條析利害曲折遷吏部右侍郎轉左毎勸尚書尹旻抑奔競奬恬退宥正直一時摧折者無不默爲扶救九載陞南戶部尚書南曹事簡惟戶部

金錢布粟出納與內外諸司相關每多撓沮不可
盡如法公一按典則省財不啻數十萬改兵部劄
除宿弊尋改南吏部銓綜人物咸稱明允久之請
老加太子少保致仕卒謚康懿公沉毅簡重清白
自持雖位至六卿蕭然不異布衣時論者謂公自
筮仕敭歷兩京致位通顯凡銓選兵戎錢穀諸大
政或副或專無不稱才奏功又負德望爲大臣今
之大臣清修慎重不動聲色足以鎮雅俗表後進
者首稱公焉

尚書王公

王公名僎字廷貴直隷武進人生有異質十歲能詩景泰辛未進士及第第三人授翰林院編修陞侍講侍

憲廟春宮講讀以　登極恩陞左春坊左庶子兼侍讀尋陞南京翰林學士爲南國子祭酒時教法久弛公嚴立程制核勤惰爲懲勸諸司差遣一按名籍不爲私假又劾典簿之墨者黜之滿九載進南吏部左侍郎時吏弊滋甚每差撥則爭呼於廷乃

按舊式參以時宜著爲定規羣吏懾服　召入爲戶部左侍郎遷南戶部尚書復改南吏部會考察諸司公悉心諏訪務求至當其以例考績者必慎重斟酌不苟爲殿最又陳八事多見采納乞休進階榮祿大夫卒贈太子太保謚文肅公精吏事敏而能勤文章有體裁眞行書世亦珍之

尚書張公

張公名悅字時敏直隸華亭人天順庚辰進士爲刑部主事轉員外郎居官奉職守法以不欺爲本

自刑部出爲浙江提學副使初糊名較士尋去之
日我且自疑人誰信我請托覬覦屹不爲動無敢
干以私者進湖廣按察使歷都察院右僉都御史
工部右侍郎
孝廟登極諸大臣相率求去位公獨不可曰更新之
始正當竭忠報國豈可言去改禮部再改吏部左
侍郎爲尚書王恕所倚信言無弗從常兩攝選衆
議翕然稱允
孝廟亦深知公而注意欲用之恕致仕衆望屬公内

閣徐丘皆不喜欲用一翰林入吏部出公南院左
都御史尋進南吏部尚書鎮定簡靜上下安之雖
中官亦加敬禮守備太監陳祖生嘗設席獨延公
或問更召何人曰他人豈可同此席其爲時所敬
憚類此改南兵部尚書參贊機務公在南兩部凝
重不撓議事每持大體爲根本遠圖不操切文具
留都倚以爲重久不内召或言内未有爲之地者
公直視不答其人愧而退未幾六疏乞休
賜璽書加太子少保致仕卒贈太子太保謚莊簡惺

三百三十九

素清約始終不渝爲士林表率者四十餘年奉身而退無一貶議平居謹畏小心無疾言厲色至臨事卓有定見未嘗以恩怨利害動其心嘗謂人曰古之聖賢其過人遠甚凡所爲皆公無私故其事業光明俊偉今之人去古聖賢遠矣毋事竭其公忠猶恐不及况復濟之以私乎或言有善讀書不善作官者公笑曰此正不善讀書耳侍郎吏部時

疏陳四事一曰

祖宗舊政不宜輕改以亂舊章一曰今天下民多疲

敝東南尤甚宜薄稅斂輕徭役一曰各處荒歉宜
禁奢華革冗濫節用度損燕樂杜無名之爵賞罷
不急之工役一曰各處冗官太多官司錢穀太濫
乞查革禁約
孝廟深嘉納之又上修德圖治二疏皆爲名臣碩畫
云

尚書倪公

倪公名岳字舜咨應天上元人父文僖公嘗奉
命祀玄嶽姚夫人夜夢緋袍人入室而生公因名岳

瓌偉秀異目光炯炯望之如神及爲學兼通吏事
嘗因羣吏將赴吏部試戲擬事爲題令判斷按之
如律僉駭曰此老吏不易也天順甲申舉進士入
翰林爲庶常授編修預修
英宗實錄秩滿遷侍讀選充　經筵講官被　命編
輯文華大訓書成進翰林學士選侍　皇太子講
讀遂拜禮部右侍郎仍充　經筵講官毎進講敷
古義傳時政言意剴切
孝宗初卽位言者𡍼集皆下禮部議擬多出公手弘

治中知貢舉防範嚴密如帖圖編號每因舊法出
新意後遂不可易改南京吏部尚書加太子少保
考覈諸司所黜凡若干人胥稱允弘治十二年因
災異率九卿疏陳二十八事多見施行改南京兵
部尚書參贊守備召入爲吏部尚書奬恬抑躁干
謁消沮或謂公毋別白賢不肖太過且召怨恐輒
撓阻不得盡行其志公曰冢宰職固如是卒於官
公留心世務經史之餘凡生民休戚財計登縮戎
政利害無不諳曉蓋公喜經濟而才學識量狀貌

魁梧又足稱其志意每大廷　集議慷慨持正論一時儀文古典軍國重計多所裁定又長於奏議一瀉千里舂容啓達考古道今會文切理下至瑣屑案牘吏人旁候運筆如飛略不經意自翰林至秉銓天下皆仰其風采贈光祿大夫少保謚文毅公父文僖名謙爲禮部尚書勳德著

憲廟時國朝父子入翰林爲學士得並謚文自公始

尚書林公

林公名瀚字亨大福建閩縣人成化丙戌進士改

庶吉士授編修歷諭德弘治初爲祭酒垂十年待
諸士嚴而有恩故事祭酒膳役銀歲且百公悉貯
官搆祭酒公署及監中諸師儒寓舍進禮部侍郎
掌監事上疏言天下人材日盛科貢二途所取有
限乞廣進賢之路　詔允開科尋入吏部爲侍郎
明年爲南吏部尚書會災異詳羣僚陳十二事時
有御史自巡按逮獄二三儒生夤緣傳奉授中書
舍人者公上言乞寬宥言官以全風憲之職收回
內降以杜倖進之門不報乃致仕　優詔慰留會

當京察公先自陳　慰諭尤至公感
上知考察矢公矢愼未幾復疏重根本以回天變四
事一曰南京城内外軍民艱窘宜加賑恤一曰
春宮毓德進修宜屏玩好戒遊觀一曰各省兵荒
相繼宜節省財力愼重名器而其一則曰明年甲
子適符洪武十七年開科取士之期宜加增鄉試
解額蓋於廣賢路屢致意焉改南兵部尚書與守
備中貴人相可否不少假各路中官進獻道南京
索官舟往往裁抑之多聊公者遂璽竊政大學士

劉健謝遷以不合縣退公聞而顯議之南科道交
章抗論被逮公又獨往餞鱸且擬上章直諸言官
瑾聞之怒盧喝逮者詞連公矯詔降浙江叅議致
仕復矯　詔謂公與劉謝及尚書韓文等爲奸黨
瑾誅復尚書致仕言官疏公清苦如環堵之儒乃
命給輿隷月廩令有司時存問皆異數也卒贈太子
太保謚文安公居官不自爲介而其所守有常人
不能奪選事輒論奏知無不言皆出忠義不亊近名
不立異聞人一善言見人一善行終身不忘陳佾

獻稱公賤者卽之不知其爲貴卑者卽之不知其爲尊愚不肖者卽之不知其爲賢且智獨非意相干者卽之始知其凜然不可犯也章懋又擬公爲秦誓一个臣皆實錄云

尚書劉公

劉公名忠字司直河南陳留人成化戊戌進士改庶吉士授編修公修勵行檢時國家無事翰林程李輩有文學詞藝好交遊有聲譽公獨卷斂沉默以故在翰林侍講幾三十載始拜侍講學士尋進

學士掌院事正德初爲講官毋附經義規
上闕失及諷時政久之傳　旨陞南京禮部侍郎進
本部尚書尋改南京吏部公性峻少通行方寡合
一介不苟得惡士人競趨自處常過亢貴人亦力
抑之以故久在南京南京大宰閒逸居官者自名
吏隱多俛仰苑合公獨毅然持風裁庶僚潚秩爲
署考必當實御史某恃勢驕横又郎中某瑾黨張
綵私昵者也公皆署以下考自是諸司弗飭者咸
惴惴焉越闔胥人華役者甞竄名吏籍中上部往往

胥官去公命四主事稽厥籍年經月緯綜核交替
凡革罷千人雖授職者亦追論除名吏弊一清召
爲吏部尚書兼翰林學士掌詹事每爲瑾厄瑾誅
始被推入内閣尋加少傅兼太子太傅吏部尚書
武英殿大學士是時政權又在閹永大臣陂事瑾
者事永公守正同事者忌之在位不三月乞歸
世廟登極兩遣行人存問卒贈太保謚文肅崔文敏
曰余爲編修時逮事公公慨然謂古鬻人匹士雖
當流離困絶不取非義財況祿食者乎許襄毅嘗

語銑子初仕慎事大夫翰林惟司直一人耳

尚書梁公

梁公名儲字叔厚廣之順德人成化戊戌進士改庶吉士授編修歷侍讀洗馬使安南封王琛貝厓珠之餽一無所受進翰林學士與修大明會典歷少詹事遷吏部右侍郎正德改元轉左明年進尚書兼學士逆瑾惡其不附已指摘會典紕繆降吏部右侍郎與修

孝廟實錄成復尚書瑾誅公不置俄有　旨調南京

吏部尚書加太子少保五年瑾敗　召還以吏部
尚書兼文淵閣大學士進武英殿累加少師兼太
子太保進華蓋殿公卽泣諫行幸時方援立遠藩
公力寢其議又黙止秦藩之封士不承巡遊之草
勅詳國史中　駕征宸濠公與蔣冕從至南都七
請回　鑾不聽駐蹕郊南有欲游吳楚意公自銑
章奏跪泣行宮外竟日　上乃止行未幾同羣公
受遺命定策
世廟自興邸入正大統奉迎勸進公與有力焉卒贈

太師謚文康公沉重博雅接人和易立朝四十餘年議論每持忠厚故羣邪用事公從容其間若坦途宸濠納交士大夫所餽皆有籍記及濠誅閱餽籍惟公無之正德中兩廕子錦衣千戶嘉靖初以定策功廕子錦衣指揮世襲皆辭不受

尚書孫公

孫公名交字同志湖廣鍾祥人成化辛丑進士授南兵部主事轉吏部陞稽勳員外郎調文選太宰王三原重之薦陞驗封郎中丁艱起補稽勳調文

選前後居吏部十四年留意善類多所援引歷太
常少卿奉　璽書經畧邊關疏行四事陞光祿寺
卿正德戊辰晉戸部右侍郎提督倉塲疏罷京通
徐淮諸倉添設中貴調吏部時逆瑾驟用陝人張
綵爲尚書吏張躁妄人無敢言公累引三原故事
爲諷綵啣之調南吏部庚午瑾誅進南吏部尚書
精鑒別勵名節人莫敢干以私辛未召爲戸部尚
書尋乞休受知
世廟於潛邸嘉靖初召還原職公兩任戸部值國用

匱詘多方節縮尤憤鹽法非邊事告急不使報中有建白如輸粟增秩免役之類或從之惟生員輸粟國學則執不肯行滇南銀坑鎮守中官領之歲動夫役千計公極論滇南夷方大利所在後恐遺患封之便論京通倉內臣冗蠹又論御馬監及諸馬房草場旣有部使者今復增內臣侵牟倍於稅額而馬數戶部不與知宜遵　祖訓又論上林苑本以牧牲植蔬今奪其地役其人者宜窮治又論安陸　龍潛舊地民貧役重乞改徵稅爲存留以

免逺輸　皇莊租課宜付有司收納皆報　可壬辰引疾得　請給傳加太子太保令子編修元侍歸嘉靖戊子　恩詔晉光禄大夫柱國壬辰壽八十卒贈少保謚榮僖公先後致仕凡十九年入官五十年不置田産立坊額持身恭遜自奉甚儉燕居雖盛暑不見袒露自壯投老手未嘗一日去書所著有銓曹衡鑑内閣紀聞經畧紀聞國史補遺

尚書張公

張公名璨字仲湜廣西全州人幼穎悟年十七連

登成化戊戌進士始冠改翰林庶吉士授編修弘治己酉轉侍講戊午充　東宮講讀官主順天試進侍讀學士正德改元陞學士尋遷國子監祭酒正德丙寅　駕幸太學　賜坐講尚書進禮部右侍郎轉左陞南京禮部尚書改南京吏部　儲位久虛公率同僚請建　太子言甚剴切尋改南京兵部叅贊機務即條上時務八事悉皆允行又奏革守備廳冗官凡百推用不容請托人服其公三疏致仕加太子少傅公剛褊與人多不合遇內閣

諸重臣未嘗阿附以是竟不召用爲詩文力追古
人所著有應制集全湘憶錄涇川文集若干卷藏
於家

尚書孫公

孫公名需字孚吉江西德興人成化壬辰進士授
常州府推官擢南道御史廵倉至中都鎮守中官
以文東武西榜於門公不入僅投一剌王三原最
愼許可時叅留務造公加禮歷浙江布政使右副
都御史正德改元轉南京兵部侍郎進南禮部尚

書時逆瑾專柄陞者多以賄謝公獨不行矯詔
令致仕瑾敗起南工部尚書甲戌改南吏部表以
廉靜諸司翕然乙亥考察庶官諸所存黜皆衆公
論無毫髮私狥其黜者止坐微罪不忍以太甚加
之或曰恐彼不服且藉口自文公曰吾期服彼之
心苟公矣他何慮也又疏修政弭災戒遊畋抑權
倖諸事引年歸卒贈太子太保謚清節公守法畏
公議清風皭然不滓正德間大臣多掊克固適公
獨以廉約稱焉

尚書羅公

羅公名欽順字允升江西泰和人弘治癸丑進士及第第三人授編修閉戶讀書悉謝交謁陞南國子司業正容端則六館爲肅正德初忤逆瑾奪職瑾誅起歷南太常卿南吏部侍郎改吏部連攝部篆甄別人才咸極精當以父老乞便養陞南吏部尚書端方嚴毅持法執正如其比銓時已改南禮部外艱歸以禮部起未至復改吏部懇辭致仕公在吏部疏言久任良法而併及超遷之說與久任

之法相爲流通超於前自可責其後之久超於後
固無負其前之淹深切吏治惜時不能用卒贈太
子太保謚文莊公德性純雅卓有時望性孝友親
殁兩起宗伯冢宰皆不就家居二十餘年足不踐
城市絕造請謝門徒惟以著書明道爲事每日正
衣冠升學古樓子弟入叙揖畢端坐展卷獨處不
見惰容食恒二簋居無廣厦郎微言細行無纖芥
可疵是時有倡爲師心頓悟之學者公爲反覆辯
正其說甚確所著有困知記深明性命之理及古

今學術儒佛朱陸之辨云

尚書顔公

顔公名頤壽字天和湖廣巴陵人弘治庚戌進士授知縣擢監察御史四川倉庾積弊不可根詰命公往清理之稽覈詳明進光祿卿轉大理卿讞獄最平允歷陞右副都御史正德己卯宸濠謀爲不軌副使胡世寧發其奸

上命駙馬都尉崔元偕公往勘處未至濠舉兵反因會師紀功事竣還京恭遇

世宗登極遷刑部侍郎陞南禮部尚書改南戶部疏
言南都根本重地以　先帝南狩縻耗倉庾無數
月之儲大可隱憂乞留浙廣儲省免運米十萬石
以裕軍餉
上可之轉南吏部尚書改左都御史刑部尚書會山
西妖賊李福達事起屬鞫治公廉其狀論重典達
以重貲邀結權倖於
上前爲先入之說公屢疏忤　旨下獄奪職公歷官
清約忠勤有器幹既歸閉門謝客日涉經史子姓

每集輒諭之曰奉公守法毋辱門祚至願也人或售以田宅則曰吾宦郎久了吾餘槖且不使子孫累吾清白家聲毋吾強也卒祀鄉賢隆慶初追錄復官　賜祭葬

尚書朱公

朱公名希周字懋忠直隸崑山人弘治丙辰進士第一人授修撰壬戌同考會試以纂修會典成遷侍講充　經筵講官逆瑾撼制詞僚奪公官一級貶修

孝廟實錄復故秩兼　賜御製蟠龍詩軸暨白金彩
幣有差庚午主應天試徘徊翰署以狀元六品二
十年不遷意澹如也陞侍讀學士遷南吏部右侍
郎時
武宗南巡寺留都冢宰以考績行公當署篆援北例
具題請　吉時謂知大體尋轉禮部進南吏部尚
書見南雍之士積至三千人貧老歲貢候撥無日
特奏增撥各衙門歷事監生人數復定見歷者聽
減兩月之例俱　允行丁亥考察娼嫉者奏言南

三百廿八

科無一人之去以爲公私公辯誚祭僚庶所以別賢否非論曹局之有無也使一曹皆賢必去一人以爲公則一曹偶皆不肖亦將姑去一二以塞責乎衆皆語塞公因疏乞休　詔給輿廩以歸居家幾三十載日閲書史田廬猥事一不置念吳市故華盛登公堂獨蕭然如村落中野翁環堵與賓客處宛然舊儒生尤重名檢里中子弟欲一舉動輒曰恐玉峰先生知玉峰蓋公別號也卒贈太子少保謚以避父諱不稱文曰恭靖

尚書湛公

湛公名若水字元明廣東增城人性頴敏自少知學弘治壬子舉於鄉尋從白沙先生遊潜心默會日有所得遂焚去路引誓不復仕後以母命出舉進士改庶吉士擢編修時陽明王公在吏部相與倡道京師學者稱甘泉先生嘉靖初起爲侍講遷南國子監祭酒　召爲禮部侍郎先後有勤　聖學等疏遷南禮部尚書未幾改南吏部公益以清正表率百司尋改南兵部叅贊機務滿九年考引

年致仕公在南都久春時勸農躬詣田畝閱俗侈汰定喪祭之制頒行之費省而禮舉都人無不樂從盡毀私創庵院僧尼勒令歸俗平生志篤而力勤無處不授徒無日不講學從遊者殆遍天下所著有鑾道諸錄

尚書聞公

聞公名淵字靜中浙江鄞縣人弘治乙丑進士授禮部主事遷吏部員外郎進考功郎中丁丑當大計時朱寧用事諸司關說不從會吏孫某張某賂

盜冀漏網太宰陸完未决乃私語曰二豪得盜盜
能得
上即議斥內不從奈何公對曰三載黜陟官守謂何
即弗從守官可也乃竟議斥進南京通政遷應天
尹故事中官守備南京者多受民詞檄下府幕吏
奉行唯謹朔望必往謁籍公事未辦者受程期公
至語中官曰中貴人安得受詞幕吏安得爲中貴
人議獄非制也有　詔則可悉罷之尋改順天再
改太常卿晉南兵部侍郎改南刑部侍郎進尚書

張文忠語之曰僕往任南刑曹嘗題詩含中公至願爲我勒石樹後堂其後僚屬俱遜爲文忠丁盛公徐曰此尚書堂安敢以相公故爲郎官立石竟不許嘗語諸郎曰守備中官受告窃侵刑部權釋此不問顧獨下行有司事日事城旦書何爲乎自今民間大事必詣通政司達刑部其餘一切赴司城改南京吏部務正巳以表𢈔官巳亥當考察公第去太甚無繁苛改刑部公至以籍授司門記註諸郎入舍先後於是諸郎皆折節勤事既乃拜吏

部尚書鑑裁蓋著嘗問諸郎曰先朝太宰孰優對曰無如蹇忠定王忠肅公曰固也耿文恪方可否事少宰從左右贊一辭文恪宣言曰　天子建天官一人耳安得三天官耶太宰正百官文恪近之矣公深沉弘毅性節儉在尚書省十年履位有常不失尺寸卒贈少保謚莊簡

尚書張公

張公名邦奇字常甫浙江鄞縣人靈慧善解諸所鏡物承弁志垂髫即能擬詩騷又爲中庸説辯析

性理之學弱冠登弘治乙丑進士
孝皇選翰吉㡯精宿齋以禱期得真才而公與其列
正德改元授檢討充　經筵講官纂修
孝廟實錄成以親老乞便養出補湖廣提學副使尋
疏乞終養歸叔水朝夕爲愉暇則尋繹經史時有
所得則發爲論著有學庸傳五經說嘉靖初肅文
僖薦起爲四川提學旋乞歸終養當路者奏改𠕒
建盖三受督學之命焉遷左春坊庶子兼侍講南
國子祭酒南吏部右侍郎改吏部時冢宰缺公攝

行之抑奔倖奬名節拔淹滯開誠布公罔敢私謁
往時銓部除拜例先白執政以覘其所欲公曰黜
陟大典以人意用舍之所遺必多遂不往白於是
執政啣公會翰林缺長公以原職兼學士掌院事
充日講官纂修　玉牒公喜曰去翰林二十五年
乃今得復舊物矣壬戌戊會試己亥簡宮僚加太
子賓客尋掌詹事府事進禮部尚書諸所奏對稱
旨
上南狩代祀陘藩題主先師釋奠皆特遣而又以乞

便養改南京吏部尋轉南兵部
上時忽復念曰張某何在蓋將大用之竟一疾不起
錫典有加贈太子太保謚文定公之學根抵於道雖
貫穿百家而文詞所發卒歸仁義盖華實斌斌雅
恒未嘗發人短而鑑裁則精未嘗峻城府以拒人
而端潔莫可犯爲政務持大體不斤斤小苛其議
論必依忠厚每言事必稱引天下長者故人無賢
不肖皆傾心焉

尚書唐公

唐公名龍字虞佐浙江蘭溪人正德戊辰進士爲郯城令以治行高第入拜監察御史按雲南疏誅江彬又褫土舟鳳朝明職忤錢寧再按江西承逆濠亂後人誦撫綏功不在王新建下陞陝西提學副使遷按察使徵爲太僕卿尋轉僉都總督漕運淸勾稽寬養馬築堤濬河兵民感悅陞副都御史擢吏部右侍郎轉左兩攝部篆不阿權輔風旨晉兵部尚書兼右都御史總督三邊有三大捷議者以爲功過王越改刑部尚書疏乞終養起南刑部

遷南吏部公持正不撓南都倚以爲重會有邊警
召爲兵部進吏部病足三疏乞休
上以爲稱老悠君褫職出都門而卒公性疎爽才畧
敏捷以故經略關西督理團營勳最著如諫止撓
造力持劉源清張延齡二獄尤表表者其掌憲秉
銓皆出 特簡歿數年子汝楫爲修撰疏請始復
官 賜祭葬贈少保謚文襄所著有漁石集及奏
議若干卷

尚書張公

張公名治字邦文湖廣茶陵人少即機穎慧勁不可制數歲揮墨成巨字稍長偶詞屬對應聲諧捷多非人思構所及授以舉子業迎意輒解旁及諸史百氏靡不貫穿督學鄞張文定試之見其文愕曰茲非劉李匹亞耶蓋指茶先輩坦齋西涯二先生也正德庚辰舉南宮第一人是年會

武廟南狩明年

世廟即位始第進士選爲庶吉士念毋引疾歸屏交息營充養益裕起編修纂修大典擢左春坊左贊

善在史局未滿考遽遷二親之封格於例公力辭
階秩願以舊職供事封其親疏再入
上嘉其情特畀封而弗聽辭秩葢異數也甲午主南
畿試明年同考會試又明年重書
實訓實錄成進右春坊右諭德戊戌主武舉會試庚
子復主南畿試明年拜南京吏部右侍郎又明年
遷吏部右轉左兼學士掌翰林院丁未主考會試
明年拜南京吏部尚書公在兩京銓省皦然以辨
正刑明黜陟爲大務未幾　命以禮部尚書兼文

淵閣大學士預幾務又　命直禁中庚戌復主考
會試是年疾發
上遣中使偕御醫往視　賜内膳醪米溫諭降問公
感强起供直疾再劇適虜犯畿甸公伏枕草疏欲
偃白河水遏虜涉不及上卒
上傷悼　賜郵典贈少保謚文隱隆慶中更謚文毅
公志在天下毅然以經濟自許論古今行能取恢
廓大節者其學博極羣書而有統要文章典贍議
論懸河屢典文衡所拔士過千百輩性豪爽然達

南京吏部志卷之二十五　三十一　三百十二

不肯依阿好規人過生平微志見於詩若文

尚書屠公

屠公名楷字良楨廣西桂林人嘉靖癸未進士授兵部車駕主事歷考功稽勳郎中轉文選主銓事凡官職繁簡人才賢不肖得於見聞即記之册而因才授職權勢不敢干請少宰霍文敏始嫌其專久而服之及出部遺之以服寓傳衣之意焉任久當遷少宰張文定留之曰四五十年來無此文選也陞通政歷南太僕太常卿南工部侍郎尚書會

當考察京官朝議皆曰非公不可遂改公南吏部
左參事去留允當咸稱精鑑尋改南兵部卒贈太
子少保謚恭簡公居官直亮歷兩京三十餘年
獨立無朋居家寡嗜好居第僅足蔽風雨而已閉
門靜息讀書其中當道以所鄰官舍益之公謝郤
又一直指欲遺以寺田亦弗受海內咸高之

尚書周公

周公名延字南喬江西吉水人嘉靖癸未進士爲
潛江令調新會民畏愛之擢兵科給事中時議奪

王新建伯爵公疏言其非忤　旨謫州判遷同知
歷南京禮部郎中改南吏部考功出爲廣東叅議
値南交議起賛畫居多中使採珠者畏其禁令不
敢苛暴陞右副都御史巡撫應天首清海洋林戚
之擾次復溧陽水決之兊尋以兵部侍郎兼秩督
兩廣軍務節冗費杜倖功疏止番舶交易罷瓊萬
諸驛歲省數千金召爲刑部侍郎轉南院右都御
史晋南京吏部尚書峻潔不阿改南兵部召爲左
都御史考察天下官者再京官者一皆公允卒贈

太子太保謚簡肅公性方寡合面顏寒峭燕坐一室儼如對賓妻子不敢輒至其前親友無所昵一介不苟取官益尊顯而清約自守交游屏絕門外蕭然不異在下寮時嘗自贊曰退然若畏鈍兮似迂然其不違義不趨利不隨俗不靡風者殆之庶而不敢渝也

尚書鄭公

鄭公名曉字窒甫浙江海鹽人少嘗遊九邊嘉靖壬午舉解元明年登第授職方主事日就省中取

九朝故牘閱之盡知天下阨塞與其士馬虛實強
弱之數金大司馬獻民屬公撰次九邊圖志三十
卷甲申議大禮杖闕下乙酉大同卒殺巡撫當事
者請宥之公抗疏言不可不報以艱去家居者八
年
世宗特起廢改考功主事轉郎中桂溪罷相分宜繼
之有　詔考察臺諫意在去異已者公更黜其所
私數人轉文選郎分宜子世蕃以治中求爲尚寶
丞公謂非故事不聽貶和州判官稍遷太僕丞歷

南卿寺幾十年遷刑部右侍郎改兵部兼僉都御
史出撫鳳陽勦倭大捷運道無梗遷吏部左侍郎
進南吏部尚書未發
世宗以公知兵特　旨留為右都御史協理戎政奏
罷諸軍工役者改刑部尚書論錦衣所治獄多失
實而五城御史受民訟非舊制又謂王直勾倭於
法當誅留都亂卒漸不可長皆與分宜議不合從
中搆之遂忤　旨落職歸卒後子履淳舉進士訟
公誣　詔復官　賜祭葬贈太子少保謚端簡公

文學優長才識超卓尤深諳於典故通達國體佐
銓秉持不肯依附司憲𠌫刑緈有定力不究其用
海內惜之性儉朴尤審於辭受所居絕去紛華𠕇
巾布衣與故老相對論桑麻晴雨見者不知其爲
名卿所著有吾學編古言今言奏議文集諸經解
行於世

尚書吳公

吳公名嶽字汝喬山東汶上人嘉靖壬辰進士授
戶部主事進郎中知廬州保定二府歷山西副使

浙江叅政湖廣按察使山西布政晉右僉都御史
廵撫保定移疾請告者十餘年起副都御史廵撫
貴州尋協理院事歷吏部左侍郎隆慶改元進南
禮部尚書改南吏部又改南兵部公在南都專抑
浮薄杜僥倖梓會約禮考諸書以行風俗爲之一
變以考滿如京師過家病卒遺命子孫毋求䘏典
訃聞予祭葬謚介肅公耿介端方清操絕俗爲主
事督上谷餉積羨千金吏以進正色拒曰羨金卽
正餉也可入私槖乎在廬州時邀同年蘇守止瓶

酒蔬食歸裝持公署一傘仍還之嘗奉　詔大察
内吏科臣有異議疏入留中部院疑恐公入政府
抗聲曰請視諸故府考察去者科官得留之否閣
臣悚服其事遂寢居家儉素器無銀飾服無紈綺
歸自留都行李蕭然廳事不備至借僧寺接客里
人信其清苦不謂異也

尚書趙公

趙公名錦字元朴浙江餘姚人嘉靖甲辰進士授
江陰令擢御史相嵩父子專擅爲奸利公因日食

上疏極詆其惡娓娓萬餘言嵩恚甚時公奉詔
雲南清軍政緹騎往逮械行萬里備諸艱楚途中
墮車者再偶入坎窞車過得不死至則下錦衣獄
榜訊幾絕竟除籍歸時父墳方發議西粵聞之亟
投劾去父子一時罷歸家亦貧布袍素餐自適也
莊皇帝即位起河南道御史陞太常少卿光祿卿時
因供奉奏罷端午龍舟之戲又奏折江陰子鱭及
蘇松常鎮白糧減耗二事至今永賴拜右副都御
史巡撫貴州轉大理卿工部左右侍郎萬曆改元

轉南院右都御史尋晉南吏部尚書時江陵柄國欲引公爲助挺然無所依阿時或風議　朝政得失江陵啣之陰令所厚劾去江陵卒用廷臣薦起公復爲南吏部尋改兵部兼右都掌院遇艱歸卒譃端肅公撫贛竹時過江右見分宜藁層道旁慨然不能去言於監司爲守護焉總憲時衆攻江陵上震怒籍其家公獨上言申救無阻將來大臣任事之心此其於二相睚眦之舊直忘之矣内行醇備居家日與二三同志講學養充守定有奏疏若干

卷人稱其直而不怒詳而有體

尚書汪公

汪公名宗伊字于衡先世居徽之婺源後徙楚爲崇陽人舉解元嘉靖戊戌成進士爲浮陽令擢文選主事改武選歷員外郎郎中時分宜父子擅權同部焦山楊公抗疏發其姦被逮公不勝憤懣思投紱去而焦山疏内稱分宜孫鵠冒軍功同舍郎有邀公爲之餚者公正色曰嗟乎焦山乃眞丈夫不怖萬死援如山之姦我輩亦復具鬚眉稱男子

奈何更爲姦用且鵠乳臭胃軍功何能爲若飾也
執論不屈分宜父子啣次骨嗾所私劾罷之家居
十七載
莊皇帝即位起南吏部文選郎中公至署見文獻之
無徵詮次爲志十五卷南銓有志自公始也一時
諸司咸藉以振舉盖公隱約久感
上拔用恩意氣發舒思所繇報塞者故自南銓徙卿
尚寶及太常光祿悉舉其職尋晉應天府尹所轄
縣八賦役低昂猾胥之手窶戶反倍於富者公悉

簽而籍記之黠者不能以意作奸已遷大理寺卿
南院右都御史改戶部尚書總督倉塲爬搔弊竇
爲之一洗又改南吏部引疾歸卒居家不入公府
惟干旄及門問利病爲娓娓指陳甚悉自奉類寒
士有問者輒曰有言哉惟儉助廉一語吾所墨守
也

尚書李公

李公名世達字子成陝西涇陽人嘉靖丙辰進士
授戶部主事調吏部考功文選以病歸隆慶改元

起稽勳員外郎改考功進郎中又改文選丁艱起
爲謄黃通政南太僕卿萬曆改元進右僉都御史
巡撫山東轉副都總理河道巡撫浙江告歸復以
原官起總督漕運遷南兵部侍郎改戶部又改吏
部左進南吏部尚書時少宰爲海忠介公公與之
意氣相期擔荷國是所甄叙群品如矚眉睫大察
汰遣數百人下逮輿臺無不悅服者改南兵部
召爲刑部改左都御史掌院事乞歸卒賜諭祭謚
敏肅公前後入銓司佐黜陟品藻不失人時徐文

貞在政地秉銓者爲嚴文靖公與陸莊簡同爲司
屬得以捜揚側陋往往從田間躋卿貳督漕時會
寶應湖險惡請開月河殺水勢朞年而竣比原估
料直省一萬有奇司寇時
上惡邊臣僞增首功怒至不可解公劑輕重以定罪
而比附重辟執不奉　詔御史職雄峻所抨繫無
與抗者往臺長不甚能甄別公總憲獨舉回道考
察例行之黜五六人臺中始悚然且申明憲典傳
布天下俾撫巡無得以問餽相加遺所薦下吏亦

無得執贄及門違者論如法於時道路風清苞苴弊絕矣公正以禔躬忠以徇國每排羣議觸忌諱侃侃然貞而不激通而不隨國事既濟而身名亦全所著奏議八卷

尚書袁公

袁公名洪愈字抑之直隸吳縣人舉解元嘉靖丁未成進士授中書舍人拜禮科給事中出爲福建按察僉事遷河南參議山東提學副使湖廣參政入南京爲太僕少卿太僕光祿太常卿告歸久之

嫁忌故官復入南京爲工部侍郎都察院右都御
史禮部尚書以考績入朝改吏部蓋自少卿而後
凡八遷終始不離南都抵家上疏乞休加太子少
保公清介質直遁仕籍者四十餘年以三品里居
二十年容膝之廬不增一椽南畝無所拓得月資
輒與諸兄飲食共之出入徒步或乏小艇從一奚
僮而已爲給事日嘗糾銓司翰林各一人翰林權
相入幕客也銓郎方握秉而又能得權相意公極
論其姦黠又他語多侵太宰卒

上知之爲之逮銓郎斥翰林而公且抗疏直言權相誤國狀疏成垂上而建寧之　命下矣其在南臺又能明御史之直言以寬其譴他條奏皆鑿鑿可行

尚書陸公

陸公名光祖字與繩浙江平湖人幼岐嶷不凡八歲從其父游道遇客語安南事公援筆策其必克客奇之年十七與父同舉於鄉登嘉靖丁未進士爲濬縣令擢南禮部祠祭主事告歸起原官轉儀

制大典多所釐正

神宗生裕邸公亟請告　廟受百官賀疏入留中有

頊　賜聖母寶鏹中外翕然謂公卓識調吏部驗

封議遞減吏胥頊首遂爲挈令歷考功文選郎中

太宰嚴文靖虛己委任公念田間諸老臣久廢合

謀於相國徐文貞文貞素愛重之然其言於是諸

老臣皆起大僚海忠介時以淳安令爲上官所排

公力明其志節得擢戶部主事他所注措皆超常

格擢太常少卿而御史孫公丕揚以專擅論公去

家居者六年萬曆改元起公南太僕少卿南大理
卿外艱歸起工部侍郎江陵相故與公同籍又以
公夙望欲引相助而公見其專恣引誼規諷與紳
縏甚御史張一鯤承指論公復罷江陵卒起南兵
部侍郎改吏部右佐太宰登進人才向忤權貴謫
廢諸臣召起殆盡遷南工部尚書不就越二年起
南刑部旋改南吏部時内監張鯨以巨奸恃
上親信招權侍寵公疏其奸惡狀擬置重典且救給
事中李沂狂讜得罪請寬恤以開言路又再疏極

言　國本久不立繇張鯨多方變幻所致請誅鯨
以謝天下早建國本以安社稷疏皆留中公復倡
南中諸曹申前議益力鯨從此喪氣不復敢入内
矣改刑部尚書未幾改吏部抑僥倖拔寒素正體
貌一如
祖宗朝故事戒閹者無入中涓書壬辰主計弊絕風
清適會推閣臣公請復廷推例而身以冢宰列名
詔切責遂力求去歸五年卒贈太子太保謚莊簡
公少有大志嘗書范文正倣秀才以天下爲已任

語於冢頭其推轂才賢培植善類出天性故先後
居銓地使正士吐氣尤汲汲以引用老成爲事盖
負人倫之鑒兼有堅定之力不爽於品題不揺於
羣議公立朝大節最多而秉銓更著矣居家清望
尤卓絶一時
尚書孫公
孫公名鑨字文中浙江餘姚人嘉靖丙辰進士除
兵部武庫主事歴武選職方員外郎郎中
肅皇帝居齋宫羣小多不法公抗疏極諫詞甚峻中

人憚
上英察密格之不得入遂憤憤移疾歸隆慶改元起
南吏部文選郎中歷尚寶光祿卿萬曆初見江陵
柄國專恣力請得歸家食十年以原官召用進大
理卿刑吏部侍郎庚寅進南吏部尚書繼陸莊簡
而任清節重望後先媲美尋以莊簡解非銓務去
召公入代之是時權初歸銓部人情揑杌　中貴譙
讓諸曹郎鐫俸削籍踵屬屹不爲動遷除大政不
謁內閣道遇閣臣亦不避路祖莊簡之意加徑直

焉念徵聘之典久廢獨廉一二貞修篤行士於科目外不次授官以優異之癸巳大計與考功郎趙南星矢天秉公首摘其甥文選副郎呂胤昌謝絕請謁私人嬖華一無所容咸稱二百年來僅見云後以覆拾遺疏忤　旨詔責專擅遂力請歸踰年卒久之始得　䘏典贈太子太保謚清簡公世胄蚤貴絕無驕容惰色即之溫然長者守道不移視不義若浼觀其三去國輕於脫屣彼誠得其所重耳

尚書溫公

溫公名純字景文陜西三原人嘉靖乙丑進士授壽光令擢戶科給事中歷兵刑科論俺荅事宜條輭行止及援建言李已石星論罷神樞營貪賄總制劉壽並錚錚著聲出爲湖廣叅政改河南陞太僕少卿改太常提督四夷館歷大理光祿卿予告起大理卿遷兵部右侍郎兼右僉都御史廵撫浙江改戶部侍郎以憂歸起南吏部尚書癸巳大察京吏時南掌院爲陳恭介有年相與僉謀精核所

泳去皆服輿論轉工部病歸再起都察院左都御
史主院事時稅使㫄午出横甚奏逮臣民累累繫
獄適際
萬壽節公抗疏請將近逮知府蔡如川推官華鈺知
縣常國賢及舉人生員等付法司審勘開釋其稅
使及參隨盡行收回以爲祈天永命之道愈於靡
文祝禱萬萬疏入報聞又以廣東稅使激變抗疏
言稅使及參隨人役之吞噬搏擊乞行停止已而
楚藩華越事起輔臣偏有所袒公持正不從相左

乙巳大計公劣處給事錢夢臯外轉御史鍾兆斗
忽　中旨留用臯斗遂借楚事攻公公詿籍巳吏
部賀燦然疏入臯斗罷去公亦致仕歸未幾卒公
清白自持守正不阿兩主南北察無私措一人後
十餘年楚獄竟平反益追重公公正云

尚書陳公

陳公名有年字登之浙江餘姚人大中丞克宅子
嘉靖壬戌進士授刑部主事移疾侍母隆慶初除
吏部驗封改考功内艱起原官歷文選稽勳驗封

會成國公朱希忠卒家人恃結納引例乞贈王爵
公執奏不可忤江陵相意再移疾歸淹十年甲申
始起原官調文選絕屬乞者選法大清又力起海
中丞不顧衆忌遷太常卿晉右僉都御史撫江右
奏減陶器尋免歸起南僉都御史督操江遷刑部
侍郎改兵部又改吏部轉南院右都御史晉爲南
京吏部尚書公夙於銓曹著嚴介聲南都諸司肅
然未幾召爲吏部時廷推四人公居末盖
上特簡也節槩山立視事卽止息公署以朝房見客

諸中貴聞之人人自失片楮不及門矣顧文選憲
成與公意合一時人情欣欣望治適有　詔會推
閣臣公疏首山陰去相及部院兩賢者忤
上意　詔下切責謫及司屬遂堅以疾去去之日掞
兩蒼頭襆被以行觀者莫不嗟異抵家足跡不入
城市所居再被燬構葺力不能完日飯脫粟敝冠
澣衣樵處耕樵間未幾病歿囊無羨金幾不充襄
大事贈太子太保謚恭介公居銓極留意廢棄諸
賢每月必推數人即犯時忌不惜比稱病篤求去

猶疏薦不置焉

尚書曾公

曾公名同亨字于野江西吉水人諸生時謹事羅文恭洪先胡廬山直講明致良知學以躬行實踐爲務嘉靖己未舉進士名籍甚時分宜相以枌榆故相招引公不爲禮得刑部主事移禮部分宜罷郭安陽爲吏部特遷公入遍歷銓司每入署越月始歸私第孜孜以持公進賢防奸清蠹爲急杜絶請托銓政一新先是新鄭相起掌銓公在事無所

銜及陞太常卿以遷葬假得請新鄭遂條上京堂
官假歸者不得赴部補意盖爲公也迨楊蒲坂入
吏部力起公歴大理卿光祿卿順天尹所在加意
振刷時江陵相陽慕公欲藉開府楚中公固弗許
而又以公在銓司時江陵爲其叔求佳選不得以
入省督學名屬之察又不報意啣之至是劉御史
臺疏論江陵甚激有譛公與劉姻親合謀者江陵
益恚甚公方巡撫貴陽省中陳燿承指疏公以講
學立黨議論朝政劾令致仕江陵歿薦起大理卿

歷工部左侍郎尚書引疾歸戊戌起南吏部尚書
加太子少保辭不赴壬寅復起前官當大察甄别
流品不畏强禦不避權要無何疏乞歸臨行有留
金事少宰葉公向高爲建餘清亭詳記中歸逾年
而卒公於仕宦循職引義難進易退綽綽有古人
之致居家孝友範俗學道愛人垂老益篤完名全
行以終

南京吏部志卷之十六

侍郎傳目

汪河　高遜志

趙廸　練子寧

毛太　茅大芳

陳洽　師逵

章綸　范理

錢溥　黎淳

楊守阯　楊廷和

王瓊　李旻
羅玘　儲巏
石瑤　汪偉
李廷相　胡世寧
林文俊　費宷
瞿景淳　林燫
翁大立　海瑞
姜寶　羅萬化
楊起元　李廷機

蔣孟育

南京吏部志卷之十六

列傳

侍郎汪公

汪公名河直隸舒城人倜儻有大志嘗師武威余

文忠公與學雄文邁流輩

高皇帝渡江首被遇用爲行省掾史屢陳時務

上高其才識命參幃幄贊畫兵政辛丑擢爲大都督

府都事元察罕帖木兒克復汴梁兵下山東勢甚

張遠邇震讋

上命公往使察罕議論稱使職癸卯擴廓帖木兒遣
使尹煥章以書弊通好
上又使公與俱往苔其意公至河南擴廓拘留之
上屢遣使遺書終不遣吳元年元罷擴廓奪其兵擴
廓退居澤州洪武元年王師下河洛擴廓懼而西
走始以公還公奉使留滯凡六年抗厲不屈完節
來歸
上嘉重之拜吏部侍郎備陳虜中事宜且上方畧擴
廓竟敗二年秋遷御史中丞九年封　晉王于太

原拜公爲晉王相相晉大治以賢稱

侍郎高公

高公名遜志字士敏直隸蕭縣人元末僑寓嘉興幼嗜學爲文深醇典則成一家言以薦起鄮山書院山長洪武二年徵修元史授翰林院編修十六年命署吏部侍郎事尋以疾歸三十年起翰林侍讀學士建文中陞太常寺少卿與正卿黄子澄諫諍納忠夙夜匪懈庚辰會試與學士董倫爲考官得楊榮胡廣楊溥金幼孜胡濙顧佐皆爲名臣

靖難兵起晦跡不知所終

侍郎趙公

趙公名廸河南宜陽人初姓張勤學問得師友洪武十七年貢入太學十九年奏事稱　旨試考功郎中每入見

上應對閑雅聲氣如流尋擢吏部侍郎其儀容弘偉才雋辯逸王禕嘗稱趙侍郎荅應精神足以蔭映數人而標望清澈風塵不能移也

侍郎練公

練公名安字子盈以字行江西新淦人起居注伯尚子少穎敏能詩稍長與金少保幼孜相友善謂之曰異日子爲良臣我必爲忠臣洪武甲子領鄉薦明年大對言近日　朝廷用人狥名而不求實小善驟進小過輒戮以有限人才供無窮誅殺非

聖世所宜有

高皇帝親擢第二授翰林修撰内艱復任陞副都御史工部侍郎建文初轉吏部與蹇義爲左右侍郎進賢退不肖多所建白以名節自砥礪聲望蔚然

三万二千五

建文三年改都察院爲御史府特擢公爲都御史職專糾察靖難師起日夕籌畫防禦㓗李景隆奸邪懷異志屢敗召還公手執景隆於朝班内數其罪請誅之不聽憤激叩頭大呼曰此賣國賊臣備員執法不能除奸請先伏誅遂罷朝革命日公被縛至語不遜

文皇命斷其舌且曰吾本意效周公輔成王公手探舌血大書地上成王安在遂族其家姻戚戍邊者五十一人越數年吉水錢習禮以末及逮爲鄉人

所持懷不安告於楊榮榮乘間言之
上曰使練子寧若在朕固當用之况習禮乎後百年
郡同知王佐裒其詩文名金川玉屑集督學李夢
陽建金川書院祀之刊其集以行隆慶中紀録革
除諸臣　詔褒嘉

侍郎毛公

毛公名太不知何許人建文元年代王謙爲左侍
郎蹇義爲右而統爲尚書太文章政事皆優所與
交者並中朝俊彥靖難兵起數上封事條方畧張

紘死公亦死或曰卽毛太亨也

侍郎茅公

茅公名大芳直隸泰興人自少穎敏得家學工詩文年二十時父友陳堯道贈詩有陸機此日能爲賦賈誼何時復獻書之句洪武中以儒士應辟典教淮南考績入京

太祖召對悅之擢秦府長史勉以董子輔相之業賜賚甚隆公感奮知遇顏其堂曰希董以彰聖訓

方孝儒爲記稱其志意偉然深得正誼明道之旨

建文即位擢右副都御史尋改吏部左侍郎靖難兵南下卒衆禦於徐州遺詩淮南守將梅殷曰幽燕消息近如何聞道將軍志不磨縱有火龍翻地軸莫教鐵騎過天河關中事業蕭丞相塞上功勳馬伏波老我不才無補報西風一度一悲歌蓋北兵尚爲鐵鉉等所拒未渡淮時也

成祖臨御得所作詩坐以奸黨被執不屈死之子順童道壽文生戮於市孫添孫歸生死獄中有希董集五卷行於世

侍郎陳公

陳公名洽字叔遠直隸武進人淹貫經史謹敏有
才識父戍殁冐瘴癘五千里負骨歸葬洪武中薦
布衣善書授兵科給事中命點軍卒過其目輒識
顏面姓名弗忘
上嘉之賜織金衣建文中憂去兵部尚書茹瑺薦其
才可大用奪情起復授吏部文選郎
成祖正位首陞吏部侍郎遷大理卿征交趾出叅軍
兼督餉交趾平覈將士功罪建授土官經理兵食

分守監塞剖决如流皆中機要仍改吏部左侍郎
是時黄尚書福兼掌布按兩司事寛大專意撫輯
公甄拔才能振以風紀交人悦服還朝遷兵部尚
書鎮交趾叅軍事洪熙元年召黄尚書還公代兼
兩司事仍叅軍未幾内臣馬騏苛斂交人再叛攻
交州城敗去成山侯王通奉　命擊賊引兵渡河
公力陳利害言賊有伏誘我不可出通不聽遇賊
伏發公奮身力戰不支被執罵賊死事聞
上曰大臣以忠徇國一代幾人贈少保謚節愍官其

子樞刑科給事中

侍郎師公

師公名逵字九逵山東東阿人少孤事母孝年十三母疾危思食藤花菜公亟出求至城南二十里外得之夜歸道遇虎公驚呼天虎舍之去持菜還母食之疾愈繇監生擢監察御史進陜西按察使時獄囚淹繫殆千人公至審其罪豊輕重决遣之獄爲一空憂去廬墓蔬食三年永樂初召爲兵部侍[illegible]尋轉吏部舊典銓者率任已自用往往不愜

公論公獨能詢衆以求公當且廉介一毫不取先
後協尚書蹇義持衡幾二十年嚴密慎重人莫敢
干　車駕北征命公督餉建議量程途置堡遞轉
輸民以不困扈從行在砥礪廉隅
上深重之間語　東宮曰六部扈從之臣不貪者唯
蹇一人耳汝宜知之
仁宗嗣位進南京戶部尚書兼掌吏部事宣德二年
卒　賜祭葬盖受　三朝眷注云

侍郎章公

章公名綸字大綸浙江樂清人正統己未進士授
南京禮部主事陞儀制郎中首請增會試取士額
次條上太平十四事反覆萬餘言　車駕欲幸隆
福寺疏言以萬乘之尊臨異端之地傳之後世誠
非美事遂寢懷獻太子卒人心危懼御史鍾同諷
禮部請復立　沂王東宮禮部大臣縮首咋舌曰
作死公奮然曰我復不言誰當言者會天變陳修
德弭災十四事其大者言内臣不可預外政佞臣
假威福后宮不宜盛聲色又言　上皇君臨

天下十有四年陛下親爲臣子以天位授陛下稱
太上皇帝至尊也月朔歲時宜率百官朝見延安門
復　汪后以定壼儀復沂王於　東宫以定國本
上見疏大怒下詔獄迫引大臣及逼南城狀炮烙慘
煉體無完膚竟不承以鍾同先嘗上言并逮之欲
殺二人會天大風雨黄霧四塞乃止大理少卿廖
莊自南京入朝亦嘗請復儲遂縛三人至杖午門
前鍾死廖謫公錮禁獄中越二年
裕陵復辟輒嘆曰綸好臣子爲朕家受若毒也亟出

之脫桎梏拜禮部右侍郎
上令檢公十四事疏不得內侍從旁誦數言更稱羙
曰好官人已而與石亨楊善相左共短公　上前
改南京禮部　上面諭曰根本重地非卿不可事
有當言具以來聞賜金幣遣行尋改南京吏部
茂陵即位有司以遺詔請大婚公上疏曰山陵尚新
元朔未改百日從吉心實未安釋服公除在前代
固有常例諒陰婚娶於今日不忍隨宜乞　勑禮
部來春舉行不報成化元年兩淮饑條上救荒四

東[illegible]救民急息民力恤流民備儲積皆從之四年
春考察南京官吏公欲盡去諸不職者與南臺高
明議不協公獨疏上黜御史部屬數十人諸司搆
公激言官忿並章劾公　上特遣侍郎葉盛給事
中毛弘即訊留都公誣得白五年秋星變自劾不
允轉左十二年請老卒贈尚書謚恭毅官其子玄
會爲鴻臚主簿論者曰　裕陵　茂陵卒踐天祚
者公與鍾廖三君子爲有力矣成化初謝鐸預修
英宗實錄檢公復儲疏不得輒嘆息泣下曰公疏動

萬言竟一字不傳何以示天下後世數自總裁劉
定之徐應日奏疏留中者例不書謝公日景泰數
年間事孰此爲大不書此奚書盍請
上增入錄中竟不從公氣剛毅識大體立朝隨事激
切一一根理而諍至於復儲尤其大者觀諸臣於
易儲及復儲而深慨焉則景泰中壬申署名諸老
當何如哉
太平十四事曰躬攬乾綱在　聖德英明曰緝熙
聖學在儒臣直說曰　面議大政在委任孤卿曰爲
政得人在愛惜名爵曰肅正朝綱在激勸憲諫曰
廣開言路在聽用忠良曰敬畏天戒在下詔求言

曰精慎選舉在舉主得人曰嚴明考覈在黜陟人曰守備邊境在選將練兵曰征討不庭在專任將帥曰禁止罪犯在恪守律例曰官吏養廉在沙汰冗職曰作興人才在教育有道

侍郎范公

范公名理字道濟浙江天台人宣德庚戌進士宣宗召諸進士親試齋宮公第二特加獎　賜白金楮幣歸省還朝授江陵令作榜諭民懇至民口熟之邑負租十四萬石召將卒家之佃號畸零戶者先諭令承役次令出免役之米因以償負租又平徑訟勸樹畜䘏窮振弱禁奸招逋訪節孝及忠賢

之裔僅七月而得民心去日民遮留之時楊公溥在内閣其子入京述所過州縣殷勤獨江陵不爲禮溥奇之因廉其能薦知德安府每歲按屬邑以稽有司又每月課試諸生歸楚府護衛占田於民超擢福建布政使大兵勦鄧茂七等調度餉運兵皆給食民不加賦憂歸起補貴州土官無貲弗能職者悉與承襲嘗移文以通夷情抗章以蠲逋稅其餉兵春以糧秋以銀大省漕四川湖廣饋餉貴州艱甚俾代糧以銀爲之糴減時值十二貴民既

獲利而川廣被惠尤溥焉擢南京工部侍郎奏言
各處餽南京糧者自船抵倉多所費每米石費三
斗請令兵就其船人支三月之餉官取費米歲可
萬石以備賑貸從之果兩利尋轉南吏部左考課
公明百僚憚之請老歸途卒　賜祭葬公清約勤
愼有吏幹而於文學亦優所著有讀史備志詩經
集解

侍郎錢公

錢公名溥字原溥華亭人正統已未進士試薔薇

露詩稱　旨命教書内舘授翰林檢討擢春坊左
贊善修寰宇通志成陞左諭德天順丁丑改尚寶
司少卿陞侍讀學士修　大明一統志充副總裁
尋奉使頒　詔安南移書與安南王論郊迎禮瀕
行不受其贐遣陪臣入奏乃以
上意受之時以爲得體會坐内侍王倫事出知廣東
順德縣成化初　詔復原官起掌南京翰林院事
秩滿赴京擢南京吏部左侍郎掌部事入賀
聖節尋乞歸　命以本部尚書致仕進階榮禄大夫

年[illegible]十一而卒賜謚文通公擅海内文名四方求請相屬碑鐫殆遍前後五典文衡門生滿天下嘗與巡撫周文襄公論便民條約復移書侍郎李公論積荒召佃煎鹽水次倉四事多見施行在順德釋繫囚撫流民尤多善政盖文章政術並盛云

侍郎黎公

黎公名淳字太樸湖廣華容人少苦學肆力諸經史天順丁丑進士及第第一人授修撰有言官被譴者公以書柢當道請捄當道色不悅公解之曰

正以涉君故須君袜之乃見德量耳
憲皇初充　經筵講官預修　大明一統志遷左春
坊左諭德修
英廟實録成進庶子疏乞歸省　賜寶鏹爲道里費
甲午主順天試獲一卷奇甚而後埸不類勾稽墨
卷得謄録生截卷狀卒取爲解首則名士馬中錫
也丁酉修續資治通鑑成遷少詹事兼侍讀日侍
東宮講讀見天下鄉試録多紕繆或犯　國諱奏
摘數十條下禮部翰林議定格例行之至今擢吏

部侍郎持法益堅有請謁者笑應之然竟不行人有玷行雖所甚愛必加摧抑不爲曲庇時權貴勢甚薰灼公律已嚴峻不通饋問卒亦無他凡事涉矯僞輒窮本末必暴白乃已故事　内批出翌日部臣必補奏除授寢廣有諷令勿奏者曰此
祖宗舊典所以防僞遏姦滓不敢廢諷者色沮久之竟停奏公亦改南吏部轉左加正二品俸尋陞南工部尚書改禮部疏正風俗革奸弊諸事以疾告歸卒謚文僖公性耿介寡合尤好直言居官屢除

弊事剛嚴簡重有大臣體臨事發論不激不隨其取予不苟有門生尹華亭以紅雲布相寄公不受郎封職其上曰古之爲令拔茶植桑今之爲令織布添花吾不用此妖服也居鄉敦倫尚節事事長者惡侈俗凡婚喪燕飲皆著爲則詩文典贍雄偉成一家言有龍峰集行於世

侍郎楊公

楊公名守阯字惟立浙江鄞縣人舉解元成化戊戌會試第四魁及第第二人授翰林院編修轉南

翰林侍讀弘治初召修
憲廟實錄尋與　經筵進左諭德陞侍講學士教習
庶吉士預修　玉牒署翰林院事會部院堂上官
考察翰林官屬去留協輿論　東宮出閣講學充
侍班官又副總裁　大明會典擢南京吏部右侍
郎奉　詔各舉所知以郎中陳鎬評事王紀上後
皆不負所舉考績入京以會典未完復留副總裁
書成遷左加俸二級復舊任考察南京諸司官屬
去取當乎人心以疾乞休進本部尚書卒贈太子

少保公性耿直爲諸生時上書論救祭酒陳鑑邢
讓司業張業有何蕃石大用之風其兄侍郎守陳
學行冠世公與自相師友博極子史爲文謹嚴編
纂考較極精詳嘗對海外使歷舉其國中事其人
驚服廖道南曰讀碧川文稿其論天下事若指諸
掌略無依阿腆涊而篤實孤抗蓋其得于家庭者
多矣

侍郎楊公

楊公名廷和字介夫四川新都人成化戊戌進士

改庶吉士除檢討弘治中陞修撰歷侍讀左中允侍講學士乙丑同考會試進少詹詹事仍兼學士武宗御經筵公講書畢毎進規諫之語
上厭之閹瑾逢旨出爲南京吏部左侍郎陞南戶部尚書尋以戶部尚書文淵閣大學士入內閣加少保兼太子太保修實録成進吏部尚書兼武英殿大學士加少師兼太子太師疏請　視朝御　經筵罷邊兵西僧市肆報聞又請　視朝嚴　宮禁以憂去復起入閣

上廵邊公言非虜不時出沒正統末年可爲明鑑
上議非征自稱威武大將軍令内閣草　勑公不承
言萬乘不宜輕出皆不聽又言天下朝　覲官員
吏部考察上請未奉　明旨各官離任旣久政務
悉廢殿試進士亦已踰月　聖駕南行至今八月
有餘在京在外各衙門題奏俱未蒙發望亟還京
舉行不報
上不豫中外危疑公密請　敬皇后懿旨誅江彬迎
世宗入繼大統凡勸進登極儀注皆公裁定改元一

請[illegible]除弊政朝野肅清　勑封公伯爵不受一品
十二載考績進太傳　賜褒勑宴禮部公辭太傳
後以力諍大禮去削籍
穆宗改元復官　賜䘏典謚文忠公明達有謀敢于
任事故能擒滅元兇尊號之議首尾數十疏捐家
族以博中興古社稷臣也
侍郎王公
王公名瓊字德華山西晉州人成化甲辰進士授
工部主事署都水郎中治漕河於河之道里閘座

艘製無不考稽畫一著爲志改戶部出爲山東參
政陞河南布政使擢副都御史理鹺政晉戶部侍
郎改吏部拂逆瑾意調南京吏部憂歸起戶部晉
尚書改兵部歷加少保少傅少師兼太子太師轉
吏部
世廟卽位以言官論公謫戍已而桂蕚等薦起兵部
尚書兼右都督陝西軍務擊敗吐蕃驅逐套虜捷
聞加太子太保又修邊墻幾二百里挑濠塹入百
里至今爲利復改吏部卒贈少保謚恭襄公倜

儻參大畧居官所至有聲在本兵善計算斂於黙識凡天下兵馬數多寡强弱及地理夷險胄弁才否一覽不遺正德末所在盜起告變旁午公手錄指計悉合機宜四方諸所平定參其調度方畧贛州盜大起王新建時巡撫請得從軍興法便宜行事公爲奏許之宸濠反聞朝中外駭愕而公益治兵自如曰吾以用王守仁上游度必擒濠果如其料

武宗駕駐通州江彬擁邊兵召九卿覲都下傳云江

彬將謀不軌凛凛無敢行者公曰備位大臣天威咫尺敢自逺乎即日詣覲其臨大事不驚類若此然亦善權變御物故人有議其巧者歿後復録保塞功世廕錦衣千戶

侍郎李公

李公名旻字子陽浙江錢塘人才氣盖世爲諸生自負魁元成化庚子録應舉遺之公於試期前一日雍監臨侍御之輿而大呼侍御叩其學隨舉隨應天奇之命入試果舉解元甲辰進士第一人授

修撰預修
憲廟實錄　玉牒爲　經筵講官弘治丙辰同考會
試轉諭德兼　東宮講讀以母老乞便養改南太
常少卿會　孝陵殿灾　命成國公朱輔代祭
高皇帝時正卿楊一清欲以　天子祭奠之禮待之
議本寺正佐二卿導引用鼓樂飮福受胙公不可
執奏定爲儀朝議是之又陳時務十事見　嘉納
有白金彩綺宮扇麐雉圖之　賜正德改元　召
修

孝廟實錄改太常少卿兼侍讀以舊宮僚　賜蓮環
詩　賜白金金帶金段襲衣　命教習庶吉士轉
正卿管國子監祭酒事一監生恃閹瑾姻婭公破
例超送銓部公不許因乞歸不允復乞南遂遷南
吏部右侍郎尋推禮部左又推吏部　命下而公
卒公軀幹秀偉修髯鬱如生平無書不讀過目不
忘稠人廣坐中談辯懸河援經引傳口誦手畫始
末不遺亹亹終日聽者爲之忘倦立朝志在康濟
每
經筵日講先期謝絕通謁凝神以撰講章必

有發明啓廸尤長於史學嘗以古今正史進　呈
宅所撰史稿更富而身後回祿燬之仕宦三十年
家無餘貲薄田不及百畝歿於官無以爲斂南都
縉紳咸哀而賻之䘏典止與祭葬而贈諡皆未有
論者以爲闕典云

侍郎羅公

羅公名玘字景鳴江西南城人幼卽嶄異嘗與羣
兒遊見遺金各趨攫之公獨不顧讀書目數行下大
義了然運治春秋書詩皆通爲諸生文尚奇崛試

於鄉屢不利乃援入粟例遊國學丘文莊時爲祭
酒季試得公文大加稱賞名動一時成化丙午遂
爲順天解首明年登進士改庶吉士授編修陞侍
講與修　大明會典通鑑纂要正德初陞南太常
卿轉南吏部右侍郎嘗署國子監事究弊壞而更
新之又爲劉吏舍葺廩閣以足疾乞休歸公居官
多建明編修時武岡知州劉遜忤　岷藩被逮給
事中龐泮等以救遜　詔獄皆上疏捄王事李夢
陽論外戚收拷又疏捄極懇切

孝宗感動皆薄譴太監李廣死言官劾文武大臣附
廣者請按廣籍斥逐公言不可暴其名羞　朝廷
宜令自陳或坐以他事黜便識者韙之侍郎時見
武宗前星未耀羣奸睥睨疏乞早定儲貳以繫屬人
心語甚激切侵及當國者無所顧忌蓋自負才氣
力持風節欲大有所爲而未之遂也休致後宸濠
慕重之問遺以金帛公預覺走旁邑避不與接李
文正處璉承間曰謂護善類公引大義責之顧剴
門人籍其大節類此至爲文矯俗不苟作杜門苦

思必得意乃始命筆意茍未愜雖數易藁不厭也
每一文出傳誦海内直追古作者文體爲之一變
卒贈禮部尚書謚文肅

侍郎儲公

儲公名巏字靜夫直隷泰興人幼頴異年九歲善
屬文十六應鄉試毋喪家貧極力營葬每旦伏哭
塚上夜則苦讀成化癸卯甲辰鄉會試皆第一授
南京考功主事考察庶官雖執政親戚知識者咸
無[illegible]借天下服其公時中書舍人丁璣主事張吉

王紳進士敖毓元李文祥並以言事遠謫公上疏薦五人者既以直言徇國必不變節辱身今皆棄之蠻夷嶺海毒霧瘴氛乞取而寘之風紀論思之地則言論風采必有可觀與其旋求敢諫之士不若先用已試之人

上以付吏部起用之陞文選郎中弘治七年調吏部考功留意人才考注臧否無不曲當一時人士相戒曰儲君陽秋可畏嘗論救科道龐泮等不宜以言事下獄又上言乞令史官紀注言動如左右史

陞太僕少卿正德初陞太僕卿首舉馬政便民者
四事疏于 朝改僉都御史總糧南京釐革倉庾
宿弊訪輯 國朝故事入爲户部侍郎中貴同事
者咸見嚴憚時逆瑾專恣亦稱爲先生而不敢慢
引疾乞休 詔賜乘傳還太監蔡用素重其廉餽
白金五十兩爲贐峻卻之尋以故官起辭不就改
南户部又改南吏部㝷卒於官公貌清羸若不勝
衣端默簡重自守介然好賢惜才凡海内名士咸
見推引阨窮弗達者必思振起之僻遠非類不惡

而嚴未嘗有不善人至其門也邵文莊曰持身當以柴墟爲方終不爲匪人累其見推重如此卒謚文懿所著有柴墟文集奏議駉野集

侍郎石公

石公名瑤字邦彦直隸藁城人成化乙未進士改庶吉士授檢討德器剛毅知識不羣館閣稱重之以纂修功陞修撰侍　經筵講讀　賜金帶四品服見時逐競進多巧宦作媒説以諷陞南掌院侍讀學士歷南北祭酒以身率人教寬而肅擢南吏

部右侍郎簡靜持正改禮部左兼翰林院學士掌

院事教習庶吉士正德庚辰主考會試尋進禮部

尚書掌詹事府　駕狩宣大疏請回鑾曰六師不

僃遠遶法宫内無親近之託外有事變之虞若

聖駕一日未返則臣子之心一日未安嘉靖初改吏

部尚書吏部黷亂者數年公以抵貞行一意柄臣

不悦托爲請以尚書兼學士在内閣專管　誥勑

實奪之權也盖解吏部矣充

武宗實録副總裁官遣祀闕里及東嶽少昊癸未再

主考會試大禮議起諸大臣相繼去公請老不允
特進文淵閣大學士尋轉武英殿加少保兼太子
太保
上御平臺時時召對議廟樂再議廟禮神路及
章聖太后　皇后謁　世廟儀守正義力諍又三封
內批言　太后　皇后出入正朝陰强陽弱之兆忤
旨致仕卒謚文隱後改謚文介公清修無玷毀譽
不撓持論堅確不避夷險秉正嫉邪進禮退義居
官四十餘年始終一節博極羣書多所自得有非

考亭之學者公正色曰徽考亭吾輩莫適爲學非
之亦何所見第好名耳

侍郎汪公

汪公名偉字器之江西弋陽人弘治丙辰進士庶
吉士授檢討纂修
孝廟實錄充經筵講官吏部擬陞二級爲逆瑾所逐
司屬南都瑾誅復原職歷南國子司業祭酒刊定
近思錄以授諸生使講明聖賢切實之學
武宗南廵公率僚屬諸生請　臨幸太學盧藩告變

[illegible]生蒐謀歸竄者公曰嚴約束諭以忠義衆恃
以定樞臣喬宇戰守之策多諮于公旣乃力贊諸
公卿請　車駕還京以慰天下嘉靖改元陞南禮
部右侍郎尋調南吏部明年改北轉左署部事歷
秉南北銓政黜奸貪進廉介拔淹滯靡所顧忌時
方議大禮兄宗伯俊旣以忤　旨獲譴
上復下廷議公攝冢宰仍執前議如兄異議者諷言
官斥公爲俊叅動
上公再疏乞休獲允抵家杜門絕口不言天下事暮

巾野服放浪於溪雲山月之間漠無外慕居五年
卒公承家學居敬窮理以程朱爲宗爲文章一根
於道而體裁則雅尚韓歐好蓄書有書八千卷皆
公手較治家嚴肅一介不苟取公久處散地肆力
詞學而軍旅律令錢穀算數靡不精貫尤留意邊
籌晚始當事而直道見黜用弗究云

侍郎李公

李公名廷相字夢弼山東濮州人尚書瓚之子弘
治壬戌及第授編修操履端直不競進取正德初

逆瑾惡其不附已改兵部主事歷員外郎中當宗
藩搆亂領部章奏事平以勞　賜文綺瑾誅復原
職陞右春坊改右中允兼修撰進侍講學士侍
經筵
武宗遊獵無度財用耗費公講百姓足君孰與不足
章剴切詳復　上爲感動嘉靖初陞南吏部侍郎
尋改兵禮二部充　經筵日講官陞戶部尚書兼
翰林院學士經營國計籌運邊儲殫厥心力奏舉
利弊八事多見施行加太子賓客以疾乞休卒特

贈太子太保謚文敏公當
武宗朝進講稱　旨傳　勑取入內閣公以講書乃
職分事非有積勞豈可以常事而當盛寵因數言
而取相位耶辭之甚懇得　俞後已五與文衡得
士最盛門人如張翟嚴夏皆爲內閣大臣而公竟
不與焉所親有尤之者曰恒言謂百年到手是功
名當時如不固辭雖如五日京兆亦可也此豈士
君子持身之道公之確守如此

侍郎胡公

胡公名世寧字永清浙江仁和人骨相奇古家貧力學志節清峻留心世務弘治癸丑登進士授德安推官擢南刑部主事歷郎中陳備邊十事出知廣西太平地多土官撫以恩信一錢不擾大悅服謂太守仁廉內艱歸土人走送者數萬服闋北上過滄州會流賊攻州公入城爲州防守賊解去補寶慶廉約有威藩府人不敢迕盡平其賦役遷江西按察副使川蜀江浙盜起疏言平賊二策惟勦與撫舊撫者不勦再叛者不撫新起者必撲滅於

徵時宸濠蓄逆謀中外莫敢言公於疏中發其狀
濠賂權奸坐以誹謗離間骨肉逮詔獄幾死獄中
猶三上書言江藩横逆朝野皆聞徵臣贛愚天日
共鑒不報謫戍瀋陽濠敗起湖廣按察使陞僉都
御史撫四川首處番地軍餉令近邊者輸租於邊
而縮其額以所縮之額加徵内地勿輸邊未幾
召爲吏部侍郎外艱歸服闋乞休疏請宥大禮伏
闕得罪諸臣　召補兵部上京東邊備二十五事
又上知人官人二十事又上大學仁人能好惡洪

箴權辟作威福易傳不出戶庭無咎講義三章改
南吏部侍郎晉南工部尚書召入爲左都御史過
淛疏漕河事宜改刑部尚書太監剛聰督織造誣
運兵盜御服連者二千人核聽詐抵罪衆得釋轉
兵部援姚崇李綱故事爲十事要說曰定武畧崇
憲職重將權增武備更賞罰馭土夷足邊儲絕弊
源正謀議惜人才議入適安仁倡言太平勸
上銷兵興禮樂公又申論武畧人才二事意稍矛盾
賴

上聖明竟納其十事議行之又請棄哈密不可勞中
國奔命小夷惟閉關絕貢便力薦陳九疇可任軍
旅唐龍可為本兵因引疾去起南兵部不赴端坐
而逝贈少保謚端敏公朴忠直諒氣壯才雄濟以
學問優於經世淡薄寧靜清素不淆身不踰中人
言若期期不出口及論大政事侃侃不回居常憂
國不遑寢食事有不可即閉門草疏無少顧忌嘗
自署云脯人之事勿為害人之心勿存有利於國
之雖死不避三者吾將持是以終身焉席文襄

謂其論事如結舌草奏如懸河邵康僖謂其嫉惡如讐善則猶己皆實錄也

侍郎林公

林公名文俊字汝英福建莆田人正德辛未進士改庶吉士授編修擢左春坊左賛善　經筵講官嘉靖己丑主考武試嘗以不能俯仰權貴裁擠外補賴

上知得免陞南國子監祭酒條教平實範人以身而人樂從法行自貴游子千資叙無所紊改北祭酒

軌範益嚴屢廑修舉仍充　經筵講官
上再幸國學釋奠先師禮畢　命師儒坐講公從容
講說　天顏怡懌擢南禮部侍郎改南吏部未幾
卒謚文修公長身玉立愷悌和厚不修邊幅而禮
度安閑中節平生無城府待人肫肫有恩耻言人
過未嘗一言欺人人非意相加了無愠色歷仕二
紀屋不重搆食不重味衣不重綺清約不殊寒士
云

郎費公

費公名寀字子和江西鉛山人文憲公宏之弟也
正德辛未進士改庶吉士授編修時逆濠蓄異志
謀復護衛文憲在位持不可公娶婁郎中性之女
濠妃之妹也故有連濠屢以意屬公公外遜色詞
實陰折之濠切齒賂中貴出內批勒文憲與公皆
致仕益毒數於公家濠敗
世宗入正大統薦者誦言公守正被害　詔起文憲
及公還職公入侍講筵預修
武宗實錄成進左春坊贊善改南尚寶卿轉庶子兼

侍講掌南翰林院事轉南通政南祭酒疏陳六事
見　嘉納陞南禮部侍郎改南吏部盖公六轉居
南既十載餘矣至是遷兵部左
上念公舊講臣改禮部兼翰林學士掌院事又　命
公掌國子監事進禮部尚書仍兼學士掌詹事府
事以地震陳八事曰恤宗藩崇節義謹類　奏慎
差遣敦　恤恩柔遠人裁冗食悉下所司行之
太廟成加太子少保尋加太子太保　賜直廬西
[illegible]加少保疾卒猶以撰文金幣追　賜其家謚

文通公在翰林以經術勸講規益婉切爲文章雅暢于凡應制之作無不克稱

上意識達政體推賢讓善兄弟並稱名臣云

侍郎瞿公

瞿公名景淳字師道直隸常熟人少工制科業困諸生久之得薦嘉靖甲辰會試第一進士及第第二人授編修同考會試入内閣理　誥勑授中貴書又同考會試滿九載遷侍讀又同考會試尋主武試主應天試陞左春坊左諭德進侍讀學士總

較永樂大典復　王武試改太常卿轉南吏部右侍
郎嘉靖初遷禮部左兼翰林院學士食二品俸乞
歸卒贈禮部尚書謚文懿公貌玅小而氣端勁與
貴幸大臣接侃侃亾少屈嘗從衆謁嚴相嚴故用
胡總督平倭自居其功對衆言謂寇氛未靖者妄
也公直前謂東南苦倭患亟師未睹效相公業不
欲聞誰爲相公聞者嚴改容謝嘗領　誥勑緹帥
陸炳得　上埶傾天下爲第四妻乞封執不可嚴
相爲請又不可則槖金而夜要公公笑不顧曰公

毋溷我吾所守禮也竟止封其剛挺不阿類是而
要歸於忠厚佐吏部時張司務者數迕公多吏譴
及考察而尚書毛公欲黜之公爲請曰是故迂未
及格也竟免門人李公春芳入相公貽書謂今天
下稱平宜專爲邊塞之計廣選才畧令在朝各舉
所知不然卒有金革之事孰爲　天子用者須以
長吏不職汰黜幾盡然治道去其太甚錮人盛世
非惇大體須搏選而厚植之李矍然稱服與後輩
談平易溫直令人想見成弘之際焉

侍郎林公

林公名𤄽字貞恒福建閩縣人南宗伯庭機子嘉靖丁未進士改庶吉士授檢討選侍景恭王講讀擢修撰司經局洗馬與較錄永樂大典遷祭酒改太常卿進禮部右侍郎兼翰林院學士充經筵日講官

兩朝實錄副總裁改吏部右又改南吏部南北佐銓六載計斃羣吏者凡再其長憑而黜汰焉以公明稱尋進工部尚書轉南禮部內艱歸卒公少貴能

揖與人溫溫言笑至於大節則皦然國子諸生
例必資蒲而後歷事各曹屬漸以居間柰公一切
謝絕其佐禮部則諸　陵中貴以大水請修治冀
得遂所欲公周視還奏止葺所急省費萬計視南
禮部篆而魏國之孽子柰亭營襲且成案矣公郄
其移文執正歸長子中外韙之江陵柄國張甚以
舊知冀公親附自公見外辭目疾弗往爲幽晏折
簡要之亦弗往在史局時爲華亭公所器華亭罷
相歸又陸文宗樹聲爲公座主以宗伯休致並居

里中公歲時修問兩家不絕居恒撫膺曰已矣非
徐公無能用我者又曰使我小巽愞者何以面陛
先生部使者欲爲治第有疑獄可出者使所善諭
意公正色曰女少而娶晚乃欲適耶卒不敢復言
三典闈試門生故吏遍天下無一宇居間即問餉
亦不納其郄真定鳳陽二守賂尤表表者纂福州
府志縉紳以私請積篋不發曰豈欲陳壽我耶且
是寄與考功令孰重志成讀者服其典刑又輯八
閩通志垂就卒所著詩文若干卷

侍郎翁公

翁公名大立字道生浙江餘姚人嘉靖戊戌進士授工部主事改刑部陞郎中讞獄江西多所平反擢按察副使督學河南稱得士轉湖廣參政歷晉右副都御史撫南畿當倭亂之後撫綏安輯區畫周詳又布設將吏爲善後圖奏陳荒政水利悉見施行蒞蘇郡芟薙市俠幾危其身而閭閻用安尋總督河漕時齊豫大水疏乞蠲濟極言民窮運梗之狀爲圖十二以獻疏中有大官之膳百姓脂膏

太倉之儲運軍汗血諸語讀者感動進兵部侍郎
命以北衙管南吏刑二部右侍郎事蓋異數也尋
改南吏部歷陞禮工兵三部尚書皆在南　予告
歸卒公性簡素居家出入恒徒步以讀書種植自
娛所著有　國朝文獻諸書見桑梓之人苦徭役
乃講求僱役遺意爲徭役或問致直指使者上之
絜爲令所稱條鞭法也今海內多躧行之者無不
稱便

侍郎海公

海□名瑞字汝賢廣東瓊山人舉於鄉夙有用世
志瓊世苦黎患計偕入京上平黎策意在開道置
縣以免征勦守戍之苦識者壯之已就吏部選得
南平教諭謁上官止長揖曰吾師席不可屈膝因
著爲論進淳安令地瘠民嗇一意撫字署有隙地
課老僕樹麥秫蔬旦夕取自贍胡總督家人過其
邑不爲禮嚴黨鄢都御史以督鹺出威權傾天下
所過郡縣震懾治辦如上供將往徽遊齊雲嚴公
乃爲書上之言邑小不足奉迎願取他道往且言

汰修不可爲小民不當虐甚具鄙爲罷行時已歷
嘉興府判矣直指廹鄙意指摘他事從舊職調與
國民苦浮糧以入議淸丈蘇其困迫嚴黨悉解歴
戶部主事
世廟時尚玄修二十年無敢言者公慨慨上疏以師
陶仲文爲非禮以仙桃藥丸爲怪妄甚者以不見
二王不還大內猜疑謗訕僇辱臣下爲薄於父子
夫婦君臣
上震怒投其章於地已徐閱之意若爲動者留踰月

忽詔獄直聲聞天下
穆廟錄忠出公獄補兵部進尚寶大理丞南通政使
改北遂以僉都御史撫應天威名籍甚墨吏望風
解綬去權勢家率相戒無敢犯一顯者赭其門以
居聞公至易赭爲黝中人監造者以入人肩輿行
見公亦去其半吳故有松江久淤瀕江田皆不耕
逋賦日益公爲濬之斥羨鏹募工乘輕舠躬督畚
插不旬月而成爲吳民永賴皆繪像以祀他所行
惟䝉翼窮民摧折豪右太過竟以此府怨解官歸

杜門時不能溫穾意蕭然也里居十餘年屢被疏

薦

神廟聞公名起南僉都御史旋以爲南吏部侍郎公

至首陳治安要機謂今日貪墨爲姦決不可縱欲

使百姓安樂當簡守令欲督守令當責成撫按與

閣部大臣而歸本君身多責難語疏奏

上深鑒其忠以爲都御史掌南院浹歲三遷皆出

特簡也丁亥大計與南太宰李公世達共事同心

汰奸肅全鯁直一時稱公正焉不便者目爲迂濶

[illegible]甚力而章亦寢不下公屢疏乞休屢報聞竟卒於官同官檢其俸入僅餘三十金篋止數敝衣縉紳醵金以殮士民哭公至罷市者數日櫬歸祭於途數百里不絕計聞贈太子少保謚忠介公在南都罷無名之賦都民故苦火甲夫差公釐正其法使官民不相擾爲簡可照煩冊以便遵守諸所釐根排枝梳剔弊垢者惜未盡其用王宗伯弘誨謂其學一以剛爲主故自號剛峰自當官進退以至居室食飲拱揖遜讓務畫地而趨謀國之忠持

已之介終其身斷斷如也盖不愧其謚矣

侍郎姜公

姜公名寶字廷善直隷丹陽人遊荆川唐先生門深爲期許嘉靖癸丑登進士改庶吉士除編修時嚴相當國趨附者昕夕如市公獨與同志數人約不時會聚各以身心世務相講求爲切磋期於不負此日權門惡之出爲四川提學僉事轉河南叅議又轉福建提學副使其兩視學政敦尚行誼崇雅黜浮士風文體皆爲之一變在河南處伊庶人

涓涓不遑洛人賴之陞南太常少卿改右通政尋
轉國子祭酒申飭監規建復積分之法欲不失
國初養士之意期有實用會高文襄素兼公至是
因其查駁魏國家承襲事中以危法聽勘家居十
餘年始得白薦起南太常卿刑部右侍郎改吏部
尋陞刑部尚書改禮部皆在南引年乞歸加太子
少保致仕家居置義田立義學申宗法以統理族
人爲德於鄉

侍郎羅公

羅公名萬化字　甬浙江會稽人隆慶戊辰舉於
禮部廷對牘上
穆廟有所更易禱而採牘得公遂寘第一授修撰預
修
世廟實錄充内書堂教習辛未同考會試陞侍讀管
理　誥勑充　經筵展書官與修　大明會典增
俸一等記註起居萬曆巳卯主應天試庚辰再同
考會試江陵柄國公抗厲自遠失江陵歡久之不
調江陵殁遷右春坊諭德充　經筵講官陞國子

[illegible]轉南禮部右侍郎外艱起補南吏部尋轉吏
部左攝部事諸曹郎有任意雄行不相關白者公
以堂屬有體力爲持正銓事肅然晉禮部尚書會
三王並封之命下公爭之閣臣不得繳
勑諭上疏言　祖訓立嫡不立庶蓋以有嫡耳非嫡
未出而必待之謂歷考　本朝故事皆有嫡立嫡
無嫡立長因時豫建計不少待爲　宗廟社稷至
重也今　皇長子齎齡日茂而復援立嫡之經暫
從封典將使覲望靡定疑慮日生臣備員禮官死

不敢奉　詔會諸司疏日百數上事遂寢又上疏
請　御便殿　召輔臣錫爵面諭審處决大計太
倉亦密具揭爭之於是國本遂定公有力焉朝鮮
之役當事者力主封倭公上疏力爭後封使出敗
約
上震怒大出師逐倭倭乃遁竟如公言宗祿告匱時
議欲通　祖制令稍就四民業疎支得開科應舉
而當事者慴懾持後慮積不敢决公毅然請施行
之藩府踰制請封

上意而予之公堅不予至有　詔切責執奏愈堅尋
[illegible]歸卒贈太子少保謚文懿公當　國家多事
震眩之秋而仗忠履正論者謂其才識甚高毎白
事不數語揣首見尾云

侍郎楊公

楊公名起元字貞復廣東歸善人弱冠戢躪東平
公爲亂兵所掠從容賦詩自若賊異而釋之隆慶
丁卯中省試第一萬曆丁丑舉進士改庶吉士授
編修丙戌同考會試捧　冊藩封還取道盱江執

贄羅近溪先生往復叅證大悟性命之宗曰乃今
如客得歸矣因次近溪荅問及識仁編曰諷誦之
進脩撰戊子主閩試程策大發所學同志者爭傳
誦之已丑又同考會試遂遷國子司業進司經局
洗馬修　玉牒侍　經筵上崇　聖志勤　聖學
疏壬辰又同考會試外艱歸起國子祭酒晉南禮
部侍郎因灾異復上恭勸勤學疏輯
高皇帝御製集刻行之於其中稍爲詮註取洪範語
名曰訓行録擬上未果遷南吏部尋召爲吏部右

[illegible]讀學士未行丁內艱扶櫬歸葬哀毀之餘困憊而卒公存心厚人有過耳不欲聞而惟就其所善成之一聞羅先生之學銘心刻骨無須臾忘四方之士受學者履常滿戶外公隨機指授人人躍然意滿去所著有證學編楊子學解論學格言政序語錄等書行於世

侍郎李公

李公名廷機字爾張福建晉江人少奇穎十一歲能誦詩書禮記三經長而篤學終日兀坐課藝八

庠久次貢太學爲司成馬文莊所器重隆慶庚午
舉順天解元連下第歸讀書深山陋室蕭然不厭
風雨嘗携家授經於毘陵江陵招爲子師辭而遠
之萬曆癸未始會試第一及第第二人授編修侍
經筵展書授内侍書已丑同考會試管理　誥勅辛
卯典浙江試陞侍讀改右春坊中允兼修撰陞司
經局洗馬
皇長子出閣充　侍班官改諭德兼侍講掌坊事甲
[illegible]應天試充正史纂修官陞左庶子兼侍讀充

經筵講官陞祭酒爲教以整齊嚴肅爲主而以膳羨
葺文廟及禮器號房之屬陞少詹事兼侍讀學士
尋轉南吏部右侍郎署部事主京察考掾吏皆詳
慎不忽攝戶工部盡葺闔京鋪行立水兌八規刊
糧解單以杜橫索成山伯壩官河養魚民苦水腐
不可食諭成山決之浙人李文政流寓南都以交
結跕籍都城人爲告御史笎城者置之法葺外羅
城葺
孝陵葺　皇城直房公署廟祠楔棹橋梁廨堂皆取

諸節縮奇羨度置無用之貲未嘗動部帑一緡吳
禮部左兼侍讀學士癸卯妖書起鞫皦生光不決
朝臣借以相傾詞連江夏相收栲其僕媼甚酷公
獨以身翼蔽之而昌言於朝曰生光外無它人遂
與御史沈裕涂宗濬同上疏獄乃決縉紳得無荼
尋甲辰知貢舉充日講官丁未復知貢舉署禮部
四年立簡便法以恤　宗藩餉　殿試規以閑進
士　殿試期以便歲貢行歲考革彙考以便孤
寒革紙戶鋪行以便民創屋以居官施衲衣以活

凍苛尤篤意　王府事無留滯貧宗德之各爲立
生祠焉蒲六載以禮部尚書兼東閣大學士入閣
辦事力主四川撤兵省餽運黔蜀之民得全旋引
疾乞休
上遣中使　諭留者三遣鴻臚卿者一又遣太醫視
疾公意堅決移居蕭寺懇辭
上乃允加太子太保　予銀幣乘傳遣官護行歸卒
贈　　諡文節嘗自爲志遺其子勿乞諛墓
公居官必盡職撫南工時有言翰林官亦親俗事

乎公曰有俗人無俗事國家事何言俗也操持峻
潔
上亦浸聞甲戌朝　覲於禁中語左右曰此時京官
正忭惟趙世卿李廷機此兩人不與外吏接也嘗
劄諭內閣有朕知其清謹之語謝恩一疏言人臣
惟知有主不知有身不知有家不知有交遊往來
不知有毀譽得喪苟可自致者無不盡有益於主
者無不爲自是而外有不可則止之訓在焉又嘗
必歸君入告之語不宜外傳其所盟心自許

然矣又雅慕清淨畫一之理欲省議論明職掌毋相軼越守　令甲毋動論官曰勤事論人曰躬行論大臣曰擔當論相道曰廓然大公物來順應又曰行所無事論用人曰中材最多惟恕以用之至論邊事則曰不可爲問其故曰苞苴可絕乎請托可杜乎不爾欲將勇兵强餉足不可得也至其論北地營田可聽民自營官勿預山東故有海道通遼可轉粟給軍南京鑄錢利厚可廣鑄北輸濟工折俸商人苦累可查正德初年牌甲法編銀傭役間

以析色濟之皆天下大計也平居言論動稱古人明白忠厚自謂事事可告人私書可示人居家置義田贍族又葬族人友人不能葬者所著有皇明閣史　國朝名臣言行錄宋賢事彙若干卷

侍郎蔣公

蔣公名孟育字道力福建同安人籍龍溪諸生登萬曆己丑進士改翰林庶吉士以父母老乞歸養承歡子舍十餘年親終服闋　每依依松櫝間不忍出也友人勸駕至再質所居室治行入　朝授檢

林[illegible]右贊善卩知　制誥再轉右諭德以使歸里輒
乞身未得請而進南祭酒壬子科考士待選者踰
千人試而次第升之撤棘雍士入彀者十五皆其
前茅異等所首拔周逢泰需部咨格于王者公爲
請數四願以身爲質追乙卯科逢泰果獲售其敎
士殷殷惟恐傷之有犯礙者第溫語訓敕不遽施
夏楚至曠假差撥悉取成規無軼尺寸繕造剞劂
之事爲衙役漁蠹者一切罷之以故歲入有羸金
覛庫貯舊額溢四之一云又踰年拜南吏部右侍

郎佐銓政中具藻鑑而口不挂雌黄丁巳内計善類多所扶植有詿累者固爭不能得嘆曰柰何令李代桃僵後五年諸典察者皆被斥人始服其不私焉

東宮講讀久廢公同諸大臣抗疏以請而草出其手婉而辯詳而剴懇惻有餘忠識者以爲得獻納體它所撰著追琢其章不苟一字然不欲以文先人也三衡文闈一課雍胄窮目力繙閱務在得人俾士無遺珠之嘆同輩廢常出山者往往躋公卿公

年者一階輒逡巡退讓不敢當與人交以誠馭下
以恩待僚屬以禮有非意相干則以理遣之終無
疾言遽色生平不妄取人一物間以舊知餽者必
售過其直乃已故槖不能遺一縑家以水廢稱貸
復營小築署雍時隷直百有奇悉佐文昌閣費因
以恬顏其廬洵不媿之矣秩滿赴闕已未卒於家
賜祭葬贈吏部尚書

卷之十六終

南京吏部志卷之十七

郎中傳目

顧璘　楊璨

鄭善夫　陳琛

王臬　吕柟

王邦瑞　朱紈

鄒守益　薛應旂

顧中孚　趙承謙

殷邁　趙貞吉

項篤壽　許孚遠

魏允貞　周之屏　許汝魁

目終

南京吏部志卷之十七

列傳

郎中林公

林公名弼字唐臣以字行一字爲弼閩之龍溪人

元至正中進士有文詞著聲閩浙間入

國朝與修元史授吏部考功主事使安南布宣威

德王日煃聽

詔如藩臣禮將還夜半以黄金珠

貝爲壽公峻拒其王强致之既還悉獻于

朝

上嘉之尋命知豐城有善政以事被逮上書得釋授考功郎中出爲登州知府皆著聲績公學古明經長於辭命有文集行世

郎中郭公

郭公名傳字文遠浙之會稽人少寄跡釋氏中洪武七年

上訪宿學之士於宋濂濂薦公學有淵源爲文雄贍新麗而精采焜煌其論議崇茲皆根據六經波瀾層委若不知其所窮誠一代奇才也

上領之未幾復召濂謂曰郭傳之文卿可持至朕將
親覽焉時公偶以文一卷贈濂因取以進
上覽竟笑曰誠如卿言即日召見於謹身殿奏對稱
旨擢供奉翰林文字日侍左右備顧問　賜予殷
蕃每命題俾撰詩文輒見賞愛公自以受知之深
精白一心凡可以獻替者咸無隱情已而擢修起
居注遷吏部考功郎中卒公以文學遇
主惜不究其用云

郎中徐公

徐公名旭字孟照江西樂平人幼頴悟從其鄉先
生蔡仲淵授春秋登洪武乙丑進士試御史入爲
禮科給事中已而命分教房山鳳陽擢安王府紀
善入史館未幾改考功員外郎永樂初遷郎中與
修
高廟實録拜國子祭酒吏科言其書奏不謹當降調
雲南叅議吏部尚書蹇義言公有文學持守遂改
翰林修撰後爲會試同考官卒于試院公在
高帝時素以篤學見稱數言事　上嘉納之及在考

功拒請托抑僥倖又每謂天下之治與教在守令與教官守令教官弗稱職者更精覈之無少貸及在太學亦如在考功時諸生凛凛謹自修飭而其僚屬之不便者至相與揶揄其所爲及陛見上察其無他方嚮用之而公卒矣公爲人簡默方正清慎不阿終身坦夷弗事表暴而其嫉惡剛勁人有不堪者世以此高之亦以此齟齬於世

郎中金公

金公名紳字德修鳳陽泗州人洪武中以太學生

授吏部文選郎中陞江西參政值久雨江漲民饑
多方賑恤　召爲刑部侍郎永樂初採木湖廣郡
民不擾八年扈從北征還京
命濬運河故道自開封城北引水下達鄆城復入魚
臺口出谷亭今所爲永通廣運二閘是也十四年
改禮部進尚書嘗奉
命廵視四川考察官吏撫綏軍民宣德中改工部旋
復爲刑部兼太子賓客以治水功賜山陽伯公寛
和有容吏事幹敏所至有政績淮泗間經理之功

最著云

即中葉公

葉公名砥字履道浙江上虞人有學行洪武四年
進士除定襄縣丞八年坐累謫凉州公處之裕如
日杜門力學時法峻諸謫士伍河西者喜從之遊
建文元年　詔求賢皆薦公堪任風憲改廣西按
察僉事永樂初坐修史書靖難事多微辭被逮籍
其家惟薄田敝廬古書數篋事白復官仍預史事
書成改考功郎中　召入文淵閣副總裁永樂大

典侍講　東宫即中三考加俸一等職如故公重
聽誤謂授他職
上爲寫授公公不自安求去不許請郡得饒州知府
公在饒虛心延訪悉民利病而興除之郡故有蕘
窰銅冶而丁調不減他郡公奏減四分之一民困
以甦年八十餘卒所著有鑾坡蕓溪居集

即中夏公

夏公名廸字廷簡浙江天台人洪武丁卯鄉薦入
太學甲戌授溧陽丞值水灾民至鬻妻子以完課

公勸借於殷實得米十萬餘石賦遂足餘且爲民贖妻子人咸德之調懐安丞　朝廷以虧兌遣官來徵民無所措公有白馬即解以輸官陞大理寺副

文皇即位陞吏部文選員外郎轉本司郎中

仁皇爲皇太子聞公名召試以太極論褒美有加拜河南參政有訐其陰私者

上命繫獄俟勘　皇太子原其無辜宥之授以兵部司務晉四川參政土官進貢者例饋一馬公不受

條陳採木事民得寬免尋晉南京左副都御史督常川稅糧值災荒公區畫賑濟全活甚衆卒于官公所至多惠政繫去後思

郎中王公

王公名鈍字士魯河南太康人元進士爲徛氏尹入

國朝舉秀才洪武十年授主客主事改長沙通判坐事免後舉明經授大名通判遷吏部郎中十九年陞福建叅議轉右叅政寬仁廉介民懷其惠二

十二年坐轉漕愆期當罷特宥之　詔遣持節撫
諭麓川平緬宣慰司遺金貝固却不受或勸曰不
受恐蠻人懷疑生變乃受之悉以輸雲南布政司
置于庫而還陞浙江左布政使憂去建文初陞户
部尚書靖難兵至公踰城走靖難後
上召見曰爾同輔建文間朕骨肉耶公頓首謝　命
致仕月給尚書半俸永樂元年六月公上言軍令
屯種數事皆從之復　命往北京山東撫綏軍民
經理屯戍二年四月仍　命以浙江布政使與

勑致仕公有文學其持身亦廉静云

郎中鄒公

鄒公名濟字汝舟其先嘉興人洪武中舉通經儒士授餘杭訓導因家焉累官平度知州永樂初大臣薦修

高廟實録成陞禮部儀制郎中已而修永樂大典諸儒臣推公總裁征安南　命公參贊大將軍軍事草獻俘露布八年陞廣東參政十年坐事改吏部考功郎中

仁廟時在　東宮
上爲擇宮寮改公右庶子進少詹事當是時宮寮多
得罪徐善述王汝玉馬京梁潛周冕相繼下獄公
憂懼成疾　東宮憐之書問曰卿善自攝即不諱
卿苗裔余爲提携不使墜入蓬蒿監國時遣公之
子幹入應天學公卒後
仁廟悼念舊學贈太子少保謚文敏建祠令有司春
秋祀公博學修行能文章兼通老釋之旨

郎中張公

張公名賢字思齊關中鄠縣人永樂乙酉鄉薦授吏部司務陞驗封郎中在部剛廉自持不避權貴不通關節不受餽遺部中呼爲板張少子綱徒步入京師省問公見之怒曰農務方殷汝來何爲居旬日遣歸戒之曰勿復來也時國有戎事命督山西餉無敢後期者事竣超陞山西布政一日浩然嘆曰老且至吾盍歸乎投牒歸舊廬數楹布袍蔬食秦藩一參議公舊僚也見其困乏以所餘俸米送之公固辭曰田入自足用不敢拜賜嘗教子孫

日資性可讀書者教之讀書其不能者盡歸之農愼勿爲吏壞乃心辱門戶也人以爲名言

即中應公

應公名履平字錫祥浙江奉化人洪武庚辰進士授德化令陞吏部稽勳司即中當路才之俾兼署考功文選二司事嘗獻河東賦遷守常德舊賦麥爲稅公奏易以稻民便之秩滿陞貴州按察使奉勑同兵部尚書王驥平蠻將軍蔣福帥師征麓川上特遣使捧檄陞雲南左布政使仍俾督運糧餉以

給軍時有中使奉遣監造漆器進用供費百出民不能堪公諗其將訖工別造私物畧旣欽造數完或且止或加造得　旨畢造起送部檄至公懷之中道馳入中使怒叱之對曰奉　旨請回京出文以視中使消沮遂解一方倒懸冦平乞休歸公好學博聞爲文章渾厚不假斵削而繩墨自如遇事解紛應變裁決如流故其敭歷中外垂五十年才名德望朝野著稱

郎中夏公

夏公名寅字時正直隸華亭人正統丙辰舉進士除南京吏部主事歷郎中杜門誦經史百家言久之拜江西按察副使董學政其教以崇實學黜浮華爲本每試諸生閲卷一日數行下經其賞拔者後多知名陞浙江右叅政處州民有苦虐政走聚山谷者招之不聽曰須夏叅政來乃可寅檄至即散還其家德政素孚蓋如此進山東右布政愛民節用禁止興作尋致政歸公留心當世聞朝廷政令善喜形于色否則不懌終日在南吏部時

以進表至京嘗疏論國家之勢在離合合則安離則土崩今兩京並建其勢宜常合以制天下徐州地連山東饑饉無聊宜加賑䘏臨清乃南北咽喉或暫梗焉爲害不小宜選大臣有望實者鎮守二邦訓兵屯田示天下形勢廷議是之爲出白金四萬兩賑徐州命都御史賈俊鎮臨清又吳中旱饑公按書巡撫發廩二十萬石糶十萬石民賴全活他所論列皆切政本雖不盡用識者韙焉平生誠心直道無黨無援自筮仕爲郎二十年爲副使十

六年未嘗以淹屈降志嘗謂人有三可惜此生不學可惜此日閒過可惜此身一敗可惜世咸誦之所著備遺録政監等行世

郎中夏公

夏公名崇文字廷章湖廣湘陰人忠靖公原吉之孫太常卿瑄之子也成化戊戌進士授南京吏部驗封主事進士李文祥以言事忤執政被譴上疏救之又條上五事曰召問大臣以訪時政遴選儒臣以咨講幄慎名器以禁奇巧斥異端以裁冗費

録功臣以褒節義皆切時務云尋改太僕丞屬星
變上言畏天命恤民隱賞罰用舍務守
祖宗成法會　詔陳利病又疏五事曰勤政學慎起
居節冗費慎邊防公薦舉虜寇宣府復極言備邊
之策十事時論皆韙之陞通政司左參議太僕寺
少卿進右通政公建明每傳以家庭舊學忠靖公
所以佐　本朝者得公益竟其施云

郎中莊公

莊公名杲字孟陽應天江浦人成化丙戌進士與

庚吉士授檢討與羅倫陳獻章講學相友善未幾
内庭張燈下詞臣賦詩與同官編修章懋黃仲昭
上疏切諫
上怒杖之謫桂陽州判尋以臺諫毛弘陳壯論救改
南京行人司副丁艱歸不起居定山垂三十年遶
山墾田引流種樹作活水溪雲亭見意時執政丘
公濬嫉公等講學又惡其皆不仕曰率天下士大
夫背　朝廷者此輩也是　祖訓所謂不爲君用
當誅者不得已起謁吏部三揖不拜耿冢宰裕盛

重之令四司送出部門公曰第令不失已官職外
物也大學士徐公溥欲復官公翰林吏部竟以丘
公意題復行人司副陞南吏部驗封司郎中得疾
遷延野寺明年本部報罷時冡宰爲倪公岳云公
蚤有盛名不求仕進束身修德儼然爲學者師表
晚迫文莊之吏議以出遂沉浮郎署間不盡究其
道德之用所著有定山集天啓元年特以儒臣議
賜諡文節

郎中蔡公

蔡公名清字介夫閩之晋江人舉解元成化甲辰成進士授禮部祠祭主事三原王公重之改吏部稽勳轉驗封員外父憂起復除主客乞南轉南吏部文選郎中以母老乞終養歸服闋當弘治甲子鄉試巡按山東御史陸某馳使聘公主試事公以非

上命辭不赴起江西提學副使以德行道義教學者江西相沿賀寧王壽皆具朝服公以爲不宜全用覲君之服獨去朝服中蔽膝又三司官舊用朔望

朝寧王而次日謁孔子公力語三司勿狥舊例竟
先孔子寧王素憾都御史林俊讒者因言公與林
厚遂使人傳謗京師僚友又有相傾者遂引疾求
一去逆瑾專政起爲國子祭酒以厭人心公已卒矣
世廟即位閱其易說加奬特命頒行纂列姓名于理
學名臣疏中　賜特祀謚文莊公明經傳學行𤍠
心淳氣清色和外簡内辨與之論天下事及政俗
隆汙文章高下學術邪正古今人品優劣事功之
立後當若何成敗一一以禮義折斷其言精深剴切

嘗題臥虎曰命好德不好王侯同腐草德好命不好顏淵任窮夭又曰愛其身者以一生而立萬載之業或一日而遺數百年之休不知自愛者以其聰明際盛時操名器徒成就一己之私所謂如入寶山空手回也又曰分陰不惜學力不充當事臨疑口耳無所歸手足無所措世稱名言所著有四書易經蒙引行世

郎中顧公

顧公名璘字華玉南京江寧人弘治丙辰進士授

廣平令擢南吏部驗封司主事歷稽勳郎中冢宰
梁公儲羅公玘皆愛重之擢爲開封守公融朗闓
達精于吏理能激昂任事鎮守中官廖堂恃逆瑾
黨亨奪自恣公每折其萌芽瑾誅廖罷去而王宏
者尤誇謾繼廖出鎮公故不爲禮有所徵需一不
荅歲時展謁長揖而已用是積忤宏宏方恃錢寧
爲援矯　詔逮赴錦衣獄公抗言條對一無所承
寧遣邏卒陰探郡中無所得乃文致他比以上鐫
三階徙知全州三年移台州晋臬山西所至有聲

實再遷浙江左布政使轉巡撫山西右副都御史
引疾乞休吏部言其太驟以布政使致仕公居閒
者十餘年始起家巡撫湖廣益事振植行部雖偏
疆下邑必至跋涉險阻不少厭却軒車簡易傔從
歛約所在勸農平稅民用安集在鎮建白多切機
宜入爲吏部右侍郎以督
顯陵工改工部左侍郎兼都御史　陵工成進尚書
遷南京刑部尚書致仕卒公冲容雅度瑰材偉識
宣猷中外絣著成績解褐談藝即與何李諸公交

相推轂又與劉司空麟徐廸功禎卿號江東三才宦跡所到與名流讌遊感時懷古臨觀賦詩風流文雅照映林壑有古高賢特達之致所著詩文數十種行世

郎中楊公

楊公名璨字仲玉松江華亭人正德辛未進士授桐鄉令節送迎之費徙開化沮饒信之盜去之日二邑攀留罷市陞刑部主事明年乞便養母改南京吏部驗封主事轉考功郎中會當考察悉心延

訪務得其情雖冢宰與總憲咸駭稱神有二三被
黜者倡言面證公指實以荅罔不慚服已自考功
改武選南冢宰廖公紀亦遷北矣以公剛正篤實
秉公任怨也乃又自武選改南考功而考察復如
前於是張總憲琮及朱冢宰希周曰楊考功正直
不負廖舉胡少宰世寧有位愧楊前之嘆吕公柟
代公凡課官察吏一遵公舊或有疑事必稽公定
籍行之每曰我儀楊公少免於愆陞尚寶少卿以
不便水土辭未赴陞應天府丞數署篆節財均賦

都人稱便以災異乞休公端凝簡重嘗師莆田方
先生岳於泰州所交必名賢蒞官行政著聲

郎中鄭公

鄭公名善夫字繼之福建閩縣人弘治乙丑進士
選戶部主事督稅滸墅正德初閹禍作乞歸築少
谷草堂於金鼇峯刻意著述交與並絕起禮部祠
祭主事轉員外郎上歲差曆法請改曆會
武宗南狩與諸曹郎跪闕門具疏言甚剴切杖闕下
尋復乞歸嘉靖初薦起爲南京刑部郎轉南吏部

驗封素多疾適爲武夷遊值風雪侵膚理遂不起
年僅三十有九

郎中陳公

陳公名琛字思獻閩之晉江人正德丁丑進士授
刑部山西司主事母老乞南改南户部雲南司公
儒者或疑刑名錢穀非其所長公勤謹弗懈其在
户部嘗督船稅淮安嚴水閘啓閉之禁小舟不繇
閘從旁渠往來者弛其征人稱便而漕院欲有所
干撓公移辯甚力曰正額不虧而多取羸餘以爲

功吾不忍爲也其人愧屈改南吏部考功主事久之晉郎中曹務簡益得肆力於學問學者造門請業日踵至淺深高下各就所長告之皆有以自得也會上

兩宫徽號得封贈公曰吾持此歸足以慰吾母矣乃乞終養既歸足跡不入城府不通達官貴人書問即所居旁闢一室朝夕偃仰其中靜觀天地萬物之理或逌然發笑或喟然太息公不以告人人亦莫能測也大臣薦公有用之學　詔徵用辭焉踰

年即家拜貴州按察司僉事提督學校又改江西

皆力辟公資禀明邁閉門獨學不苟同於人蔡公

虛齋一見其文亟詣所館屈行輩與之爲禮公辟

焉遂以師禮事虛齋其爲學先其大者宏闊流轉

初若不繇階序而其工夫細密意味悠長非一經

專門之士所能企及也

郎中王公

王公名臬字汝陳鎮江金壇人正德丁丑進士授

兵部主事諫

武宗南巡忤　旨與同事者午門跪廷杖有差丁外
艱起除武庫以母老乞南改南戶曹尋改南吏部
考功主事晉稽勳郎中冢宰巴陵顔公亟稱之出
知東昌府又以母老乞便養改寧波陞山東巡海
副使解官歸在東昌見編戶有土民遷民之異田
稅多寡不定則奏爲丈量簡强幹邑令分任而躬
親按較之宿弊頓清流移復業務存恤安插之又
爲郵遞設差撥僱募之法聊城臨清省費不貲過
客不得多索夫役有馬御史道經亦自節縮曰以

戚賢太守之美其停止河工一疏活數萬生靈之
命海道時立團操法議處車夫等事皆爲老成至
慮云

郎中呂公

呂公名柟字仲木陜西高陵人未總角時輒有志
聖賢之學雅不喜辭章嘗居一矮屋衣冠危坐日
誦六經性理等書雖盛暑不廢嚴寒則履藉麥草
夜以繼日比遊庠與馬理康海偕聲價而潛心過
之正德戊辰進士第一人　賜冠服帶履服習若

固有明日有中官來賀卻之即瑾也逮瑾柄國事
以公鄉人欲引附已每謅以卿佐可立致且援
先朝故事得入內閣典機務公遜謝之瑾憾且中
傷會瑾敗得免九年予告歸嘉靖壬午起復除修
撰三年議大禮忤　旨謫判解州六年陞南吏部
考功郎中尋卿南尚寶南太常以至南國子監祭
酒篤行率人勤于訓廸每有條約動遵古誼經書
子史博讀詳玩並有發揮門生環向請益耳聽口
授無倦容無擇言十五年陞侍郎南京禮部十八

年致仕歸所著有四書因問五經說史館獻納奏
稿涇野文集十四種公内克外裕色温氣和而行
方詞厲守堅力定在朝野隨寓盡適其真世以方
程伯子

郎中王公

王公名邦瑞字惟賢河南宜陽人正德丁丑進士
改庶吉士以王親出爲廣德知州丁艱起補滁州
王親故絶稍遷南刑部員外即轉南吏部文選郎
中以名節自砥礪疏言三事一日定制度一日修

鄉教一曰清吏弊皆切時務
上爲下其章於所司陞陜西提學僉事至則大書揭
於門曰明則未也公不敢不勉恩則未也怨不敢
不當人莫敢干以私搆講堂日進諸生講學以註
誤諭知山東濵州起陜西僉事進副使飭兵固原
與督府劉天和度虜情晝戰累著安夏録紀其事
再補陜西提學三輔諸生動色相慶晉叅政陞右
僉都御史廵撫寧夏居二年陞南大理寺卿尋陞
吏部右侍郎轉左庚戌虜變　簡命廵視九門尋

署兵部提督團營上六議極營務之弊
世廟嘉公可批紛持大計改兵部左侍郎兼僉都御
史贊理京營軍務又協理戎政
上乃親定三大營名設文武大臣各一總其事又設
副將以下若干員然皆用公策也遂　特命爲兵
部尚書條上安攘大計十二事又五事會咸寧侯
仇鸞提邊兵入衛勢桀驁甚公上書訟言攻之爲
鸞所中編戍去鸞殛死復起故秩協理戎政辛酉
卒于位贈太子少保謚襄毅　諭祭　賜塋遣行

人護其喪歸公以忠勤受
上知故恩禮特隆公正色立朝虜闖近郊時群議大
擾遲籌定計中外恃以無恐嚴相仇帥交忌之
上諒其忠前後　簡任皆出獨斷公亦感奮釐正戎
政百年宿弊云

郎中朱公

朱公名紈字子純吳之長洲人幼遭家難生三日
而毋携入禁中以白死保之得生髫齔即習經史
嘗讀書古廟老蒼頭夜起見兩金甲神立其後知

異日必大貴力作以助其讀正德庚辰舉進士守
景州改開州著能聲擢南刑部員外郎郎中遷兵
部職方閹橫有所侵撓裁之法請著爲令轉南吏
部考功陞江西叅議不承當軸治第之委遷四川
副使兵備威茂平松潘諸番載在茂邉志憂歸起
貴州叅政陞雲南按察使山東右布政罷魏滑之
戍屯東人誦之改廣東晉右副都御史奉
勑巡撫南贛汀漳提督軍務尋改督撫江浙閩三省
時以海寇猖獗創建此官公首任之寀紹閒大豪

猾要結權貴勾引島夷入内地以千數蹂躪我圉時肆殺掠公慮長此安窮乃毅然定畫選將勵士躬自督戰數縋身蛟龍之窟擒殺倭酋長以百計醜虜以千計獲賊船器械無數島夷喪膽相戒無敢入犯而諸豪猾見謂海寇却跡無所規利日夜嫉權貴排擊之削藉家居無何有緹騎入吳逮一藩臣與公同姓誤傳逮公公嘆曰臣不幸中含沙之口不死疆埸死牖下無所愛其死矣仰藥死家貧假貸成歛僅縞衣布衾而已聞者傷之

神廟時採撫臣言　諭祭

郎中鄒公

鄒公名守益字謙之江西安福人正德辛未會試陽明先生爲同考賞識之拔爲第一　廷試及第第三人授翰林院編修踰年告歸一意問學嘗讀中庸嘆曰程朱補格致傳而中庸首言慎獨不及格物者何耶積疑於懐會陽明先生開府虔臺公往謁論辯反覆問夙疑氷釋曰道在是矣遂師事焉宸濠反公率昆季從文成起兵嘉靖初起復原

官會大禮議起上書忤　旨下詔獄謫判廣德州
取道越問政文成進以如保赤子一語公爲署之
堂撤滛祠建書院延王艮諸賢講學陞南主客郎
中在部日與湛甘泉吕涇野聚講辛卯請告趨會
稽哭文成存撫其孤聚同門講學於天真書院戊
戌起南京吏部考功郎中上　聖功圖幾得罪衆
救得免巳亥簡宫僚　召入爲司經局洗馬充
經筵講官應　詔上薛文清公從祀議時與徐文
貞階羅文恭洪先唐荊川順之相資切士類興起

甚泉陞太常少卿兼侍讀學士掌南院蓋當事者忌而遠之也尋改南國子監祭酒遵成憲申章程立號冊俾出入相友淑慝相勸歌詩習禮六館士相慶得師居無何　九廟災大臣當自陳公疏中寓交儆意讒者因中傷之竟解官歸公之學不立異同不設險奧而百家群議皆不能難能使海宇之士聞風而嚮服蓋文成之學所以盛於東南者皆公力也卒年七十二隆慶初　詔贈禮部侍郎謚文莊學者稱爲東廓先生

郎中薛公

薛公名應旂字仲常直隸武進人嘉靖乙未進士授慈谿令時郡守方事苛黷公始政銳志撫綏有檄下縣輒格不行守大怒一日公入郡計必窘辱之公以奇自逸時徐文貞公方督學兩淛素知公守罷去公改教九江則文貞又督學江右檄掌白鹿書院事旋擢南京吏部主事轉郎中適當弊吏嚴相托人諷之去御史王爗爗端士也公留爗而去其所托之人嚴不懌竟用言者謫建昌府判亡

何歷陞禮部主事浙江提學副使識鑒神奇試牘出率驚服嚴衛未已以不及調鄜延兵備復中以考功法罷歸屬縣賣贖鍰爲路費悉却之初公嘗從邵文莊寶吕涇野柟講濂洛關閩學後聞良知之說大以爲快既而沿是說者多不掩言乃悟曰良知之學原於陸子靜陸學孟子教人之法也未學孔子教人之法也遂著考亭淵源録意不無軒輊矣續著憲章録宋元通鑑甲子會紀四書人物考高士傳薛子庸語浙江通志諸書數百萬言

郎中顧公

顧公名中孚字伯貞松江華亭人與兄少叅中立嘉靖丙辰同舉進士授萬載令讞釋葉生誣獄爲文禱旱輒獲澍雨善政皆繫去後思以治行最擢南京吏部騐封主事轉文選郎中在部搜剔百弊奸吏袖手避公一時以爲真吏部遷貴州布政司叅議丁艱歸起叅嶺南分廵白叅軍爲猺人蘇氏所圍窘甚總督張公特檄公解之奮臂登車疾馳至設方畧先治盬艘誘猺聽掠去隨選勇士五百

餘人佯作鹽艘魚貫而進猝易之弗為備公援桴
揚鈴指揮無不一當百者因而内外夾擊擣其巢
其被圍諸將卒得逐旆者公力也擢江西按察副
使時弋陽王視寧藩篆甍諸王爭攝奏請紛紜當
道又以屬公曰非顧公未易了此公立剖定群議
帖然公職掌驛傳兼署窰廠事例有窰樣呈公公
一切謝不受時分宜柄國有私人建坊行臺前諸
司莫敢誰何公立命撤去之且逮其蒼頭數人寘
之法衆咸纍卵危公公弗為動尋擢浙江參政島

夷內訌海艘被焚者百餘公捐俸并取贖鍰補造
官卒保全者甚衆未幾致仕歸公嘗自言俸禄之
外即分毫皆爲贓物絶不以脂膏自污故所在稱
廉吏云

即中趙公

趙公名承謙字德光直隸常熟人生而精敏絶倫
五歲屬對語即奇警驚人七齡就外傳通經書大
旨能難其師師時詘也始補諸生益淬勵夏月焚
膏繼晷皲瘃兩股如蛩弗已常讀書至丙夜有隣

女就之公閉戶不納嘉靖戊戌登進士司理贛州懲告訐寬榷稅以治最徵攀轅載道擢南吏部文選主事同舍有鄭公曉楊公繼盛三人相得甚懽每相與討究典籍商確時政嚴相子世蕃使客索百金爲壽則遷公北笑應曰吾守吾故澹泊自將安所得以梯華膴耶其人慚而退南冢宰張公治聞而賢之又嘗出羨金置邸舍以居屬吏攝太醫令積俸百五十金盡出以市地五區故張公旣入相而屈指南中廉吏必首公擢廣東參議行部戒

勿供張自持算食器墨吏望風解綬兵使尤公策平嶺賊於公具言不煩兵革檄諭可解尤如其議而嶺南獲安傳羅令雅稱廉平中蜚語爲直指所逮治公力申救以免令懷金謝固却之嶺南之民等公於關西伯起而以體貌嚴冷不能酖骹傅人意直指蕭公同年生也意有所屬於公公不應而他御史王某至又待之簡因相與望公曰趙參嶽獄來欲折御史角耶中公以他事論鐫其職歸里公修幹美髯襟懷疏朗與人交接竟日談謔無倦

容或語天下事不合雖達官豪客必面折不能容
也守官守身生平無婞阿蘊蠖之私操縱揮霍無
要歸忠厚焉

郎中殷公

殷公名邁字時訓南京留守衛人少有雅志居恒
自奮曰學不究本原徒取世資非夫也嘉靖辛卯
舉於鄉入太學與何善山游因聞陽明先生緒言
益自砥礪辛丑成進士授户部主事乞南改南吏
部驗封晋文選郎中時與公同曹者薛仲常楊仲

芳楊幼殷鄭端簡諸公皆推公政學出爲江西參議轉貴州督學副使疏請告隆慶初薦起原官視學兩浙歷江西參政按察使四川右布政晉南太僕卿復請告萬曆改元復起南太常卿尋陞禮部右侍郎丙子視南大司成纂逦引疾歸不出矣始公以南驗封考滿如京士論擬留公北銓雲間陸文定以語公公謝不欲文定曰固知公不欲然群情屬公公正色曰如君者直以不欲吏部知我乎公蓋自負若此於浙掄士一先德行諸生中有以

出妻抵誣者獄久滯公暴其枉釋之有夫亡而婦從死議者欲旌其節公曰婦節以守死不貳爲貴從死非中制也議者韙公在太僕值冏政寖弛吏因緣爲奸隨事振刷不辭煩細至署國學則申嚴功令開示名理六館士喁喁嚮風其得政體類是

郎中趙公

趙公名貞吉字孟靜蜀內江人生而神穎六歲誦書日盡數卷年十五讀王文成傳習録驚曰予固疑物理之遠於本也今獲所歸矣白二親往從不

許遂遍誦六經自求之嘉靖戊子甫鄉薦走謁故
相楊文忠里第文忠稱曰是社稷器也乙未舉進
士改庶吉士授編修遷右春坊右中允管國子監
司業事首揭中庸性道教爲訓諸士聞之儼然肅
戍虜薄都城下大臣集百官議日中莫有發一語
者公獨慷慨大言畫策且請遣諭諸將監督力戰
上手詔嘉公壯猷陞諭德兼監察御史領　勅宣諭
并給銀惟所措然　勅未有督戰語可統攝諸將
以行公以請於相嵩嵩故有郄又其黨素銜公冀

相齮齕而其心焉故不與事權公單騎出城宣
詔旨頒賞功銀將士感奮公還奏總兵仇鸞陰以
異議疏入
上怒公領銀未覲措置詔錦衣逮杖落職補廣西荔
波縣典史癸丑量移徽州府判稍遷南京吏部文
選司主事未至進郎中已而卿光祿參議通政司
侍郎戶部皆在南憂歸起改戶部以薊州督糧練
兵議與嵩左嗾科官劾公奪官去家食與諸生講
學玉溪莊隆慶改元起吏部侍郎兼翰林院學士

掌詹事府實録副總裁進禮部尚書公先以進講受
上知眷用日益切面諭者再手詔者一皆出特典尋
詔以原官兼文淵閣大學士同諸臣入輔大政已又
命兼掌都察院加太子太保與同列數議邉事不合
有大計皆格不得行遂致政歸卒贈少保謚文肅
公奮厲喜經濟時方急虜故公先後所注厝規畫
皆在邉計惜前尼於分宜之專恣後格於新鄭之

枘鑿不得究其用爲人孝友天至從總髮與從游
吉自相師友剛忠英偉稱其氣貌解褐即身任天
下憂先一世雖百挫不回至其問學淵源上探聖
奧而博辯雄深要歸於道所著有進講錄內外通
若干卷

郎中項公

項公名篤壽字子長浙江秀水人嘉靖壬戌進士
授刑部主事以母老乞南改南儀制尋請告起陞
南吏部考功郎中內艱起補兵部車駕轉職方出

爲廣東叅議引疾歸初公爲南考功也會江陵專
政白
上以非時大察將除其異己北察頗承風旨見逐者
衆公獨持之曰南中事簡而數少不可以多人多
人不能無屈抑而周給事姚御史者質直敢言彼
所惡也嘗輾轉喻意示必坐之而公屹不可於是
南中皆以公能抗權勢保善類而江陵深銜之及
其爲職方郎多所建明如止延綏入衞限宣大市
額寢虜乞茶請赦妖黨歷歷中事寮其他考覈政

議驛傳及薊遼功狀持論甚正人又以爲公能不
陰陽當事指也而江陵益深銜之遂有藩參之補
而公歸臥不出矣公婦翁爲鄭端簡公傳其學故
能博綜古今通達國體惜不究其用所著有路紀
今獻備遺奏草雜草行世

郎中許公

許公名孚遠字孟中浙江德清人少負志不群雅
好聖賢之學既舉於鄉日交遊名士從事講學嘉
靖壬戌成進士授南虞衡主事調南吏部考功改

吏部稽勳歷驗封隆慶改元以非時大計吏楊襄
毅傳主計京官黜者科道共四十一人而浙人幾
半公有後言襄毅聞之不喜公因移病歸襄毅去
起考功主事出爲廣東僉事時廣有倭警而大盜
李茂許俊復張燄海上公畫十策督攻之兩寇大
懼乞降遂獻所擒倭黨七十餘人報上　詔賜金
旋移閩臬忌者中以考功法謫兩淮運判尋遷南
太僕丞轉南吏部文選郎中請告歸補兵部車駕
嘗謁江陵問及馬政對曰養馬累民不若收其值

一可市三出知建昌府鄒給事元標疏薦遷陜西
提學副使擢應天丞以申救同年都御史李材降
二級調外復除廣東僉事陞副使尋晋右通政使
轉右僉都御史巡撫福建值饑民嘯亂劫會城諸
司避匿公啓門代之陰授方畧捕治數十人遂定
又建議謂嘉靖中倭亂本繇嚴海禁者激成之請
開其禁皆官給帖以往令爲官商私出者罪無赦
庶幾法得行而海患弭　詔允之閩人便焉擢南
大理卿南兵部侍郎時方用兵禦倭朝鮮未寧贊

尚書料理諸兵事稍暇又盛講學忌者因借講學
肆詬詆乃引疾乞休方有兵部之推而公歸矣居
家不殖生産清望益著日孜孜惟以明聖學爲務
生平質直無藻飾無委曲事至立斷身所行如所
講每以身驗學遇人無厚薄咸吐誠實蓋自謂學
所得如此卒于癸巳贈南京工部尚書謚清簡

郎中魏公

魏公名允貞字懋忠直隸南樂人萬曆丁丑進士
授荆州府推官矯矯清裁不畏强禦時江陵相乞

候歸蓋楚中大小臣工竭蹶恐後公骯髒自如且
重懲其一二家奴人爲公危江陵卒徵拜山西道
御史疏論四事曰公文武之用嚴科舉之防慎臺
諫之選務戰守之實而其論科舉則謂江陵以門
甲私其子爲大壞制科并及蒲州吴縣二相子新
舉順天者請照迴避例不得廷試奏上謫判許州
稍移彰德府推官陞南吏部考功主事歷稽勳郎
中皆錚錚著嚴毅聲遷光禄丞少卿通政使進都
御史巡撫山西時稅務起中使横行所至魚肉生

靈公屢裁抑之因上疏劾稅璫孫朝請罷礦撤稅
朝爲歛戢尋以病乞歸卒公爲人廉正獨立其處
官如寄妻子皆留侍養獨携二三童僕與書帙爲
伍官舍寂然如修頭陀行者撫晉時公費廪給盡
充修邊賑荒之用每惓惓憂國發於至誠所請邊
事吏治及民間利病凡百餘章甚至切劘
主上抵觸貴近雖不盡行然如採木採金抽稅中貴
人簶此不得齕有司以病民今傳其奏議若干卷
郎中周公

周公名之屏字伯卿湖廣湘潭人弱冠舉於鄉嘉
靖己未成進士授溧水令有能聲擢南吏部驗封
主事進稽勳郎中時耿恭簡定向督學南畿以悟
入修證推明陽明先生之旨公與質難反覆恭簡
推爲畏友會修
世廟實録事在南銓者公授簡焉晉階修正應尹故
事吏曹郎無出領郡者值嶺北流賊之警吉安騷
騷特甚吉人有知公者與選爲其郡擇守意屬公
而嫌於例難言之公欣然請往曰何官不可効而

計内外也甫涖吉吉假浙兵爲禦而兵素暴與郡人士鬨輒露刃譟入府寮吏散走公獨嚴鼓升堂大聲曰諸卒有不平統領官其前來訴無徒譟也統領六人逡巡及階相顧跽次各哨亦群而跽諸卒猶頊刃環立公從容語曰若曹有激而訴也守能理之若爲亂無謂守計生死汝有徒幾何省撫扼其吭贛撫躡其尾則釜魚耳幸各爲萬死一生計語未絕皆釋戈羅拜惟使君生我公乃筶郡人之激之者械示諸卒趣統領官即日部分出境先

諜得首謀者主名設伏待於隘執而寘之法竟無
譁者人以是知其忠決機敏匪僅安一郡之才未
報滿擢按察副使視河南學轉山東並得士尋遷
廣東參政歷按察使嘗監軍諸將承喜事風旨幸
俘海濱愚氓以見功公爲讞釋多所全活又有擒
造墳家三十人爲賊爭莫能驗公令出其手俱有
椎鑿痕衆爲洒然釋之江陵柄國而均田之令下
有司以徭徸田不可問比入
覲群吏合言於　朝江陵但曰只管丈公揖而出衆

尚囁嚅江陵笑曰去者解事人也衆出以問公曰丈量伸縮在我輩相公方一法度以齊天下肯言有田不可丈耶咸豁然服遷浙江右布政使轉江西左以終養歸十餘年卒公少有文學之譽新鄭江陵蘭谿新建俱與交善其先後柄政公一意自遠故十餘任皆平進以外吏終或有問諸相優劣於公者曰新鄭才大而意疎江陵智微而氣迫皆能有立終以取敗其裁量如此

郎中許公

許公名汝魁字元甫江西湖口人萬曆丙戌進士
初授常山令調上海上海劇邑最稱財賦藪初至
值歲大旱民饑公屏騶却從不惜重趼飛蓬於野
田村落之間躬自賑恤所全活貧民以萬數邑人
懷之丁内艱服闋邑父老赴京投牒主爵者俯徇
輿情復補上海前後蒞事凡六載諸德政種種其
大者築浦塘繕城堡革長收裁里甲縣總斗級諸
役皆爲邑造福百世擢南吏部文選主事轉稽勳
郎中陞潤廣副使移大名兵備陝西叅政地西徼

邉方胡馬充斥公日討材官佽飛之屬而訓飭之旌旗壁壘赫然虜經歳不敢入榆林界晉河南按察使旋爲其省布政晉南光禄卿遷通政使公才與誠合以實心爲國以實惠庇民以實用濟時艱惜用未竟才而歿

南京吏部志卷之十八

主事傳目

陳宗問　周　丹

李　厚　陳　植

陳　良　王一寧

王　菁　崔　銑

楊繼盛　潘士藻

陸彦楨　侯先春

附司務傳目

鄒亮　項麒

黃用　朱希皐

南京吏部志卷之十八

列傳

主事陳公

陳公名裕字宗問以字行浙江鄞縣人通經史善書法洪武中舉進士授吏部主事廉介有爲人不敢犯陞河南參議治河道衆不勞而功成以事去職永樂初起從

駕北巡還授行在吏部考功郎中嚴於黜陟曹局肅然出守武昌清泰楚府侵占民地踰年復職道出

臨清而卒公清介之操時稱爲最

主事周公

周公名丹浙江永嘉人性明敏有治才洪武初繇進士授新化縣丞以廉勤稱門無私謁吏卒不敢欺驗民貧富及丁稅多寡第爲上中下籍記之遇有賦役隨輕重使之故民不擾而事易集至於獄訟文牘之務皆躬理之吏胥不得爲奸罷諸役作民宴然□業繇是流民之歸者益衆考滿課最陞吏部考功司主事既而縣民蕭俊等詣闕言白

本官去縣政復擾民不安業乞令再任
上命吏部俾復爲縣丞仍命禮部宴賞而遣之
主事李公
李公名厚字執中直隸祁門人洪武中選補弟子
員永樂初繇太學生授刑部主事存心忠恕臨事
決斷籍籍有聲時京中客察民俗甚嚴有坐童孫
毆祖母獄者公鞫其情以童穉無知非真有所毆
也上疏請恤不聽繼之以泣明日
上以筋面試其童曰能識左右何謂無知謫公安南

掾公忻然就道曰吾豈敢附死獄以媚

上耶至則與文人騷客觴咏不悔安南人相謂曰金

鍾大鏞混於土鼓瓦缶之中然音韻不同也三年

上感悟其言復召爲吏部主事人又相語曰金鍾大

鏞列之東序矣未踰歲復以言事不行乞歸以終

先是公之赴召也僅五日而安南變華人多不得

歸人以爲忠誠獲報之驗

主事陳公

陳公名植[illegible]西廬江人元末舉河南鄉試不仕洪

武聞起爲吏部文選主事歷官兵部侍郎靖難兵
至公受命督師江上有督將密議降者公責以大
義督將恨之遂遇害督將率衆奉迎自陳邀賞
成祖立誅之且棺殮公遣官護喪瘞於白石山公宗
人大懼皆變姓名走匿無敢會瘞者竟無他

主事陳公

陳公名艮字從時福建長樂人洪武中以明經薦
授吏部主事因災異與同官蕭儀上封事下獄儀
死獄中公謫戍交阯再上封事復官常較閱遼東

衛兵陳軍衛四弊後因忤執政出判嚴陵舟行有
大鼃隨之公謂鼃陰物必有婦人冤比到官果訊
得其情釋之人以爲神明

主事王公

王公名唐字一寧以字行浙江仙居人年十三能
詩以奇童薦從父峻國子監丞之任時
仁宗在東宮聞公善撫琴召見命賦銀河詩嘉之俾
就國子監讀書永樂戊戌舉進士授吏部稽勳主
事尋於文華殿供事秩滿改修撰曹鼐薦教庶吉士

以文學優長預修
宣廟實錄成轉翰林院侍講學士正統十三年遷禮
部右侍郎景泰初　勑往湖廣督理軍餉被劾召
還轉左兼翰林院學士尋　命入爲武英殿大學
士預機務以中官王誠輩嘗受學力薦之也景泰
二年易儲進太子少師仍兼二秩如故未幾卒贈
太子太保禮部尚書謚文通公性敏捷詞翰清俊
遭特達之知洊陟揆地以名位終

主事王公

王公名章字欽佩應天江浦人父嶽成化間爲給
諫以劾權璫謫復起終叅議公生負異禀德器夙
成不習非義不交非人自諸生時屹然有公卿望
與陳沂顧璘相友善切磨爲古文辭林公俊儲公
巏並引爲忘年友舉進士選庶吉士當官翰苑以
父老乞南便養授南吏部考功主事五年考察之
典力持公論不少假借從弟繇國學生試政欲言
文選求間曹乃正色曰安有身在銓司爲兄弟擇
便利乎[illegible]服滿起兵部車駕所攝有快船薦方

饬領以中貴權卒之長率被訴索蕩析公厚資給
損班列以甦之遷南禮部儀制郎中政與國學祭
繫視舊格有一二不振刷者爲太學諸生釐正條
布之擢河南提學副使以母老乞致仕隨擢南太
僕少卿卒於家公沉毅有畧論天下事首尾緩急
如指掌上稽古曁今不失尺寸也

主事崔公

崔公名銑字子鍾一字仲鳧河南安陽人少奇嶷
齠齔通四書毛詩年十五講太極圖通周易能鑒

鄉薦後即從大儒呂柟馬理諸公遊欲爲洙泗之
學弘治乙丑進士選庶吉士授編修預修
孝廟實録時閹瑾亂政卿佐皆伏謁公及修撰何塘
獨長揖瑾怒謂其黨張綵曰翰林白面後生輕薄
如崔銑尤甚會實録成瑾矯　旨史臣各陞俸一
級調部屬州縣練政理公改南京吏部驗封司主
事部儲歲縱糧長易美以惡公廉出之糧長賂請
權貴固執不可尚書謂曰爾謫仙也何苦爲此對
曰何勤非[illegible]孰忠非分竟格姦庚午瑾誅　召還

史館時輔臣專尚文藝公上書勸以及時悟主救
民薦賢理才强兵毋事瑣末懇懇千餘言御史王
廷相下獄瀕死亟請執政曲救出之晋侍讀丁丑
同考會試事竣遂力疏歸以奉二親作後渠書屋
董耕授徒嘉靖改元薦起預修
武宗實録陞南國子監祭酒開誠善誘明教條正文
體日衣冠坐東堂對諸生問難疏請寬宥議大禮
諸臣　忤旨罷歸行囊無江南一物惟携古書數
篋因自笑曰人言金祭酒吾今若水矣家居十六

年起少詹事兼侍讀少師夏公言政暇過談贈句
曰一字不會通政府十年始得見先生未幾擢南
禮部右侍郎都御史王暐言句容朱家巷者
皇祖故鄉墳址具在請表揚公獨持不可曰與王之
基先實爲陪事竟寢尋病致仕卒贈尚書謚文敏
公宏才博學好古能文素履皭然出處無玷著書
數十種行於世

主事楊忠愍公

楊公名繼盛字仲芳先世小興州人詔徙容城公

鄉舉入太學祭酒徐公階異公材爲指授經義嘉靖丁未登進士授南吏部驗封主事師事大司馬苑洛韓公邦奇從受樂且盡通其天文地理太乙壬奇兵陣之學遷兵部車駕員外郎當是時大將軍仇鸞驕心憚虜請與虜爲馬市有成議矣公上疏斥其不可者十辯其說之謬者五鸞因詆公撓邊計惑衆心

世宗詔錦衣衛逮公置詔獄具貶狄道典史踰年擢知諸城尋遷南京戶部主事又遷刑部員外郎調

兵部武選公受
上恩思有以報自計報恩莫如去姦人使不得亂政
乃因日食發政本李姦疏論少師嚴嵩十罪五姦請
召　二王問狀公意以嵩在位久其黨與布滿中
外
上即問必不肯言而　裕景二邸一召問可盡得其
實嵩更借以爲讒　詔逮公訊所以引　二王者
公具對侃侃至斷指出脛不易詞　詔杖公百送
刑部獄郎中史朝賓議從輕比其長貳皆嵩黨竟

當公詐傳親王令旨紿公之將受杖也或遺之蚺
虵膽却不受曰椒山自有膽耳及繫獄創甚吏畏
禍莫敢睨公乃自破甆碗刺右股出血數升已復
手小刃割左股腐肉旁觀者咸爲戰慄公自如禁
錮獄三年以乙卯十月晦死西市臨刑賦詩云浩
氣還太虛丹心照千古平生未報恩留作忠魂補
天下相與涕泣傳誦之公刑之歲或求救於嵩嵩
曰行卜之其子世蕃不可而其黨亦相與爭曰不
殺某所謂養虎自遺患也故公竟死公死而地爲

震者累年自古直諫多矣然未有慷慨激烈赴鼎
死而不顧者也公始忤仇鸞偶不死奔走絕塞間
稍稍徵用去訊繫時無幾痛苦之狀猶在心目而
天植忠性志切報主直指權姦冀回　天聽乃卒
直諫以殞其生古今豈多得哉彼黨嵩者其導嵩
以殺公恐遺患也然公死而天怒人怨言者不已
世宗竟罷嵩政逮世蕃謫戍嶺南又　詔棄市籍其
家隆慶改元謂公死諫節甚偉宜尊顯以勵士大
夫贈太常寺少卿廕子爲國子生而　賜謚忠愍

則取諸危身奉上在國逢難云又以御史郝杰請
建祠保定　賜額曰旌忠

主事潘公

潘公名士藻字去華徽郡婺源人萬曆癸未進士
除温州司理徵授御史巡視北城有二閹闖出宫
門戲良家女婦于販者執之輒群閧奪之去公移
文司禮以聞
上恚曰東廠職何事而事自外廷發耶　命杖二閹
斃其一　自是諸中貴洶洶思必報而大璫職東廠

者亦以故銜公矣屬以火災陳言大璫微摘公疏中不可使聞於左右近習語以激怒
上謂公歸過責直　上怒甚幾欲杖之謫廣東布政司照磨以去壬辰晉南吏部驗封主事時關西李敏肅公深知公謀於冢宰孫公調之吏部而公辭甚堅次第舉南中名流自代敏肅以此益賢重公尋遷尚寶丞晉少卿奉　冊封南還病卒學者稱爲雪松先生爲人磊砢有大節與人言必盡傾吐精[illegible]之鑑所至必交其長者毋得一人推

挽之使盡其用而後已其人或顛躓瀕於危人皆
引避或陰擠之公必反覆疏雪以身保其無他以
故朝野莫不爭知公者雅嗜書聞賢人君子之言
行與時事之大者動有紀述令行世者有闇然堂
類纂及詩文集共若干卷

主事陸公

陸公名彦禎字以寧直隸華亭人大中丞樹德子
補弟子員從中丞宦邸舍卒業成均不售益攻苦
篤學歸而讀書山居隱跡斗室僅平頭奴使令忘

其貴介矣喜取友自廣盡交天下知名士初因
覃恩叙廕公爲胄子非其好也萬曆辛卯中應天試
乙未成進士當事者虛館選以待謝不赴乞南開
曹授南行人司副父之遷南吏部考功主事晉江
公時爲南少宰故未第時燕中同社也喜見眉睫
曰陸君來余得一賢友見晉江所撰志詳矣竟因
前任司副入　賀長至往返委頓積勞得疾卒人
咸惜之公長身玉立志意亢爽欲以經世自表見
自墳史　至　本朝典故無所不窺每對客抵掌

臺臺中窾要中丞居諫垣諸所上封章徃徃自公
擦牘如言白糧民運艱苦剴切辯晰得報　可東
南至今賴之隆慶末督臣王崇古爲俺荅陳請許
貢市入　京比於三衛中丞命公屬草條其五不
可淩虐驛使一也忿爭起釁二也京師內館轂闘
畧虜如不遑損威傷重三也窺視動靜四也今來
雖少後必漸多難阻五也宜爲代進便詞指肯綮
上嘉納之廷議遂定公父子相爲經濟類此筮仕後
念松俗役法太偏創爲均區平役法上之當道所

擘畫數千言太要以甦久困之踐更後十年撫臺閩徐公迺行其言爲役法立百世之利居恒慷慨慕義宗黨族屬歲捐租散金著籍名常計慮甚周姻戚亦無不恃公爲金湯者弟太僕公彥章以終養起爲名卿公與志行相砥礪戒亢滿斥侈尚子弟皆布袍無紈綺習名德競爽云公歿祀學宮

主事侯公

侯公名先春字元甫直隸無錫人萬曆庚辰成進士除太常博士當江陵柄國時朝士趨集其門公

獨抗志修潔不隨衆嚬俯而與魏吏部允中顧光
祿憲成爲石交久之擢吏科給事中受命不踰月
而規畫便事劃剔弊源章數十餘上其于　宗藩
勳戚錦衣官校數以禁側折之靡不凜凜帖服所
條列轉漕救荒諸務尤中窾綮江南北大饑
上欲遣官給賑公曰遣官徒擾民無益不若責成撫
按以蠲抵賑如其數便議雖中格識者韙之已轉
兵科右吏科左巡視十庫白糧解役苦中瑺漁獵
公乃嚴飭保家受約束令中瑺不得恣爲奸利而

解役之費大省江以南至今誦焉奉
命閱遼鎮省供億減騶從荒僻險峻靡不踐歷乃條
上利弊因革三十餘事劾罷大帥之不職者疆事
益飭朝鮮之中倭也　朝廷為徵兵轉餉遣大臣
經畧者爾年倭解去而議者欲留兵三千戍之公
持不可曰　天朝援全屬國恩至厚而吾士馬物
故軍興之費不貲柰何復為戍守疲中國以奉異
域繹騷無已時因力請撤兵衆皆詘服兵撤而東
事大定遼璫准恃寵恣橫劾大帥罷之公抗言本

覈鎮帥皆[illegible]定推設有不法則撫按交章兵部議覆

以俟　宸斷令以横瑠片詞微中旨黜罷非是

上怒謫公爲廣西按察司知事後歷推萊州推官南

户部主事庚戌改南吏部主事皆力辭不赴卒公

在諫垣處僚友間以忠誠正直相規勸事必商搉

或有所開發苴補不存形迹時有公疏衆或前却

公輒援筆首署即利害不顧也

卷二十八

隨

司務鄒公

鄒公名亮字獻忠直隸長洲人布衣也宣德中燕郡守況鍾知其人賞識之欲薦於朝會有匿名數公過揭府門者況得書笑曰彼欲沮我薦賢亶遂成亮名耳遂奏公才學可用　召試爲吏部司務善於其職改刑部旋擢監察御史

司務項公

項公名麒字文祥浙江仁和人幼有異質年八歲

督學花公潤生試之大奇遂命入邑庠景泰七年
鄉舉人授南吏部司務歷陞南京刑部郎中
憲皇登極詔求直言公應詔陳五事曰務正學曰納
諫評曰崇節義曰遠近習曰弭天變其崇節義大
約謂李賢王翺當曹吉祥之變不能奮身死義苟
心屈膝以圖苟免不知節義廉耻爲何物宜顯正
典刑以訓在位其遠近習則指王振曹吉祥之事
以爲近戒[illegible]收攬威福不使任事復其掃除之役
語甚切直皆人所不敢言無何以病乞致仕家居

二十年直貧屢空寄居於人巡按吳公某高其節
擾室一椽始遂栖托有平湖尹以賄敗憲使邵公
某因舉公清節諭之盖媿之也尹意邵雅重公畢
暮持百金求爲營解公嚴拒不受未幾以無疾終
巡按御史唐公鳳儀以公與王公琦褚公遂良同
望表其里爲忠清里

司務黃公

黃公名用字時用直隸儀真人成化間以順天鄉
薦授南吏部司務勤慎周密雅爲王太宰與童少

等軒所器重嘗建議復開國功臣爵言甚剴切及承委作架閣庫經畫詳整詳記中歷兵部職方員外即遷武庫黜差操督武學清戎冊具有能聲遷貴州程蕃知府會追病卒爲人善談論勵名節嘗以歲凶將部庫羨金數千兩解應天以備賑濟爲府尹吳公所稱嘆其歿也無以爲殮揚郡守王公恩倡義助之始克襄事

司務朱公

朱公名[illegible]字懋明直隸崑山人自幼聰敏有大

志正德癸卯領鄉薦謁選授南吏部司務其居官
勤慎有爲舊規有廢墜者必振舉之職務之外時
致靡不留意時京師工役浩繁所司建議欲令士
子捐貲入監及啓鑛取金以助 國用公上疏言
皆非所宜莫若鑄錢爲便陳前代鑄錢之利以爲
民不擾而 國用足
上嘉納之遂行其議所著有萬峯稿綱目纂編若干
卷萬峯其別號也年六十卒

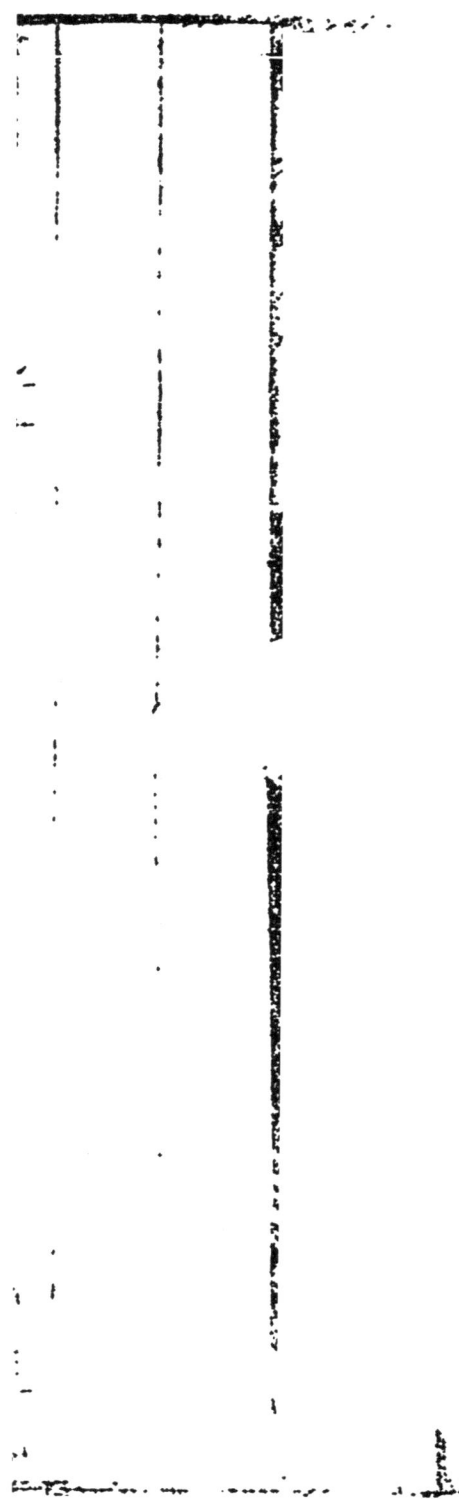

南京吏部志卷之十九

藝文目

目錄終

南京吏部志卷之十九

藝文

夫贊

王黜陟嘉猷入告皆文也而紀載遺逸聞見希闊至於彰往詔來尚友論世有題名焉有序記焉文獻足徵矣志藝文舊序

南京吏部題名記　　劉春

正德戊寅春以禮部尚書改南京吏部越明年己卯夏四月視事欲求題名以考求往哲姓氏未有

也乃謀於同寅朱公懋忠屬驗封萬郎中雲鵬索
故牘得洪武至今尚書侍郎名氏而其履歷多不
能詳乃索於諸集中僅得景泰之後者其前或間
有之夫我
明肇基金陵迄今百六十餘年矣洪武初設六部定
爲尚書正三品侍郎正四品而吏部尚書侍郎掌
天下官吏選授勳封考課之政令其屬有四曰
選部曰[illegible]封曰司勳曰考功部庚申革中書省進
六部爲正二品而尚書侍郎亦叙進焉尋改選部

司封司勳爲文選驗封稽勳而考功則仍其舊皆

爲淸吏司不以部名

太宗文皇帝廵幸北京有行在之制遂以此爲南京

專設尚書一員或設侍郎二員一員正統辛酉於

諸司皆增南京以别於北自是官不必備矣失今

不記安知後不於今可考者亦復泯哉遂命工礱

石以刻之偺書創置歲月於上其下可續紀也

南京吏部續題名記　　　　趙　錦

南吏部之有題名石自劉公春始至隆慶之初石

蓋而無所於書有石儼然臥於其側者則劉公光
濟之所遺公將續焉以遷去而未之逮者也於是
稍爲考次斷自黄公宗載魏公驥而下續書之蓋
正統六年始定稱南京而未之有改也初
高皇帝超然遠覽罷丞相而任六曹則今之六曹固
昔
天子所與相可否出政令而致之天下者也百餘年
來鼎遷而政從越在舊都因得仰成憲優游於無
事而至[illegible]爲吏隱之說者此何以稱焉昔者帝

主上之用人也以德詔爵以能詔事故有優之以爵而事非其所先者任之以事而德非其所急者事有所分猶若易稱而德非積之深養之素足以樹表儀而端風軌者未足以與此且今之諸曹方於國初爲簡爾而四方之徵令庶政之質成各有所綂而不容僭差於其間者固猶夫祖宗之舊非徒命之以爵寵嘉之而已也吏部與諸曹寔爲之先而其所分之職又有不容以易視之者三載考績殿最存焉六歲大計廢置行焉與夫

歲時群吏之弊亦皆一時人才進退之所係而勸
懲之所關一有不慎非所以稱衡平而賛
熙洽之化也夫人臣之受任纖巨各有所當而不可
以不盡況其所關有如是者而曰吏隱云乎哉今
天子孜孜化理自公卿而下莫不精白承休而錫以
淺陋不德靦焉待罪於此大懼無以稱
德意繼前修且懼夫地遠而事簡易以自安爰因茲
石用以[redacted]亦因以告諸司相與共勉以成之焉
若其制置因革之詳則前嘗記之矣茲不著

南京吏部職掌序

趙錦

南吏部之有職掌舊矣百餘年來雖式遵舊章然亦代有損益散見層出展覽爲難於是郎中荆君光裕沈君應文王君邑爵顧君大典主事俞君嘉言周君光鎬相與各循其職盡發掌故之所藏與吏部重定職掌櫽括之既成以眎余則區分類聚其大都已具無蔑乎旁求而所以撫時酬物者在是矣雖然此其大畧也因事以制法而法常不足以周天下之事因情以立事而事常不足以類萬

物之情則夫因事以揆其情因情以定其法法必當情而事無越法則又存乎其人未可以豫言之也爰命梓之若夫兼總義例舉要刪繁而俾血脉通貫覽者晰若指掌則荆君光裕之功居多并爲著之以詔來者 萬曆戊寅孟冬題

文選司題名記 程廷琪

文選舊總部後改今名其在洪武永樂間掌文吏銓注之務事劇而員衆部中一人或二人員外郎郎之主事人或三四人宣德間銓注雖統於其

置而員故在正統間始定爲郎中一人主事一人
慨念諸前輩名氏未紀每詢於僚寀有得其名氏
而遺其貫者有得其名氏若貫而遺其出處者又
有并其名氏而俱遺之者於是詳考洪武以來簿
書又僅存十之六七考於南雍進士題名并近時
所及見聞者總得若干人遂謀於主事孫君邦玉
礱石刻之大書其氏名而分注其字若貫若出處
於下又虛其左以俟續書焉雖然此直名而已夫
天下之理實大則名遠實不足而名之將指而詆

訾之朽也實踰於名雖欲不名皆將名之不朽也然則題名可無乎將使人因名考實以求副其名焉可無也昔叔孫穆子論不朽必先立德而歐陽子又謂在修其身立德修身者其實也窮居草茅泥塗軒冕土苴金玉明於聖賢之道若將終身焉達而立人之朝不屈於聲勢不迷於貨利先其事盡其忠望足以高一世澤足以被生民而尤審於進退之[illegible]皆立德修身之實可名於不朽也題名於是石者其皆立德修身者乎記之以存勸懲

務使德無不立身無不修而後已則題名所係不亦重乎

文選司續題名記　　汪宗伊

夫文選之職周以六叙正群吏者也我朝建官取則周禮初設吏部郎中員外郎主事未分司也中書省罷于部乃分是爲總部尋改選部洪武二十九年始定今名治文吏銓注之典凡注選抄選舉保還職調用陞黜開設裁革欽官吏役並皆掌之當是時

天子獨斷立賢無方薦舉科貢諸途並進諸君子受成將美之靡遑無成有終也

兩京並都選司相峙蹇夏久任事歸吏部三銓通塞之任固九流升降之機也其在南京者惟是留都百司之印信文憑與凡御史實授監冑勤謹愼其署委稽其依違而南院之試授部寺之考覈執故典以白於尚書侍郎時聞之於

上而取選[illegible]送吏胥之考中酌才識按等第以至歷俸類缺悉咨吏部備銓注焉當是時諸君子靖

共在位委蛇退食隨事盡職仕優學半若稽古昔
楊金山陽之治水儲文懿之恬靜吳正夫之直道
蔡介夫之理學至今聞其名氏肅然起敬讀其遺
書考其行事莫不高山之仰景行之行焉是故居
位則崇乎其官素行而不願乎外位之所在而職
分焉職之所司而敬生焉敬生則心存心存則理
得以任天下之重以成天下之務闡道經邦亮工
熙載咨由此其選矣今
上御極注意幽賢　賜環徵車連茹彙征尚賢貴士叅丰

孫君即中是司通叅石塘李君爲考功與司勳桂
巖顧君並以宿望萃於一時寔非其人也乃承孫
君之後而崇野聶君又以治行卓異超遷同日莅
任有和衷之休焉舊碑姓氏差訛年月錯雜聶君
志切尚友樂道往習謂余多暇宜較正之亟以爲
請義不得辭乃徧閱故牘叅互考訂磨碑續刻借
爲之記以爲論其世者要覽云

驗封司[illegible]名記

胡纘宗

國家官制則象周官周官以六官便章天下而天

昔是爲冢宰五官所録綱紀焉考之經天官之屬
六十有六而司封則亡然少宰以官府之六敘正
群吏司士以德詔爵內史凡命諸侯及孤卿大夫
則策命之是皆司封之職而散見於治官之屬者
也至北齊置主爵郎中唐龍朔間改爲司封大夫
於是乎有司封之屬我
皇祖因之吏部之屬有四而驗封其一也驗封之秩
有郎中員外郎主事其職掌曰封爵曰廕叙曰
誥勑曰散官曰吏胥迨我

太宗奠鼎於燕而留都六官固在司封之職表德甄功以權衡天下之士厥寄隆焉夫爵不流倖賞不侵濫先王之制也惟貞無倖惟哲無濫貞德之基也哲德之資也貞以執物哲以通微執物則民慶通微則聽達官人之道備焉茲可以弼我天工表儀庶府司封無忝矣詩云靖共爾位正直是與神之聽之式穀以女斯之謂也或者以南北爲軒輕而顧重輕其間而不知

祖宗體國經野設官分職

兩都寔相經緯是豈可與議於奮熙之績者哉司封舊無題名古綿高公次婁江王濟美及纘宗恩以先後任司封名之於壁而屬纘宗爲記庶可稽焉若夫循名責實以第其賢否則固有天下萬世之論在非纘宗所與知也

驗封司題名碑跋　盛應陽

嘉靖七年七月朔日南京吏部驗封清吏司立石於廳事後堂之中以記名氏記之者天水胡子也助其賛者古綿高子也胡子既叅大藩高子亦守

名郡乃猶寓意者以嘗先後莅是司而婁江王子且倡之也王子來幾亦出守而崑山顧子繼之維予則考求
國初迄今諸公科第籍貫歲月先後以次編列而題名石立焉夫以百八十餘年所遺一旦集而完之前人名氏堙湮而復彰或賢與否可指而稽焉謹書之後以識其始

驗封司續題名記　　周之屏

驗封舊有題名天永胡公記之上遡

國初其諸位置之沿革職務之分隸與踐歷者之先後大畧可睹見已嗣則公廨後官是司者各以其名鐫焉顧職序多錯棼莫可辨又左方旣竟乃郎中自朱君主事自楊君而下名亡已司之廳左故甓有石蓋臨海金君所伐謂將有以續之嘉靖乙丑秋八月吳興沈子自儀部郎至而余主事是司沈子與余日商政學綜往初語次及是石沈子謂余曰題名非古也然備觀省垂鑒戒其猶行古之道與是石也往諸君若之何其遲之也余曰屛

徃奉諸君末議也嘗睎前所題名矣諸君或顧余而指之曰某某固嘗官是也則相與欣然慕又或指之曰某某亦嘗官是也則復相與慨然省余問之曰若某某者爲何諸君脉脉無以告也曰未之前聞也巳余退而重有懼焉曾幾何時也書字書里書科名敭歷詳矣石固在也巳汨汨鮮有聞巳顧言論不書行事不書而若此與彼者則又若觀火甚照灼也豈所謂誠中形外者固各有在耶抑所謂是[illegible]非者自不容揜耶即没世無聞者亦

莉因此而莫逃若是乎名之耻也余滋重有懼焉吾與子勉焉幸而逃其名足矣况子聞之瞿然曰噫嘻有是哉先實後名者勉之自我者也與人同善往來一息者幾非在我者也使來者諸君子之有所懼即吾與子相托以為無窮之懼者已於是因舊既題者更加考定而類其莫可辨者各為序次下方而以其未題者續焉屬余述所語為記況子名稱别號觀願余則長沙周之屏也

稽勳司題名記

鄒韶

國朝設吏部分四司司曰稽勳者所以掌邦國官人之勳級者也太宗文皇帝北幸晋都設員如故正統間始裁省郎中主事各存一員所以掌勳級者其制具在也念維國初以迄於今分職於是司者題名邈乎未之有聞廼謀之於主事余君宗魯曰人之去也石之立也名之存也實之徵也繇今觀昔昔人蒞政於斯者且名[illegible]而實徵繇今觀後後之考於今又不如

今之考昔矣匪石以記其名因名以覈其實何以
燭既往而詔後來哉余君曰然遂相與檢閱舊案
得郎中二十八人員外郎八人主事三十二人永
樂正統以前僅存職名而已其終無可考也天順
成化以後自筮仕轉遷以及其終之所至歷歷可
數爰命工鐫之石立之於廳之左宗魯與余亦附
名於其後者繼前修便後覽也然因是而重有感
焉名以石存實可徵也石之功矣亦惡乎久可以
貫金石者曰惟心耳心之純駁而名實之邪正因

之頼殊雖百世不磨也是則名實之所頼者石其跡亦暫也心其本久且著也今日之所立者以石矣要亦以心爲之主純駁邪正之分鑒於前亦可懼於後也凡我同志審擇而嗣續之庻乎名實之不泯焉

稽勳司續題名記　　黄師文

南勳司設員

國初有今額也裁省自正統間始猶存郎中主事各一員迄嘉靖己丑歳并主事一員裁之大都以

職司勳級事簡不妨兼攝爾乃題名有記相耀後先歲不乏人逮李君學禮之後石無餘地名不附書嗣此者稽考姓氏寥寥無聞焉

皇上御宇之二十一年爲萬曆癸巳余承乏主選司事維時林君寅侯爲司勳郎曾會譚及此未幾林君叅藩西粤去余叨轉是司思欲一竟其事緣公費不足人事因循迄兹戊戌夏始鳩工伐石續而成之舊碑名氏不重列列其未刻者斷自薛君而後爵里陞遷分注姓名之下昉四司碑例云夫名

實之賓也實之不副名焉用之顧石以紀名名存而實可考鏡業是官者循名責實敦實立名以法前修以樹後烈茲刻也寧獨以名而已哉因相與謀於文選林君君綸李君春景顏考功蔡君弘中驗封陳君孟起饒君鄉之司廳謝君伯楠僉謂斯舉不可以已也爰書之爲記

考功司題名記　程温

考功之說尚矣自漢唐來有考功郎中考功侍郎司績大夫或歲書考課止及州縣或考覈官吏合

内外文武而一之或考諸大臣行世而擬定贈謚
者至或監試貢舉或專與貢舉與分判焉者其委
任雖有輕重之差要其命官之意皆考課是司衡
鑑斯託非他官比初
國家定鼎金陵稽古建官吏部之屬皆以部名各有
常職若夫明臧否課殿最寔考功主之洪武二十
九年制改四部爲清吏司三司者名稱互有更定
惟考功仍舊省員外郎而不銓則正統改元也予
慨前政之已往懷賢哲而莫追因與主事汝君泰

謀曰是司之設既百有餘年官於斯者更幾何人將不有進紬清明如席豫者又不有不避權倖如李渤者乎一時受
上知陟華要者已不可知矧欲求蹟與遠者而知之乎舍今弗圖無寧年愈遠而名愈湮乎將使有知者亦泯於無知乎於是相爲稽諸案牘詢之見聞得郎中而下其若干人隨仕久而蹟其氏名因年資而第其先後下爲箋註始而歷陞降罷免皆不之書非畧各[illegible]不敢强其所不知也終而至字貫科籍

亦爲之書非加詳也求其可知也如温輿泰亦例書之叙遷無常恐失真也非求知也昉自洪武十有三年前乎此文無徵也書既爰刻石寘於廳事之左使覽之者循名而責實焉將必指之以求其心術之容政事之迹則斯人之淑慝猶準平而繩直也何患其遠且湮乎然則是刻也匪徒爲善者之勸抑亦爲未善者之規此題名之意也

考功司題名記　萬恭

方今執考課之柄以上佐

天子飭吏治興太平令賢者連茹彈冠敬共有位翼

我

王化而不肖者歛迹屏息竄伏草莽而不得肆凶

梗以瀆亂我官常非天官冢宰職乎天官之屬四

而考功氏實專司承而奉行其制令焉其任故重

劇也

國初定制三載考績三考通計群吏之治視事之

繁簡中臺署狀若稱若平若否而殿最之洪武

中權制於南永樂以後改制於北弘治十七年用

廷臣議圖所以重
兩都定制度垂永久者於是議若曰
國初京官不設考察法人人以滿狀投天官輒定黜陟顧官屬漸繁力不暇給是日施雷霆者也則病於數成化間援三載三考黜陟之制而易爲考察其法以十年爲期顧居官九載逼考即十年法弗及焉者衆是雷霆經年不震者也則病於疏宜莫若酌疏數而用之平時投滿狀者署考如例而大察之典約六載一舉行便也議上

詔從之自是

兩都並峙考功氏任蓋等均重矣南京居考功者垂百九十年或稱或否舊通政叅議程公温爲郎時始記題名樹之碑取郎中員外郎主事先後雜書之蓋永樂以後爲詳洪武中任者弗備也嘉靖辛亥今太僕少卿何公遷典考察務謂程公所爲不便覽觀復鳩工礱石取郎中員外郎主事先後別書之名氏一如程公舊洪武中任者乃弗備余以嘉靖乙巳來官迄於今丁巳周流文選驗封考

功閲蓋十三年糜廩祿矣其所博覽論說爲評天
以大察當執簿書暇時偕主事秦君鈫搜剔故牘
簽洪武而來毀紙鈌字悉得而稽覈之復考自洪
武元年距二十六年凡任是司名籍年歷燦然可
指諸掌即諸蓋記部篆硃黎色而文絶工緻苐楮
腐爛不可掊弄耳秦君津津口誦之余僕僕手書
之乃得舊無名氏貫籍年歷今增入郎中六人員
外郎八人主事二十六人舊有名氏無貫籍年歷
今考出郎中七人員外郎五人主事十五人舊名

氏錯誤今較正主事五人舊先後任名氏重出今
併入尊官員外郎一人主事十四人余則色欣欣
喜甚謂秦君我
國家天造諸所改經紀定章程剔胡元玩愒之舊
祗事我
太祖神聖糾督百職無敢怠遑至今肅肅焉君子有
所恃而小人有所畏非洪武中諸君力乎譬諸創
守洪武[illegible]諸君蓋剪荊榛犯霜露遺萬世以安永
樂以後諸君則藉詒燕衍駿惠而綏後祿者也此

其名氏何可湮沒無傳也顧何公所爲碑臥前庭左方且六年其時何公以擢去記弗成未樹也泰君曰請以是登入諸君名即堂右隅而樹焉子素善何公代爲記之如何余因論記以爲諸君名傳與否豈有天數哉在洪武中諸君名隱泯幾二百載已同草木即有盛美亦何以稱焉乃今炫焉登諸金石名與永樂以後諸君爭流嗣是任者盡得覩河洛仰高山又何其章章有聞也嗚呼諸君往矣石故在名亦故在後來覽觀者將内思責任之

難外藉諸君之榮居常則庋德而考裒論才而署狀六載有事乃公爾忘私最一人焉而天下勸嚴一人焉而天下懲以上承冢宰錫諸君光則惟茲石之功如其倚前人景鑠耀聲華居常署狀則郢書而燕說之六載有事乃不能懸邪正之鑑辨心迹之詮扼輕重之衡而徒求之過實諛之輿隸使君子恐而小人幸以上負冢宰大貽諸君羞則亦茲石之羞也夫

考功司重建題名記

湯聘尹

金陵我
國朝鎬京
聖祖建官董治分職六卿亦惟周典是憲而冢宰實
任統均司百官之黜陟其屬大夫考功氏又主殿
最課焉大僚小吏蒞官三載則皆奉所受所勤事
始卒而以獻乎於考功考功從其一考再考期比
而稽焉以所善能敬正法辯與否而以獻成於冢
宰冢宰膚以詔
皇上而膺大弊之於是乎有廢有置有登降其次有若

四時無僭焉而在位莫敢不惕莫敢不日以勸懲是故厯政庻邦之有人則冡宰考功之繇也

成廟肇營燕都行在有六卿之設而考功之權始判自後内外群吏之弊皆聽於北而南考功猶得有其諸司之在留都者如舊故考功於南諸屬大夫選最重亦最多以能官舉其名出而爲列卿策勲庸綦寵禄者往往惟其爲衆所憚懾而能固自懾也去年[illegible]丑春余自比曹受

命轉郎考功惴惴惟不任懼焉則思鑑於往昔乃閲

署碑名題之舊諸所先我而吏於兹者爲世與年凡幾其人凡有幾其以名爲考功增重至今不廢者幾或乃人負厥官官所不能擧而名所不能盡者幾余滋懼也將列名其次受藏否於將來如前人而碑石且隘乃復以謂同舍周君君衡而將更碑之君衡喜且請同之曰吾儕自名姑自懼也亦姑以懼於將來君又曰必復記之而可記而後有懼也且使來者無忘

國家建官初是則余所爲本始而言也

司廳總題名記

譚希思

題名之有記久矣自宋司馬公著某忠某詐某直某佞之論若曉然示萬世以衮鉞之辨然而數百年來忠直者幾何詐佞者幾何而溷於匪忠匪詐匪佞匪直之間者又幾何也語曰鑑水識形彼剽祿躐榮者皆世所號聰俊者也豈其知不及此哉毋亦進取顯而守道微雷同勝而箴規澌不然則檢持之[illegible]雖切而一體之學或未融耶茲留都爲豐鎬重地而銓部冠諸司首領往往遴砥節矜賢

者居馬舊四司及廳各有記一時以事功節義文
學名者若文肅趙公貞吉文靖魏公驥文懿儲公
瓘忠愍楊公繼盛節愍陳公洽文莊鄒公守益端
簡鄭公曉侍郎呂公柟祭酒蔡公清定山莊公昶
凡起家是部者具載記中今同寅兄弟每晨入視
事訖咸群聚於廳之後講德劘業切偲譚討若將
以古今醇儒藎臣相勗勉既而憾諸記之散而難
考也僉議總爲之記而屬言於余余揖而謝曰諸
記名氏備矣續總之毋乃重復乎諸寅長曰第藉

此以識吾儕今日盟心之意可矣余躍然曰是則
記之大者即不斐惡敢辭夫士君子立身行已以
作人也作人莫大於尚友尚友莫要於尊
制令
太子崇道重儒其
詔祀
孔廟者非寓内稱聞道而
聖君所取以廣勵百司者乎余觀陳白沙之隱江門
也德修

召至辭職就養侍母則左右不離事兄則禀命不
遺是所謂天下之大孝也王文成
康陵之艱批逆鱗而不懼之夷域而不棄擒濠之捷
默肇
皇圖思田之撫澤被瘡痍是所謂天下之大忠也薛
文清當宣正之際不折節於權門不謝恩於私室
不曲法於近貴不懾志於臨刑是又天下之大節
也諸君子者庸德之行慥慥克實功業文章光輔
昭代吾儕敦百行之本挺致身之節其典刑不遠矣

雖然有本焉學是也儒者之學其體則虛明洞徹一物不與其機則生生不息隨感順應其功則戒懼慎獨默識而操存其用則觀變達化博大而閎深其極則天地萬物匹夫匹婦靡不各得其所諸君子學所從入非遵一轍然各自其精思力踐中有獨見者得之而卒之歸然各底於成其深造自得樹學亦幟一也然則盟心定志闇然容修得志則以學術爲經濟不得志則以經綸爲實踐去自私自利之念以歸之乎其天而爲子盡孝爲臣盡

忠使後者指而數之者曰是嘗明宗源於留銓者也是修賤伯仲乎先輩者也是司馬温公所謂忠直者也是在吾儕雖千百禩猶一日也久要云乎哉世講云乎哉諸寅長僉曰然遂次以爲記

司務廳題名記

韓邦奇

嘉靖己酉劉子司部務幾四載歷考官於廳者自某君某至某君若干人録其姓名官履鐫之石額曰題名請文以記石則立於廳中楹之左惟我

國家罷宰相用周制任六卿崇重其官不使身親庶

事司屬外復設司務之員凡部事若禮文刑罰收支劄籍稽察諸務無不繇之吏部則卿寺科道部屬凡百司庶府審考見辭非司務不能自達於堂班司屬之上惟吏部亦止文選郎中一人司務者尚書耳目手足之官時或容有咨詢則又有腹心之寄故不佩印綬非少之代尚書行事也天官卿每選士必身言書判超衆魁儁者方授之出則非方面[illegible]郡守高爵峻級可階而上其官顧不重哉昔郄超謝安嘗居是任才猷聲華爲晉名臣後

之君子服是官登是廳讀是記誠思其職而求以
勝其重責賛尚書而無負其所委付我
國家立賢無方九德咸事建勲業垂聲光郗謝豈足
道哉此劉子立石之意也夫自有廳以來百八十
年而劉子始爲斯舉其亦劉子修官之一徵歟

南京吏部題名録序　温仁和

國朝緣周制設兩都以控制南北其九卿百官之
建置沿革兩都亦惟均焉惟是吏部之任之重其
來已久至於所謂南京吏部則惟

國朝爲然吏部題名舊未有録仁和來佐茲曹偶過後堂之北偏見有石題名甚備然未有南都者竊意南都亦自有紀載矣亡何龍灣廖公簡任冢宰西與仁和憶念往蹟間出一帙示仁和則兩京吏部題名録蓋龍灣得之司徒九峯孫公九峯在南曹時編次者也仁和讀之數過竊嘆曰昔孔子稱周制之盛曰郁郁乎文哉

國朝之制之盛至今日誠所謂郁郁矣洪武初始建六官於時尚書秩三品至十有三年庚申品乃益

爲二然其時有權尚書試尚書有一地兩尚書者
有以他官攝尚書事者今冢宰之任必簡命必專
授禮數之優倚毗之重非他曹比吏部之任之重
視昔固益加美永樂初並建兩都南稱吏部北稱
行在吏部蓋南都
王業所基故視行在爲輕正統辛酉北吏部始除行
在字體統一事權尊凡大除拜大黜陟必繇之至
於今日而益嚴吏部之任之重視昔又益加美至
考其人嘗爲吏部者曰蹇忠定夏忠靖王忠肅尹

恭簡王端毅耿文恪馬端肅諸公嘉謀偉望輝映
後先令人慨想其盛而不可得豈遭逢之會固易
以行其志耶說者謂當時信任之專且久其出謀
發慮故必有大過人者仁和竊以爲不然遭逢者
幸也信任之者人也而皆天也諸公在當時豈無
所以自致之者顧一一盡如其所謂天者耶古今
論事君曰無事父以其誠也若爲善近名則非誠
矣蹇夏諸公雖不及見其所以事君者可考也自
後世近名逐利者視之彼若朴而拙者然在彼所

以自處者此也所以事君者此也以之而始以之而終吏事

累朝後先四五十年仁和不類竊有感於當時之盛故爲此言以發蹇夏諸公之心以爲嚮往之地以爲龍灣九峯告九峯令功成身退龍灣公博雅正靜端慎簡重他日論嘉靖良弼當與蹇夏諸公同聲並馳茲録必有爲續書之者仁和預爲天下道之

跋　　　　　　　　　　廖紀

正德庚辰秋南京吏部尚書劉公以公務至北畿
奏
命留掌
誥勑紀以吏部左侍代劉涖任見門左偏有巨石詢
其故驗封萬郎中雲鵬對云乃本部題名石記文
已具劉公北上遂寢余曰此吾責也遂鳩工刻焉
至十月樹於後堂亭左嘉靖元年四月余改南京
兵部尚書參贊機務整菴羅先生代余聞云兩京
題名總録一編乃大司徒孫九峯先生爲南京吏

部右侍所編集者余遂備録藏之至十二月余致
仕家居二年矣癸未冬被
命仍起掌銓衡於時左侍暹齋孟公右侍託齋温公
相與謀欲鋟梓以傳託齋温公爲總序其名悉依
孫公舊識仍次序履歷别爲一編以便觀覽後以
南京吏部題名碑記對證先後矛盾甚多姑舉尚
書言之洪武元年二年則滕毅三年則趙瑁商暠
四年則李信詹同五年六年皆詹同此孫公兩京
總録所載也洪武三年則商暠張善銘四年則即

本中陳修滕毅五年則王與福朱斌周時中趙孚
堅李仁六年則呂本吳琳此南京題名記所載也
六年之中尚書姓名差錯如此則侍郎并以後年
分其差謬可知余嘗求其故矣孫公爲南京吏部
右侍蓋在正德五年本部文案庫尚存故其考據
詳余於正德十六年任南京庫頹文案四司分收
萬郎中時去孫公已在後十年而文案僅十存四
五未必如孫公考據之精也然亦未可遽棄故録
南京題名[redacted]記自爲一帙附於編末以俟博雅君

子參考若夫北吏部題名碑尚書侍郎姓名間有一二遺編絶無差錯皆以總録焉是不復重附南部題名自洪武元年起至正統元年止中間纔六十八年其差闕已不可考今讀古經史於數千年之下而考究於數千年之上欲得其真不亦難乎因其所感故書以告來者云

續兩京吏部題名録序

劉龍

内外諸官曹類有題名在兩京爲尤盛備稽考存觀戒以垂永久也勒之石模之紙揭之廳事往往

見之録以梓者葢鮮假令通録亦各具本曹官氏爲始末遑恤其他兩京官制雖同彼此各有職守相距數千里以官以人非後先相承共坐一堂之上可以統序之合而録者爲尤鮮惟吏部實然葢九峯孫公手自編次整菴羅公得之以授龍灣廖公遂付之梓其來遠矣九峯整菴俱以吏侍轉南吏尚書龍灣又以尚書自南而北皆以一人歷二部合而録之不亦可乎其義則有不在是者何哉周官以統百官均四海爲冢宰之職今吏部固其

官也
兩京並建六部並設自
國朝始是官可無並設斯已矣而設之乃不以並觀
可乎吏部以近承
天子事權獨重諸部莫先焉勢使然也
朝廷設官責任惟均雖繁簡殊科而名實具在理則
有不可易者南部之重猶北部也顧其人焉耳君
子之事君也務隨在自我作重居廟堂則憂其民
處江湖則憂其君易地皆然道無或二豈以遠近

事權軒輕其間哉若內無定主外與物重輕自北
而南則化重爲輕自南而北又變輕爲重一身之
不圖而可重可輕其爲天下國家之輕重可知也
今將並觀於斯同寅協恭以無負
朝廷並設之意於是乎並書謂此身可南可北可進
可止人或有以輕重之而不敢自爲輕重也觀夫
森然簡冊固有流芳百世爲是官重者豈常以南
北拘哉或曰若是則他部亦可以倣爲之曰此獨
爲銓衡[redacted]夫衡人者人亦得以衡之衡在懸秤

以稱物輕重而取平者人皆以錙銖數之不少假借而責其平焉故低昂屢變隨人輕重衡則一以平爲主有確乎不可易者此衡之所自爲重而世不可以無衡也故衡而不平非衡也銓而不衡非銓也甚以衡之必平銓之必衡其道不可以二也銓之有繁簡猶衡之有動靜也衡豈以動靜易其恒哉録之義其在是矣録初刻於北南銓繼刻蓋並行之猶夫是義也司廳賀惠續諸公未録者十餘人以視予爲廣其義告之

南京吏部志卷之十八　二

南京吏部志卷之二十

南京吏部志卷之二十

藝文

修架閣庫記　　李承祖

國朝酌古官署之制六部皆建架閣庫以儲藏籍案置吏一人掌之而不盡如古管幹之設南京吏部故有庫二夾廳事後其制舠自國初永樂中遷都於北南京遂爲留都政既不繁官有剩員率裁省之用是官府次舍亦不時修有替於初成化壬寅秋今太宰晉陵王公來爲少宰

政暇周視歎曰茲惟
祖宗始基宏規具在乃今寖弛弗葺豈尊
國體敷吏治者耶且謀興作會以少司徒召秉
弘治改元春公陟南京大司徒無何復來爲太宰
語僚吏曰斯其可畢往圖乎已輒具修復狀
制可少宰三山王公鄱陽童公相繼來欣然從臾之
爰俾司務黃用考功主事蔣滋胥董役事戒之曰
諸庫陋[illegible]不寧風雨壹惟厥新惟架閣庫滋甚
其無後哉於是度廳事後近東塀得亢爽地封土

爲基而屋其上凡四十有七楹高二丈有奇廣十
有二丈有二尺修殺廣之十八爲間者十壁其中
間及前之中旁開兩門四窗刊堅木交午左爲六
閣右爲六閣各三相參而虛其中通出入門傳閤
甓敞窗鐵檽防虞百至無苟然者初案籍閱歲久
多錯互不可尋公分命主事湯珍程温劉勲及沈
各看定其所司會通成卷分列庋置然後上下百
二十餘年吏治往跡粲然畢陳考求成憲職於吏
部者必之焉其自廳事內通於寢於敬亭外達於

門旁及於廊廡下建於垣墉庭𢊁甬道儀門井爨
湢溷皆易敗以堅飭故爲新而修復之附寢之後
爲軒六楹左爲燕寢四楹中門外之左爲土神祠
十有二楹右爲官屬直房十楹門兩觀爲修廊二
十有三楹揭板刻著令而護以闌楯施之梐枑凡
此皆昔所無者皆增創之其位置之宜經畫之良
蓋大備矣昉作於辛亥春正月明年壬子夏五月
次第告成郎中杜整夏崇文孫珩儲巏暨主事洪
等同心[illegible]惟謹整去龔弘自刑曹來繼適贊終

事司務用則始終領之料理督率每日夕始休勤
勤如家事故財不費而功自倍焉是年冬承祖始
從屬吏後獲覩成規公闢進而語之曰兹役較舊
改觀而庸爲力則殷不可使無聞其爲我記之承
祖受命不敢辭謹考次其繇復於公曰惟我
高皇帝卜宅於斯惟我
文皇帝繼體於斯越我
仁廟以來留神軫念於斯神州化首留務屬二三大
僚愼簡不輕畀吏部長六曹爲具瞻地顧頹廢不

治何以仰承

明天子守成匹休之丕圖哉公夙夜在公同寅協和

興廢舉墜祗稱　德意示則於無窮是誠不可以

不書　時弘治五年　以下諸記從類次而不以年世次

文選廳事重修記　程廷珙

予自成化壬寅冬來承乏文選聽政之餘覩廳事

右一間之棟若梁俱朽裂幾撓僅賴數木支拄輒

爲之驚[illegible]不已廳右前偏爲司門爲吏胥書辦之

所案牘填斥將不能容左前偏皆隙地延十有二

步舊植竹數十本以當其空前人相繼伐之殆盡地且湫下先是主司事餘姚諸君養和封爲基旣成以壁稽勳郎中去廳右復有小廊三間迤邐而北西折通於司門值雨僚屬而下皆繇之廊闊四尺可容二人其接廳前楹處稍却二尺止容一人卑低特甚過者俛首亦傾圯不可繇廳前有亭四楹不榮凡諸司上舍生歷畢來註選籍者無所於棲亭且爲飄雨所浥日就腐壞歎曰廳事之敝一至於此圖所以葺之吾責也於是捐俸資命都吏

梁會司其出入購木於關市甓於陶伐石於山識
癸卯歲十月甲申鳩工經營之踰月主事彭城孫
君邦玉至贊襄益勤遂於梁棟朽裂者易之廊則
前徙而高之亭則榮之復即隙地作屋六間凡二
十有八楹高一丈六尺有奇與司門伊匹深如之
丹雘白堊次第就緒自是目聽政其中居無驚悸
之心雨有可繇之路吏胥分署有舍諸來注選籍
生棲息有所而規模四完矣凡皆不得已而不已
非得已而故不已者昔僖公新南門孔子書於春

秋以示譏眘人爲長府閔子止其仍舊貫以爲諷
以其勞民傷財得已而不已也諸葛武侯治蜀官
府次舍無不繕理朱子謂其庶幾先王之政此非
不勞民傷財不得已而不已也兹廳事之修財不
傷於公力不勞於民而又皆不得已而不已者孔
閔復作吾知免夫雖朱子所謂庶幾有先王體國
經野之制官府次舍在所不廢然僅能舉其一節
耳至於綱紀法度禮樂典章推之以賛邦治綏黎
元又皆其政之大者當從事罔怠俾畢舉而無遺

然後可也孫君聞言曰然遂記時成化十九年

思補軒記　　尹臺

易稱無咎者善補過者也而孔子言事君之道亦曰退思補過大哉斯義衆人之所以治其身君子之所以事其君其皆無踰之者乎夫過者人之所不能免也自非聖人誰能恒立於無過過矣而能知知之而能不復於有過茲顔氏之子所以庶幾乎無祇悔者明此以事君固古大臣以道交修之實志矻矻匪懈圖免其㢑位之咎者也昔詩人歌

仲山甫之美而曰衮職有闕仲山甫補之焉夫不
知所以治身不可以事其君已過之未能遠而欲
補君闕遺使相成於無過之歸其可幾乎故大臣
能補君之過必知盡道不累世無或尚其德矣非
仲山甫誰能及之故曰德輶如毛民鮮克舉之我
儀圖之惟仲山甫舉之愛莫助之語仲山甫之德
人既弗能及則亦莫可得而助之爾夫學不能明
善誠身而苟慕徼上之知志不能矯衆勵俗而媮
欲狥時之好銜不專於尊主庇民而希巧宦以榮

身事不周於經世宰物而務拂常以干譽世之君子所爲事君之道其究不槩可考推哉要之遠於仲山甫之所從事何啻千里茲孔子言補過之義寥寥無以復聞於今也余佐南銓數年幸曹政稀簡得稍致力於古聖賢指訓悼往過之多積傷舊學之益墜則思進勉乎易無咎之義其道無從入也顧繆玷卿士之末叨華秩而據高列儳焉蔑少著效乎其位不近古人所謂竊者耶廨署右空故有庖湢之[illegible]歲久而圯乃告之太宰成宰王公易

其廢朽增搆軒三楹感治室有關尚不可令無補
也儻事君而昧斯喻其能無作厥居因合易孔子
大訓題其上方曰思補冀朝夕覽觀自勗云或笑
余曰子名軒之義似矣抑項嘗備官侍從未稍睹
所爲衮職之補者今改宦舊京遠其身於湖江數
千里之外乃欲驅效所不能不病乎抱出位之思
哉嗟乎吾誠過然古之君子所求自盡事君之義
蓋不因仕處遠近殊志也惟今
聖天子神明獨化賢公卿遵制謹法無所復致其賛

翼之功左右近職思求補一二闕遺不可得其何有於遠臣乃沾沾在念時私疚而未已者誠慚報塞之未能勉竭駑力以仰效尺寸之補卽雖捐伏草野亦將寢食不忘吾志也矧方塵任僥庸敢自病出位遂惝然不以動乎其思哉則㮣易孔子之訓而爲朝夕奮勗之規夫亦先求補過之道於治身俾無速官咎可已他豈余所及也旣用解或人之笑因記其說以諗後之君子　時嘉靖三十六年

餘清亭記　　葉向高

太宰見臺曾先生自田間起長南銓先是有
兩宮之役廷臣捐俸佐經費彼此相沿遂爲故事或
以語先生先生曰工既竣矣而助尚不休是將安
極且非所以爲名也
主上禪聖豈以此望老臣哉遂止不助識者嘆曰先
生得大臣之體矣再閱歲先生以滿六年考去留
其金署中曰吾不欲以靳之官家者而私吾橐也
余謂先生此常祿耳受之當先生不聽余令人致
之家亦不受歸之户曹户曹不可余與子部諸君

謀是安所置此金哉頋視署左舊有亭亭有池循池而南有隙地數武竹樹蕭森綠陰交暎亦一勝也乃稍薙其穢蹇鳩工慮材爲亭於其間輪奐册艭無不具餙又以舊亭之湫陋而撤去之爲屋數楹以俟冢卿之游息且使大計時與事者有所棲焉盖煥然清署之美觀矣役既竣諸君謂余何以名此亭余徘徊久之乃額曰餘清諸君曰夫餘清云者豈非以留省優閒簿書稀簡退食自公無盡痒鞅掌之煩乎余曰然又豈非以修竹茂林清漪

曲檻臨水望雲脩然有濠濮間想乎余曰然又豈
非以輟助坊諛留金表絜羔羊素絲標前修而風
來許乎余曰然雖然猶有說焉夫余與諸君從先
生於此地也將三年矣先生視吾儕不啻子弟事
相籌也疑相質也跬步相隨也有聞見相告語也
神情色笑相綢洽也愉戚慘舒相縈繫也無論諸
君即以余之陋劣無當於先生而先生每掩覆其
短至於有寸長片善則又爲之游揚獎借惟恐其
不聞南國諸士大夫亦遂以先生之故而信余故

自先生在事而余得信口而談信心而動不復知
世路之艱危也先生去而余始孤伥伥然其若有
失每值事勢之有所錯迕而難行人情之有所膈
閡而未暢輒思先生而先生居恒所與余論說皆
天下大計如時政之得失人才之消長有關於理
亂安危之故者未嘗不當食廢箸相與講求其挽
回之方而不得輒咨嗟太息不能自已海内之人
方望先生之柄用而先生得請歸矣威鳳祥麟不
受羈絏[illegible]嘆其去之驟而以斯世之不得長有

先生爲惜而吾署中去先生之儀刑未遠余與諸君徘徊於此亭猶庶幾羹墻步趨而追隨其芳躅即後來君子猶想見一時和衷之雅也則先生之所餘乃莫大乎此矣若徒侈職事之雍容矜臺榭之雅勝固未盡余指即以捐數十緡之俸錢爲先生表清節也此中士之操何足當先生哉諸君曰如公言可謂知先生矣宜書之以爲亭記亭建於萬曆三十三年乙巳之季秋同事則文選趙君邦柱胡君嘉棟考功徐君必達董君可威驗封畢君

懋良胡君汝政司務韓君偕甫而稽勳陳君邦瞻以公事歸

水竹亭記

趙承謙

嘉靖二十四年秋予繇文選司主事轉稽勳司郎中未涖任以考績赴京越明年四月始就職於時吏部堂廡洎諸司之公廨多頹敝不支乃相繼咨諸工曹以次修治先公堂次文選次驗封而次及於稽勳[illegible]勳舊偪於文選規制狹隘而尺地不可闢堂室門廡悉仍其故無所增改廳之前有圃

廓如環植修竹中有方池池旁有廢亭僅存遺址於是遂約公廨餘料而併治之剪荆蓁除瓦礫斵舊爲新理亂爲整而朽木斷甎俱得不棄程功績事不朞月而亭成披牕四顧則翠色交加臨流俯瞰則清波澄徹彷彿幽居一勝槩也即景命名題曰水竹退逸自公怡然自足有不知稽勳之爲監吾官之爲冷者矣至若公庭無事洞門深鎖焚香默坐消遣世慮使吾心之清有如此水吾心之虛有如此竹箇中意味雖楊柳春風梧桐秋月殆無

以易此也此此又亭之有助於予而予之有得於亭者也亭之作也夫豈徒然而已哉

重修棲鳳木竹二亭記　李萬化

按二亭搆於嘉靖之某年距今閱數十載許其間圮而葺葺而復圮不可覈第自余南徙來則見有欹者歈者折者蠹者棟且撓而垣就頹者雖閒一命坐而棘莽交蔓風雨未除即夙號爲淸圍乎其以適吾適[illegible]有待矣今年夏余以選司主事轉是司時政苦酷[illegible]每一脈事畢吏胥抱牘而質於廳事

後則灸盎甚作而曰前圍廠一亭胡不移質便僉
曰亭且圮恐不得當起居余始怦怦動矣往署瞥
院時有直堂貲若干緡余所未麼而封識於彼所
者與其却而扂寘於無用孰與移而實以葺吾亭
於是屬都吏陳凌雲鳩工庀材爲之鋳其欹側而
易其朽蠹爲之繚其蓋圍而補其簾牖榛蕪則闢
而芟笪簀則疏而剔有羨又稍稍施以冊腹亭其
翼然一新乎余縱不以便質牘者便此亭而亭實
得當質牘便亭雖無與於余之適其適而余實於

此寄其適則余與亭總翛然於兩不關之境而坦坦然於皆自得之天而已矣後之主斯園者其亦有興也夫落成適司聽錢君選司朱君功司蘇君來游咸稱善遂命工而志諸石 時萬曆四十年

正巳堂銘　朱廷益

余素乏清藻濫竽功曹端居多暇毎求先正遺則用自觀省有顔其堂曰正巳者義取帥正意在自考烱戒深矣爲衍其說勒銘左方

天官之職統百官厥有司功聽最其間如容在

鑑如不斯彈惟聖則哲知人其難汝考維何以繩
不端汝考伊何亦用自觀寬之則渾嚴之則反爾
身不正人言有煩曰考官聯以會邦治汝伍汝參
惟正是視曰考官職以辨邦治汝要汝凡惟正是
視曰考官叙以進邦治汝會汝情惟正是視曰考
官計以弊邦治汝敬汝法惟正是視人之視已猶
影隨形正之去邪如濁斯清儼汝瞻視靜汝門庭
作事必則出言必經正人是植正論是聽無近讒
邪亂汝考成動息有學求正丹青我思古人正則

維馨以正爾身請自心始若弩有牙若木有理在
文爲正惟一是止能一乃心明於止水昊天曰明
鬼神所指式彼百辟一心永矢心端身正庶無罪
戾敢銘在司以告君子　時萬曆十五年

自考亭箴　周應治

南京考功署有正已堂自考亭舊矣同寅朱虞對先
生勒訓銘堂用昭丕式余從寅末每懼不繼緬思
亭義因箴[illegible]其亭
維昔聖賢[illegible]澄湛覺衡平鑑空内照惟學咨詢咨

謀爰寵爰度總揆宰屬正治有恪易云大觀羣觀
其生復見天心以中自底矧繄銓曹庶品憑生不
正爾心百辟胡刑舍己責人動多尤戾如彼狼籍
爰失其背誰爲準繩誰執其最肅共爾衷儆於有
位知人未易自知尤難煬竈蔽明豐屋閴覿明目
達聰職兹名端勿信讒邪以亂厥官我之無疵人
以爲纇勿訟其誣而省其昧古有明訓潛伏靡悔
豈軼不知徒嫌憒憒我之云寧人以爲傾勿詰其
戕而衷其盈古有懿則大猷是經豈以如簧汝我

惺惺皇皇上帝臨下有赫謂已如人敢從回遹典蔽箴聯計法叙秩有技可容彦聖已出朝乾夕愓大敵嚴賔省躬惟義鑒物惟仁獨慎已知督朗四隣整挈綱維庶職攸均　時萬曆十六年

尚書宅記　湛若水

甘泉子曰天地萬物一體吾聞其語矣吾疑其迂矣宇内事即已性分内事吾聞其語矣吾疑其虚矣今騐其實矣何居曰吾有試焉昔余備卿南禮時則過尚書巷太宰之虚宅焉但見尾榱落落垣

桂僅存而悲之戚焉動吾心焉毀吾室矣寡過之
而益悲之戚戚焉益動吾心焉若痌瘝吾身而傷
吾肌矣告之於大司馬輿浦王公輿浦王公之心
亦喟然告之於大司寇石塘聞公石塘聞公之心
亦喟然告於大宗伯渭厓霍公少宗伯涇野吕公
霍吕二公之心亦喟然夫諸公之心不約而同然
如痌瘝之相關者何居自非一體萬物性分宇宙
胡爲其然哉甘泉子謀於右宰鍾石費公曰昔吾
在禮卿而戚焉初遷天曹卿而益戚焉即欲謀治

之而病未能焉夫欲治吾官者必先治吾居吾居
之弗治吾未見其能官也聞之人曰斯宅也自夫
昔之君子太宰東川劉公龍灣廖公之更互而肇
置也嘗廓然其宏麗矣自夫其君子曠斯宅而弗
居而居於他所也而垣風以頹自夫其君子居於
他所曠斯宅而不爲之一修乃垣一緝乃風也而
棟宇榱桷以壞夫既能以漸而頹而壞也則吾豈
不能以漸而修完之乎惟時二人乃慮公用之羨
餘選官屬[illegible]能而付之何司務昜昜焉治之如已

居易其所有餘以濟其所不足又不足則以咨宗
伯霍公曰夫以公財助焉咨司空石菴蔣公南山
胡公委營繕所正副趙昜易時興董其工而司其
出入之數焉簡夫大匠而評之量衆材而趨之壘
成而何遷户曹副卽舉文選楊主事一謨代終焉
椎時斵者墁者築者各殫乃謀各竭乃力經始於
丁酉七月迄工於其年十有二月凡五六月而落
成告霍呂二公來觀之二公欣欣然舉酒而交慶
甘泉子目鍾石公曰斯二公之助之以庇吾部今

後之人也二公他日大庇天下亦當如此矣霍呂二公荅曰今二公之惠修此屋以公于乃後之人也則夫他日輔修天下之比屋使可封焉亦當如此矣於是四人大笑相與飲酒盡醉而相樂以成也繇是諸卿視之皆欣欣然而喜矣諸司見之皆喜而欣欣然矣士者農者工者商者東西過之者皆樂若颯颯然不知爲之者如美在躬矣至是而後一體性分欣戚相關之義始驗其實而非迂虛語矣初甘泉子將欲求去然而猶欲修此宅焉人

或疑而問之甘泉子曰爾以爲爾一體性分之在
天地宇宙間有人已前後古今之别矣乎古之人
有使於他國明日遂行而猶修完其舍館以去者
又有將制軍而去然猶修飾其營壘而行者然則
吾武穆諸人皆非與曰其信然矣於乎凡我後來
公卿百世君子其念茲肇創之難修復之不易其
毋曠乃廣居尚宅乃安宅時緝乃風時完乃垣時
新乃棟梁榱柱不朽時灌乃花卉俾勿壞惟時亦
克穪乃官乃廣居之曠安宅之弗宅乃垣風梁柱

榛榛之弗修舍其田而芸人之田亦毋復爲後人之悲之戚之嗟於乎其念之哉其尚鑒於兹記時嘉靖十六年

侍郎宅記　費寀

太宰甘泉湛公之先爲右宰也始以餘貲買地於錦衣巷之右地隘而貲嚣久而材且壞也今年春公治尚書第既成宏敞壯麗甲諸公卿之第矣復念右宰第弗稱日言諸鍾石子寀洎群司屬亟圖易之惓惓[illegible]成戚然籲已之無居也會尚書巷南

舊都督張宣欲徙之宅一區遂問價售之價凡白金六十鍰售右宰舊第得十之四以告大宗伯渭厓霍公少宗伯涇野呂公慨然助以撤湮祠之材穫補價之缺焉巳鍾石子從公往達觀之基弘矣而垣牖闓頽棟隆矣而椽尾或脫門扉壁牖存矣而丹雘俱漶漫寢之東厨且壞寢之西缺庫房僕從舊無穫舍來可以即居也公命司務朱希阜董工修之事事維勤越四月再從公往頽者立脫整矣漶漫者鮮妍無者有而缺者完矣地遠市而邃

宇易朴而堅宏麗之規雖若差亞於太宰之第較
諸諸卿亞之第則優矣其皐公喜津津動色不啻
已之美厥居也鍾石子方居吏選部恭肅之僑重
厥遷公筮吉促遷居之越明日携酒過而慶曰洞
開諸門有如此心殆所謂廣居安宅者乎復詠少
陵之詩曰安得廣厦千萬間風雨不動安如山大
庇天下寒士俱歡顔此非子之志乎鍾石子荅曰
公之言玄乎身心人已之蘊也寀不敏何足以知
幸終教之公曰洒掃庭内其即直内之敬乎嚴哉其

墻閈其即方外之義乎敬則虛虛則廣義則正正則安於是而不自廣以狹人於是而修巳以安百姓其道一而巳矣鍾石子聞而犁然若悟作而謝曰博哉仁人之言其示我以合一之學乎敢不奉以周旋於是相與酌酒盡飲而別是役也經營謀慮蓋非一朝一夕之故也向予之攝篆也屢俾前司務何昻售之隣而未能及公之復位也復謀之工部梒於例而不可乃今始有巷右舊第之資而逢巷南徙隣之商重藉禮部不費之惠而契我公

大同之心則公可謂處同僚如家人而宗伯二公皆可謂處官事如家事交相濟以成厥美所謂天地萬物爲一體者豈其然乎不然一道謀而已豈不難哉夫知其必難圖善於後鍾石子既藉諸公庇以受厥美美後之君子繼我而居此者能思今日之難以時修葺無棄諸君之勞庶幾永永有賴也時嘉靖十六年

銓曹公署碑記今名文部園　　徐必達

留都

高皇帝郊鄗也纍時樹之公孤大夫下及輿臺差

用成等級靡匪天官長之自

文皇帝徙都燕而諸曹謹守虛名諸曹虛天官曹亦

虛要之天官第無與陟庸其六載黜幽與簡諸曹

三載功罪而殿最之自如長猶故也夫以天官長

諸曹也職詎不鉅然上之不能招賢進能顯巖穴

士次之無綠圖事揆策自效明時則謂與諸曹埒

也亦宜宦轍至者輒言吏隱嗟夫朝市山林感致

遼絕朝市也而隱之豈山林也而仕之哉且隱者

置身逍遥之途棲志寂寞之域世無用吾亦無爲
世用韜脱塵囂憔悴江海固當一行作吏則用物
不啻弘矣而顧欲逍遥其身寂寞其志以托於隱
可乎夫太上立德其次立功其次立言其於用世
均也十年離經辨志又十年知類通達又十年强
立不返其於豫用均也故竆越不以賤故弛勤陶
士行僻在南粤不忘運甓右人賤尺璧而重寸陰
惡乎時之[illegible]已抑管子有言四民不可使襍處襍
處則其言龐其事亂言習焉安焉宜有寧宇也銓

曹故無別署始必達從寅長許君畢君相與數稚論心商確前藻遽然似有覺者然言龐事亂之虞時或不免癸卯冬偶得地城隅之柳樹灣遠市絕囂負兌抱震以畝計者十五有奇庚可署也於是鳩四司諸掾踐更之需悉索舊藏經營之入門有堂三楹顏曰夕序以朝修晝講則從大冢宰之堂受事也堂之後屈栢爲屏屏之外爲橋繇橋折而北爲問業堂願諸寅長進修常秩退宏妙理貢忠抒素毋燕僻也堂左右又屈薔薇爲屏有齋各向

其方廣如堂深半之左樹榴數十顔曰染雲言榴容也右樹梅數十顔曰香雪言梅德也水周於堂蓮周於水清芬異馥勃發綠房紅蘂闇望而知爲君子居已堂之南復爲橋緣橋爲隄環隄爲竹叢斯堂而青葱奪目琳琅徹耳能不油然動淇澳之思乎又南尺天樓以樓最高爽且邇

未央也百雉嶙嶙當前則

高皇帝及中山武寧諸臣之烈在焉西即

高帝故宮所[redacted]指麾區畫以奠九縣廓三精者也

龍蟠鳳闕擁映燕都蓋在豐水有芑之什矣北鎮
鍾山王氣四塞美哉億萬年無疆之基有足思者
樓左矚清池其下陽焉杏林陰焉桃塢雜以荼蘼
玫瑰屏而顔曰野春以山花錯列四時如繡也循
池而北而東有軒曠然踞其上凭欄臨羡化機睹
焉顔曰濠濮間池有小棹可盪時宛轉鼓枻或繫
纜垂楊之下覞睆者深逝者徐來者自波者飛而
成文章者百發不暇此當斯時也有客悠然浩歌
聲中雅律則大造不能禁而吾輩各得其得也已

工始於甲辰正月迄四月告成總名之曰銓曹公署凡費金錢若干緡門廡庖湢罔不畢具必達乃備贇諸寅長而觴之曰君亦知開元寶曆閒所爲曲江凝碧者乎彼其宏麗奇偉豈不足吞茲十百不芥蔕然縧幄翠幬祇供佚遊而稷下君子高齋學士至今馳譽不已寧不亦地緣人重與且吾黨者豈非東西南北之人二百年來留銓之官而今茲之日豈[illegible]古今千萬世中之日與以世如彼其久而生同以地如彼其邈而居同以官如彼其代

易而籍同雖曰人合盖亦有天造焉而茲署適成
無寧從容杯酒倚杖虛曠如世所稱吏隱乎哉第
人心不同有如其面賞好異情則意製相詭要以
唯諾不阿可否交濟如五味之相和八音之相調
以偕之大道即稷下高齋猶姑舍是况曲江凝碧
乎哉晉師曠云大夫有貳宗士有朋友善則賞之
過則匡之患則救之失則革之必如是乃爲不負
此舉必達不佞敢以是爲頌且禱於是諸君咸歌
小明之卒章又歌抑之十一章必達拜手稽首賡

歌菁莪之三章曰命之矣諸寅長者文選則蘄水閔君廷平南昌李君光祖與必達共事則益都董君可威驗封則歙畢君懋良井研胡君汝政稽勳則湖口許君汝魁司務則瀘州韓君偕甫而工中程材中度塼埴中準繩塗塈中物采則濟川脩經歷朱棟有成勞焉是爲記 時萬曆三十二年

太宰沈公雷門捐俸永賴記　濮中玉

南北之銓[illegible]矣吏所從役稍匹于北至今日而亦殊云銓四司惟稽勳吏事簡三司每歲吏以京役

沉隸者皆不下千人願供役者效勤朝夕餘皆架山郎之出錢爲本司各役工食及司署之費又各以食兩堂各役修兩堂公署是南吏部之恒式也邇來東南民力淩竭吏解趨部且也奸僞萌起應南之吏走而之北以圖規避故起南者視昔不足四之一焉而用日告匱初太宰沈公之在告也存俸薪在部四百二十餘金既家食部以金歸之太宰却不受曰余雅不解素餐今既去事久而復可受俸耶胥奉以還封識在司未敢輕啟歲辛酉太

宰孫公來涖政稽考舊章稱羨不置已命官屬曰吾聞君子推美以成人智者度宜而舉事今山郎之錢不足贍本司諸役而又重以供堂役時修葺勢且不給盍以此金嘗逋衞之舍取其值以供刀觧傳沈公之廉德於無涯乎官屬皆曰善於是以一百一十二兩五錢市房於洪武岡歲收租錢一萬九千二百文又以三百零八兩與四司都吏各市宅以居歲輸其租於部得租銀六十二兩八錢八分儲之以待堂署之修不足則諸司以吏錢補

之議既定[illegible]將可永庚沈公懿芳不與時湮沒且
或藉以不至告詘云噫列爵上尊居之夏屋以待
台輔邦之大典至收山郎錢克修理費已足慨矣
乃吏復蕭索陪京幾虛不更可慨乎頃太宰綜核

吏治疏

請南曹不得久假屢借差一時百工奉功令凜凜毖
餙靡懈又文告諸藩司坐南之吏毋令冒北掾胥
之衆將聞風貫魚而來以供厥役起頹靡爲振厲
當在今日是舉也標沈公之廉德抑以昭轉移世

變之微權俾後來者知所鏡焉太宰命立石董在
司封乃屬中玉以紀事敬述其梗槩如此沈公諱
應文號雷門浙江餘姚人萬曆四十三年起任四
十七年考績離任
予告孫公諱瑀號藍石陝西渭南人天啓元年十月
初四日起任四司則文選郎中計元勳主事王命
新考功郎中陳陛主事王三德驗封主事夏嘉遇
添註主事譚性教稽勳郎中沈維昆司務錢承攜
俱肆事並用列書　時天啓二年

卷之二十終